Géohistoire de la mondialisation

CHRISTIAN GRATALOUP

Géohistoire de la mondialisation

Le temps long du monde

3ᵉ édition

ARMAND COLIN

Illustration de couverture : partie orientale de l'*Atlas catalan* (réalisé en 1375, dans les collections royales françaises depuis 1380), presque entièrement fondée sur le *Livre des Merveilles* de Marco Polo (1298)
Cartographie : Jean-Pierre Magnier, Carl Voyer
Mise en pages : PCA

Le pictogramme qui figure ci-contre mérite une explication. Son objet est d'alerter le lecteur sur la menace que représente pour l'avenir de l'écrit, particulièrement dans le domaine de l'édition technique et universitaire, le développement massif du photocopillage.
Le Code de la propriété intellectuelle du 1er juillet 1992 interdit en effet expressément la photocopie à usage collectif sans autorisation des ayants droit. Or, cette pratique s'est généralisée dans les établissements d'enseignement supérieur, provoquant une baisse brutale des achats de livres et de revues, au point que la possibilité même pour les auteurs de créer des œuvres nouvelles et de les faire éditer correctement est aujourd'hui menacée.
Nous rappelons donc que toute reproduction, partielle ou totale, de la présente publication est interdite sans autorisation de l'auteur, de son éditeur ou du Centre français d'exploitation du droit de copie (CFC, 20, rue des Grands-Augustins, 75006 Paris).

© Armand Colin, 2007, 2009, 2012, 2015
Armand Colin est une marque de
Dunod Éditeur, 11 rue Paul Bert, 92240 Malakoff
ISBN 978-2-200-60294-9

Le Code de la propriété intellectuelle n'autorisant, aux termes de l'article L. 122-5, 2° et 3° a), d'une part, que les « copies ou reproductions strictement réservées à l'usage privé du copiste et non destinées à une utilisation collective » et, d'autre part, que les analyses et les courtes citations dans un but d'exemple et d'illustration, « toute représentation ou reproduction intégrale ou partielle faite sans le consentement de l'auteur ou de ses ayants droit ou ayants cause est illicite » (art. L. 122-4).
Cette représentation ou reproduction, par quelque procédé que ce soit, constituerait donc une contrefaçon sanctionnée par les articles L. 335-2 et suivants du Code de la propriété intellectuelle.

À Olivier Dollfus,
homme du Monde
In memoriam

Avis aux spécialistes

Au fil du texte, il sera question de nombreuses sociétés passées et lointaines dont l'auteur n'est évidemment pas spécialiste. Nul ne peut prétendre être capable d'écrire de première main et simultanément sur la Chine des Tang ou les Mayas, l'Empire du Songhaï ou celui des Safavides, le Troisième Reich ou la Guerre de Sécession... Mais, personne ne peut non plus interdire l'usage de ces exemples. Que les sciences de la société soit une affaire de spécialistes, cela va de soi. Mais elle est tout autant un domaine de généralistes. Sinon, comment pourraient circuler et devenir fécondes les productions spécialisées ? Entre tout sur rien et rien sur tout, comme on dit parfois, la marge de réflexion est heureusement énorme. Cet ouvrage penche, sans aucun doute, vers le second pôle de cette tension, parcourant cavalièrement grands espaces et vastes périodes, sautant d'un millénaire et d'un continent aux autres ; on aurait pu voler le titre d'un roman de Jean d'Ormesson : *Presque rien sur presque tout* (Gallimard, 1996). Comme l'avait justement remarqué un prédécesseur généraliste, Robert Bonnaud [1989], « s'il n'y avait pas de spécialistes, les généralistes ne pourraient pas écrire une ligne » – mais c'est pour mieux faire remarquer que la réciproque est tout aussi vraie.

Il arrivera certainement que tel ou tel coup de projecteur sur une société différente de la nôtre soit entaché d'erreur. Que le chercheur dont ce terrain est la spécialité ne s'en offusque pas ! Il vaut mieux que l'on ait pris son objet en considération, plutôt qu'il ait été ignoré. Mais toute réfutation d'une réflexion est bonne à prendre : c'est le fondement de la logique scientifique. Je présente donc toutes mes excuses aux spécialistes qui trouveront certainement de nouvelles erreurs et je remercie tous ceux qui m'ont fait part de leurs remarques et de leurs critiques sur les précédentes éditions de cet ouvrage. Cette troisième version leur doit moins d'approximations, plus d'informations solidement vérifiées et des raisonnements sans doute plus nuancés.

Introduction

Le temps du Monde

> « Le monde est grand. Des avions le sillonnent en tous sens, en tout temps. [...] Étonnement et déception des voyages. Illusion d'avoir vaincu la distance, d'avoir effacé le temps. »
>
> Georges PÉREC, *Espèces d'espaces*, 1985.

Le Monde n'a pas toujours existé

Voilà une affirmation qui peut surprendre. Pourtant, si l'on entend par Monde l'espace de l'humanité, on doit affirmer son historicité. L'espace ne désigne pas ici un cadre extérieur à la dynamique sociale, la scène et le décor du « théâtre du monde » comme disaient les anciens cartographes[1], mais l'espace des relations entre les diverses sociétés. Aujourd'hui en effet, des liens souvent inégalitaires, parfois ténus, existent au niveau de l'ensemble de l'humanité. Ils sont le résultat du processus que nous avons pris l'habitude – en français – d'appeler la « mondialisation ». On peut reprendre la formule d'Olivier Dollfus [1997] :

> « La mondialisation, c'est l'échange généralisé entre les différentes parties de la planète, l'espace mondial étant alors l'espace de transaction de l'humanité. »

Parce que la Terre est différenciée, parce que ses habitants ont produit et inventent encore chaque jour des patrimoines contrastés, l'échange entre

---

1. En particulier le *Theatrum Orbis Terrarum* d'Abraham Ortelius, atlas de 70 cartes, en 53 planches gravées sur cuivre, paru pour la première fois en 1570 et très souvent réédité. La figure 10.3 est le frontispice de l'édition gravée chez Christophe Plantin à Anvers en 1595 qui inaugure une longue série de représentation des quatre parties du monde [GRATALOUP, 2009]. On considère que, si le thème n'était pas nouveau, c'était la première fois qu'étaient réunies en une même figure, mais dans une stricte hiérarchie, non seulement les allégories des parties de l'Ancien Monde – *Europa*, *Africa* et *Asia*), mais aussi celles des nouveaux mondes, l'un déjà découvert (*America*), l'autre à découvrir (*Magellanica* qui deviendra, beaucoup plus tard *Oceania*).

les lieux s'est développé ; les hommes ne vivent plus dans des mondes qui s'ignorent mais dans un même espace de relations, qui s'étend aujourd'hui à l'ensemble de l'écoumène, à l'ensemble des êtres humains. Cet être géographique nouveau mérite un nom propre, et donc une majuscule : le Monde. Il s'impose à nous aujourd'hui, mais fut longtemps peu de chose. L'histoire de l'espace mondial, ou la géographie du temps long de la mondialisation – deux façons de désigner le champ géohistorique de cet ouvrage – ne constituent pas un objet si énorme qu'il ne puisse être saisi.

Il n'en fut pas toujours ainsi. Pendant des millénaires, *Homo sapiens* n'a cessé de se diffuser à la surface de la Terre. Les groupes s'éloignant ainsi les uns des autres se différenciaient, cessaient de se comprendre et finissaient même souvent par ignorer leurs existences réciproques. L'histoire de l'humanité, c'est d'abord le processus inverse de la mondialisation, une *particularisation* pourrait-on dire : les groupes sous la tyrannie de la distance sont soumis à la fission, leurs langues divergent, ils s'adaptent à des milieux différents, ils inventent d'autres manières de vivre en société. Cette production de la spécificité de chaque groupe social, d'une multitude d'histoires originales, n'est peut-être pas sans rappeler les nombreux mouvements identitaires contemporains. Ce sont pourtant des processus radicalement différents. Les tendances actuelles à (re)produire des particularités, qu'elles soient religieuses, nationales, linguistiques ou autres, se comprennent justement comme un effet de la mondialisation. C'est pour répondre au besoin de ne pas se perdre, de ne pas se sentir dissous dans le niveau mondial, de s'opposer à des forces qui semblent étrangères, que se multiplient les conversions à des particularités anciennes ou inventées. En cela, la production contemporaine d'identités, parce qu'elle est une réaction à l'induration du niveau mondial, forme système avec lui et, d'une certaine façon, participe à la mondialisation – en tout cas, ne peut se comprendre sans l'accentuation de ce processus. Tout le contraire, donc, de la différenciation par diffusion d'une humanité rare.

En effet, si les hommes sont progressivement moins éloignés les uns des autres au cours de leur histoire, c'est bien sûr que les moyens de communiquer gagnent en efficacité, mais cela découle plus simplement du fait qu'ils sont plus nombreux. Un calcul original peut en donner une image. Les démographes estiment à 250 millions de personnes l'humanité au début de notre ère [CHESNAY, 1991] et à 7 milliards aujourd'hui (une multiplication par 28). En imaginant que les hommes soient également répartis sur les terres émergées supposées d'un seul tenant (Antarctique non comprise), la distance entre deux personnes aurait été, il y a deux millénaires, de près d'un kilomètre. En revanche, elle serait aujourd'hui de moins de 150 mètres : à portée de voix. Certes, on est loin du métro en fin d'après-midi, comme certains voudraient nous le faire croire, mais on est néanmoins dans des conditions d'interactions beaucoup plus plausibles. Une cause première de la mondialisation réside tout simplement dans la croissance démographique mondiale. Plus la Terre est peuplée, plus les hommes, malgré leur dispersion à sa surface, interagissent entre eux.

Cependant, cette perspective brutalement quantitative, si elle méritait d'être rappelée, ne représente évidemment qu'un paramètre de la construction du niveau mondial. Ce processus n'est vraiment pas linéaire et on peut en esquisser une brève chronologie, en repérer les scansions majeures. Mais, pour cela, il faut auparavant différencier quelques termes qu'on pourrait risquer de prendre pour synonymes : Terre, Monde, international, universel.

La Terre et le Monde

Une des acceptions les plus courantes du terme *monde* est l'ensemble de tout ce qui existe, proche des mots « univers », « cosmos » ou, tout simplement, « réel ». Nommer *Monde* le niveau géographique le plus élevé fait donc toujours courir le risque d'une dissolution du sens. C'est pourtant indispensable, car sinon, comment désigner le résultat, toujours provisoire, de la dynamique de la mondialisation? Certes, ce dernier terme sert souvent à désigner tout autant l'état que le processus, mais ce n'est guère le moyen d'en faciliter la compréhension. Tout au long de ce livre, on désignera donc par *Monde* le niveau géographique concernant le plus grand nombre d'êtres humains, aujourd'hui l'humanité entière. C'est en effet un point délicat : si tout est dans le monde (au sens courant que l'on vient d'évoquer), tout est loin d'être mondial aujourd'hui. Les compétitions sportives en donnent une image hiérarchique claire : une « coupe du monde » peut intéresser tous les sportifs en tant que spectateurs, mais un très petit nombre d'entre eux comme acteurs. Tous les actes des hommes d'aujourd'hui sont loin d'être mondiaux, même s'ils entretiennent presque toujours quelques liens avec le niveau global : tous les battements d'ailes de papillon ne déclenchent pas des catastrophes.

Les géographes sont sensibles aux échelles et savent bien qu'un espace national n'est pas la somme des entités régionales qui le divisent. Réciproquement, ce qui est régional n'est pas forcément saisi par le niveau supérieur. On peut, dans une certaine mesure dire que tout est dans le Monde, mais tout n'est pas mondial. Énormément de faits de sociétés ne peuvent se comprendre qu'à un niveau plus restreint, macrorégional, national, local... Le Monde n'est pas un objet d'étude aussi énorme qu'il y paraisse. Et ce n'est qu'assez récemment qu'on a pu en prendre conscience. S'il est juste de dire que l'Auvergne ou la Terre de Feu sont dans le Monde, au sens où les actions des habitants de Clermont-Ferrand ou d'Ushuaia doivent, consciemment ou non, tenir compte du contexte global, il serait tout à fait inexact de ne pas les considérer au niveau auvergnat ou fuégien. Faire la part du Monde est une tâche délicate mais considérée avant la fin du XXe siècle, ce n'est pas une démarche si considérable. Le Monde fut longtemps inexistant. Il faut attendre les « Grandes Découvertes[1] » pour que l'ensemble des hommes entrent progressivement en interaction. Et pendant longtemps, ce niveau mondial reste très ténu.

Cinq siècles, c'est peu pour l'histoire de l'humanité, encore moins pour celle de la planète Terre. Il y a bien un fonctionnement de cet ensemble naturel indépendamment de notre espèce qui l'occupe. Olivier Dollfus a ainsi distingué le « système-Terre » du « système-Monde » [1984] pour permettre de mieux comprendre les logiques proprement sociétales de la mondialisation. Mais ce diptyque a également le mérite de rappeler que la Terre peut très bien tourner, les autres animaux et les végétaux l'habiter, même sans hommes. Ce fut d'ailleurs longtemps le cas. En revanche, le Monde humain ne peut se passer de prendre en compte cette demeure. Ménager l'écoumène[2] (littéralement la maison de l'humanité) est devenu une préoccupation essentielle pour le Monde, d'autant plus que la mondialisation contemporaine ne le ménage guère, c'est le moins que l'on puisse dire. L'interaction entre les systèmes Terre et Monde est devenue la première urgence nécessitant l'amorce d'une gouvernance mondiale, la première préoccupation d'une opinion publique globale émergente, le premier facteur d'une société Monde.

L'international, le mondial, l'universel

En effet, l'addition des préoccupations environnementales des États ne suffit visiblement plus. En d'autres termes, il faut passer de l'international au mondial. Les deux notions sont souvent prises l'une pour l'autre, mais il est essentiel de bien les distinguer. Lorsque tout relève du jeu des États, des « puissances » comme on disait autrefois, comme c'est le cas pour la diplomatie et la guerre, on est dans l'international. En revanche, lorsque des mouvements altermondialistes contestent l'action de firmes transnationales, on est dans le mondial. La difficulté provient de ce que la distinction est à la fois essentielle et souvent délicate à cerner. Ainsi, dans l'agriculture, comme nous le verrons dans le chapitre 9, on peut parler d'une logique internationale quand s'affrontent les protectionnismes et les politiques interventionnistes des États-Unis, de l'Union européenne, du Japon et de quelques autres (riches).

---

1. La formule « Grandes Découvertes », élément clef du grand récit européen, est due à Alexandre de Humbolt en 1831.
2. « Écoumène » est souvent écrit avec l'orthographe étymologique : « œkoumène ». La racine grecque *oikos* (maison) est aussi à l'origine d'économie et d'écologie. On suivra ici la graphie la plus simple qui semble se généraliser [BERQUE, 1996].

Mais en revanche, les cours du café, du cacao, du caoutchouc et d'autres produits « tropicaux » dépendent fondamentalement des fluctuations mondiales enregistrées par les bourses de matières premières. Malgré les modestes politiques nationales, ces productions agricoles sont surtout soumises au niveau mondial. On ne peut donc, au sens fort de l'adjectif, parler globalement d'une agriculture *mondiale*, mais seulement pour certains produits ; les autres relevant d'une agriculture internationale.

Cette distinction fondamentale est à la fois rassurante et déstabilisante. Parce qu'elle permet de comprendre que le Monde n'est pas tout, elle rassure. Mais parce qu'il faut trier, distinguer le mondial de ce qui ne l'est pas, elle inquiète. On comprend mieux alors que le niveau mondial non seulement n'a pas toujours existé mais que, même lorsque ce niveau s'est esquissé, il n'a longtemps été qu'une mince pellicule sur de puissants niveaux sociaux moins étendus mais capables de le tenir à distance. Cette capacité de résistance est toujours actuelle en fonction de la force des entités géographiques de niveau inférieur. Ainsi les sociétés les plus capables d'échapper aux contraintes mondiales sont aujourd'hui celles des États-Unis et de la Chine.

Si le mondial influence de plus en plus les niveaux inférieurs – et c'est justement ce qu'on désigne par mondialisation – il ne les fait pas disparaître. Symétriquement, on ne peut non plus le confondre avec l'*universel*. Plus encore que le terme monde, l'univers désigne l'ensemble du réel, avec une forte connotation astronomique, très proche du sens de *cosmos*. Mais il a un sens plus ancien pour désigner l'ensemble des hommes. Lorsque Racine fait dire à Burrhus « Craint de tout l'univers, il vous faudra tout craindre » [*Britannicus*, IV-3], il ne pensait certes pas aux exoplanètes. Et c'est dans cette interprétation qu'on utilise souvent l'adjectif *universel* et le substantif *universalité*, désignant ainsi ce qui concerne la totalité des hommes. Or ce que reprochent beaucoup d'adversaires de la mondialisation actuelle, c'est justement son aspect unilatéral, occidental et capitaliste. Il ne faut pas perdre de vue que le Monde tel qu'il a été construit est spécifique, particulier, comme n'importe quelle autre entité géographique. Il aurait pu être autre. On aura l'occasion d'esquisser une alternative (chapitre 4) lorsqu'au XVe siècle rien n'est encore joué et que de puissantes flottes chinoises sillonnent l'océan Indien.

L'intérêt de brosser la fresque de la construction du Monde tient justement dans la démonstration de la spécificité de cette histoire. Les traits occidentaux du niveau mondial nous sont tellement familiers qu'ils nous semblent évidents, naturels – et ce d'autant plus si nous sommes nous-mêmes européens. Or pour gérer le Monde, en particulier pour mieux harmoniser l'aménagement et le ménagement de notre maison la Terre, il faut que l'ensemble des hommes puissent se considérer comme partie prenante – sans doute pas à égalité avant longtemps, ne serait-ce qu'économiquement, mais sans le ressentir comme une négation d'eux-mêmes. On retrouve le dilemme de l'international et du mondial : l'universalité ne peut être la juxtaposition de toutes les particularités civilisationnelles dont on considérerait un hypothétique plus petit commun dénominateur. Sur ces patrimoines mis en commun se construit aujourd'hui une culture transversale. La cuisine dite « internationale » est largement occidentale (par ses rythmes quotidiens, l'ordonnancement de ses plats, ses manières de table et, bien sûr, ses saveurs), mais elle intègre du guacamole et des sushis, des nems et du couscous, etc. [FUMEY, 2010]. On s'attable de plus en plus devant des repas qui ne sont plus de quelque part tout en étant de beaucoup d'endroits. On perçoit une évolution semblable dans l'habillement.

Ces processus de désoccidentalisation du Monde, qu'on ne peut confondre avec les divers fondamentalismes identitaires géographiquement localisés, traduisent une affirmation de la personnalité de ce niveau unique. Nous rencontrerons de plus en plus souvent ce décalage entre pensée occidentale, renvoyée à sa spécificité régionale, et universalité, en particulier dans les droits humains, les statuts de genres et la démocratie. Il sera donc nécessaire d'insister dans le dernier chapitre sur cette tension entre le mondial et l'universel.

Le Monde depuis...

Lors de la première édition de ce livre, il avait été indiqué que le terme français de mondialisation avait été utilisé pour la première fois au cours de la Première Guerre mondiale[1]. Depuis, Vincent Capdepuy a découvert une occurrence plus ancienne[2] encore dans une tribune de Pierre de Coubertin, « Le flambeau à sept branches », publiée par *Le Figaro* du 13 décembre 1904. Pour le moment, on considère toujours que l'expression étatsunienne de *globalization* date de 1943[3]. Mais ce n'est qu'au début des années 1980 que ces deux expressions connurent une diffusion massive. Si le mot n'existait pas, le processus est amorcé depuis beaucoup plus longtemps. Depuis quand ?

---

1. En 1916, sous la plume du juriste belge Paul Otlet (inventeur avec Henri La Fontaine de la Classification décimale universelle des bibliothèques du monde entier) qui voulait montrer la nécessité d'une gestion plus collective des ressources mondiales afin de prévenir toute nouvelle guerre.
2. *Alternatives économiques*, hors série, n° 101, avril 2014.
3. René-Éric Dagorn, dans « Une brève histoire du mot "mondialisation" » (*in* GEMDEV, 1999, *Mondialisation. Les mots et les choses*, Paris, Karthala, p. 187-204), avait fait état d'apparition de ces termes dans la presse dans le contexte des *Rounds* du GATT. « *Globalized Quota* » dans *The Economist* en 1959, « *Globalization* » dans le *Spectator* en 1962 et « mondialisation » dans *Le Monde* en 1964. Des recherches plus poussées, telles que les autorisent les bibliothèques numérisées actuelles, permettent de faire remonter l'apparition de ces mots plus loin dans le XXe siècle. C'est à Élisée Reclus qu'on doit d'avoir écrit le premier l'adjectif « mondial » dans sa *Géographie universelle* en 1893 où il parle de « réseau mondial » à propos des câbles télégraphiques. Enfin, le terme de *globalization* apparaît dans les discussions de la Conférence de Moscou d'octobre-novembre 1943.

On va tenter de rapidement remonter la chronologie pour retrouver quelques bifurcations décisives. Nous en retiendrons cinq, tantôt des événements bien connus (1914, 1492), tantôt des dates rondes situant un changement d'époque (1980, 1750, 12 000 avant notre ère). D'autres auraient pu figurer dans cette liste et nous les rencontrerons dans les chapitres suivants, mais ces cinq repères permettent une scansion globale.

Le Monde depuis 1980. Si les mots géopolitique et mondialisation (ainsi que l'anglicisme «globalisation») deviennent familiers du grand public, c'est effectivement que le Monde change, clairement pour les contemporains, au début des années 1980. Citons rapidement – mais il faudra y revenir (chapitre 8) – l'obsolescence de l'anti-Monde soviétique qui dépose son bilan à la fin de la décennie, l'amorce de la fulgurante croissance du pôle économique asiatique, l'unification financière mondiale (seul processus pour lequel on peut parler de globalisation en bon français), le bond qualitatif des techniques de communication, Internet en particulier... La rupture avec la période antérieure se traduit dans le monde des idées par une recomposition du paysage intellectuel, en particulier avec l'effacement du paradigme marxiste. C'est ce qu'on appelle souvent «la fin des grands récits» (c'est-à-dire du structuralisme et du marxisme)[1]. On parle aussi de postmodernité, dans la mesure où la vision d'une humanité tournée vers son futur nécessairement plus radieux, la croyance au Progrès dans la lignée de Lumières, était une perspective «futuriste», au sens des «régimes d'historicité» de François Hartog [2003], partagée tant par les libéraux que par les marxistes.

Le Monde depuis 1914. Les tranchées de la Première Guerre mondiale tracent la limite finale de la «première mondialisation», selon la formule de Suzanne Berger [2003]. Le «court XXe siècle» [HOBSBAWN, 1994] est marqué par le recul du monde, brutal et conflictuel jusqu'en 1945, mais persistant ensuite sous la forme de la guerre froide, puisque l'Union soviétique était porteuse d'un projet mondial d'une concurrence radicale.

Le Monde depuis 1750. Situer vers le milieu du XVIIIe siècle l'amorce du changement économique global qu'on nomme Révolution industrielle peut sembler un peu prématuré. Pourtant, comme c'est dans les secteurs productifs déjà existants que les modifications s'opèrent en premier, avant le textile, c'est l'agriculture qui connaît une révolution productive. En témoigne la transition démographique qui en Europe occidentale débute alors. La multiplication par quatre du nombre des Européens, plus encore la crois-

---

1. Le structuralisme peut légitimement être considéré comme l'inverse d'un récit. Mais l'expression «récit» a dépassé l'idée de narration pour désigner les mises en scène totalisantes du réel, typiques de la modernité. L'expression «grand récit» et l'usage de «postmodernité» au-delà de l'architecture sont dus à Jean-François Lyotard (1979).

sance exponentielle de leurs moyens techniques dans la seconde moitié du XIXe siècle, va leur donner un avantage inégalé et la possibilité de construire un monde à leur image dont nous héritons largement.

Le Monde depuis 1492. Parmi les « Découvertes européennes[1] », c'est l'arrivée en Amérique qu'il faut surtout retenir. On défendra la thèse que sans ces richesses américaines capturées, l'Europe n'aurait pu accumuler de quoi « décoller » trois siècles plus tard (chapitre 5). De fait, c'est l'amorce d'un monde transatlantique dont bien des traits s'étendront ultérieurement à d'autres sociétés, l'extraversion grosse du sous-développement en particulier. Ces traits issus d'une mondialisation européenne, de 1492 à 1914, sont largement en train de s'estomper sous nos yeux au début du XIXe siècle.

Le Monde depuis – 12 000. Ce bond loin en arrière dans le temps peut surprendre. La date choisie correspond en gros à la fin de la dernière glaciation quaternaire (le Würm dans la chronologie européenne). Il s'agit d'un moment clef pour la future mondialisation pour trois raisons (chapitre 2). Tout d'abord, l'abaissement du niveau marin a permis la diffusion de l'*Homo sapiens* sur des terres émergées vierges de toute humanité, l'Amérique en particulier. Réciproquement, la remontée des eaux à la fin de la glaciation a isolé ces sociétés, accentuant la particularisation des processus historiques déjà évoquée. Enfin, le défi qu'a dû représenter le changement climatique est le contexte postglaciaire dans lequel quelques groupes humains sont passés de la prédation (chasse, cueillette, pêche) à la production (culture et élevage). Cette Révolution néolithique[2] va permettre la croissance démographique lente mais puissante de toute la période agricole, jusqu'au XVIIIe siècle, qui permet aux hommes de se rapprocher.

On peut être frappé par la coïncidence entre la chronologie de la mondialisation et les dates avancées par les différents partisans de l'idée d'Anthropocène pour en marquer le début. Cette dernière période du Quaternaire, succédant à l'Holocène qui avait commencé il y a 12 000 ans avec la fin de la dernière glaciation, serait caractérisée par l'importance de la marque humaine, devenue le principal agent de transformation du fonctionnement de la planète Terre. C'est le chimiste de l'atmosphère, Paul Crutzen (prix Nobel de chimie 1995), qui est à l'origine de cette notion. Il proposait de la faire débuter à la fin du XVIIIe siècle, mais la Commission stratigraphique

---

1. Parler des Grandes Découvertes sans guillemets, c'est assumer la subjectivité européenne. Comme le faisait dire à des Indiens un caricaturiste en 1992 pour célébrer le cinquième centenaire du premier voyage de Colomb : « Ciel, nous sommes découverts. »
2. L'expression « néolithique » est inventée en en 1865 dans *Prehistoric Times* par John Lubbock, en couple avec « paléolithique » pour désigner la période finale de la préhistoire qu'il pensait caractérisée par l'usage de la pierre polie. C'est Gordon Childe, en 1925, qui introduit l'idée de « révolution néolithique » pour désigner l'invention de l'agriculture, donc à ses yeux de la sédentarisation, dans un contexte post-glaciaire, puis la « révolution urbaine » qui en découlerait.

internationale hésite entre plusieurs dates, allant du Néolithique (l'Anthropocène inclurait donc l'Holocène) à la fin de la Seconde Guerre mondiale, en passant par la Révolution industrielle. Parmi les dates intéressantes, on peut retenir la proposition de Simon Lewis et Mark Maslin[1] : 1610. Ce n'est évidemment par l'assassinat d'Henri IV de France qui importe, mais le fait qu'alors la concentration atmosphérique de dioxyde de carbone, telle qu'on peut le suivre dans les carottes glaciaires, tombe à un niveau particulièrement faible. Cette chute serait la conséquence d'une diminution de la population mondiale dans des proportions jamais rencontrées à un autre moment historique. Du fait des pandémies qui ont traversé l'Atlantique avec les conquistadors européens (chapitre 5), la population américaine aurait chuté de près de 50 millions de personnes, soit plus de 10 % de l'humanité d'alors. Des millions d'hectares de terres cultivées redeviennent forestiers qui pompent quelques milliards de tonnes de CO_2, avant que les défrichements ne reprennent. Ainsi, quelques millièmes de grammes de matière organique (virus, bacilles et microbes), déplacés involontairement par des hommes, auraient eu un effet majeur dans le système Terre. C'est une manière biophysique de mesurer l'effet des « Grandes Découvertes ».

Le plan adopté est donc celui d'un récit. Le point de départ sera cette antimondialisation que représente la diffusion/fractionnement de l'humanité qui étend progressivement l'écoumène (chapitre 2). Mais les sociétés sont inégalement isolées ; c'est de ce qu'on nomme au XVIe siècle l'« Ancien Monde » que partent les navires qui vont coudre le Monde ; il faut donc en comprendre les logiques (chapitre 3) pour s'interroger sur le destin de l'Europe (chapitre 4). À partir de là, le Monde peut s'amorcer, avec deux caractéristiques : la création de périphéries (chapitre 6) et d'une centralité grosse de transformations majeures (chapitre 7). Pour comprendre cette accélération européenne inattendue, il faut au préalable insister sur le rôle crucial joué par la capture de l'Amérique (chapitre 5). La dernière partie du livre est logiquement consacrée à la période la plus récente, mais avec pour objectif principal d'insister sur les fragilités et les limites de la mondialisation. Non seulement le XXe siècle témoigne de sa réversibilité (chapitre 8), mais le bilan qu'on peut en tirer montre que l'international est toujours vigoureux et que la mondialisation sécrète son propre antidote, la multiplication des identités (chapitre 9). Ces limites permettent de revenir sur la question de l'universel, dans ses défis épistémologiques comme dans ses problèmes déontologiques (chapitre 10), et d'interroger rétrospectivement la démarche même du livre (chapitre 11).

Ainsi, pour plagier le titre du tome III de *Civilisation matérielle* de Braudel [1979], est venu le temps du Monde.

---

1. Lewis Simon L. et Maslin Mark A., 2015, « Defining the Anthropocene », *Nature*, n° 519, 12 mars.

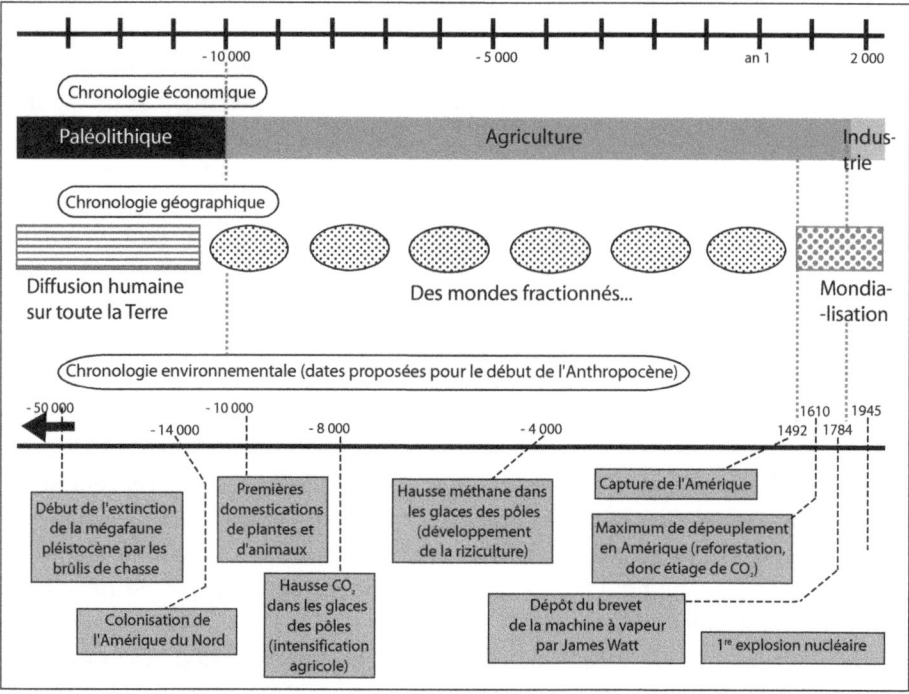

Les dates clefs de la mondialisation

Chapitre 1

Les mémoires du Monde

« Il m'aurait été facile d'être plus court, mais plus facile encore d'être plus long. »

Denis DIDEROT, Plan d'une université.

DIRE QUE LE MONDE ACTUEL est l'aboutissement de son passé est une parfaite banalité. Il ne s'agit pas d'interroger son histoire avec l'espoir d'une hypothétique leçon, mais de prendre le présent comme un arrêt sur image de nombreuses dynamiques, sociales et naturelles, qui perdureront et se transformeront demain. Le Monde est tendu de mémoires, pour reprendre la formule de François Durand-Dastès[1]. Le tableau sera brossé à très gros traits, pour dégager quelques questions, en se demandant pour chaque caractère : pourquoi? pourquoi là (et pas ailleurs)? depuis quand? cela va-t-il durer?

Le Monde, ce sont des hommes sur la Terre et reliés entre eux; mais certains le sont beaucoup moins que d'autres. Le degré de « mondialité », de connexion au système-Monde, peut difficilement être quantifié et sérieusement cartographié, cependant, dans ce premier chapitre, on va tenter d'en esquisser une image. Pour en arriver là, il faut se demander où sont les hommes, quel est leur degré d'autonomie ou de dépendance par rapport au Monde (en d'autres termes, sont-ils riches ou pauvres, regroupés en petites sociétés ou en très grands ensembles).

À partir de là, deux modes d'approche peuvent être suivis, selon les deux axes privilégiés de l'explication géographique. D'abord, la logique spatiale, l'analyse des positions relatives des ensembles sociaux les uns par rapport aux autres, suggérera l'esquisse d'un portrait-robot du système-Monde. Ensuite, la prise en compte des milieux naturels occupés permettra d'interroger l'utilisation par des logiques mondiales des différenciations naturelles produites par le système Terre.

---

1. « Les mémoires du Monde », deuxième partie du « Système Monde », dans *Géographie universelle*, tome I, *Mondes nouveaux*, Paris, Belin, 1990, p. 310-365.

Des acteurs collectifs très inégaux

Nombreux ou rares

La carte de la répartition des hommes sur Terre est un point de départ inévitable pour tenter de comprendre le Monde (figure 1.1). Généralement, on confronte d'abord cette répartition à celle des milieux naturels, pour prendre en compte les contraintes du déterminisme dit *géographique*. La conclusion est toujours « oui, mais » puisque, si on remarque qu'il n'y a pas de fortes densités aux pôles, au cœur du Sahara (sauf la vallée du Nil) ou à plus de 4 000 mètres d'altitude, on n'en conclut pas moins que dans l'ensemble la corrélation entre densités humaines et milieux considérés comme favorables n'est pas systématique. Il faut donc aller chercher des facteurs dits *historiques*. Une telle démarche a été fort bien faite par Guy Baudelle et on ne peut que renvoyer à son excellent ouvrage *Géographie du peuplement*[1].

Les principaux foyers de peuplement actuels n'ont pas la même histoire (figure 1.2). Il faut tout d'abord remarquer la longue durée des trois foyers de l'Eurasie : Chine, Inde et Méditerranée-Europe. Ils sont nettement lisibles bien avant notre ère. Tous les trois connaissent une diffusion, mais selon des directions différentes : les foyers indien et chinois du nord vers le sud, l'inverse pour le troisième (de la Méditerranée vers le nord). Un second contraste est bien connu, l'Europe a connu sa transition démographique un bon siècle avant les deux autres, mais à l'échelle de plusieurs millénaires ce n'est qu'une nuance. Aujourd'hui, même en s'en tenant à une délimitation restreinte – compte non tenu de l'Afrique méditerranéenne et de la Turquie pour l'Europe, de la Corée et du Japon pour le monde chinois (restrictions historiquement discutables dans ce vaste cadre chronologique) –, ces trois foyers représentent plus de la moitié de la population mondiale (un peu plus de 20 % chacun pour les deux orientaux et 10 % pour l'occidental).

Si l'on prend en compte leurs marges immédiates (péninsules et archipels asiatiques, Maghreb-Machrek) et les espaces qui les relient (Insulinde, Iran, Croissant fertile), on délimite un ensemble qui regroupe les trois quarts de l'actuelle humanité. Or, il est frappant de retrouver cette configuration aussi loin qu'on puisse remonter dans le temps pour tracer un planisphère du peuplement terrestre. Le reste de l'écoumène fait pâle figure : moins du quart des hommes (13 % pour l'Amérique, 10 % pour l'Afrique subsaharienne et moins d'1 % pour l'Océanie). Cette dissymétrie inscrite dans la très longue durée entre un chapelet de populations de la Méditerranée au Pacifique d'une part,

---

1. BAUDELLE Guy, 2003 (2ᵉ éd.), *Géographie du peuplement*, Paris, Armand Colin, coll. « Cursus ». Le premier chapitre est l'analyse de la carte de la population citée ici, les deux chapitres suivants, nommés « Explication de carte I et II » étudient successivement les facteurs naturels, puis les facteurs historiques.

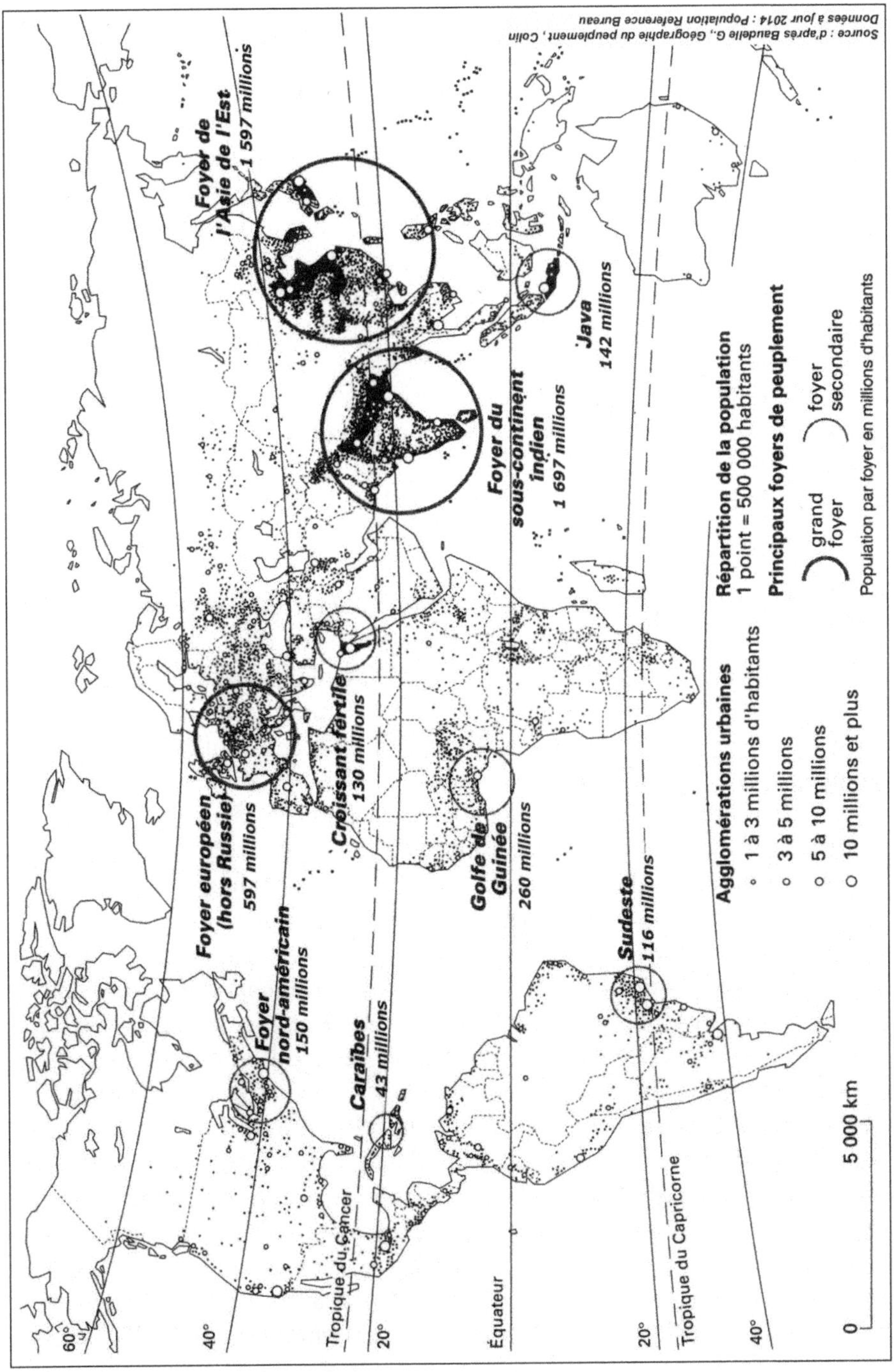

Les mémoires du Monde 21

Figure 1.1. La population de la Terre

et le reste de l'humanité d'autre part, est un trait dont il faudra tenir compte pour l'histoire du Monde.

Le quatrième foyer actuel paraît, au moins quantitativement, plutôt modeste. Même si l'on totalise l'ensemble de la population des États-Unis et du Canada, ce qui excède de beaucoup le foyer dense nord-américain, on arrive au mieux à 5 % de la population mondiale. Par ailleurs, ce dernier pôle a la spécificité d'être très récent, deux siècles tout au plus. Pour les foyers secondaires, les histoires sont différentes. Deux scénarios peuvent être identifiés : un américain et un africain. En Amérique, deux foyers se dessinent nettement dès avant notre ère, l'un dans l'actuel Mexique, l'autre dans les Andes. Tous les deux sont localement dédoublés (sur le littoral et dans les hautes terres) et, surtout, tous les deux connaissent une expansion plus tardive que dans l'Ancien Monde et une chute très brutale au XVIe siècle qui nécessitera trois siècles pour être compensée. En Afrique, deux foyers également se sont dessinés, l'un à l'est et l'autre à l'ouest. Les deux étaient initialement plutôt à l'intérieur des terres (zone soudanienne et boucle du Niger pour le foyer ouest africain et montagnes pour l'Afrique de l'Est), puis les littoraux se sont développés à partir du XIXe siècle.

La littoralisation est un phénomène général qui affecte toutes les régions peuplées, mais prend des formes distinctes selon les différents types que nous venons de décrire rapidement. À l'échelle du planisphère, les trois gros noyaux anciens de l'Eurasie ne sont pas profondément modifiés. Certes, la Chine glisse vers l'océan à la fin du siècle dernier, les grandes villes littorales se développent particulièrement tant en Inde qu'en Europe, mais sans remettre en cause les localisations d'ensemble. Pour les foyers très récents (Amérique septentrionale et noyaux mineurs comme Rio-São Paolo et Buenos Aires ou le sud-est de l'Australie), leur création à partir de la mer explique leur position littorale initiale. L'Afrique du Sud présente cependant quelques différences dues à l'histoire coloniale locale (les treks des Boers). Les basculements les plus spectaculaires concernent donc les noyaux amérindiens et subsahariens.

Au total, ce qui frappe dans l'histoire du peuplement à l'échelle de la Terre, c'est beaucoup plus la stabilité que la diffusion. Les grands moments de dynamiques spatiales de peuplement sont aux deux extrêmes de notre histoire : durant la dernière glaciation, moment de grande extension de l'écoumène qui atteint pratiquement ses limites actuelles (Grand Nord, Terre de Feu, Tasmanie, pointe Sud de l'Afrique, à l'exception de quelques îles perdues au cœur des océans) et lors des deux derniers siècles, avec l'explosion démographique consécutive à la mondialisation en cours. Aujourd'hui, même si des fronts pionniers amazonien ou chinois étendent à la marge les densités du Monde, la plus grande partie des flux migratoires conforte les fortes densités existantes en se dirigeant avant tout vers l'Amérique du Nord et l'Europe ; la seule exception, peut-être provisoire, concerne la mobilité vers le golfe

Les mémoires du Monde ▼ 23

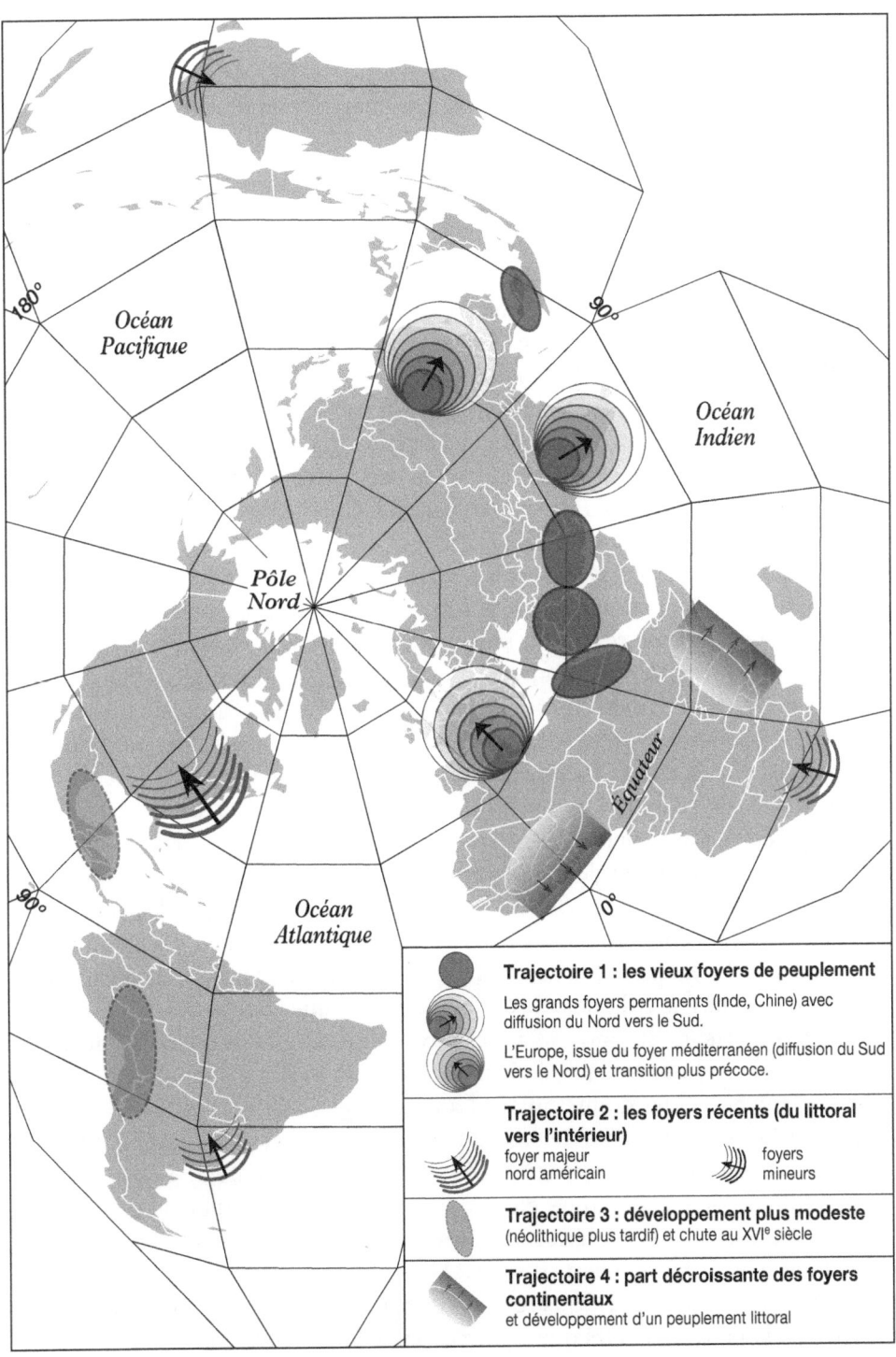

Figure 1.2. Les trajectoires historiques des principaux foyers de peuplement

Arabo-Persique. Cette stabilité s'étend sur une durée bien supérieure à toute mondialisation. C'est donc plutôt la répartition préalable des hommes qui conditionne le Monde plutôt que l'inverse, même si les processus mondiaux contemporains la font quelque peu évoluer.

Riches ou pauvres

Ces mouvements migratoires contemporains découlent de forts écarts de richesse que la mondialisation met en contact et qu'elle a largement contribué à créer. Toujours dans le temps très long, ces différentiels de niveaux de vie sont effectivement une nouveauté. Si l'on considère le mode de vie moyen des habitants des grandes civilisations agraires du Néolithique au XVIe siècle, les différences internes sont toujours beaucoup plus spectaculaires que les contrastes entre sociétés différentes. Le niveau de vie – autant qu'on puisse s'en faire une idée, évidemment – d'un agriculteur romain se rapprochait plus de celui d'un paysan chinois de l'Empire han que du quotidien d'un sénateur ou d'un mandarin d'alors. L'écart n'est pas non plus très évident avec la consommation estimée des chasseurs cueilleurs. Il est d'ailleurs probable que la révolution néolithique ait entraîné, du fait du manque de souplesse due à la sédentarité nouvelle, une péjoration du niveau de vie comme semblent le montrer les squelettes des tombes du Croissant fertile beaucoup plus stigmatisés de carences que ceux des Paléolithiques leurs contemporains. Encore au XVIIIe siècle, les écarts de modes de vie entre des paysans du Royaume de France, de l'Empire turc ou de la Chine des Qing ne pouvaient être très grands. Et il n'est pas sûr qu'ils vivaient mieux que des cultivateurs africains, polynésiens ou amazoniens ; il est même plus que probable qu'ils travaillaient beaucoup plus, ayant une lourde superstructure à nourrir.

En revanche, au milieu du XXe siècle, on s'est rendu compte des énormes écarts qui s'étaient creusés entre les pays qu'on appelle alors développés et les autres. Le contexte de la décolonisation favorise cette prise de conscience, mais il n'est pas interdit de penser que c'est alors que l'opposition entre deux ensembles, riches et pauvres, a été maximale. Aujourd'hui, l'ensemble des pays sous-développés, qui semblait homogène, s'est fragmenté. L'Afrique noire, même si elle donne aujourd'hui des signes de « rattrapage », d'une mondialisation croissante de l'utilisation du dernier bassin de main-d'œuvre à très bas coût, reste encore très loin dans les classements de richesse. Les pays d'Asie orientale, Chine en tête, suivent l'exemple japonais et l'Amérique latine reste plus indécise. Les scénarios envisagés dans les années 1950 et 1960 se sont lourdement trompés : la Corée du Sud, ruinée par la colonisation puis les guerres et sans ressources naturelles, était considérée comme vouée à la pauvreté, alors que le Congo juste libéré de la colonisation belge pouvait envisager un avenir radieux grâce à ses richesses minières...

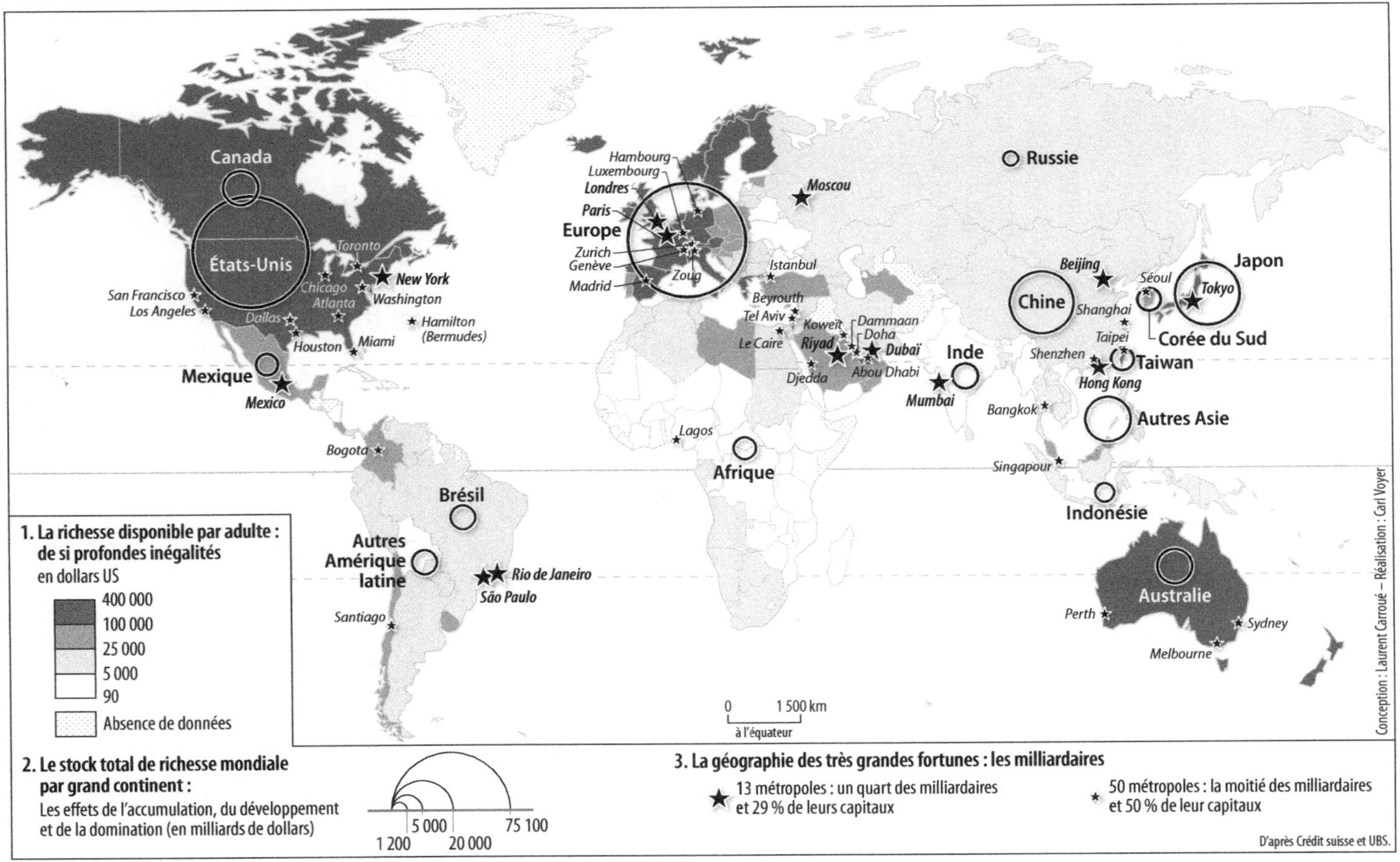

Les mémoires du Monde 25

Figure 1.3. La richesse sur Terre

Toujours en restant descriptif, comme pour les densités, sans chercher à s'inscrire dans une théorie du développement, on peut esquisser une brève typologie dans la longue durée économique. Les premiers lieux d'accumulation, en particulier sous forme d'agriculture dense et de foyers urbains [BAIROCH, 1985], se rencontrent en Eurasie, incontestablement dans le Croissant fertile[1], surtout si l'on prend ce toponyme dans un sens très large, de la vallée du Nil à la cuvette iranienne. Progressivement d'autres lieux de richesses se distinguent : nord de l'Inde ou de la Chine, plus tardivement Amérique centrale, Andes médianes, Afrique occidentale en particulier. L'ensemble de ces foyers diffuse. Au xve siècle, on a donc une grande bande de richesses qui traverse l'Eurasie, de la mer du Nord au Japon et quelques foyers plus isolés en Afrique et en Amérique. Nous retrouvons la carte des densités, ce qui n'a rien de surprenant dans un contexte économique essentiellement agricole et artisanal où « il n'y a de richesses que d'hommes ».

Inversement, vers 1900, les répartitions démographique et économique ont divergé. Un noyau devenu central se détache nettement, l'Europe occidentale foyer de la Révolution industrielle, accompagné de deux émules, le nord-est de l'Amérique et, plus modestement, le Japon. Compte tenu d'un peu de diffusion, en particulier en Russie, la configuration géographique est sensiblement la même vers 1960, au moment où s'affirme la notion de tiers-monde ; sauf que ce sont les États-Unis qui ont pris la première place. Mais le paysage change rapidement par rapport aux rythmes d'évolution antérieurs. Dès les années 1970, pour quatre pays de la façade pacifique de l'Asie, on invente l'expression NPI (nouveaux pays industriels), ultérieurement déclinée sous d'autres formes (dragons, tigres, pays émergents). L'industrialisation et le développement de services modernes jusque-là réservés aux pays de type européen, à la notable exception du Japon, s'étendent brusquement à une grande partie de l'humanité. Le basculement le plus décisif se réalise lorsque la Chine change de cap, se réveille, au début des années 1980.

Mais cette diffusion, élément central de la mondialisation contemporaine, est loin d'être universelle. Si l'on ne prend pas en compte l'extension en proche périphérie des vieux noyaux (Mexique, Maroc, Turquie, Tunisie et quelques autres), l'industrialisation concerne surtout ce que les Européens nommaient « l'Extrême Orient » (les pays situés au sud-est d'une ligne allant des bouches de l'Indus à celle de l'Amour). Il ne faut pas, par ailleurs, oublier que les plus grandes masses de pauvres dans le monde actuel sont encore indiennes et chinoises, malgré la percolation du dynamisme économique dans l'ensemble de ces sociétés. En dehors des lieux de rentes pétrolières, le Brésil et l'Afrique du Sud semblent suivre plus

---

1. On préfère l'expression « Croissant fertile », même au-delà de l'Antiquité, pour contourner les expressions de Proche-Orient, Moyen-Orient et Extrême-Orient, qui ne font que trahir une lourde subjectivité européenne, en l'occurrence bien anachronique [CAPDEPUY, 2008].

Les mémoires du Monde 27

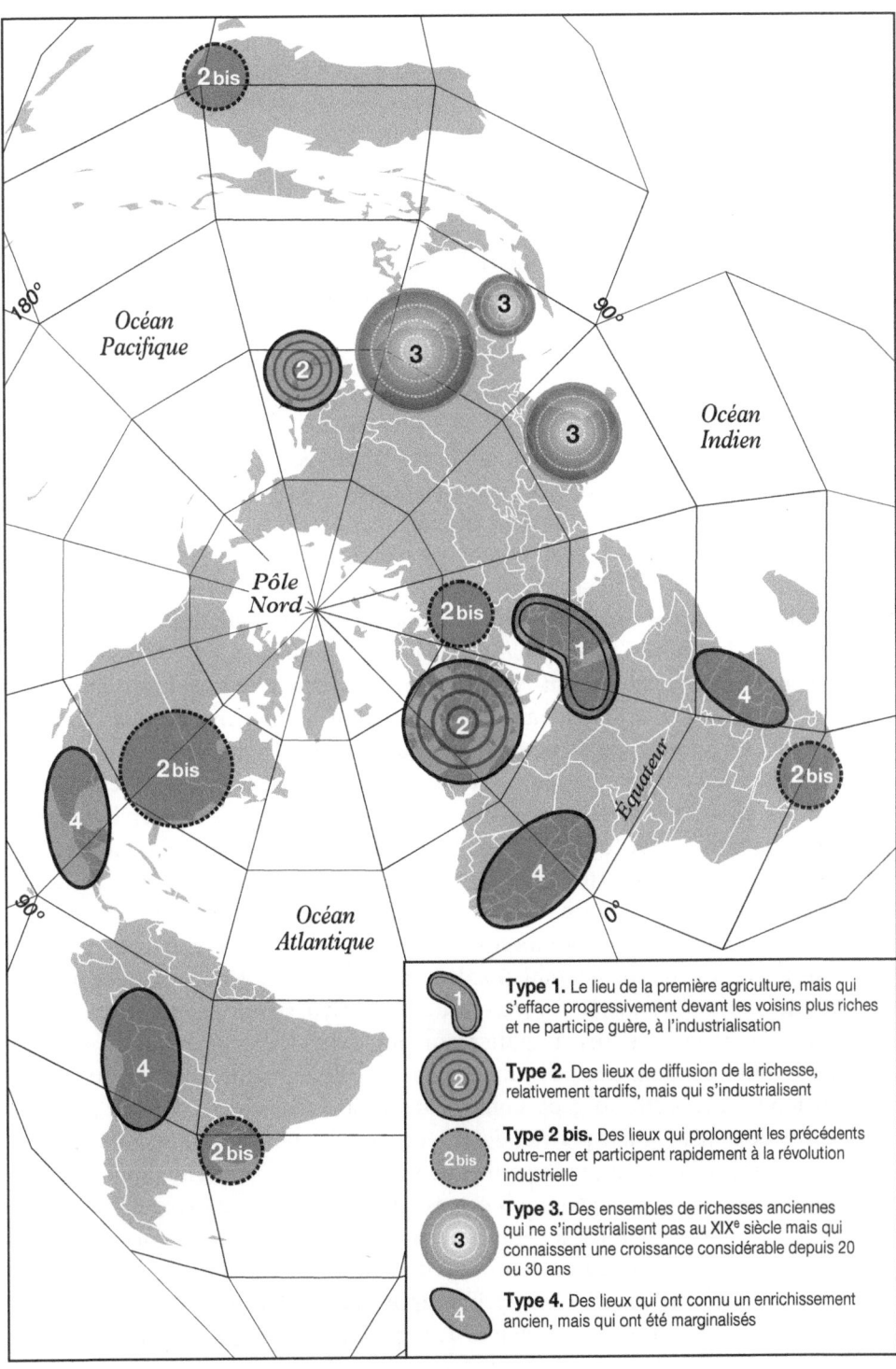

Figure 1.4. Les types de développement historique

modestement le mouvement. On peut donc, comme pour les trajectoires démographiques, esquisser une typologie de scénarios macro-économiques.

En reprenant des parcours de longue durée (et compte tenu du fait que sur ces mêmes portions de la surface de la Terre ont pu se succéder des populations diverses), on peut discerner quatre ou cinq grands types de parcours (figure 1.4).

Type 1. Le lieu de la première agriculture, mais qui s'efface progressivement devant des voisins plus riches et ne participe guère, sauf bénéfice temporaire d'un hasard géologique, à l'industrialisation : le Croissant fertile, Égypte et Iran compris.

Type 2. Des lieux de diffusion de la richesse, relativement tardifs, mais qui s'industrialisent dès le XIXe siècle : évidemment l'Europe, mais aussi le Japon.

Type 2bis. Des lieux qui prolongent les précédents outre-mer et participent rapidement à la révolution industrielle : Amérique du Nord, plus modestement Australie et Nouvelle-Zélande et, avec beaucoup d'ambiguïté, cône Sud latino-américain et, plus partiellement encore, l'Afrique du Sud.

Type 3. Des ensembles de richesses anciennes (plus tardivement que la catégorie 1 mais antérieurement aux types 2) qui ne s'industrialisent pas au XIXe siècle, mais connaissent une croissance considérable depuis vingt ou trente ans : la Chine, l'Inde et le reste de l'Asie orientale.

Type 4. Des lieux qui ont connu, généralement un peu plus tard que les lieux 1 et 3, un enrichissement ancien, mais qui ont été marginalisés, voire ruinés il y a quelques siècles, et qui peinent aujourd'hui à s'insérer dans la croissance mondiale : Amérique centrale et andine, Afrique occidentale et orientale.

Il y a sans doute une cinquième catégorie concernant les ensembles qui n'ont pas connu d'accumulation de richesse, très importants en superficie (donc visibles sur des cartes) mais moins en population. Ce sont les marges des autres : Sibérie, Grand Nord canadien, Amazonie, Afrique intérieure. Comme il s'agit de sociétés peu nombreuses, lorsqu'elles bénéficient d'une manne modeste, cela peut considérablement modifier les revenus locaux (inégalités entre les différentes sociétés micro-insulaires, polynésiennes en particulier).

Ce classement est très simplificateur ; il n'a qu'un mérite, celui de situer les parcours économiques depuis un demi-siècle dans un temps beaucoup plus long. Sa répartition géographique n'est pas sans rapport avec celle des noyaux de densité, mais permet de différencier des positions dans le Monde que le seul poids du nombre, quelle que soit son importance, ne donnait pas immédiatement. Cette géographie n'est pas sans nous interroger dans la perspective d'une histoire de la mondialisation. La situation chronologique et spatiale de l'Europe est évidemment une question classique et incontournable (chapitre 4), mais « l'exception japonaise » (chapitre 7) ne peut être négligée du fait du rôle que la société de ce petit archipel a joué et joue encore dans la mondialisation (sur le plan économique et, naguère, géopolitique).

Le cœur de l'économie mondiale, à partir du moment où cette expression commence à avoir un peu de sens, s'est déplacé de l'Europe (XIXe siècle) vers les États-Unis (XXe) et semble tendre vers l'Asie orientale. Fernand Braudel [1985] brossait ainsi une fresque où se succédaient les cités marchandes comme cœur de l'économie monde européenne : Venise, Anvers, Gênes, Amsterdam, Londres, New York... Shanghai ? Ce modèle descriptif a-t-il quelque pertinence ?

Enfin, les marges du Monde sont-elles condamnées à le rester durablement ?

Gros ou petits

Un dernier élément différencie considérablement les sociétés : leur taille. Même si ce sont des mondes pleins d'hétérogénéité, rien de surprenant à parler de *la* société chinoise ou étatsunienne. En revanche, il est plus délicat d'envisager l'Europe comme *une* société. On ne prend pas en compte ici les microgroupes dont l'anthropologue Pierre Clastres [1974] avait naguère suggéré qu'ils aient été volontairement restreints pour éviter le développement de toute inégalité interne[1]. En parlant bien de sociétés et non pas d'États, on se place devant une difficulté considérable pour présenter les acteurs du Monde. Autant un État est un fait juridiquement défini, reconnu et précisément localisé par des frontières, autant la notion de société est protéiforme, multiple et difficile à couler dans un moule homogène.

Il n'en reste pas moins qu'on ne peut se contenter, pour aborder la longue durée du Monde, de la trame étatique. D'abord parce que c'est un fait récent, ensuite parce qu'elle ne correspond qu'imparfaitement à celle des sociétés. L'État-nation aux frontières linéaires, souvent qualifié par les politologues de « westphalien » parce qu'il se met en place en Europe après la période de conflits religieux qu'achève la guerre de Trente Ans[2], est une invention européenne diffusée dans le Monde. C'est la pièce de base de l'*international* défini en introduction, ce que reconnaissent les Nations unies (qu'il serait plus juste de nommer les États unis, si l'expression n'était déjà prise). Une des marques les plus fortes du Monde est son fractionnement par le réseau des frontières franches qui ne sont plus des marches, des espaces ambigus de transition[3].

---

1. Les structures de parenté qui organisent beaucoup de sociétés sans État peuvent avoir un net effet malthusien. Des anthropologues [ainsi SAHLINS, 1972] pensent que cela permet, inconsciemment évidemment, de ne pas atteindre le seuil d'une surcharge du milieu, d'un surpeuplement, compte tenu du contexte technique. Clastres avance l'idée qu'un nombre plus important de membres pose des problèmes de gestion pour une société fortement égalitaire, nécessitant l'introduction de hiérarchies. Maintenir certaines formes d'égalité suppose donc des processus limitatifs de l'accroissement démographique.
2. Bertrand Badie [1995] envisage la période de « mise en États » des sociétés comme s'achevant sous nos yeux ; la mondialisation triomphant de l'international « débordé par le haut ».
3. Les limites des sociétés, même organisées en empires, ont rarement été réduites à des lignes, jusqu'au XVIIIe siècle. C'est la France qui sert de laboratoire en créant de manière systématique des limites précises à son territoire [NORDMAN, 1998].

Aujourd'hui, l'État-nation semble, malgré les contestations dont il est l'objet, l'élément le plus sûr pour identifier des sociétés, du moment qu'elles ont pris la forme nationale. C'est le cas pour l'ensemble de l'Europe, pour l'Asie orientale, pour les Amériques. L'évidence est beaucoup moins grande en Afrique noire où les frontières ont été tracées, en particulier au congrès de Berlin en 1885, dans l'ignorance et le mépris des populations qu'elles découpaient. C'est globalement dans les parties les plus pauvres du Monde, du fait de l'héritage colonial, que la maille étatique est la moins significative.

En gardant cependant cet indice de société, on peut constater qu'il y a des configurations anciennes et d'autres neuves, également des constructions sociales de grande taille (la Chine, les États-Unis) et d'autres très modestes (Singapour, le Luxembourg). Il faut négliger les évolutions géopolitiques récentes pour en rester aux identités fortes. On a là les acteurs majeurs de l'international, les « puissances » grandes et plus petites.

Cette évaluation grossière néglige les nombreuses contestations séparatistes ou irrédentistes. Plus encore, elle fait l'impasse sur les formes de sociétés en réseaux. Les diasporas [BRUNEAU, 2004], des religions instituées, des mouvements révolutionnaires, voire des entreprises, des structures associatives (ONG) ou des courants intellectuels peuvent faire preuve d'une forte solidarité transnationale. Il est certainement de plus en plus opératoire d'opposer, dans le jeu du Monde contemporain, acteurs enracinés, « sédentaires » dit-on, et acteurs mobiles ou « nomades » [GIRAUD, 1996]. Aux premiers correspondent les États, mais aussi tous les lieux d'accumulations croisées qu'on ne peut déplacer sans casser : les districts industriels [KRUGMAN, 2014 ; BENKO, LIPIETZ, 1992], les grandes villes [PUMAIN, 1989], les hauts lieux [DEBARBIEUX, 1995]. Ce couple de formes sociales, territoires et réseaux, devenu un passage obligé de la description du Monde, est sans doute un peu sommaire. L'État reste l'archétype de la société majeure et la seule configuration assurant l'indépendance et la légitimité maximales. De fait, nombre de réseaux, de diasporas en particulier, peuvent plus ou moins rêver d'enraciner leur sécurité, de bâtir leur Israël. Inversement, sous le mot de réseau sont rangées bien des formes sociales hétérogènes qui n'ont en commun que de n'être pas closes par des frontières nationales, dont certaines représentent la trame du niveau mondial (le monde savant par exemple, certains réseaux d'arts plastiques ou musicaux…) et dont d'autres, en revanche, incarnent des formes d'opposition (altermondialistes, islamisme radical). Dans l'immédiat, le paradigme de l'État semble avoir encore pas mal d'avenir, même si son acmé était il y a un siècle, lorsque l'expression « Shoah » fut utilisée au moment de la Première Guerre mondiale pour désigner le malheur frappant les Juifs s'entretuant dans des tranchées opposées.

Estimer, autant que faire se peut, le poids des différents acteurs sociaux dans l'histoire de la mondialisation comme dans le fonctionnement actuel du

Monde est indispensable pour comprendre leur rôle éventuel, leur capacité de manœuvre. La première relation, la plus évidente, est que pour s'autonomiser d'un niveau mondial de plus en plus prégnant, il faut être très gros. Durant une bonne partie du XXe siècle, l'Union soviétique a tenu le Monde (capitaliste) à distance ; elle n'aurait pu le faire si elle n'avait constitué, avec 22 millions de kilomètres carrés, le plus vaste territoire, vigoureusement protégé. L'isolationnisme de la Chine maoïste n'aurait pu durer sans son poids. L'inverse de l'URSS serait plutôt la cité-État de Singapour qui ne peut reproduire son rang économique qu'en se situant au sommet des échanges mondiaux. Ce fut historiquement la logique de toutes les cités-États, au moins depuis les Phéniciens si ce n'est les Sumériens (pour lesquels le concept a été inventé et développé en particulier par Arnold Toynbee), de ne pouvoir exister et prospérer qu'en se plaçant dans des réseaux qui dépassaient de beaucoup leur base territoriale. En réduisant au maximum les charges de la puissance politique et militaire, du contrôle de l'étendue, ces villes indépendantes ont beaucoup contribué à produire des niveaux supérieurs prémices de mondialisation.

En même temps, la puissance d'une société peut lui permettre d'influencer le Monde, de le modeler presque à sa guise. C'est ce que l'Europe, prise dans son ensemble, a fait au XIXe siècle. C'est largement l'action des États-Unis depuis 1945. Le rapport entre les niveaux géographiques est alors inverse, c'est l'inférieur qui conditionne celui qui l'englobe : là est l'origine de la divergence entre mondialité et universalité pointée en introduction. Évidemment, plus une société est modeste (effectif, richesse), plus elle risque de subir le Monde si elle ne fait pas le choix de s'y agréger comme Singapour. La Corée du Nord serait aujourd'hui un triste témoignage de cette volonté de s'abstraire du Monde : ce qui suppose un coût faramineux pour l'ensemble de la société qui doit supporter un effort d'armement disproportionné à ses moyens. Paradoxalement, Pyongyang est ainsi un lieu particulièrement mondialisé, au sens où le niveau mondial, par sa pression considérable, induit beaucoup de choses dans l'organisation de la société !

Comprendre les processus qui produisent le Monde, dans le temps long comme synchroniquement aujourd'hui, suppose d'identifier les acteurs et d'évaluer leurs rapports de force potentiels. Lorsque le Japon se ferme avec les Tokugawa au début du XVIIe siècle[1], c'est qu'il a les moyens de se refuser

---

1. Les Portugais sont arrivés au Japon en 1543. Le commerce avec les Européens se développe vite et le christianisme se répand rapidement au Japon, en particulier dans les daïmios (principautés) du sud-ouest. Ces échanges bouleversent, par l'introduction de sidérurgie et d'artillerie plus perfectionnées que ce que connaissaient les Japonais jusque-là, l'art de la guerre. Comme en Europe, cela aboutit à une centralisation du pouvoir qui se traduit par l'institution du shogunat en 1603. La mise au pas des fiefs périphériques induit l'interdiction du christianisme, avec une vigoureuse répression. Les étrangers sont bannis et, en 1635, interdiction est faite à tout Japonais de quitter le pays. C'est ce qu'on nomme *sakoku*, littéralement « la fermeture du pays à la chaîne » [HÉRAIL, 1990].

aux Européens et que, simultanément, les Européens si loin de chez eux n'ont pas la possibilité de forcer leur porte. La Chine ne s'ouvrira que sous l'énorme contrainte de toutes les puissances impérialistes conjuguées au XIXe siècle ; elle avait jusque-là réussi à rester maîtresse du jeu sur son territoire[1]. Inversement, le rapport de forces s'est révélé désastreux pour les sociétés aztèque ou inca, pour la plupart des sociétés insulaires polynésiennes, pour les mondes africains... Des rapports de forces se sont rapidement inversés, ainsi de l'Empire turc au XVIIIe siècle. De ces confrontations brutales et déséquilibrées, notre Monde présent est sorti et il reste marqué par les cicatrices produites. Pourquoi certains groupes sont-ils là et à ce moment-là suffisamment « gros » et d'autres « petits » ?

Certaines sociétés restent durablement organisées en gros États, rassemblant des masses démographiques considérables et des richesses non moins grandes. La Chine peut incarner l'archétype de cette persistance historique. D'autres, celles que les Européens qualifièrent de *primitives*, restèrent sans commune mesure. Certaines civilisations ont eu un sentiment aigu de leur cohérence, comme la Chrétienté médiévale, mais n'ont pas construit d'unité politique, bien au contraire. On ne pourra, dans un récit de l'histoire du Monde, que prendre acte de ces énormes écarts entre les acteurs, mais tout en faisant l'hypothèse que leurs interrelations, tout en esquissant les premières formes du niveau mondial, n'étaient pas pour rien dans ces nombreuses dissymétries sans lesquelles la dynamique globale se serait sans doute grippée.

Trois centres et des périphéries

Bouclage et 3 x 8

L'espace mondial, comme toute structure spatiale, a des lieux organisateurs, des centres, et d'autres lieux plus nombreux qui sont organisés par eux, des périphéries. Les centres majeurs supposent de telles concentrations d'activité qu'ils ne peuvent qu'être au sein des noyaux de fortes densités. Ils génèrent de considérables richesses qui restent largement concentrées sur place. Ce sont donc les ensembles denses et riches qui polarisent le Monde. Depuis les années 1980, le spécialiste de stratégie des entreprises Kenichi Ohmae [1985] a nommé « Triade » les trois parties du Monde où se concentrent les principaux lieux de pouvoir : États-Unis, Europe occidentale, Japon (avec, mainte-

---

[1]. Dans *L'Aigle et le Dragon. Démesure européenne et mondialisation au XVIe siècle* [2012], Serge Gruzinski raconte deux tentatives de conquêtes au début des années 1520 : l'une réussie, celle du Mexique par Cortés, l'autre sans issue, celle de Portugais qui voulaient s'emparer de la Chine.

nant, le littoral chinois et la Corée du Sud)[1]. On dit aussi « oligopole », mais « Triade » s'est largement imposée. Pour être plus précis dans les logiques de localisation, étant donné que ce sont de grandes métropoles et non l'ensemble des territoires qui concentrent les lieux précis où se prennent les décisions affectant l'ensemble du Monde, il serait plus juste de reprendre la notion d'Olivier Dollfus d'*archipel mégalopolitain mondial* ou AMM. Dans les années 1980, Roger Brunet avait cartographié les trois mégalopoles mondiales à la même échelle car de Boston à Washington, de Tokyo à Fukuoka, de Londres à Milan, l'éloignement maximum varie entre 1 500 et 2 000 kilomètres (figure 1.5). On peut cependant remarquer une différence : alors que les deux premières citées sont des façades littorales (ce que ne démentent d'ailleurs pas les extensions plus récentes en Asie), la mégalopole européenne est un isthme (figure 1.5). Nombreuses sont les cartes qui donnent à voir cet archipel. On se contentera de la plus évidente : le trafic aérien international (figure 1.6).

Même si la réduction de l'oligopole à trois pôles semble aujourd'hui réducteur et qu'il est plus convenu de parler de monde polycentrique, force est de constater que cette configuration reste toujours nette sur toutes les cartes de flux ou de capitaux. Le développement du Golfe, des métropoles indiennes ou brésiliennes reste modeste en regard des trois ensembles dont la connexion toujours renforcée forme une sorte de lieu capital de l'espace mondial[2]. La notion de « pays émergents » apparu en 1981 dans le vocabulaire boursier (l'inventeur de l'expression serait Antoine van Agfmael, banquier néerlandais de la Société financière internationale), complétée en 2001 par l'acronyme BRIC (Brésil, Russie, Inde, Chine), devenu BRICS en 2011 avec l'ajout de l'Afrique du Sud, dû à Jim O'Neill, économiste de la célèbre banque Goldman Sachs, complètent plus qu'ils ne concurrencent la vision triadique du centre mondial.

Une logique élémentaire permet de proposer une première interprétation de cette géographie du centre mondial tricéphale : les 3 x 8. Le Monde actuel vit sans discontinuité. Un aménagement est donc nécessaire pour tenir compte de la rotation terrestre, sinon les lieux centraux risqueraient

---

1. L'inventeur de la notion de « Triade » est Ohmae Kenichi (1992), ancien ingénieur reconverti dans le management. L'idée qu'il avance en 1985, dans *Triad Power. The Coming Shape of Global Competition*, est destinée à la gestion des entreprises transnationales. Un exemple amusant de lecture du Monde avec cette grille peut être celui des types de bandes dessinées. La BD européenne, surtout franco-belge, est assez différente des *comics* étatsuniens, quoique les deux entretiennent des interrelations anciennes. En revanche, le manga est une forme de BD profondément originale. Mais les trois sont, aujourd'hui, fortement mondialisées, tout en gardant des racines locales très fortes (je remercie Julien Champigny, spécialiste de la géographie de la BD, pour cette remarque).
2. Par exemples dans les cartes de *La planète financière* [CARROUÉ, 2015] : « La richesse mondiale : une planète, plusieurs mondes » (p. 32), « Le choc de la crise mondiale » (p. 86), « Les territoires du commandement bancaire et financier mondial » (p. 103), « L'organisation des marchés financiers par les grandes places financières » (p. 132).

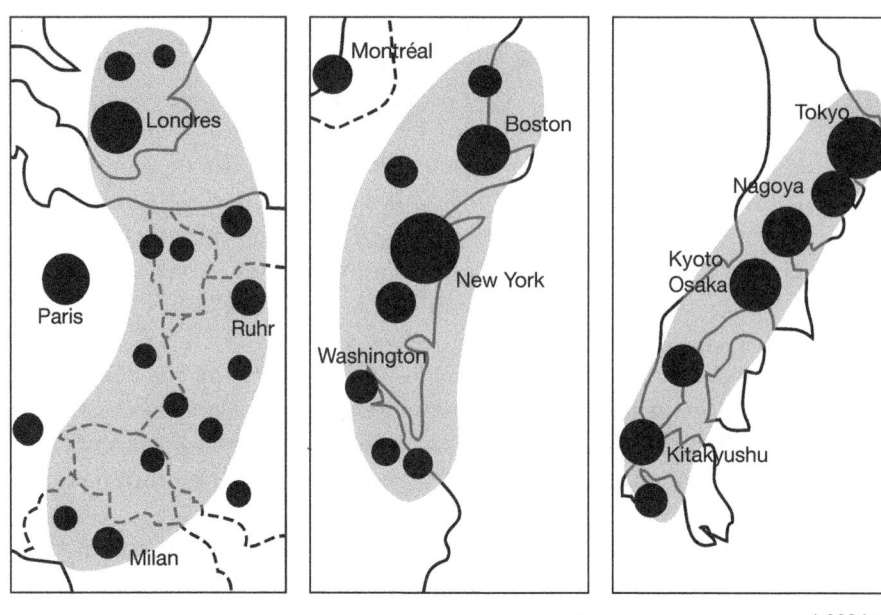

Figure 1.5. Les trois mégalopoles à la même échelle (d'après Roger Brunet)

de ne plus être en veille. La meilleure image de ce jour quotidien du Monde est donnée par la bourse mondiale qui, même si ses activités sont de plus en plus traitées dans un espace virtuel, fonctionne matériellement sur trois sites principaux : New York, Tokyo et Londres. Les regroupements actuels poussent d'ailleurs à cette concentration (figure 1.7).

Rien donc de surprenant que pour que le Monde vive en continu, son cœur soit triphasé, donc trilocalisé. Les lieux qui l'incarnent correspondent évidemment à des histoires précises sur lesquelles il faudra revenir. Ils sont les balises d'une étape de la mondialisation, évidente à la fin du XXe siècle, et qu'on peut nommer le *bouclage du Monde*. En effet, la première mondialisation fut celle des Européens ; à l'échelle de la planète, elle était monopolaire : un centre, l'Europe, avec au cœur la capitale du principal colonisateur, Londres. C'est ce que symbolisa le choix du méridien d'origine en 1884[1]. Avec la montée en puissance des États-Unis au début du XXe siècle et leur

---

[1]. En 1876, Sir Sandford Fleming invente le système des fuseaux horaires, avec le méridien de Greenwich pour origine du temps universel (GMT). Il fallait alors répondre au défi posé par la mise en place, au cours des années 1860, d'un véritable réseau international de câbles télégraphiques. La première liaison transatlantique avait été posée en 1859, mais n'avait fonctionné que 20 jours. Le premier message avait été un échange entre la reine Victoria et le président Buchanan ; composé de cent mots, il n'avait fallu qu'une heure et sept minutes pour le transmettre, alors qu'un vapeur rapide demandait alors quatre jours pour transporter une lettre. La France ne s'est ralliée au méridien de Greenwich qu'en 1911.

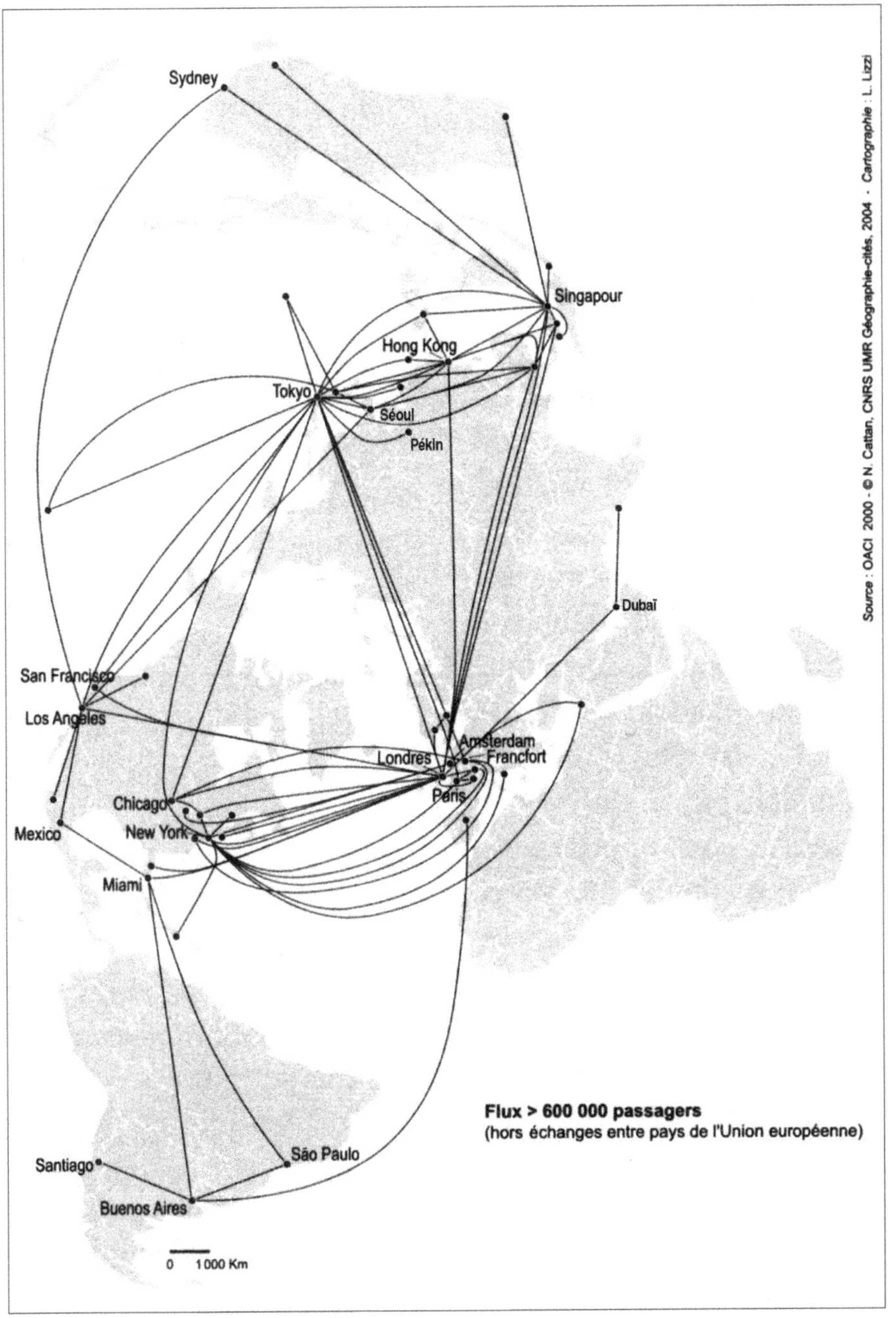

Les mémoires du Monde ▼ 35

Figure 1.6. Les échanges aériens comme témoignage de connexion

affirmation à l'occasion des deux guerres dites mondiales, le système-Monde devient transatlantique et bipolaire. Dans les deux étapes, le Pacifique apparaît comme une marge lointaine, même si la Seconde Guerre mondiale, en montrant qu'il pouvait devenir un front, annonce cette émergence [HEFFER, 1995][1]. Un changement décisif se produit lorsque les échanges transpacifiques de marchandises d'abord, de capitaux ensuite, rattrapent en volume les flux transatlantiques. Et cet équilibrage s'est produit au début des années 1980, c'est-à-dire au moment de la prise de conscience massive de la mondialisation. C'est donc seulement à partir de ce moment-là que le Monde n'est plus l'extension d'une civilisation, mais devient un système inter-civilisationnel, même si les héritages occidentaux, européens et étatsuniens pèsent encore lourd et laisseront encore longtemps des traces. La crise financière de 2008, rapidement contagieuse dans toute l'économie, a mis particulièrement en valeur cette évolution géographique du Monde : ce sont les pays occidentaux qui ont le plus souffert, qui sont maintenant rudement endettés, surtout leurs États, alors que les pays dits « émergents », la Chine en tout premier lieu, ont non seulement vite retrouvé une vitesse de croisière économique très supérieure à celle des vieux pays industriels, mais ont accru leur situation de créanciers vis-à-vis de ces derniers.

Les flux de marchandises issus du Japon et des NPI des années 1970 (Corée du Sud, Taïwan, Hong Kong et Singapour) ont représenté l'amorce d'un mouvement qui n'a pas marqué le pas. Les lieux d'origine des produits industriels, puis des capitaux et des services, n'ont cessé de s'étendre : aux « tigres » se sont ajoutés les « dragons » d'Asie du Sud-Est, plus encore la Chine devenue l'usine du Monde tandis que l'Inde ambitionne d'en être le bureau (et le Brésil, la ferme). La logique tripolaire croise donc d'autres héritages progressivement mis en valeur.

Périphéries et marges

Le Monde ne se réduit pas à son centre. Il nécessite pour fonctionner des espaces sous-traitants fournisseurs de matières premières et de sources d'énergie, de produits agricoles et de biens industriels intermédiaires, d'émigrants et de lieux touristiques. Dans tous les cas, la distance joue un rôle décisif. C'est très net pour les champs migratoires entre lieux attracteurs (les deux plus anciens centres du système-Monde en particulier) et bassins d'émigration. Les États-Unis, l'Europe occidentale et, plus discrètement, le Japon recrutent majoritairement dans leur « étranger proche » : Amérique

---

1. Au début des années 1980, une mode éditoriale a exploité le thème du « Pacifique, nouveau centre du monde », quitte à faire feu de tout bois en allant jusqu'à ranger le Brésil parmi les pays de l'espace du Pacifique.

A. Capitalisations boursières par régions du Monde (en milliers de milliards de $, début 2014)

Régions du Monde	Capitalisations*
Amérique du Nord	27
Europe	12
Asie Orientale	17
Petite triade**	3
Autres places***	2
Monde	61

* Totaux des capitalisations des sociétés cotées dans les places financières de la région (source INSEE).
** Petite triade (de l'hémisphère sud) = Sao Paulo, Johannesburg et Sydney.
*** Essentiellement Mexico, Moscou et Mumbai

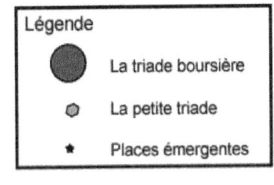

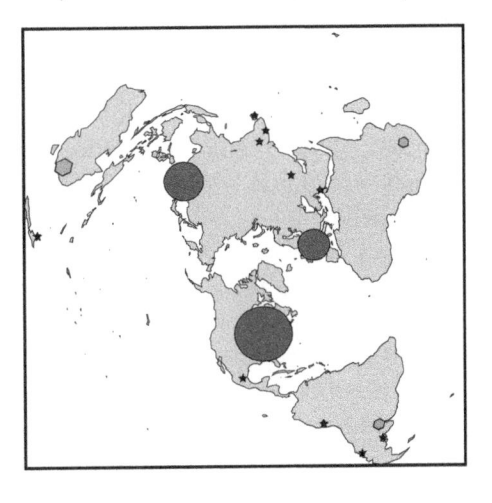

Légende
- ● La triade boursière
- ⬢ La petite triade
- ✱ Places émergentes

B. La bourse fait le tour du Monde en 24 heures

Le bouclage du Monde (Tokyo 9h, Londres 6h, New York 9h — En heures GMT)

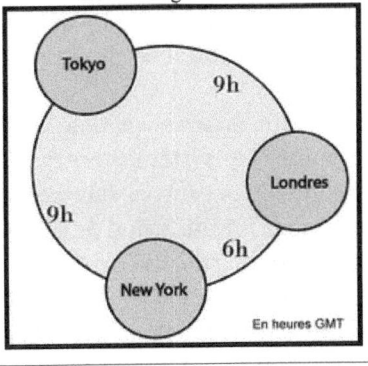

Quand il est midi GMT	à New York	à Tokyo	à Londres
Il est, à New York :	12h	21h	6h
Il est à Tokyo	3h	12h	21h
Il est à Londres	18h	3h	12h

Figure 1.7. La bourse mondiale et ses fuseaux horaires

latine pour le premier, Afrique et Turquie pour la deuxième, Philippines pour le troisième. Ce n'est cependant pas si simple : le golfe Arabo-Persique représente le troisième lieu d'immigration et les flux d'Asie vers l'Amérique se développent ; l'interconnexion de ces flux permet de parler aujourd'hui d'un *système migratoire mondial* [SIMON, 1995 et 2008]. Mais ce niveau ne concerne qu'une partie des migrants, le plus grand nombre restant dans les logiques régionales autour d'un pôle de la Triade. Même si le faible coût, pour le moment, des transports maritimes permet à tous les centres du Monde de faire leur marché partout, la proximité joue aussi pour la fourniture de produits industriels intermédiaires et de produits agricoles, souvent soumis à des contraintes de juste à temps (sous-traitance de l'industrie de l'habillement et tous produits liés à la mode, agro-alimentaire, pièces détachées…). Enfin, pour le tourisme international – en dehors des mobilités internes à l'archipel mégalopolitain (Paris, New York et Londres sont les plus grands pôles touristiques mondiaux) – le Sud proche est la première destination, bien avant les rêves peu coûteux des plages des îles lointaines.

Ainsi à chaque centre correspond une périphérie proche (tourisme et sous-traitance, liens migratoires anciens) : Mexique et Caraïbes, Bassin méditerranéen, Asie méridionale. Au-delà, la situation périphérique devient moins lisible, les liens s'affaiblissent : émigrations plus récentes et plus difficiles, productions agricoles ponctuelles s'apparentant plutôt à la plantation, industrialisation anecdotique. L'essentiel des tissus sociaux rencontrés alors, du point de vue de leur intégration dans le système-Monde, reste en situation largement délaissée. C'est la situation des plus grandes misères, la géographie des PMA (les pays les moins avancés). Ces angles morts de la mondialisation peuvent être qualifiés de marges. Au-delà de ces marges, plus loin des centres, on peut voir réapparaître des lieux de richesses plus importantes, ce qu'on appelle parfois la « Petite Triade » : Australie et Nouvelle-Zélande, cône Sud latino-américain et, dans une moindre mesure, Afrique du Sud. On peut schématiser grossièrement cette logique spatiale fonctionnelle de l'espace mondial (figure 1.8).

Les questions géohistoriques que suggère cette analyse spatiale sont doubles, selon les deux axes que l'on vient d'utiliser : le système central (le SMM tripolaire) et les rapports plus méridiens entre ces centres, leurs périphéries et au-delà. Si le schéma proposé rend compte d'une diffusion de la centralité, le Monde pour être permanent doit être multipolarisé, il n'explique en rien pourquoi les centres sont là où ils sont et pourquoi la construction de la Triade s'est faite dans cet ordre. Quelles mémoires remettent-ils en jeu ? Dans l'autre direction, outre les raisons de l'existence d'une Petite Triade, de ses localisations et de ses dissymétries, la position des marges du Monde est une question qui ne peut être purement académique, vue la dimension humaine de cette inégalité mondiale. Depuis quand existe le sous-développement et pourquoi est-il là où il se trouve ? Alors que nombre de régions asiatiques qui étaient naguère classées comme pauvres sont devenues « émergentes », est-ce une fatalité que les PMA ne puissent être que les assistés du Monde ?

Zonations naturelles et sociales

Nous venons de développer un schéma purement spatial: la logique se déploie sur une surface sans contraintes naturelles. Mais le Monde n'existe que dans le contexte de la planète Terre. Deux questions majeures au moins méritent d'être abordées sur les effets du système Terre sur le système-Monde. La première découle d'une évidence: l'espèce humaine, même si elle a inventé et perfectionné la navigation, reste terrestre. Comment la répartition des terres émergées, ainsi que leurs limites avec les mers, les littoraux, infléchissent-elles les situations des lieux du Monde? D'autre part, du dernier schéma surgit une question plus dérangeante: d'où vient la disposition zonale des centres et des périphéries?

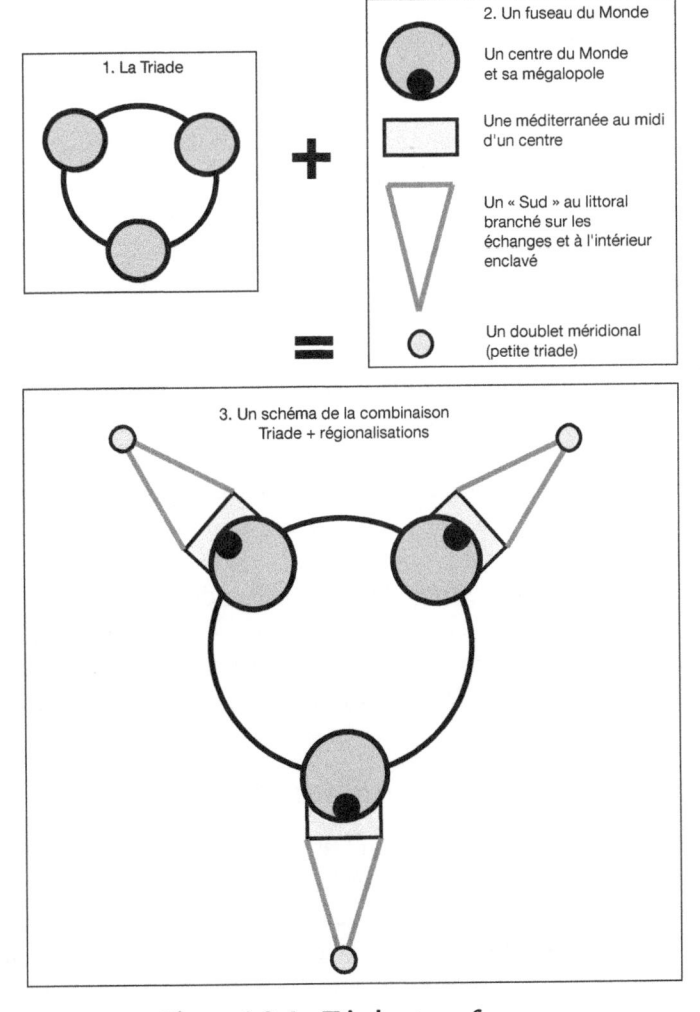

Figure 1.8. La Triade et ses fuseaux

Terres émergées et littoralisation

Un fait élémentaire mérite d'être rappelé tout d'abord; l'inégale répartition des masses continentales à la surface du globe. L'hémisphère Nord regroupe près des trois quarts des terres émergées, surtout si l'on néglige l'Antarctique. Plus important, un bloc de terres compact rassemble ce qu'il est convenu d'appeler l'Afrique et l'Eurasie; on parle aujourd'hui d'Eufrasie. Malgré les échancrures maritimes qui le cisaillent (golfe Arabo-Persique, mer Rouge, mer Méditerranée, archipels périphériques…), il n'y a pas de vraie coupure maritime, rédhibitoire aux passages d'hommes qui ne maîtrisaient pas encore de techniques de navigation hauturière. Les espèces humaines anciennes ont d'ailleurs colonisé toute cette étendue il y a plus d'un million d'années, comme en témoignent les traces de *Homo erectus* tant à Java que près de Pékin ou de Nice. Inversement, il faudra y revenir dans le chapitre 2, Amérique et Océanie sont de peuplement très récent. Aujourd'hui encore, nous avons vu que plus de 80 % des hommes vivent dans l'« Ancien Monde », dont les trois principaux foyers démographiques. Étant entendu qu'il n'est de Monde que d'hommes, ce fait majeur doit rester constamment à l'esprit.

Le Monde actuel est fortement littoralisé, beaucoup plus que ne l'était l'humanité il y a encore cinq siècles. Si, déjà, nombre de cités du pourtour de l'océan Indien, de l'Insulinde, du Japon ou de l'Europe étaient des ports, les grandes masses de population se situaient nettement plus à l'intérieur des terres (la grande majorité des êtres humains étaient des paysans), même si des espaces aujourd'hui colonisés comme la Sibérie, le Canada ou la Patagonie ne comptaient que des effectifs proportionnellement plus modestes. C'est par les routes maritimes surtout que le Monde a été construit. Les échanges de marchandises qui représentent toujours aujourd'hui une bonne part de son système circulatoire se font massivement par voies de mer. De fait, les grandes villes sont souvent des ports. De plus, un fait culturel s'est développé depuis l'Europe de la fin du XVIIIe siècle : le « désir de rivage » [CORBIN, 1988] qui amène à l'urbanisation croissante des rives de la Triade [ÉQUIPE MIT, 2005]. Ce fait de nature – mais qui l'est de moins en moins – qu'est le littoral conditionne donc la disposition géographique des sociétés mondialisées.

Tropicalité et sous-développement

Les géographes appellent « zonal » un fait géographique disposé dans le sens des parallèles. Or, si on reprend le schéma précédent, le caractère zonal du système-Monde est frappant. Il y a donc une apparente corrélation entre les zones climatiques et le Monde. Est-ce un hasard ? La Triade se trouve essentiellement dans la zone tempérée de l'hémisphère Nord (Europe, centre nord-américain, Japon). Immédiatement au sud, on trouve des « méditerranées », au moins pour les deux plus anciens membres de la Triade. Surtout, le fait le plus délicat est la relative superposition de la zone bioclimatique intertropicale et des pays pauvres. Ne dit-on pas, depuis les années 1980, « Nord » et « Sud » pour désigner riches et pauvres [CAPDEPUY, 2007] ? La zonalité est même renforcée si l'on rajoute la Petite Triade. Voilà une configuration géographique qui ne peut qu'interroger l'histoire du Monde.

Remarquons d'abord que la carte du Monde ainsi tracée est datée. La figure 6.1 page 176 cartographie le sous-développement au milieu du XXe siècle, au moment où on a pris conscience du phénomène alors que s'amorçaient les décolonisations. On voit bien que le développement asiatique contemporain n'a cure d'une opposition entre régions tempérées et tropicales : Singapour est presque à l'équateur (1,2 degré de latitude Nord), l'Inde ou la Malaisie émergentes sont tropicales... Inversement, la configuration « Nord/Sud » semble plus pérenne en Amérique et en Eurafrique ; on doit intégrer dans le raisonnement la coupure maritime des Caraïbes et de la Méditerranée, mais plus encore le fait que ces mers sont aujourd'hui traversées par des limites culturelles fortes.

Les traces de cette disposition zonale du Monde sont donc sans doute encore lisibles pour longtemps. Cela mérite réflexion. Si la question est peu abordée dans la littérature géographique, dans les ouvrages consacrés au sous-développement en particulier [LACOSTE, 1965], c'est qu'on craint par-dessus tout le péché de déterminisme (au sens des géographes, c'est-à-dire de détermination des faits sociaux par les faits de nature). Le problème a été clairement posé par Olivier Dollfus :

> « Les pays riches se situent, dans leur majorité, aux latitudes moyennes de l'hémisphère Nord, les pays pauvres dans les régions tropicales et subtropicales [...]. La "tropicalité" comme synonyme de pauvreté ou de maladies plus redoutables est une notion récente qui trouve son sens dans le recouvrement d'une grande partie des régions pauvres et de la zone intertropicale. Elle n'avait pas de sens avant le XIXe siècle. [...] L'explication de l'émergence de la tropicalité ne peut faire appel à une causalité linéaire, à un déterminisme géographique "crasse". Elle naît d'une série de bifurcations, d'interactions entre l'histoire, les conditions du milieu... »
>
> « Le système-Monde », *L'Information géographique*, 1990, n° 2, p. 51.

Comment le Monde s'est-il construit en utilisant les différences entre les milieux ? Aujourd'hui, on voit bien que les écarts climatiques permettent d'avoir toutes les saisons de l'année à tout moment sur les étals de son marché. Quel rapport historique a établi une relation entre le processus de sous-développement et certains milieux naturels ? Les rapports entre la géographie de la Terre et celle du Monde ont une histoire.

Conclusion : l'Histoire du Monde a-t-elle une géographie ?

On peut imaginer que, du moment que la population mondiale croissait, les contacts inter-sociétaux ne pouvaient qu'augmenter et qu'au bout du chemin il y avait en germe une convergence des histoires locales vers un devenir commun de l'humanité qu'on peut nommer mondialisation. Pour cela il a fallu que l'agriculture apparaisse en plusieurs lieux du globe. La dispersion des foyers néolithiques, au-delà du seul Ancien Monde, prouve que l'accélération démographique qui en résulte n'était pas mondiale, mais a pu se produire dans des sociétés éloignées aux histoires différentes. Cependant, malgré son irrégularité, le fait que la croissance de la population sur Terre ait été une tendance lourde depuis, portait une logique de coalescence des hommes qui s'étaient jusque-là plutôt dispersés. Tout ce qu'il y a de nécessaire dans le processus, d'inévitable, en reste sans doute là.

Notre monde est particulier, il aurait très probablement pu être autre. Il convient donc de dessiner les processus qui l'ont produit. La surface terrestre n'est pas également chargée d'Histoire, encore moins d'Histoire du Monde. Une esquisse permet de donner une image de la géographie des discours historiques (qu'ils soient aux niveaux régionaux ou du Monde) : il suffit de cartographier les cartes d'un atlas historique (figure 1.9) ; on s'aperçoit que les espaces que l'historiographie prend en compte rappellent quelque peu les lieux du Monde.

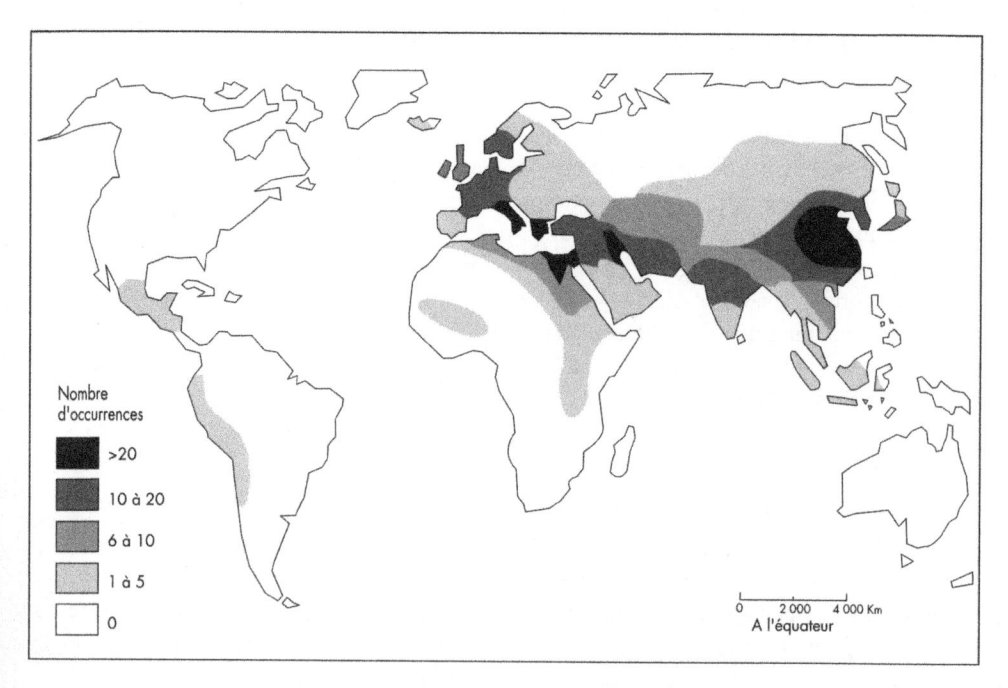

Figure 1.9. La densité historique (carte des lieux d'histoire du Monde)

La carte indique le nombre d'occurrences des espaces dans un atlas historique japonais.

Les mémoires du Monde ▼ 43

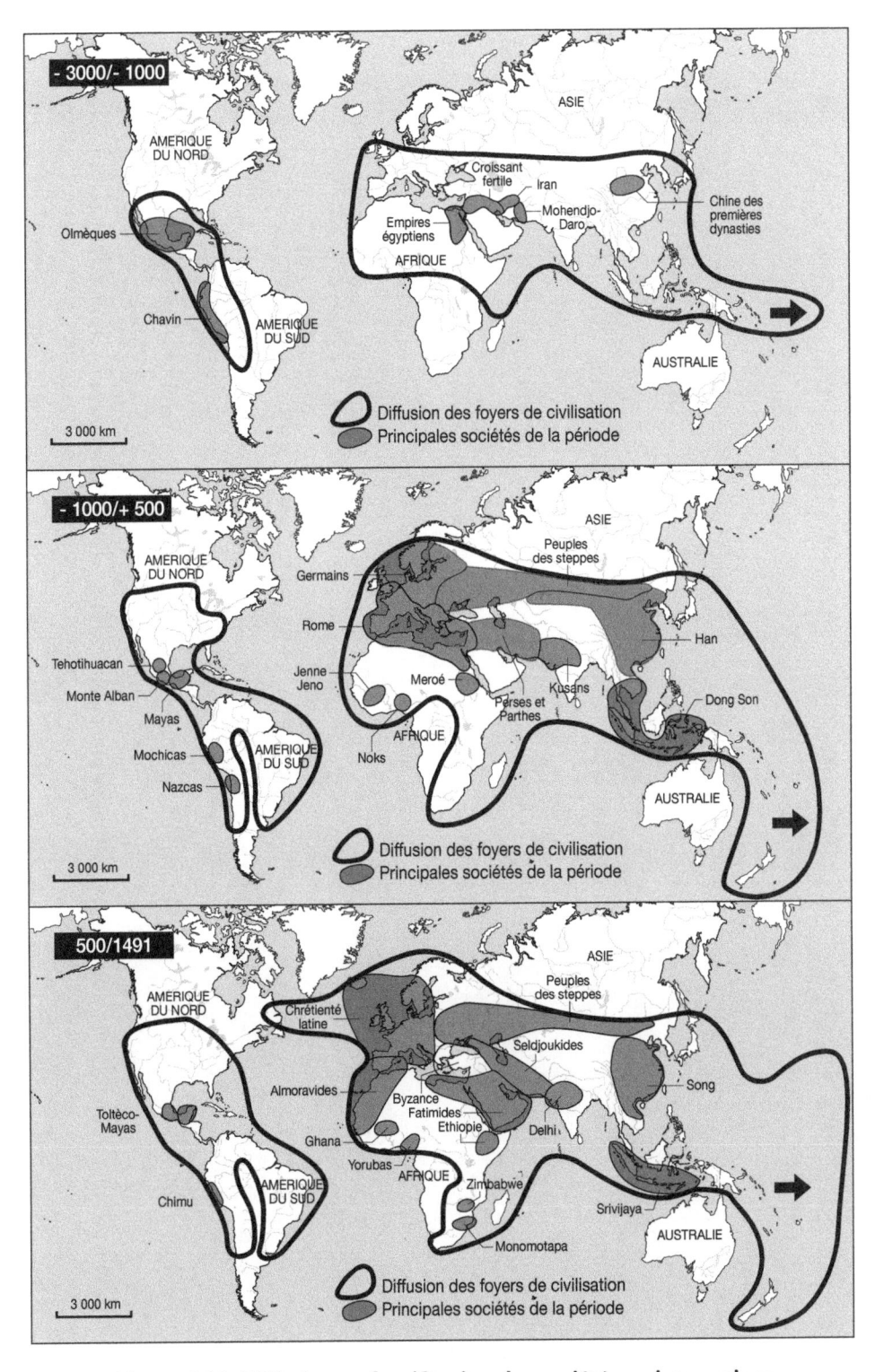

Figure 1.10. Diffusion et densification des sociétés en interactions
Des premiers Néolithiques à l'aube des « Grandes Découvertes »

Première Partie

Les mondes avant le Monde

S'IL EST UNE DATE QUI, plus que toute autre, peut être considérée comme celle de l'origine du Monde, c'est bien 1492. Mais, cette année-là, nul ne s'en rendit compte. En effet, la découverte de la route de l'Ouest par Colomb pouvait paraître à tous comme la continuation des échanges antérieurs par d'autres moyens. Les Grandes Découvertes représentent la poursuite d'une dynamique de l'Ancien Monde, même si, en moins de deux siècles, du début du XVe au milieu du XVIe, elles bouleversent les positions des sociétés préexistantes. C'est donc par cette dynamique de l'Ancien Monde qu'il faut commencer, par la lente et persévérante montée en puissance des échanges qui l'irriguent. Cela débouche, avant les aventures maritimes du XVe siècle, tant chinoises qu'européennes, sur le fascinant point d'origine de l'Empire mongol du XIIIe siècle.

Mais c'est pourquoi il faut aussi brosser au préalable une géographie de l'humanité. Le plus grand nombre des hommes était, certes, déjà dans ce monde que l'on pourra ultérieurement qualifier d'Ancien, l'Eufrasie. Il en était cependant beaucoup d'autres, totalement ou partiellement indépendants, qui n'avaient en commun que de partager sans le savoir la même planète et de descendre sans doute du même rameau de l'espèce *Homo*. La dispersion des hommes mérite d'être évoquée en lever de rideau : de ses modalités dépend un caractère essentiel de notre Monde, celui de n'être composé que d'un seul type d'homme.

Chapitre 2

Ancien Monde et nouveaux mondes

UNE SEULE ESPÈCE HUMAINE : pour en comprendre la raison, il faut remonter à la dernière glaciation. La répartition des hommes sur la Terre, l'unité fondamentale de l'humanité et la diversité des sociétés ne peuvent se comprendre sans tenir compte de l'histoire récente du climat et, par conséquent, de celle du niveau des mers. On comprend mieux ainsi le fractionnement en mondes séparés dont les histoires deviennent parallèles, sinon divergentes. On insistera plus particulièrement dans ce chapitre sur ceux qui seront « découverts » ultérieurement par des habitants de l'Eurasie, leurs lointains cousins. Les écarts historiques entre ces mondes sont importants pour comprendre les chocs produits au moment des contacts et des rejeux d'héritages ultérieurs.

Une seule humanité

S'il faut réaffirmer d'abord qu'il n'y a qu'une seule espèce humaine, ce n'est pas uniquement par impératif moral dans un contexte qui tend trop souvent à nier cette évidence scientifique, mais tout simplement parce que c'est la base biologique de la mondialisation. Les ADN de deux êtres humains pris au hasard parmi les 7 milliards qui peuplent la Terre sont identiques à 99,9 % [JORDAN, 2014]. Il n'est pas nécessaire de développer une hypothèse contrefactuelle imaginant ce que serait notre Monde si plusieurs rameaux de l'espèce *Homo* avaient survécu et s'étaient développés. La science-fiction en a exploré la piste[1] ; Vercors en tira également une fort jolie méditation sur l'identité de l'homme en forme de roman[2]. Surtout, la réalité a failli dépasser

---
1. BOULE Pierre, 1967, *La planète des singes*, Paris, Julliard. Bien que le roman soit censé se passer sur une autre planète, il n'est pas loin de l'hypothèse de la cohabitation de plusieurs humanités, représentées par Boule, par souci de plus grande lisibilité, par les différents types de primates. Dans ce jeu de rôles, les hommes occupent la position la moins civilisée : moyen romanesque de reprendre la notion d'humanité.
2. Vercors, 1952, *Les Animaux dénaturés*, Paris, Albin Michel.

la fiction, comme en témoigne la découverte en 2003, dans l'ouest de l'île indonésienne de Flores, des restes d'une douzaine d'individus d'une autre espèce que la nôtre, aussitôt nommée *Homo floresiensis*. Les différences morphologiques sont minimes, mais suffisantes pour ne pas en faire une variante de *Sapiens* : taille d'un mètre au maximum, capacité crânienne réduite, absence de menton. L'hypothèse actuellement la plus vraisemblable serait celle d'une population dérivée de l'*Homo erectus* qui aurait évolué dans l'isolement insulaire[1]. Or elle aurait vécu jusqu'à une période récente, 18 000 mille ans, peut-être moins, ce qui en aurait fait des contemporains des peintres de Lascaux ; la rencontre entre les deux espèces a été manquée de peu !

Mais il n'en fut rien. L'incontestable unité biologique de l'humanité actuelle renvoie le racialisme triomphant du XIXe et de la première moitié du XXe siècle à la préhistoire de la science. Les théories quasi polygéniques de Gobineau[2] ont fait long feu, même si elles ont malheureusement pu contribuer à inspirer d'immenses désastres. Parmi les théories possibles sur l'émergence de l'homme moderne, celles qui proposent des émergences multirégionales à partir de foyers d'hominidés locaux ne semblent plus défendues [PICQ, 2002]. Les paléoanthropologues s'accordent sur une origine est-africaine de l'*Homo sapiens*, vers – 200 000, qui se serait diffusé hors de son lieu de mutation génétique pour peupler d'abord l'Afrique, puis l'Eurasie, enfin le reste de la planète. La « sortie d'Afrique », selon l'expression maintenant convenue (« *out of Africa* »), était naguère datée d'il y a environ 60 000 ans, mais des découvertes en 2010 de pierres taillées, très semblables à d'autres exhumées en Afrique orientale et typiques de *Sapiens*, dans un site des Émirats arabes unis fait remonter cette diffusion à 125 000 ans[3]. Le vieillissement de la date de la « sortie d'Afrique » correspond également à la découverte d'un crâne d'*Homo sapiens* au Laos, en décembre 2009, pour lequel la méthode de datation à l'unranium-thorium donne une ancienneté d'environ 63 000 ans.

---

1. Contrairement à ce que certains chercheurs ont pu croire un moment, on ne peut rapprocher d'*Homo florensis* les squelettes nains découverts en 2006 sur l'île de Palau, dans le Pacifique. Malgré la commune petite taille, l'Homme de Palau présente tous les caractères d'Homo sapiens. Il s'agit plus probablement d'une population ayant évolué vers des caractères pygmés dans un contexte insulaire.
2. Joseph de Gobineau (1816-1882) est resté célèbre pour son *Essai sur l'inégalité des races humaines* (1855). À une époque où la croyance en une pluralité de races humaines n'est guère mise en doute, il affirme qu'il existe une hiérarchie entre les races qu'il s'efforce de prouver par l'histoire, l'anthropologie et la philologie. La race supérieure descendrait des Arias de l'Inde (la famille des langues indo-européennes a été mise en évidence au début du XIXe siècle à partir des travaux pionniers de Sir William Jones [RENFREW, 1990] et les Germains en formeraient la seule forme ayant gardé sa pureté. Peu remarquée lors de sa parution, sa doctrine connut une grande fortune quand les pangermanistes s'en emparèrent à la fin du XIXe siècle avec les suites que l'on sait.
3. Remarquons que nous sommes, en l'occurrence, victime du découpage continental Afrique/Asie, convention très récente, d'autant plus que durant les dernières périodes glaciaires, la mer Rouge était pratiquement asséchée (chapitre 10).

D'autres découvertes ont témoigné de la disparition également récente d'une autre espèce d'hommes en Sibérie, baptisée Denisovan, certainement plus proche de la nôtre. En effet, bien que nous ayons que peu de vestiges (un fragment de phalange et deux molaires), le séquençage de son ADN a pu être réalisé. Or certaines populations actuelles, notamment les Mélanésiens modernes, ont hérité d'environ 6 % d'ADN de Denisovan. Héritage que ne partagent pas les Africains et les Européens. En revanche, ces derniers (mais pas les Africains subsahariens) auraient environ 3 % d'ADN de Néanderdhal, disparu lui, il y a 30 000 ans. Il est probable que nous découvrirons bien d'autres métissages anciens dont le coktail a produit l'actuel humain, mais qui n'infirment en rien son unité.

L'histoire de la diffusion de *Sapiens sapiens* est de mieux en mieux connue depuis quelques années grâce à de vastes programmes de recherche internationaux, biologiques mais aussi linguistiques. Dans la lignée des travaux de génétique des populations, en particulier de Luca Cavalli-Sforza [1994], qui est d'ailleurs président du comité scientifique, a été lancé en 2005 le programme Genographic qui permet de mieux préciser les chemins qu'*Homo sapiens* a empruntés en analysant la diversité et la variabilité du génome humain. Genographic, dont la revue *National Geographic* est l'une des principales sources de financement, réalise une banque d'environ 100 000 échantillons d'ADN prélevés selon une grande dispersion géographique auprès de populations autochtones *a priori* les plus diverses possibles. Les parties du génome dont le taux de mutation en fonction du temps est connu permettent de préciser la durée qui sépare deux populations. On peut donc suivre les cheminements de nos ancêtres[1]. Mais les grandes lignes sont déjà connues.

L'histoire humaine, parce qu'humaine, ne peut cependant pas être réduite à sa dimension biologique. Au comité scientifique de Genographic on trouve aussi l'archéologue Colin Renfrew [1990] et le linguiste Merritt Ruhlen [1997]. Ce dernier est le principal représentant de la théorie dite « de la langue mère » : si l'ensemble de l'humanité descend d'un même groupe humain, on peut faire l'hypothèse que toutes les langues existantes et ayant existé sont issues d'une même souche linguistique.

---

1. Le Projet Genographic, vaste étude d'anthropologie génétique (financée par IBM, la *National Geographic Society* et la *Waitt Family Foundation*), a achevé en 2010 une première phase de cinq années de prélèvement de 100 000 ADN issus de tous les coins du Monde (en fait, dès avril 2009, plus de 300 000 personnes avaient déjà participé à l'enquête, le plus souvent spontanément) dont l'analyse se poursuit. Pour la France, le relais est l'Institut Pasteur. Les marqueurs génétiques de l'ADN mitochondrial et du chromosome Y sont utilisés pour retracer l'ascendance lointaine des personnes testées (on peut voir l'atlas historique de la diffusion de l'humanité qui en est tiré sur le site http://genographic.nationalgeographic.com).

On s'efforce depuis longtemps, en prenant le chemin inverse des travaux étymologiques des philologues du XIXe siècle, de reconstituer des langues disparues sans traces écrites et dont nous ne connaissons plus que les descendantes. C'est en particulier le cas des travaux sur l'indo-européen. Les linguistes qui font l'hypothèse de la langue mère – et laissent sceptiques beaucoup de leurs collègues, il est vrai, moins sur la plausibilité de l'idiome originel que sur la possibilité de sa reconstitution – changent ainsi d'échelle et passent d'une famille linguistique à l'ensemble des langues. Ce travail de reconstruction ne peut que dialoguer avec celui sur les mutations génétiques ; ce qui ne veut pas dire que l'évolution des langues repose sur une base biologique, au contraire, ce sont les décalages entre changements qui sont intéressants.

Le vieux critère de l'unité d'une espèce, l'interfécondité, avait déjà été utilisé au XVIe siècle, lors de la controverse de Valladolid (1550), afin de prouver l'appartenance des Amérindiens à l'humanité, d'assurer qu'ils étaient bien « enfants de Dieu » aurait-on dit alors. Si la mondialisation contemporaine, en particulier par sa forte dimension migratoire, multiplie les métissages, ce n'est possible que parce que les différents membres de l'espèce humaine ne sont guère éloignés génétiquement. Une humanité métisse est une espèce homogène.

Diffusion et fractionnement des sociétés : l'antimondialisation

Les langues, dont on vient de souligner l'intérêt de l'étude de la répartition géographique pour tenter de comprendre la diffusion de l'humanité, représentent, à la différence du patrimoine génétique, un héritage purement culturel. Leur extrême diversité témoigne, à l'inverse de la très forte unité biologique, de la dispersion et du fractionnement des sociétés. Aujourd'hui, on estime qu'il subsiste encore à peu près 6 000 langues vivantes, bien que chaque mois plusieurs disparaissent dans une large indifférence [KECK, 2012]. Au moment du maximum de présence de langues sur Terres, sans doute au XVe siècle, on estime leur nombre à 15 000 (figure 2.1). Il n'y a sans doute pas de meilleur témoignage de la fragmentation de l'humanité en un grand nombre de sociétés.

Ancien Monde et nouveaux mondes ▼ 51

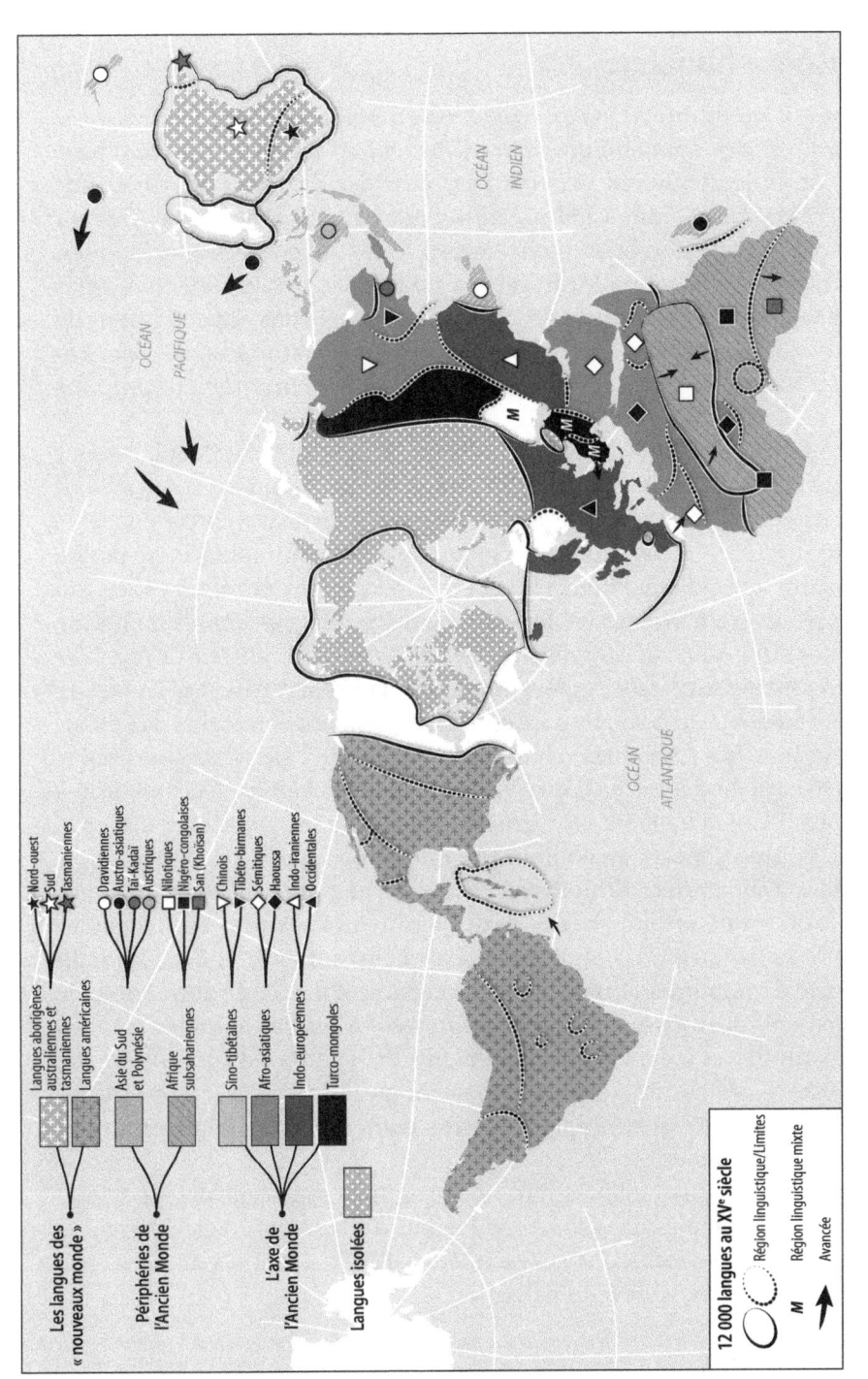

Figure 2.1. Les langues au XVᵉ siècle

Sources : FUMEY G., GRATALOUP Ch., 2014, *Atlas global*, Paris, Les Arènes.

Mobilité et adaptabilité de l'espèce humaine

Aucune espèce vivante n'est aussi capable de mobilité que celle des hommes. Certes, il est des animaux qui courent beaucoup plus vite ou plus longtemps, des migrateurs qui peuvent parcourir des distances énormes sans s'arrêter. Mais les hommes ont un atout dont peu disposent : ils s'adaptent à (presque) tous les milieux. Pour cela, il leur faut créer des techniques, produire de la chaleur, se protéger du milieu par des vêtements ou des logements, trouver les moyens de s'alimenter même dans des conditions de rareté biologique. Des glaces polaires aux forêts équatoriales, des sociétés ont pu trouver des genres de vie et des techniques d'encadrement propices à la vie en société.

Il ne faut pas sous-estimer, par ailleurs, les capacités de déplacement d'un groupe humain. En faisant une vingtaine de kilomètres par jour, il peut parcourir l'équivalent de la circonférence terrestre en un peu plus de cinq ans. Ce calcul tout théorique suppose néanmoins qu'il puisse se procurer quotidiennement les diverses ressources nécessaires, ce qui peut être un frein considérable, sans compter que les changements de contextes supposent des apprentissages nouveaux. Il faut enfin rappeler un fait caractéristique de l'espèce humaine : la prématurité des nouveaux nés, conséquence de notre important développement cervical et de l'étroitesse des hanches féminines (chapitre 11). Ces deux éléments morphologiques découlent de notre stature verticale, mais s'avèrent contradictoires entre eux. Non seulement nos grosses têtes sont responsables d'accouchements plus délicats et douloureux que pour les autres mammifères, mais elles condamnent le nouveau né à être peu efficace pendant longtemps. Alors que la plupart des petits herbivores doivent être capables de suivre le troupeau dès leurs premières heures de vie, le bébé humain sera porté de nombreux mois et ne sera capable d'une large autonomie de déplacement qu'au terme de plusieurs années. Ainsi, les humains sont les seuls mammifères à élever simultanément des « petits » d'âges différents. Ce caractère prématuré, essentiel pour comprendre le caractère profondément social de l'espèce, représente une contrainte non négligeable à la mobilité des hommes.

Ainsi les gros mammifères que nous sommes sont capables de déplacements considérables dans le temps long et d'adaptations aux différences contraintes rencontrées. Sans ces compétences initiales, il n'y aurait jamais eu la moindre esquisse de mondialisation.

Passer en Amérique par le chas d'une aiguille

Parmi les objets techniques d'usage très banal aujourd'hui, il en est sans doute peu d'aussi anciens que l'aiguille à coudre. On rencontre dans la nature de nombreuses tiges dotées d'une pointe, comme les piquants des épineux ou les feuilles de beaucoup de conifères. Mais l'innovation de génie a été de pourvoir l'une des extrémités d'un trou permettant de passer un fil, le chas (du bas latin *capsa*, cavité). La couture est alors devenue possible.

La plus ancienne aiguille connue date du Solutréen ; elle aurait environ 20 000 ans et a été réalisée en os. On en a retrouvé beaucoup dans des gisements magdaléniens, en os ou en corne, qui sont donc plus récents (entre 15 000 et 10 000 ans). Cet outil était banal au Paléolithique supérieur, mais il est fort probable que beaucoup d'aiguilles aient été réalisées en bois et qu'elles n'aient pas pu arriver jusqu'à nous. L'innovation est donc peut-être plus ancienne. L'aiguille est beaucoup plus vieille que le tissage.

On peut d'ailleurs imaginer que la navette en est dérivée. Ce sont des peaux que l'on a cousues pendant longtemps, permettant de réaliser des habits ajustés pratiques et chauds. Dans l'opposition entre les vêtements drapés, totalement comme la toge ou partiellement comme le boubou, et les vêtements ajustés aux formes du corps humains, aux membres en particulier, comme ceux des traditions européennes ou chinoises, ce sont ces derniers qui permettent le mieux de se défendre contre le froid. Les tenues traditionnelles des Inuit le montrent d'ailleurs.

En revanche, il ne faut pas oublier que le Solutréen de la première aiguille connue correspond au dernier optimum glaciaire, au moment où le froid a été le plus intense et le niveau marin le plus bas. C'est il y a 20 000 ans, pense-t-on, que fut réalisé l'essentiel du peuplement (précolombien) de l'Amérique. Ces migrations de la Sibérie orientale à l'Alaska, régions encore aujourd'hui peu propices à l'établissement de stations balnéaires, requéraient les moyens d'une lutte constante contre le froid.

Il semble logique de penser que sans la couture précise des peaux, ces mouvements de population n'auraient pu avoir lieu. C'est ainsi, peut-on dire, que le peuplement de l'Amérique est passé par le chas d'une aiguille.

Éloignement et fission des sociétés

Pourtant, de ce qui fait la particularité et la puissance de l'humanité, sa capacité à produire du social, en découle également sa fragmentation. Une société est toujours un système d'interrelations serré entre ses membres. Sans lien social, pas d'humanité. Et sans communauté forte, sans société, les petits de l'espèce sont condamnés. Or, pour tisser ce lien, il faut pouvoir communiquer : parler, échanger des biens ou des services, permettre à des hommes de se déplacer, etc. Ces liens peuvent être profondément inégalitaires ou équitables, rudes ou souples, ils peuvent ne concerner qu'un tout petit effectif ou des centaines de milliers de personnes, ils sont toujours nécessaires. « Les hommes ne se contentent pas de vivre en société, *ils produisent de la société pour vivre.* [...] Ils produisent donc de la culture, fabriquent de l'histoire, l'Histoire » écrit Maurice Godelier dès les premières lignes de *L'idéel et le matériel* [1984][1].

D'autres animaux dits « sociaux » ont une histoire, mais ils ne l'ont pas faite. L'humanité aussi est un résultat de l'évolution biologique, cependant elle ne s'y réduit pas. La mondialisation concerne également les plantes et les animaux. Dans les caisses et les conteneurs voyagent de nombreux sans papiers : insectes, graines, microbes... Des diffusions involontaires se produisent ainsi, par exemple la colonisation progressive de l'Ancien Monde par des fourmis américaines. Elles éliminent leurs congénères locaux et y organisent leurs territoires. Mais ces sociétés, y compris dans leur organisation spatiale, sont semblables à celle de leur continent d'origine. Chaque fourmilière (ou fédération suivant les espèces) règne sur une certaine étendue correspondant à la mobilité des fourmis et aux obstacles éventuels. Ces territoires ne sont dissemblables de ceux de leur origine américaine qu'en fonction des variations du milieu. Cette totale détermination génétique des interactions entre fourmis (ou abeilles, termites...) fait qu'on a tort de les qualifier d'insectes sociaux, puisqu'il n'y a là rien de culturel.

En revanche, cette dimension idéelle, produisant des différenciations régionales peut se rencontrer chez d'autres espèces élevant leurs petits : des variations dans le chant de certains oiseaux et, plus encore dans la communication des mammifères (par exemple, les hurlements des loups varient d'une horde à l'autre et s'apprennent d'une génération à l'autre). Ces formes sociales prennent beaucoup plus d'ampleur chez les primates et des groupes de chimpanzés « sauvages » ont des pratiques culturelles complexes (transmission de techniques, de fabrication d'outils et, surtout, de modes de communication) [KRIEF, 2015].

Un clonage semblable à celui des fourmis n'a jamais eu d'équivalent pour les hommes. Certes, nous le verrons, les colonisateurs, forts de la supériorité qu'ils s'attribuent, prétendent souvent projeter leur civilisation outre-mer et assimiler les indigènes. Mais ils ne sont pas des fourmis. Les sociétés éloignées divergent inévitablement sous l'effet de la contradiction entre la distance et la nécessité de produire constamment du lien social. Même les colonies les plus conformes à leur métropole comme les *dominions* britanniques finissent par s'émanciper : l'éloignement géographique est trop fort pour permettre de maintenir la continuité des infinies interrelations qui tissent la société. La reine d'Angleterre ne sera pas toujours souveraine nominale de l'Australie ou du Canada.

---

1. Les italiques sont de M. Godelier.

Contre cet ennemi, la distance, les sociétés produisent des techniques de communication. Aux moyens les plus anciens, le va-et-vient à courte distance, le langage, s'ajoutent progressivement des outils qui permettent de démultiplier les façons de faire lien : moyens de transports des hommes et de leurs marchandises, transfert de la valeur (monnaie), déplacement du langage par l'écriture... jusqu'aux moyens mécaniques de la Révolution industrielle qui rétrécissent brusquement la Terre et intensifient le Monde. Chaque modification importante a eu de profonds effets dans l'organisation scalaire des sociétés. La mondialisation est la partie à plus grand rayon de ce jeu d'échelle. L'histoire de la construction du Monde est largement celle des moyens de communication (encadrés p. 215 et 216).

Mais, si la distance est loin d'être abolie au XXIe siècle, sa pesanteur était beaucoup plus considérable auparavant. Or, à mesure que s'est effectuée la diffusion des hommes sur la Terre, que l'écoumène s'est étendue, les distances maximales entre les hommes se sont accrues. Par là même, cette diffusion peut être considérée comme une *antimondialisation*. Plus l'humanité s'étendait, plus elle se fractionnait. Ce sera peut-être le cas, dans un futur lointain, si nous colonisons d'autres planètes, mais ce scénario de passage de la mondialisation à l'universalisation ne semble pas immédiatement d'actualité.

Des mondes sans relations : l'envers du Monde

La distance a une histoire technique, elle a aussi une histoire naturelle. Le niveau des mers varie et modifie ainsi la configuration des terres émergées, permettant ou non à des hommes ne disposant pas de bateaux de passer. Les milieux bioclimatiques changent et se déplacent ; or, certains représentent des étendues aisées à parcourir et d'autres des espaces redoutables. Cette histoire de la face de la Terre a fortement conditionné celle de l'écoumène.

Cycles glaciaires et écoumène

Le peuplement des nouveaux mondes est récent, à l'aune de l'histoire du Quaternaire. Les datations font débat, mais que l'on prenne le haut ou le bas de la fourchette, il correspond toujours à la dernière période glaciaire (le Würm de la chronologie européenne, le Nebraska de l'américaine, entre − 80 000 et − 12 000 environ) dont le dernier optimum aurait été vers

– 20 000 à – 17 000 avant notre ère (figure 2.2). Cela correspondait naguère au moment le plus souvent retenu pour le peuplement de l'Amérique, bien qu'aujourd'hui on exhume des témoignages de peuplement plus anciens. Les dates prises en compte pour l'Australie-Nouvelle Guinée sont encore plus vieilles (– 60 000), ce qui correspond à une « sortie d'Afrique » plus éloignée dans le temps. Il n'est pas utile de rentrer dans les complexes discussions sur les traces ténues de ces migrations, ni sur leurs motifs supposés. L'important est qu'elles soient très récentes à l'échelle de l'évolution biologique de l'espèce humaine, puisqu'elles correspondent toujours à la dernière glaciation. Elles n'ont pu ainsi concerner que des *Sapiens* : voilà l'origine de l'unité biologique de l'homme.

À cela, il y a une cause toute naturelle [CHALINE, 1985]. Lors de chaque période glaciaire, de grandes quantités d'eau sont stockées sous forme d'inlandsis. Ces énormes glaciers disparaissent durant chaque interglaciaire – mais pas tous et pas totalement. L'Antarctique et le Groënland portent ainsi aujourd'hui des masses d'eau gelée largement héritées de glaciations anciennes. De ce fait, à chaque nouvelle période froide, le niveau marin est descendu un peu plus bas, et est remonté un peu moins haut à chaque interglaciaire. L'altitude des mers n'a jamais été aussi basse qu'il y a 17 000 ans, donc l'étendue des terres émergées n'a jamais été aussi grande (pour le Quaternaire). Rien d'étonnant, alors, que ce soit le moment fort de l'extension de l'écoumène.

Ce phénomène est évidemment essentiel pour l'homogénéité de l'espèce. Imaginons un instant que le processus ait été inverse (figure 2.3) : un niveau marin de plus en plus haut à chaque déglaciation[1], de moins en moins bas à chaque période glaciaire. On peut supposer que la diffusion de l'espèce *Homo* se serait produite beaucoup plus tôt, puis aurait cessé. Des mutations génétiques se seraient produites séparément faisant diverger les variables de l'espèce. Colomb aurait rencontré un autre type d'homme et la controverse de Valladolid aurait dû donner tort à Las Casas. Il n'y a lieu ni de s'en féliciter ni de le regretter, mais simplement de se souvenir que de ce processus particulier découle l'unité forte du genre humain.

---

1. Les remontées des niveaux marins aux interglaciaires sont accentuées par le gonflement de la masse aquatique sous l'effet de son seul réchauffement, la thermostasie.

Ancien Monde et nouveaux mondes ▼ 57

	Trait de côte estimé vers – 17 000 (– 180 m)		Banquise en été
	Trait de côte actuel		

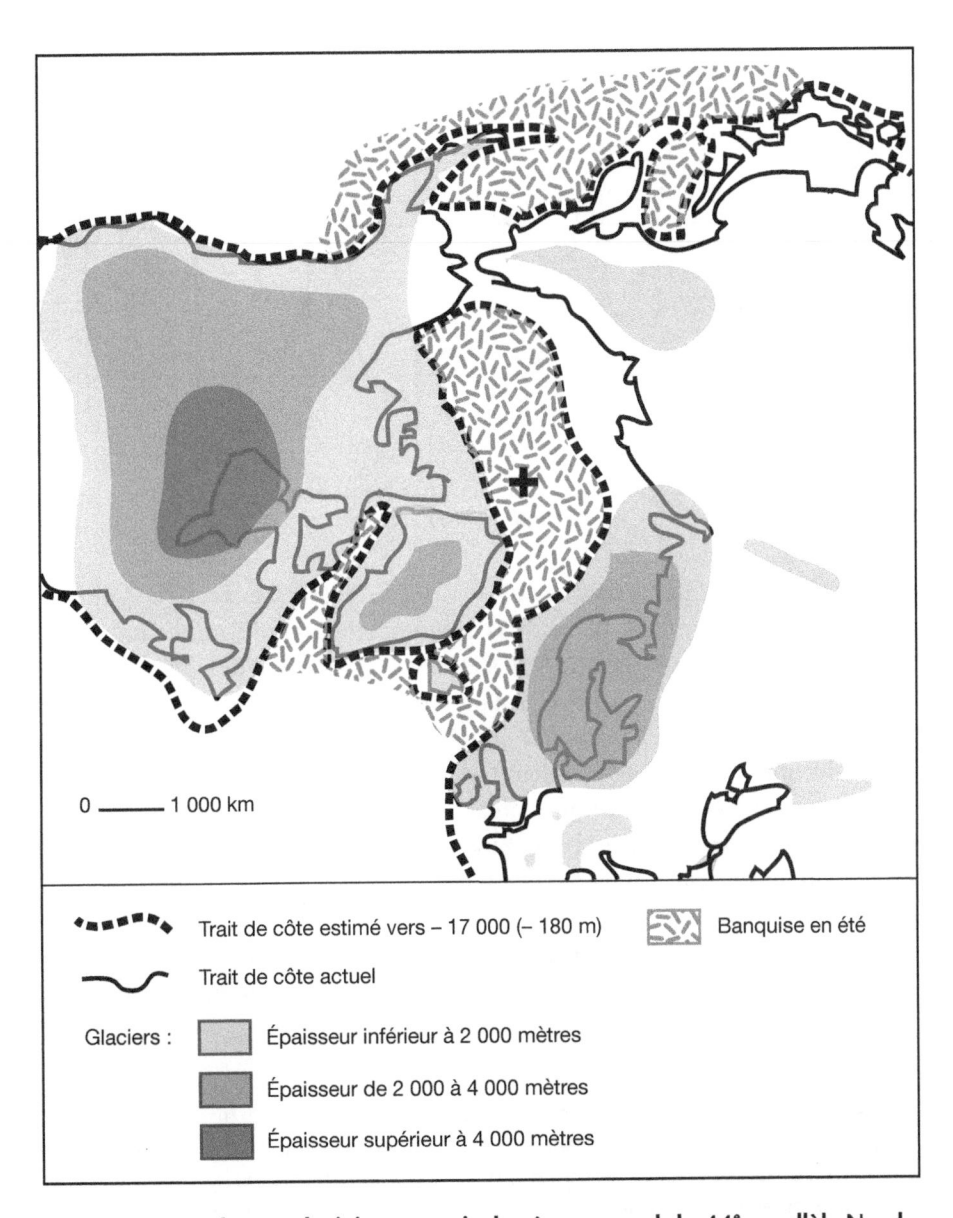

Glaciers :
- Épaisseur inférieure à 2 000 mètres
- Épaisseur de 2 000 à 4 000 mètres
- Épaisseur supérieure à 4 000 mètres

Figure 2.2. Calottes glaciaires et trait de côte au nord du 44ᵉ parallèle Nord lors du maximum de la dernière glaciation vers – 17 000

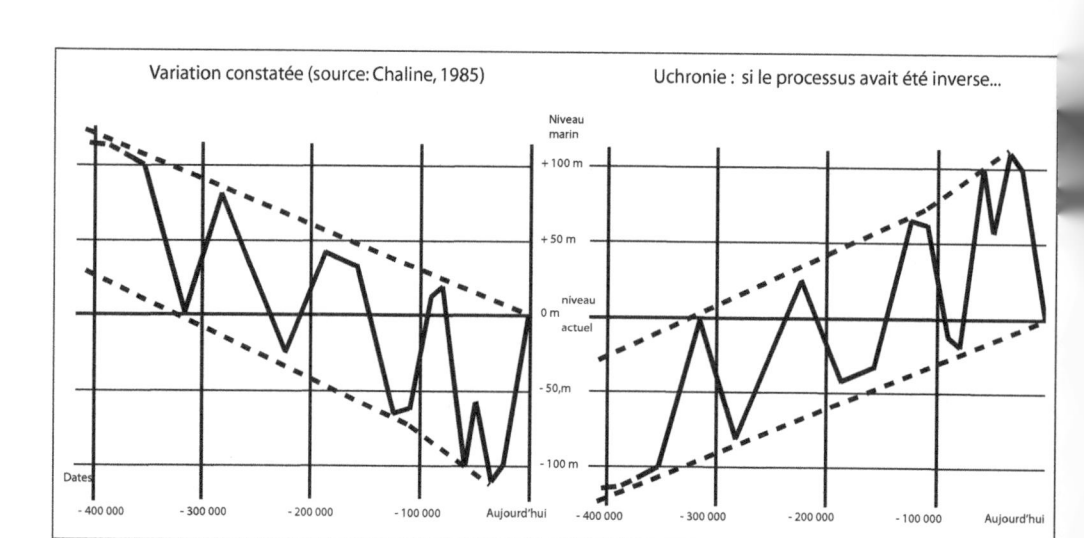

Figure 2.3. Variation du niveau marin au Quaternaire récent

Il y a bien eu séparation par la remontée des eaux des groupes humains dispersés à la surface de la Terre, mais durant quelques millénaires seulement, pas suffisamment pour permettre des divergences biologiques. Vers – 12 000, le détroit de Béring s'est ouvert, isolant l'Alaska de la Sibérie. L'Australie, la Nouvelle-Guinée et la Tasmanie ont été séparées et les mers les coupant de l'Asie du Sud-Est se sont élargies. Des archipels se sont créés se séparant de terres jusque-là en continuité : ainsi du Japon ou des îles Britanniques, de Ceylan, de l'Indonésie ou des Philippines. Des lacs ou des mers intérieures ont brusquement été envahis par les eaux marines prenant une taille beaucoup plus considérable, comme la mer Noire, la mer du Japon, la mer Rouge ou le golfe Arabo-Persique. Les nombreuses discontinuités maritimes ont créé ou renforcé les divergences entre des groupes humains encore peu marins.

Des Déluges

La remontée des eaux marines au début de notre interglaciaire, dite «Transgression flandrienne», est un phénomène qui a dû non seulement être spectaculaire mais surtout dévastateur pour les populations qui occupaient ces basses terres. La catastrophe présentée dans de nombreux récits anciens sous forme de déluge est souvent considérée comme son souvenir. Pour le récit biblique ou mésopotamien, on pense que le brusque remplissage de la mer Noire serait l'origine de cet événement. C'est probablement la plus ancienne légende qui ait été conservée par un écrit.
C'est en 1872 qu'un pionnier de la lecture du cunéiforme, George Smith, annonce qu'il a découvert écrit sur une tablette provenant des ruines du palais d'Assurbanipal (669-631 avant notre ère), au sein des aventures du roi mythique Gilgamesh,

une histoire semblable à celle du Déluge biblique et plus ancienne que le texte sacré. Depuis, d'autres tablettes, souvent plus antiques, ont été découvertes racontant la même histoire. En 2009, l'assyriologue Irwing Finkel [2015], conservateur adjoint au British Museum, a traduit la «tablette de l'Arche» datée de 1800 avant notre ère (au début de la première Babylone), qui donne une version plus complète décrivant avec force détails techniques l'arche sous la forme d'un bateau rond, comme ceux utilisés en Mésopotamie depuis des millénaires. Sauf que ses dimensions sont considérables : 70 mètres de diamètre pour 6 mètres de haut, soit quelques 3 600 m² de surface au sol ; de quoi rassembler beaucoup d'animaux...

Effets de taille et Néolithique

Le fractionnement de l'humanité, l'ancienne antimondialisation, a donc découlé d'une nécessité soumise à deux contraintes : l'impérieux besoin pour tout groupe humain de retisser en permanence du lien social entre tous ses membres, donc de maîtriser les distances entre eux, contredit par l'étirement dû à la diffusion et aux barrières parfois élevées par la nature. C'est la raison première[1] du pluriel des sociétés en revers du singulier de l'humanité.

Isolés les uns des autres, les groupes humains se sont trouvés dans des conditions différentes et, d'un certain point de vue, inégales, ce qu'a particulièrement mis en évidence le physiologiste californien Jared Diamond [2000]. Il développe l'idée que les plantes et les animaux susceptibles d'être domestiqués n'étaient pas en très grand nombre et, surtout, étaient inégalement répartis à la surface de la Terre. Rien de bien surprenant d'ailleurs, les effets de la diffusion fonctionnent également pour les autres espèces vivantes soumises aussi aux mutations génétiques, aux contraintes de la distance et aux effets de barrière.

Par l'expression de «Principe d'Anna Karénine», Jared Diamond résume les contraintes qui pesaient sur les potentialités de domestication : «Les animaux domesticables se ressemblent tous ; les animaux non domesticables sont non domesticables chacun à leur façon[2].» On peut, en effet, s'étonner que la plupart des animaux domestiqués aient été presque exclusivement eurasiatiques, en particulier les gros mammifères qui ont joué un rôle décisif dans le devenir des sociétés humaines (chevaux, ânes, bovidés, porcins, camélidés, ovins et caprins). Cela ne veut évidemment pas dire que d'autres espèces animales aient été sans intérêt : oiseaux (volailles) et même

---
1. On verra dans le chapitre 10 qu'il en est d'autres.
2. Jared Diamond a calqué cette formule sur la première phrase du roman de Tolstoï : «Les familles heureuses se ressemblent toutes ; les familles malheureuses sont malheureuses chacune à leur façon.» D'où l'expression de «Principe d'Anna Karénine».

insectes (les abeilles pour le miel, le bombyx du mûrier pour la soie); mais aucun de ces animaux plus petits n'a pu tirer de charrue et de charrette, ni même de traîneau comme les chiens, aucune n'a pu servir de monture (le plus gros animal américain domestiqué, le lama, ne supporte pas une charge de plus d'une trentaine de kilos). Donc, sans compter l'apport calorique que peuvent fournir le lait et la viande de ces bêtes, le formidable démultiplicateur d'énergie qu'elles ont représenté pour les sociétés qui les maîtrisaient a manqué à d'autres. Dès le Néolithique, les groupes humains se retrouvaient inégaux devant la distance.

Le point de départ de ce facteur d'inégalité vient du nombre très réduit de gros herbivores terrestres. Si l'on considère comme « gros » ceux qui pèsent plus de 45 kilogrammes, on n'en dénombre que quatorze espèces domestiquées avant le XXe siècle: cinq majeures (le mouton, la vache, le cochon, la chèvre et le cheval) et neuf mineures (le dromadaire, le chameau, le lama et l'alpaca, l'âne, le renne, le buffle, le yak et deux descendants de l'auroch: le banteng de Bali et le mithan de l'Inde et de Birmanie). On peut rajouter à cette liste l'éléphant, bien que beaucoup considèrent qu'il est plutôt apprivoisé que domestiqué. Or les ancêtres sauvages de ces espèces étaient très inégalement répartis. Il n'y en avait aucun en Amérique du Nord, en Afrique subsaharienne et en Australie; une seule en Amérique du Sud: l'ancêtre des camélidés domestiques andins. En revanche, les formes sauvages de treize des quatorze espèces domestiques, dont les cinq principales, étaient eurasiatiques[1]. De même, c'est sous sa variante d'Asie que l'éléphant a été apprivoisé et mis au travail.

On pourrait évidemment suspecter ce raisonnement de ne pas tenir compte de la diversité des acteurs du processus, de négliger les dispositions plus ou moins domesticatrices des sociétés confrontées à cette diversité de la faune. En fait, on s'aperçoit vite que les gros mammifères présents ailleurs qu'en Eurasie ne se prêtaient effectivement guère au travail avec les hommes. Certes, beaucoup d'espèces ont pu être plus ou moins apprivoisées et devenir d'éventuels compagnons des hommes, des kangourous, des guépards, des girafes, des ours, etc. Mais très rares sont celles qui ont été domestiquées, mises au travail et, généralement, profondément modifiées morphologiquement. Seuls ces derniers animaux peuvent être, à proprement parler, appelés domestiques. Ce sont eux qui ont joué un rôle essentiel dans le fonctionnement des sociétés, dans leur organisation spatiale et leur dynamique historique. La plupart des animaux pourtant apprivoisés se sont révélés totalement rebelles à la domestication et ce, indépendamment des

---

1. On inclut dans l'« Eurasie » l'Afrique du Nord. La véritable coupure biogéographique est beaucoup plus le Sahara que la Méditerranée. Nous verrons que pour l'histoire des sociétés, il faut adopter le même découpage du Monde.

efforts développés par les hommes. Le cheval représente un bon test. Un siècle a suffi aux Amérindiens pour s'approprier l'usage du cheval. Certes, la dimension culturelle ne peut pas être négligée dans un tel processus : les Indiens avaient vu des Européens chevaucher et les mustangs, même ensauvagés, n'étaient pas les ancêtres sauvages des chevaux qui galopaient en Eurasie. Réciproquement, un animal très proche, le zèbre, n'a jamais pu être domestiqué. Et on ne peut invoquer un obstacle culturel. Non seulement les cavaliers européens échouèrent lorsqu'ils le tentèrent, mais des sociétés africaines adoptèrent le cheval et se transformèrent, comme le royaume Mossi, en organisme guerrier fortement structuré par la cavalerie [DIGARD, 2004].

L'inégalité des sociétés devant « l'offre » naturelle en grands animaux de civilisation peut, à première vue, ne pas correspondre à celle des plantes. En fait, l'immense majorité de la flore ne se prête pas non plus à la domestication. On évalue le nombre d'espèces de plantes sauvages à pas moins de 200 000. L'ensemble des sociétés n'en consomme que quelques milliers et n'en a vraiment domestiqué que quelques centaines. Plus précisément, aujourd'hui, 80 % du tonnage annuel des récoltes est assuré par une douzaine d'espèces : quelques céréales (blé, riz, maïs, sorgho...), des racines (manioc, pomme de terre...), le soja et la banane. Les grandes céréales, les « plantes de civilisation » selon l'expression de Braudel, assurent à elles seules la moitié de la ration alimentaire mondiale. Or la plupart des espèces sauvages dont découlent ces grandes cultures ont une origine géographique restreinte ; leur diffusion n'a donc été assurée que sous forme domestiquée par l'action des sociétés. Au total, comme pour « l'offre » de la faune, les sociétés étaient originellement très inégales devant les possibilités de la flore. On peut d'ailleurs remarquer que les apports nouveaux depuis que les Européens ont exploré la Terre, la mise en culture de plantes qui n'étaient pas cultivées par les populations locales, se réduisent à peu de chose. Par exemple, pour l'Australie, cela se ramène à la noix de macadamia. Aujourd'hui, l'extractivisme (la recherche de plantes nouvelles utilisées à l'état sauvage par des peuples marginaux du Monde, en Amazonie en particulier) contribue beaucoup moins à l'enrichissement de la palette des cultures que la modification génétique en laboratoire de plantes anciennement cultivées.

Apprivoiser et même domestiquer des animaux n'est pas contradictoire avec la mobilité spatiale. Les animaux de transport, le cheval en tout premier lieu, ont pu profondément modifier la maîtrise de la distance. Inversement, les sociétés « à racines », celles qui à partir du Néolithique ont opté pour une base économique essentiellement végétale, se sont enracinées et ont réduit, au moins pour l'essentiel de la population, leur mobilité. Il est vrai qu'elles ont souvent, en contrepartie, pu croître beaucoup démographiquement. À l'inverse, certaines sociétés qui se sont spécialisées dans l'élevage ont pu devenir des professionnelles de la mobilité : les « sociétés à pattes ». On verra que ce n'est pas le cas de tous les groupes de pasteurs, mais de ceux qui se sont trouvés en position d'intermédiaires entre des grosses masses démographiques (nomades sahariens et peuples des steppes eurasiatiques).

Des sociétés plurielles, donc, et dans des situations contrastées : cet envers de la mondialisation à venir que produisit la diffusion récente de *Sapiens* représente le champ de potentialité dans lequel le Monde va être construit à partir des Grandes Découvertes.

Les nouveaux mondes

Toutes les sociétés existantes vers 1492 [BALARD et alii, 1997] sont loin de se connaître, de soupçonner même leurs existences réciproques. Elles ne se sont pas encore « découvertes ». Il y a cependant de très importantes différences de situation dans cette configuration archipélagique. Certains groupes en connaissent beaucoup d'autres, alors que quelques-uns peuvent se croire seuls au monde.

Une carte des sociétés juste avant l'amorce de la mondialisation, réalisée par l'ethnographe Gordon W. Hewes et reprise par Braudel [1979, tome I, P. 40-41], souvent citée [BALARD et alii, 1997, p. 4-5] malgré son caractère daté, lisible en particulier par son classement évolutionniste, représente toujours un bon point de départ (figure 2.4).

La carte de Hewes a l'inconvénient de cartographier les sociétés de notre XVe siècle comme on le ferait pour les États du début du XXIe siècle en forme de puzzle. En dehors de l'Antarctique, toute la surface des terres émergées est couverte par des territoires délimités par des frontières linéaires. Cette démarche classificatoire exhaustive, pour commode qu'elle soit, donne une image anachronique des structures géographiques d'alors. Il faut d'abord prendre en compte les écarts de densité (figure 2.5). Les milieux naturels les plus hostiles (hautes latitudes, déserts) et les lieux plus récemment peuplés (pointe méridionale de l'Amérique du Sud, Australie, îles du Pacifique...) abritent des populations rares ; en revanche, les noyaux de fortes densités évoqués dans le premier chapitre (Chine, Inde, pourtour méditerranéen et Europe, Insulinde, boucle du Niger...) sont fortement enracinés. Peu nombreuses, ensuite, sont les sociétés dont les limites puissent être nettement tracées : les marges, les marches, les confins sont des figures de limites géographiques plus banales que les frontières nettement bornées. Enfin, la présence d'un groupe humain sur une portion de la surface terrestre n'est pas forcément exclusive d'un autre ; on est loin, même en Europe, de la configuration de l'État-nation tel qu'il fut codifié au XIXe siècle. De nombreux cas de sociétés imbriquées sont alors présents : le delta intérieur du Niger est un exemple bien connu dans la littérature géographique française, mais il en était beaucoup d'autres[1].

État des mondes au XVe siècle

La légende de la carte de Hewes est franchement évolutionniste, ce qui n'a rien de surprenant pour un travail de sciences sociales du milieu du XXe siècle[2]. Le classement est fondé sur les types de techniques agricoles avec un implicite : plus elles permettent de fortes densités, plus elles vont dans le sens du « Progrès ». Cela correspond bien au matérialisme braudélien, largement partagé durant la plus grande partie du siècle précédent (figure 2.6). Cette démarche est obsolète si on lui donne un caractère moral, dans une vision très « moderniste » du Progrès. En revanche, elle n'est pas inutile pour lire l'histoire de la mondialisation effectivement réalisée – qu'il n'est pas question de confondre avec le Progrès.

Il faut d'abord se défaire, au moins un peu, de notre subjectivité de descendants d'agriculteurs denses : il est peu probable que les sociétés de chasseurs-cueilleurs aient été des mondes de lutte constante contre toute sorte de pénuries, ne serait-ce que parce que ces « manques » concernent des biens dont les paléolithiques n'avaient pas la moindre idée. On a pu, non sans bons arguments, avancer même l'idée inverse : ces sociétés étaient les premières « sociétés d'abondance » [SAHLINS, 1972] puisque tous les biens nécessaires étaient assez facilement obtenus avec une quantité réduite de travail. Et encore, les calculs de temps d'activité productive ont été faits par des ethnologues sur des sociétés de chasseurs-cueilleurs survivantes au XXe siècle, donc reléguées dans des marges de l'écoumène aux milieux souvent difficiles (Aborigènes australiens, San, Inuit, etc.[3]) – ce qui était déjà, il est vrai, le cas cinq siècles auparavant. De telles discussions ne sont pas très éloignées des débats contemporains sur les indicateurs de niveaux de vie.

---

1. GALLAIS, 1984. Les configurations géographiques de groupes sociaux à la fois autonomes et imbriqués sont particulièrement intéressantes dans la perspective de la dynamique de la mondialisation contemporaine, dans la mesure où semblent se reproduire de telles structures, à une autre échelle il est vrai.
2. C'est, par exemple, le cas pour l'œuvre majeure du féminisme qu'est *Le deuxième sexe* de Simone de Beauvoir qui date de 1949, dont l'évolutionnisme avoué a été bien analysé par Françoise Héritier dans *Masculin/Féminin. La pensée de la différence*, Paris, Odile Jacob, 1996.
3. Les noms courants des peuples premiers sont souvent ceux par lesquels les Européens les ont connus, c'est-à-dire le nom que leur attribuaient des populations voisines. Ces termes sont souvent dépréciatifs. C'est le cas des peuples du Grand Nord canadien, nommés « Eskimo » par les Algonkins, selon un terme qui pourrait signifier « mangeurs de viande crue », étymologie aujourd'hui contestée. C'est pourquoi on utilise aujourd'hui les mots par lesquels ils se désignent eux-mêmes, Inuit ou Yupik. De même, il vaut mieux dire Tsitsistas que Cheyenne, Imazighen que Berbère (« barbare », les Numides des Romains), etc. Pour les peuples premiers australiens, l'appellation d'Aborigènes perdure (terme synonyme d'autochtone, ce qui n'a rien d'infamant), car les populations pré-européennes n'avaient aucune conscience de l'ensemble qu'elles pouvaient constituer ; elles formaient quelque 400 groupes distincts utilisant 250 langues différentes.

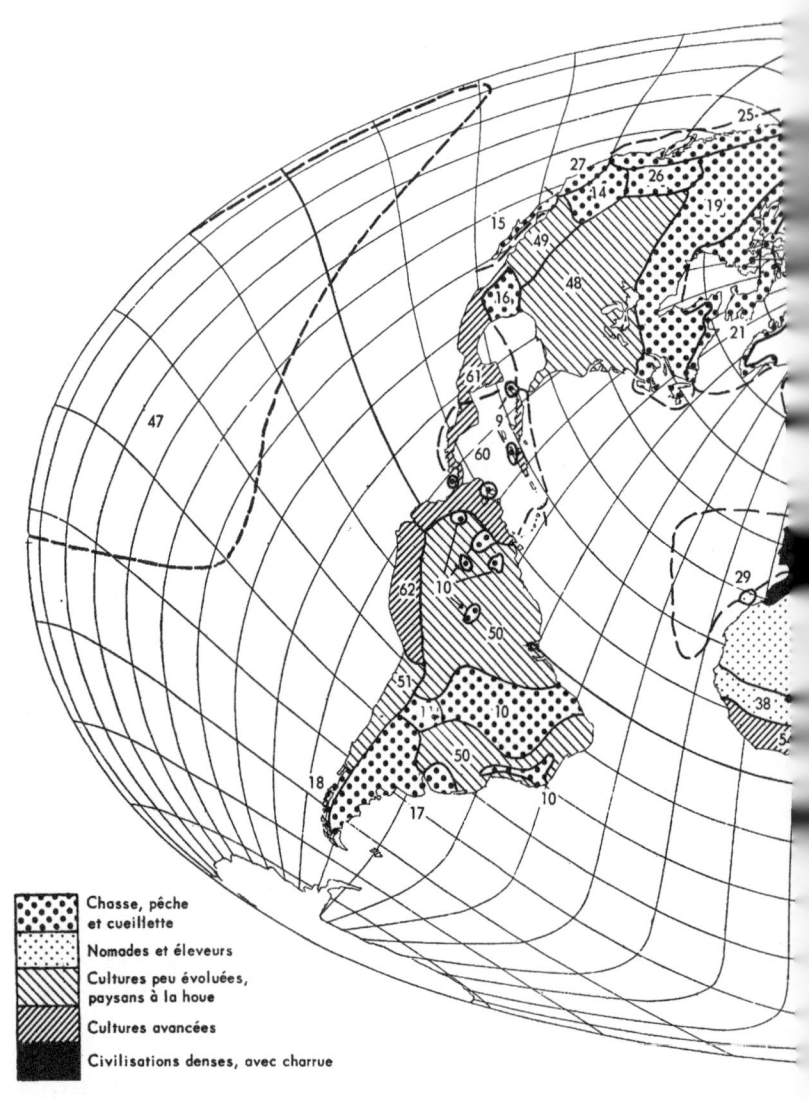

Figure 2.4. Civilisation, « cultures » et peuples primitifs vers 1500

Source : d'après G.H. Hewes in BRAUDEL Fernand, 1979, *Civilisation matérielle, économie et capitalisme, XVᵉ-XVIIIᵉ siècle*, tome I, *Les structures du quotidien : le possible et l'impossible*, Paris, Armand Colin.

1. Tasmaniens. – 2. Pygmées du Congo. – 3. Védas (Sri Lanka). – 4. Andamans. – 5. Sakaïs et Sémangs. – 6. Koubous. – 7. Punans (Bornéo). – 8. Négritos des Philippines. – 9. Ciboney (Antilles). – 10. Gê-Botocudos. – 11. Indiens du Grand Chaco. – 12. Boschimans. – 13. Australiens. – 14. Grand Bassin (États-Unis). – 15. Basse-Californie. – 16. Texas et Mexique du Nord-Est. – 17. Patagonie. – 18. Indiens des côtes méridionales du Chili. – 19. Athabasques et Algonquins (nord du Canada). – 20. Youkaghirs. – 21. Inuits du Centre et de l'Est. – 22. Inuits de l'Ouest. – 23. Kamtchadales, Koriaks, Tchouktches. – 24. Aïnos, Ghiliaks, Goldes. – 25. Indiens de la côte Nord-Ouest des États-Unis et du Canada. – 26. Plateau de la Columbia. – 27. Californie centrale. – 28. Peuples éleveurs de rennes. – 29. Îles Canaries. – 30. Nomades du Sahara. – 31. Nomades d'Arabie. – 32. Pasteurs des montagnes du Proche-Orient. 33. Pasteurs du Pamir et de l'Hindou-Kouch. – 34. Kazakh-Kirghiz.

Ancien Monde et nouveaux mondes ▼ 65

– 35. Mongols. – 36. Pasteurs tibétains. – 37. Tibétains sédentaires. – 38. Soudanais de l'Ouest. – 39. Soudanais de l'Est. – 40. Somali et Galla de l'Afrique du Nord-Est. – 41. Peuplades nilotiques. – 42. Éleveurs de l'Est africain. – 43. Bantous de l'Ouest. – 44. Hottentots. – 45. Papous mélanesiens. – 46. Micronésiens. – 47. Polynésiens. – 48. Indiens d'Amérique (États-Unis de l'Est). – 49. Indiens d'Amérique (États-Unis de l'Ouest). – 50. Indiens du Brésil. – 51. Indiens du Chili. – 52. Peuples du Congo. – 53. Peuples des lacs de l'Est africain. – 54. Côtes de Guinée. – 55. Tribus des hauts pays de l'Assam et de la Birmanie. – 56. Tribus des hauts pays de l'Indonésie. – 57. Peuples des hauts pays d'Indochine et de la Chine du Sud-Ouest. – 58. Tribus montagnardes et forestières de l'Inde centrale. – 59. Malgaches. – 60. Caraïbes. – 61. Mexicains, Mayas. – 62. Péruviens et Andins. – 63. Finnois. – 64. Caucasiens. – 65. Abyssins. – 66. Musulmans sédentaires. – 67. Europe du Sud-Ouest. – 68. Est méditerranéen. – 69. Europe de l'Est. – 70. Europe du Nord-Ouest. – 71. Inde (la carte ne distingue pas Musulmans et Hindous). – 72. Bas pays du Sud-Est asiatique. – 73. Bas pays indonésiens. – 74. Chinois. – 75. Coréens. – 76. Japonais.

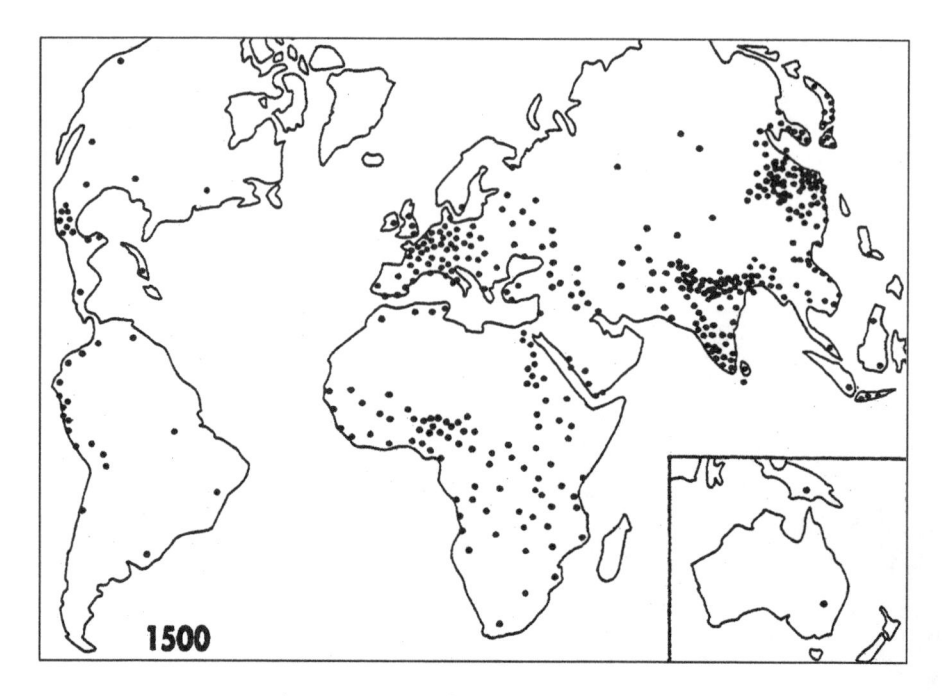

Figure 2.5. Les densités au XVᵉ siècle

1 point = 1 million d'individus.

Mais ces sociétés paléolithiques ne pouvaient pas être initiatrices de la mondialisation, ni même en être des acteurs autres que des victimes. Il en va tout autrement de la deuxième catégorie de la carte de Hewes, les « nomades et éleveurs ». Dans la légende de la figure 2.3, elle est rangée entre les prédateurs et les « paysans à la houe », considérés comme peu évolués. Le primat de la culture des plantes, à l'inverse de l'Éternel de la Bible préférant les offrandes du berger Abel à celles du laboureur Caïn, est ici avoué. Une telle catégorie confond en fait deux types de sociétés assez différentes. D'une part, les groupes humains qui ont mis l'accent sur un fondement animal plutôt que végétal pour assurer leur alimentation. Les pasteurs, à l'inverse du modèle évolutionniste de Hewes, ne représentent pas un type social intermédiaire entre les chasseurs et les cultivateurs, mais une variante issue du Néolithique. Certaines sociétés devenues productrices sont progressivement passées d'une association plantes/animaux à un primat de l'élevage. L'histoire des Scythes en est un exemple des mieux connus. Beaucoup ont fonctionné en imbrication avec des groupes plus centrés sur le végétal : les éleveurs de l'Est africain, les Peuls, des tribus turques d'Asie occidentale, les Lapons, etc. De l'élevage de gros mammifères comme activité basique de ces sociétés découle un trait géographique essentiel : leur capacité de mobilité. À la différence de celle des chasseurs-cueilleurs capables de se procurer leurs biens dans des lieux différents, les pasteurs bougent avec leur base productive. Ils y sont même astreints, le plus souvent, par la quête de pâturages en fonction des variations saisonnières. Cela les distingue nettement des agriculteurs enracinés par leurs productions végétales. Rien d'étonnant alors que certaines sociétés de pasteurs, celles qui maîtrisaient les mammifères à plus gros rayon d'action, les grands camélidés et les chevaux, aient pu progressivement devenir celles qu'on a nommé les « grands nomades ». Là où les milieux naturels imposaient une solution de continuité entre les masses des sédentaires, steppes et déserts d'Asie centrale ou du Sud-Ouest, Sahara en particulier, des sociétés réticulaires de caravaniers ont pu s'organiser. Elles n'étaient donc en rien plus « primitives » que les mondes paysans dont elles importaient et exportaient les biens rares et à qui elles fournissaient souvent des produits d'élevage. D'autant plus que leur supériorité en matière de mobilité compensait leurs effectifs moindres et les dotait de capacités militaires redoutables. Contrairement donc au modèle évolutionniste monolinéaire classique qui les considérait comme plus arriérées, ces sociétés étaient des acteurs essentiels des prémondialisations (chapitre 3) et certaines ont joué un grand rôle dans l'amorce du monde moderne (chapitre 4).

L'essentiel des hommes, au XVe siècle, était cependant déjà regroupé dans des sociétés d'agriculteurs. Hewes et Braudel les classent selon les techniques de travail de la terre, avec toujours l'implicite que la pratique des Occidentaux (mais aussi des Indiens, des Chinois, des Japonais et de quelques autres) en représente le degré supérieur. On part donc du bâton à fouir, de la houe, pour passer à l'araire et enfin culminer avec la charrue. Une façon assez proche de les différencier tiendrait compte de l'intégration ou non de gros mammifères, de bovidés en particulier [Mazoyer et Roudart, 1997]. Un point important semble le rapport, particulier à chaque cas, entre mobilité et densité. D'un côté les sociétés d'agriculture à très longue jachère, dites souvent « sur brûlis », requièrent un minimum d'investissement et de travail, mais supposent le maintien d'effectifs relativement limités. Encore qu'il ne faille pas sous-estimer cette technique : c'était probablement la base productive des cités Mayas, par ailleurs inventrices d'une astronomie très savante et d'une forme d'écriture[1]. À l'autre bout les complexes culturaux de la riziculture inondée ou de certaines agricultures proches de l'horticulture nécessitent d'énormes densités fortement sédentarisées et encadrées. On a beaucoup glosé sur les « sociétés hydrauliques[2] » et il suffit de mettre l'accent sur le lien

---

1. Mais les limites de la « capacité de charge » de l'agriculture sur brûlis sont aussi convoquées pour avancer une hypothèse écologique expliquant la disparition des premières cités Mayas.
2. C'est particulièrement Wittfogel [1957, *Oriental Despotism*, University of Rochester Press] qui a formalisé le modèle de l'État hydraulique [Mainguet, 1995, *L'homme et la sécheresse*, Paris, Masson, chapitre 9, « Géohistoire de la maîtrise de l'eau, les civilisations hydrauliques »].

Types de sociétés :

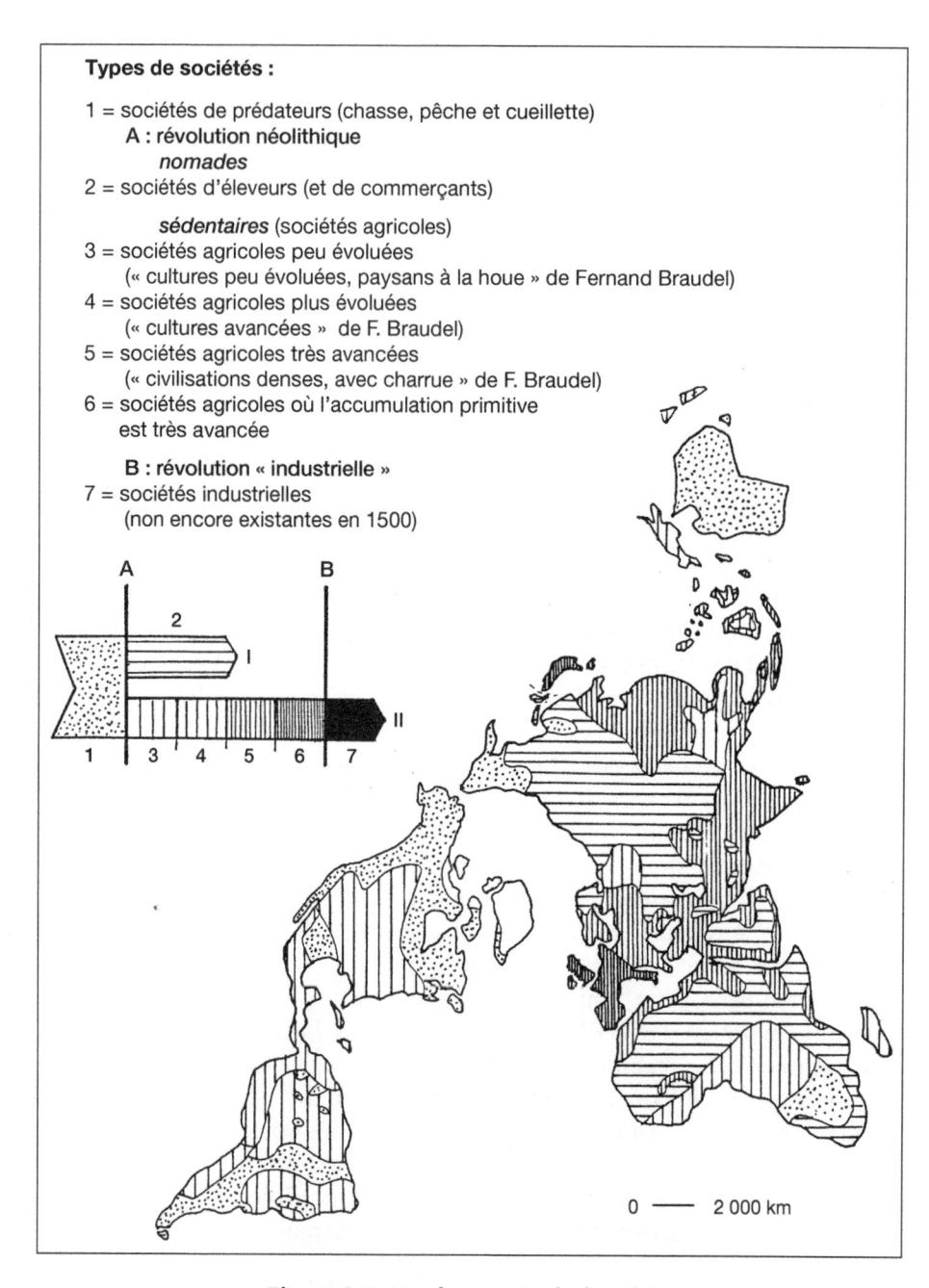

1 = sociétés de prédateurs (chasse, pêche et cueillette)
  A : révolution néolithique
     nomades
2 = sociétés d'éleveurs (et de commerçants)

     sédentaires (sociétés agricoles)
3 = sociétés agricoles peu évoluées
   (« cultures peu évoluées, paysans à la houe » de Fernand Braudel)
4 = sociétés agricoles plus évoluées
   (« cultures avancées » de F. Braudel)
5 = sociétés agricoles très avancées
   (« civilisations denses, avec charrue » de F. Braudel)
6 = sociétés agricoles où l'accumulation primitive
   est très avancée

   B : révolution « industrielle »
7 = sociétés industrielles
   (non encore existantes en 1500)

**Figure 2.6. Une lecture évolutionniste
de la géographie des sociétés au XV⁰ siècle**

Source : « La carte pour qui ? La carte pour quoi ? », Actes du colloque Géopoint, Groupe Dupont/Université d'Avignon, 1986, p. 160.

fort établi entre « techniques d'encadrement[1] » et organisation d'une structure politique forte, autonomisée dans l'ensemble du social, l'État. On peut constater qu'à la veille des Grandes Découvertes, une grande part de l'humanité, de la Méditerranée au Japon, est déjà groupée dans de telles structures sociales.

Au total, un panorama rapide de l'ensemble des sociétés antérieures à l'amorce de la mondialisation dégage plus une impression de diversité que d'inégalité. Si, au XXe siècle, on a beaucoup classé les hommes selon leurs niveaux de vie, cinq cents ans auparavant ces différences quantitatives n'étaient pas nettes entre sociétés. Cela pouvait avoir du sens dans beaucoup de groupes humains fortement différenciés, en particulier ceux classés par Hewes comme les plus « évolués ». On peut aussi considérer que le niveau de vie moyen était atteint avec beaucoup plus d'efforts (contre, peut-être, un peu plus de sécurité) dans ces mêmes sociétés denses et volumineuses, que chez les chasseurs cueilleurs, la plupart des agriculteurs sur brûlis et les éleveurs.

Les différences grosses d'avenir sont ailleurs. Deux éléments essentiels peuvent être mis en avant pour différencier les sociétés par rapport à la mondialisation à venir : leur degré de connexité entre elles et leur capacité d'accumulation. On verra que ces deux attributs sont fortement dépendants l'un de l'autre, mais de façon complexe. Le premier est le plus simple : certains groupes humains n'ont que très peu de relations avec d'autres. L'île de Pâques représente sans doute un cas limite de cette dernière catégorie [DIAMOND, 2006]. Mais l'ensemble des Australiens (que les Européens nommeront ultérieurement Aborigènes) semble sans contacts avec d'autres sociétés. La coupure majeure reste cependant celle entre l'Amérique et le reste de l'écoumène. En revanche, dans l'ensemble Eurasie-Afrique (ou Eufrasie), l'Ancien Monde, des Lapons aux Bochimans, il n'y a pas de ruptures absolues ; mais la différence est considérable entre les groupes aux contacts rares, ceux des marges, et les sociétés beaucoup plus centrales, en connexions fréquentes et riches, inscrites dans la longue durée. Ces différences de situations géographiques sont à garder à l'esprit à la fois pour comprendre leurs possibilités d'initiatives mondialisatrices ou leurs capacités à s'insérer dans une dynamique initiée ailleurs, ainsi que leurs capacités éventuelles à se défendre du processus ou à le subir.

Si la différenciation par les positions géographiques est assez simple à prendre en compte, et même à cartographier (figure 2.6), il est plus délicat,

---

1. La notion de techniques d'encadrement a été utilisée en particulier par Pierre Gourou pour préciser les termes vagues de civilisation ou de culture. Il entendait par là l'ensemble des procédés et moyens, matériels et immatériels, permettant d'assurer l'organisation du travail dans une société donnée et, plus largement, sa cohésion. Les techniques d'encadrement incluent les modes de transmissions des règles sociales et de l'organisation du pouvoir (GOUROU Pierre, 1973, *Pour une géographie humaine*, Paris, Flammarion, coll. « Nouvelle bibliothèque scientifique », chapitre 1, « Les techniques d'encadrement »).

en revanche, d'envisager des écarts d'accumulation. Le risque est effectivement grand de retomber dans une pensée purement évolutionniste classant les sociétés selon une échelle de développement. Rappelons d'abord que cela n'a rien à voir avec les capacités de consommation ou les modes de vie des populations, souvent assez proches pour le plus grand nombre, en tout cas sans rapport avec les écarts quantitatifs massifs produits aux XIXe et XXe siècles. Mais il serait difficile d'ignorer que certaines sociétés ont acquis plus de moyens d'action que d'autres. Par l'expression « moyen d'action », on tente d'avancer la formulation la plus générale possible, car cela regroupe à la fois le nombre des hommes, les compétences techniques et des attitudes mentales vis-à-vis de l'extérieur, de la nouveauté. Le premier facteur d'inégalité relève du vieux dicton « Il n'est de richesses que d'hommes ». Il est des groupes si restreints que le contact, généralement violent, avec d'autres a mené à une extinction sans rémission. Inversement, des sociétés conscientes de leur unité et riches de millions d'individus, représentent une force, ne serait-ce que de résistance à l'extérieur, d'autonomie, considérable. La Chine en est évidemment l'exemple archétypique dans la longue durée.

Les écarts techniques représentent l'argument le plus souvent avancé pour expliquer la future supériorité occidentale. Il faut beaucoup le relativiser. Non seulement les écarts entre sociétés denses sont souvent peu décisifs, mais ils sont loin d'être toujours à l'avantage des futurs conquistadors. Cependant, il n'en reste pas moins que certaines sociétés maîtrisent des formes complexes de moyens de communication (écriture, monnaie, systèmes postaux…) qui sont également des techniques de transmission intergénérationnelles, des mémoires externes aux individus. Elles ont également l'usage de métallurgies diversifiées, des techniques de navigation complexes (les bateaux, la connaissance de la mer, plus encore la connaissance astronomique et son usage pratique), etc. On comprend par cette rapide énumération que ces compétences sont mentales plus encore que matérielles, les deux étant fortement liées : le nombre des hommes multiplie les interactions entre eux, la possibilité de conserver à l'extérieur des cerveaux savoirs et savoir-faire accentue les logiques cumulatives et réduit les risques de pertes. Mais la dimension matérielle n'est jamais totalement absente (pas d'écriture sans support : tablettes, rouleaux, feuilles de bananier, codex, etc.), ce qui donne un avantage aux sociétés les plus enracinées. Le lieu maximum d'accumulation des richesses matérielles et idéelles, le lieu du maximum de connexion, est la ville.

Il est de nombreux exemples où des sociétés ont pu isolément pousser assez loin un champ scientifique ou technique. L'astronomie maya en serait un excellent exemple : il semble que les Méso-Américains aient atteint des connaissances non seulement du niveau de celles des savants arabes, chinois ou européens « contemporains », mais peut-être même acquis des savoirs alors ignorés de ces derniers. Cependant, le fait majeur est que les sociétés

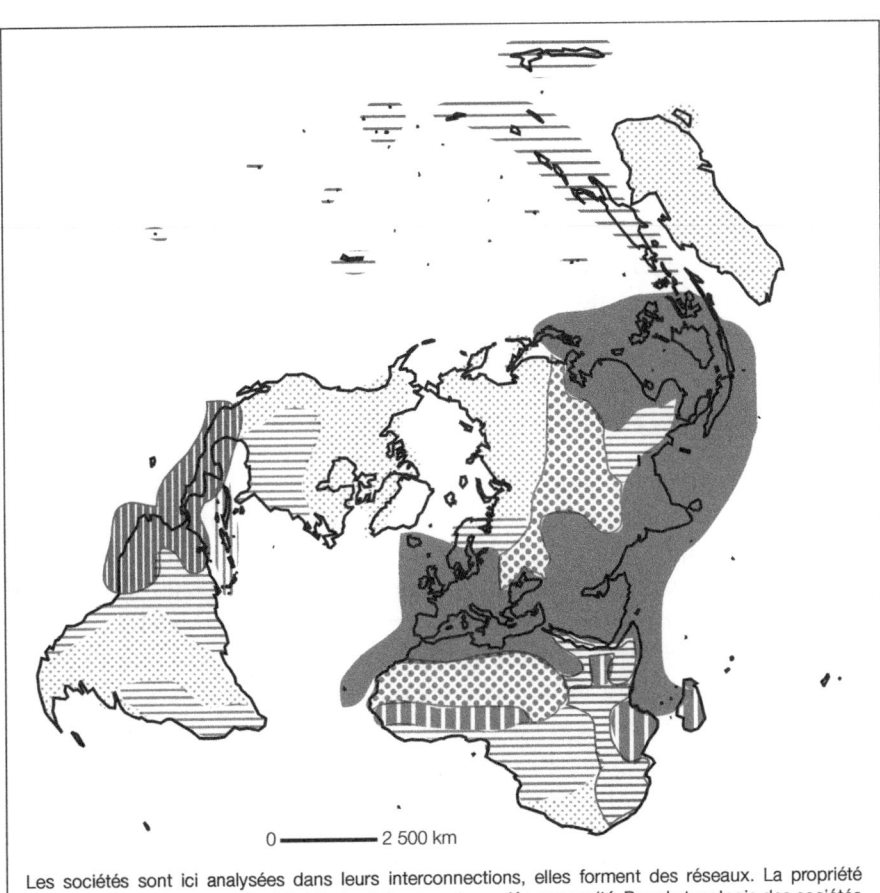

Les sociétés sont ici analysées dans leurs interconnections, elles forment des réseaux. La propriété essentielle des réseaux, celle d'établir des liaisons, est appelée *connexité*. Pour la typologie des sociétés sous-jacente à cette carte se reporter à la figure 2.2. Une société peut-être relativement dense et peu connectée (les Incas) et peu dense mais fortement connectée (les Touaregs, les Mongols).

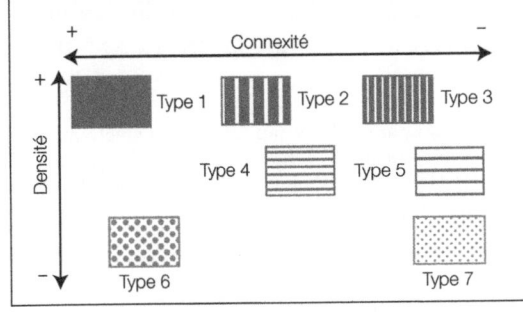

Type 1 : Les sociétés de l'axe central du système Ancien Monde
Type 2 : Les sociétés en interaction périphérique avec cet axe
Type 3 : Les sociétés centrales américaines peu interconnectées
Type 4 : Les sociétés agricultrices dispersées
Type 5 : Les sociétés agricoles isolées
Type 6 : Les sociétés connectrices (nomades caravaniers)
Type 7 : Les sociétés de chasseurs-cueilleurs dans les marges

Figure 2.7. Densités et connexité des sociétés au XVᵉ siècle

les plus dotées de moyens d'action sont rarement les premières inventrices de ceux-ci mais les ont acquis par diffusion. Deux exemples récents au XVe siècle dans les sociétés denses de l'Ancien Monde : l'imprimerie et la poudre à canon, deux techniques d'origine chinoise diffusées tant en Inde, que dans les Empires persan ou turc, ainsi qu'en Europe. Il y a donc un rapport étroit entre le degré de connexion des sociétés et leur possibilité d'accumuler et d'exploiter dans la longue durée savoirs et savoir-faire.

Avant d'aborder l'espace où se rencontrent les maximums de densification, l'Ancien Monde (chapitre 3), il est important de ne pas oublier le reste de l'écoumène. Amérique et Océanie, même si elles peuvent abriter localement de fortes concentrations humaines, ne regroupent alors qu'une partie restreinte des hommes dispersée sur de grandes distances.

Une Amérique ?

Combien pouvait-il y avoir d'habitants en Amérique à l'arrivée de Colomb ? Les estimations varient beaucoup, entre 40 et 100 millions, selon les enjeux idéologiques[1]. Cependant, au plus haut des estimations, le peuplement reste modeste : une densité moyenne inférieure à 2 hab./km^2 avec un maximum en Amérique centrale autour de 30 hab./km^2. Cette présence modeste de l'humanité découle probablement de son caractère récent. On a vu que les migrations n'avaient pu se produire qu'à l'occasion de la dernière glaciation. Là encore, les débats sont sensibles aux exigences du politiquement correct du moment[2]. Jusqu'aux années 1980, l'apparition de l'homme en Amérique reposait sur le site de Clovis, au Nouveau Mexique, fouillé dans les années 1920 et qui faisait remonter l'ancienneté du peuplement à 11 500 avant notre ère. Dotés d'un outillage spécifique (et très spectaculaire, en obsidienne ou en calcédoine), retrouvé dans d'autres sites d'Amérique du Nord, les « Clovisiens », chasseurs de bisons et des derniers mammouths, auraient été à l'origine des « Indiens » nord-américains puis, plus tard, sud-américains. Depuis la fin du XXe siècle,

---

1. Les chercheurs américains risquent d'être séduits par des hypothèses hautes qui mettent mieux en évidence les dégâts opérés par les colonisateurs espagnols. L'école de Berkeley, à partir d'estimations locales au Mexique, a ainsi proposé dans les années 1960 un chiffre de 25 millions pour la Méso-Amérique et une fourchette de 80 à 100 millions pour l'ensemble du continent, soit un cinquième de l'humanité. Une autre étude sur Hispaniola (Haïti-Dominique) créditant l'île de 8 millions d'habitants en 1492, a conforté cette perspective. Mais, si les défenseurs des peuples premiers ont évidemment tendance à les reprendre, beaucoup de voix, en particulier d'historiens des techniques agricoles, se sont élevées depuis pour considérer que les densités locales fortes avancées sur lesquelles reposent les extrapolations sont peu probables [CROSBY, 1994 ; MANN, 2007].
2. La notion de « peuple premier » donne un avantage aux primo-arrivants. De ce fait, s'est développée une sorte de course archéologique pour essayer de repousser dans le temps l'arrivée des ancêtres supposés des Amérindiens. Réciproquement, certains ont voulu voir dans d'anciens squelettes les traces d'un peuplement de type européen, qui serait donc venu de l'Est ! (hypothèse infirmée)

des fouilles de sites beaucoup plus anciens sont publiées dans les revues scientifiques. Il s'avère rétrospectivement que ces informations avaient été longtemps niées pour ne pas remettre en cause la théorie clovisienne. Ce qui la contredit particulièrement c'est que beaucoup de ces vestiges sont découverts en Amérique du Sud. C'est particulièrement le cas du riche site de la Serra de Capivara au Brésil, fouillé par Niede Guidon, qui montre de très nombreuses et riches peintures rupestres, mais aussi des charbons et des pierres taillées estimés à – 18 000, voire – 32 000 ans. Un autre site brésilien, celui de Santa Elina dans le sud du Mato Grosso, présente des restes datés de – 25 000 ans.

La plupart des estimations se situent maintenant entre 35 000 et 17 000 ans avant notre ère. Donc, même en prenant les chiffres qui repoussent le peuplement le plus loin dans le temps et donnent les plus fortes densités, il n'en reste pas moins que l'Amérique n'abrite que des densités beaucoup plus modestes que celles de l'Ancien Monde, sans doute parce que beaucoup plus récemment installées. Les fortes mobilités de ces populations encore en 1492 semblent également témoigner du caractère récent de cette installation.

L'origine des arrivants est également sujette à spéculations. Il semble malgré tout difficilement contestable que les principaux flux soient passés par ce qui est actuellement le détroit de Béring, émergé lors de la phase glaciaire (figure 2.7), mais pas seulement pense-t-on aujourd'hui. L'isthme – si l'on peut dire car il avait une largeur minimale d'un millier de kilomètres – situé alors entre l'océan Arctique et le Pacifique, souvent nommé Béringie, a sans doute vu les passages successifs de groupes d'hommes peu nombreux mais divers, comme en témoigne aujourd'hui la grande variété linguistique, généralement reliée aux langues sibériennes, et physiologique des Indiens. La Béringie n'était pas couverte de glace ; le milieu devait donc être celui d'une steppe-toundra marécageuse en été, probablement riche en gibier, donc attractive pour des chasseurs-cueilleurs. Le principal obstacle au peuplement était plus méridional : l'inlandsis des Laurentides (responsable du creusement des Grands Lacs) et la calotte des Rocheuses ont fini par se rejoindre formant une barrière de glace difficile à franchir. Mais, jusque vers – 25 000, il y a probablement eu un corridor libre correspondant à la vallée du Mackenzie.

La diffusion humaine a sans doute pu se faire aussi en suivant le littoral pacifique, plus bas que l'actuel ; c'est la théorie dite « du cabotage ». Cela permettrait de comprendre que certains sites présentent des traits qui rappellent les actuels Mélanésiens et non des Sibériens. Mais d'autres peuplements sont également possibles. L'évidence de la difficulté du passage méridien a autorisé quelques hypothèses de peuplement via le Pacifique, donc plutôt polynésien[1]. Ce n'est pas impossible, mais ce ne pourrait être que marginal[2]. Les derniers arrivants sont certainement les Inuits du Grand Nord, encore très proches de leurs cousins de l'Arctique sibérien[3]. L'arrivée de population par l'est, par l'Atlantique, est plus improbable, bien que la découverte en 1996 du squelette de « l'homme de Kennewick » sur les rives du fleuve Columbia, qui présente des caractéristiques caucasiennes (autrement dit européennes), ait suscité chez les néo-conservateurs étatsuniens le fantasme d'un peuplement premier d'origine européenne récemment invalidé. Certes, aux environ de l'An Mil, les Vikings ont certainement mis le pied sur le Labrador (figure 5.1) et il n'est pas totalement impensable que des pirogues africaines aient pu atteindre les côtes du futur Brésil[4]. Mais ces aventures n'ont pas laissé de traces décisives. Et le mythe d'une découverte par les Phéniciens n'a pu illusionner que quelques Libanais nostalgiques[5].

En 1492, les sociétés amérindiennes présentent une variété considérable : des types de chasseurs-cueilleurs très différents, des sociétés sédentaires fondées sur la pêche, des agriculteurs à longue jachère, des agricultures denses, des sociétés faiblement hiérarchisées, des constructions politiques énormes que les Européens ont rangées dans leur catégorie d'empire, des cités-États, etc. Deux masses de densité essentielles se détachent : l'Amérique centrale et le cœur des Andes, Aztèques et Mayas d'une part, Incas de l'autre. L'organisation structurée et hiérarchisée des deux empires est importante pour comprendre leur prise en main par les Espagnols au XVIe siècle, alors que le polycentrisme maya rendit la pénétration européenne plus lente. Ailleurs, l'extrême dispersion, qu'il s'agisse de peuples paléolithiques ou néolithiques, et les densités modestes, sauf exceptions locales, ont pu donner aux Européens l'impression d'un continent vierge.

---

1. L'écrivain et navigateur Thor Heyerdahl fut le chantre de la diffusion humaine par le Pacifique, traversant lui-même l'océan sur des barques de roseau de type indien.
2. On a reconnu les traces de pêcheurs japonais à Valdivia vers 3000 av. J.-C.
3. COLLIGNON, 1997, carte p. 24.
4. Le chroniqueur, Ibn Fadl Alla Al-Omari raconte que l'empereur du Mali Aboubakri II (1310-1312) aurait envoyé 200 pirogues de haute mer vers l'ouest. Aucun navire n'étant revenu, il aurait affrété 200 autres dont il aurait pris la direction. L'empire du Mali étant en pleine expansion au début du XIVe siècle, l'épisode n'est pas impossible. On a donc cherché des traces africaines au Brésil, mais aucun témoignage n'est parfaitement probant, même si des pirogues, poussées par les courants d'ouest, auraient effectivement pu traverser l'Atlantique à cette latitude. Cet événement hypothétique est aujourd'hui un haut fait dans une réécriture de l'histoire africaine généralement nommé l'afrocentrisme. Ce courant, né aux États-Unis, veut revaloriser, par tous les moyens, le passé africain. Ainsi, Ivan Van Sertima a publié, en 1976, *They Came Before Columbus. The African Presence in Ancient America* (Random House) où il tente de montrer des traces africaines dans certaines cultures précolombiennes. De même, ce courant s'efforce de montrer que les populations asiatiques à peau sombre ne peuvent qu'être d'origine africaine (RASHIDI Runoko, 2005, *Histoire millénaire des Africains en Asie*, Paris, Monde global). Pour une critique (vigoureuse) de l'afrocentrisme, voir FAUVELLE-AYMAR François-Xavier, 2009, *La mémoire aux enchères. L'idéologie afrocentriste à l'assaut de l'histoire*, Paris, Verdier.
5. C'est l'idée développée par le prêtre maronite Émile Eddé dans *Les Phéniciens ont-ils découvert l'Amérique ?* (Beyrouth, Aleph, 2006).

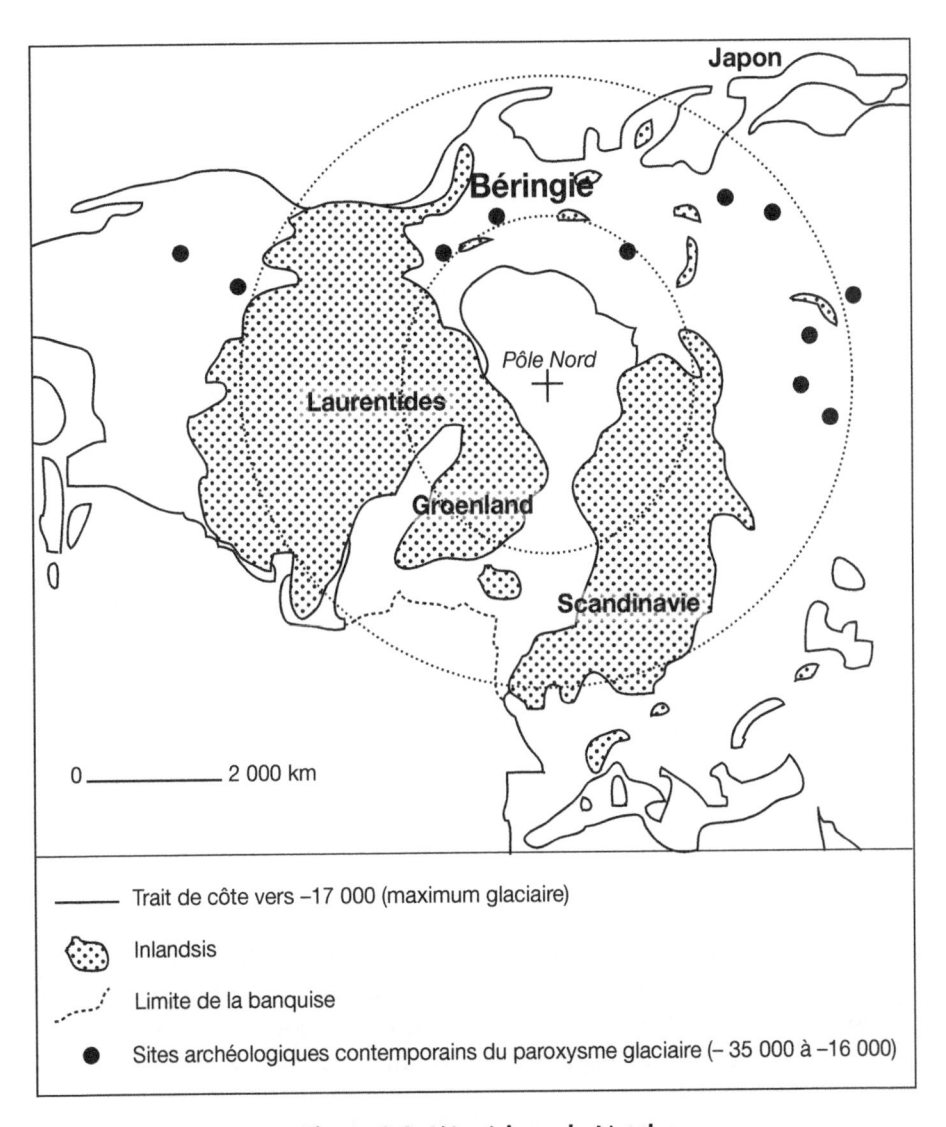

Figure 2.8. L'Amérique du Nord
et l'Arctique au moment de la dernière glaciation

Rappelons un fait qui s'avère important dès l'aube de la mondialisation : plantes et animaux domestiqués en Amérique sont profondément différents de ceux de l'Ancien Monde. Les échanges transatlantiques, dits « échanges colombiens » [CROSBY, 1994], dans les deux sens, sont une des premières manifestations majeures de la mise en place d'un niveau géographique mondial. Si la contribution américaine est essentielle dans la modification des agricultures, des paysages et de l'alimentation dans l'Ancien Monde, il ne faut cependant pas oublier le « principe d'Anna Karénine » énoncé par Jared Diamond [note 10] : l'absence de gros mammifères domesticables a péjoré la mobilité des hommes[1].

Fait notable, en effet : les connexions entre les différentes sociétés amérindiennes restent très discrètes. La lacune majeure réside dans l'ignorance réciproque des deux fortes zones de densité : Incas et Aztèques ne savaient rien les uns des autres. Les seules interactions découlaient de voisinages, souvent conflictuels, et de mouvements migratoires. Ainsi, lors de l'arrivée de Colomb dans les Antilles, les anciens occupants, les pacifiques Arawaks, étaient envahis par les Caraïbes, eux-mêmes chassés du continent par une grande migration des Tupi. Les deux « empires » se protégeaient de leurs voisins turbulents par des réseaux de forteresses : au nord du Mexique contre les Chichimèques (les « barbares »), régulièrement envahisseurs des hauts plateaux cultivés ; les Mexicas (les Aztèques) représentent la dernière vague. Mais les jeux serrés d'interactions entre sociétés restaient à un niveau régional, en particulier dans le monde Azteco-Maya. Rien à voir avec les relations entre les Romains, les Indiens et les Chinois (chapitre 3). Pas de « système Amérique », à la différence du « système-Ancien-Monde » dont il sera question dans le prochain chapitre, mais une marqueterie de sociétés amérindiennes.

Quelques confettis de l'écoumène

Les terres rangées par les Européens dans la catégorie « Océanie » (chapitre 10) n'accueillent qu'une toute petite fraction de l'humanité. Deux ensembles qui s'ignorent sont, du fait de contraintes naturelles pourtant opposées, dispersés dans d'immenses espaces aride ou maritime : les Australiens et les Mélano-Polynésiens.

L'origine des premiers habitants de l'Australie est obscure et probablement plus ancienne que celle des Américains. Des galets portant des traces de

---

1. Le lama, le plus gros animal américain domestiqué, ne peut, au mieux, porter qu'un bât d'une trentaine de kilos (Zorrino dans le *Temple du soleil* de Hergé) et ne peut rien tracter. On comprend que, même si le principe de la roue n'était pas inconnu des Méso-américains (de petits objets de terre – des jouets ? – en témoignent), ils n'aient pas éprouvé la nécessité du chariot. Inversement, l'adoption très rapide du cheval par les Amérindiens des Grandes Plaines montre que la demande existait.

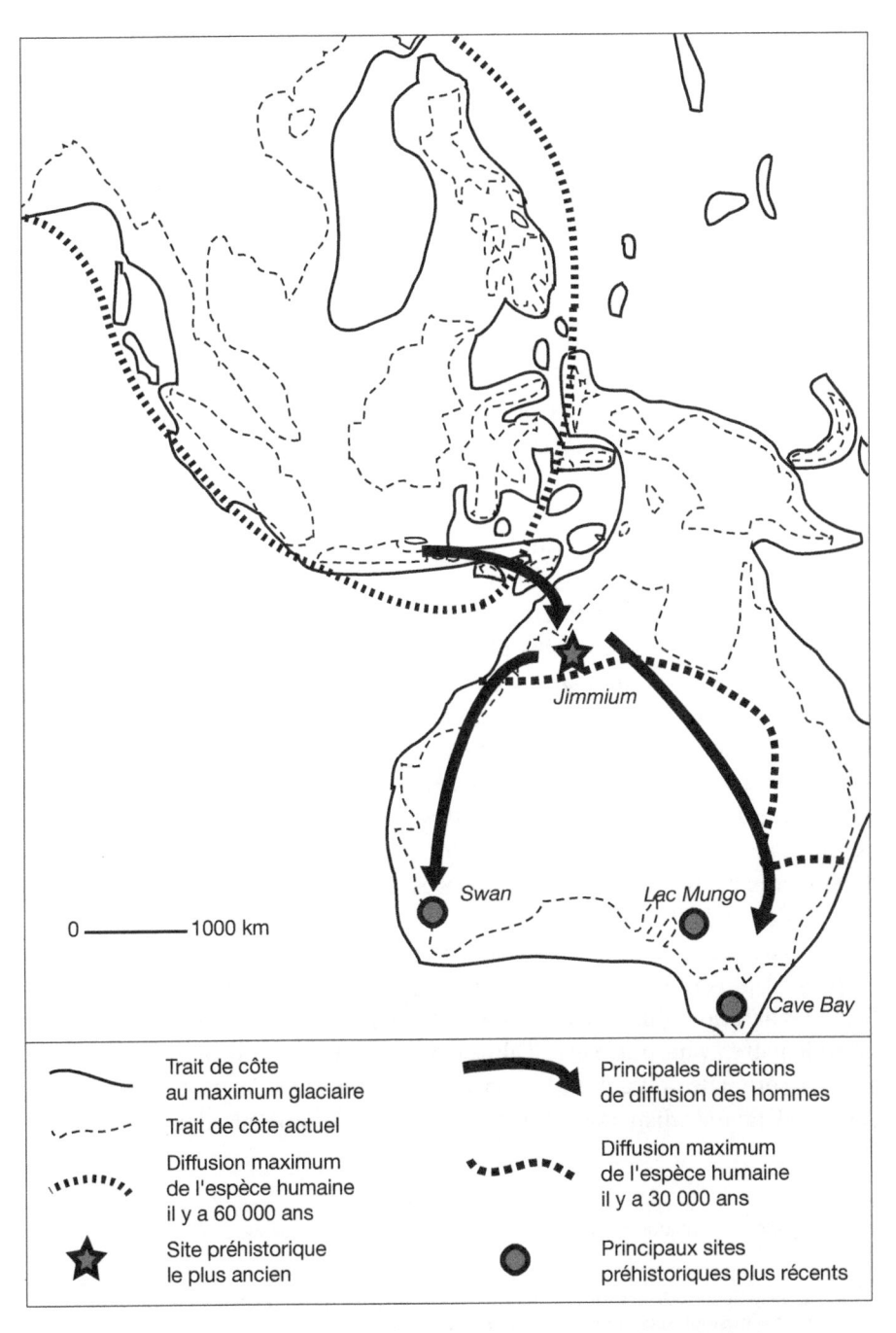

Figure 2.9. **Entre Asie et Australie lors de la dernière glaciation**

peintures remonteraient peut-être au début du dernier épisode glaciaire, vers − 60 000. Les Aborigènes sont très probablement issus de plusieurs vagues migratoires successives qui ont nécessairement dû franchir un bras de mer pour atteindre l'immense île formée par la Nouvelle-Guinée, l'Australie et la Tasmanie alors d'un seul tenant, souvent appelé Sahul; mais ils n'avaient pas eu à partir de très loin, l'Insulinde n'étant pas alors un archipel, mais un prolongement de la péninsule indochinoise (figure 2.9). Comme pour l'Amérique, la remontée du niveau marin vers − 12 000 a isolé cette fraction de l'humanité. L'autarcie a été renforcée par la désertification de l'essentiel de l'Australie, créant les conditions d'une histoire indépendante du reste des hommes jusqu'au XVIIIe siècle. Rien de surprenant que les Aborigènes aient conservé un mode de vie de stricts chasseurs-cueilleurs. On estime, au XVIIIe siècle, cette population à 350 000 personnes environ[1] émiettées en quelque 500 tribus possédant chacune un territoire particulier, une langue ou un dialecte propre.

C'est un émiettement très différent que celui du monde malayo-polynésien, résultat d'un grand nombre d'odyssées ou, pour parodier le titre du grand classique de Malinowski, de voyages des Argonautes du Pacifique[2]. Cette extraordinaire contribution à l'extension de l'écoumène est souvent négligée[3]. Avec des pirogues à balancier et des cartes faites de tiges de bois et de coquillages, les Polynésiens ont colonisé presque toutes les îles du Pacifique et ont probablement atteint l'Amérique. Certaines aventures ont abouti à des sociétés isolées, comme celle des Pascuans. Mais le plus souvent, les relations ont été maintenues, permettant même de construire des sociétés archipélagiques. On peut supposer que beaucoup de pirogues et de hardis navigateurs ont fini au fond de l'océan, mais leur dynamisme est frappant : la diffusion s'est en effet produite en assez peu de temps (figure 2.10).

L'origine des peuples mélanésiens et polynésiens (dont la distinction est de plus en plus remise en cause) est incontestablement en Asie du Sud-Est. Selon les datations faites au carbone 14, les Samoa ont sans doute été atteintes un millénaire avant notre ère, Tahiti peu après, les Marquises avant le début de notre ère, l'île de Pâques, les Hawaï et la Nouvelle-Zélande un peu avant l'an mil. Une telle dispersion sur des milliers de kilomètres, dans des îles aux

---

1. L'étiage démographique aurait été atteint au milieu du XXe siècle avec 40 000 personnes (et 30 000 métis).
2. *Les Argonautes du Pacifique occidental* de Bronislaw Malinowski [1922] est considéré comme l'œuvre principale du courant fonctionnaliste en anthropologie, rompant avec les théories évolutionnistes et diffusionnistes dominantes jusque-là.
3. Par exemple, le manuel de Balard *et alii* [1997] est organisé selon un plan très simple, en passant en revue les continents conventionnels (ce qui est d'ailleurs discutable pour l'Afrique du Nord), mais ne comporte que quatre parties : il n'y a pas d'Océanie.

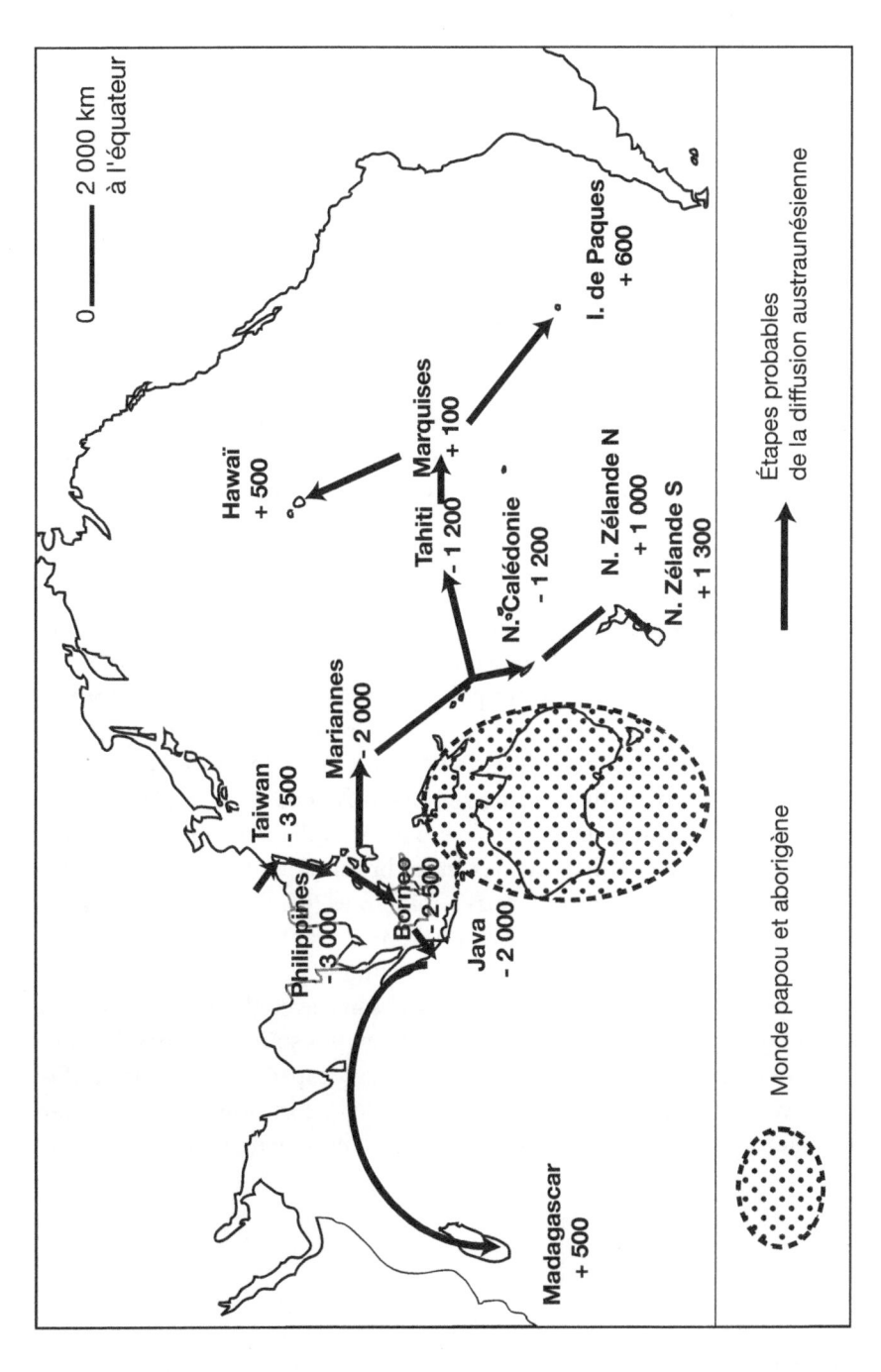

Figure 2.10. La diffusion humaine à travers le Pacifique avant Magellan

conditions naturelles très différentes[1], a conduit à des divergences sociales assez fortes, mais qui ne masquent pas l'origine commune de ces peuples, ce qui illustre le caractère récent de cette diffusion.

S'il était fort peu probable que les Australiens aient pu jouer un rôle dans la mondialisation, on ne peut penser de même pour les Polynésiens. Si l'on tient compte du fait que des peuples proches ont également traversé l'océan Indien pour gagner Madagascar, on réalise qu'on a là une base sociale potentielle pour des réseaux maritimes à très longue distance. Il y avait peut-être aux antipodes de ce qui s'est produit les bases d'une tout autre mondialisation.

Les vides restent rares

Avant les Grandes Découvertes européennes, peu de terres émergées étaient totalement vides d'hommes. Certes, de grandes étendues, y compris dans des milieux qu'on ne peut a priori considérer comme hostiles, n'étaient parcourues que par de rares groupes humains. Ce fut surtout le cas en Amérique. Mais aucune grande masse terrestre n'avait échappé à l'écoumène, sauf l'Antarctique pour des raisons au déterminisme évident.

Ne restaient vides (d'hommes) que quelques îles perdues au milieu d'immensités océaniques. C'est le cas des Mascareignes (la Réunion et Maurice) au milieu de l'océan Indien, découvertes par le Portugais Pedro do Mascarenhas au XVIe siècle (et sans doute auparavant par des marins arabes), mais qui ne seront peuplées par les Français qu'au XVIIe siècle. Dans l'Atlantique Sud, l'île de Sainte-Hélène propose une histoire semblable : découverte en 1502 par les Portugais, occupée pour la première fois par les Hollandais en 1645, avant d'être récupérée par la Compagnie des Indes britannique en 1657. On pourrait égrener d'autres exemples de terres lointaines, généralement australes, qui n'avaient pas été colonisées par des hommes avant que les Européens y voient une utilité comme point d'appui – ou comme prison.

Ce que les Européens nommeront, non sans aveuglement, les « pays neufs » sont donc en réalité les terres d'autres peuples souvent vidées de leurs premiers occupants. Ce sont presque toujours des espaces de mondes différents de l'Ancien, résultant des ultimes étapes de la diffusion lors du dernier épisode glaciaire, fractionnées et isolées par la remontée du niveau marin.

---

1. Le fait que des sociétés d'origines proches aient occupé des milieux très différents fait figure de véritable expérimentation sociale. C'est ce qu'a analysé Jared Diamond [2000] dans une stimulante perspective de strict déterminisme géographique.

Conclusion : des grains, des agrégats et un système

Pour résumer les sociétés à la veille de l'amorce de la mondialisation, on peut reprendre le vocabulaire d'Olivier Dollfus [1990, figure 3.1, p. 296], destiné il est vrai à plutôt décrire une évolution. Beaucoup de groupes humains peuvent être qualifiés de *grains* : ils sont relativement isolés, largement autonomes dans leurs logiques de fonctionnement, très peu connectés à d'autres sociétés. La probabilité qu'ils puissent jouer un rôle actif dans une mondialisation est très faible. L'essentiel des sociétés amérindiennes, en dehors des densités moins modestes, surtout en Amérique centrale et dans les Andes médianes, peuvent être qualifiées de grains. C'est à coup sûr le cas des Australiens et, nous le verrons, d'une partie des sociétés d'Afrique noire. On peut également ranger dans cette catégorie les populations très septentrionales : Inuit, Samis (ou Lapons), Sibériens (Aléoutes, Dolganes, Évènes, Tchouktches, Tchouvantses, etc.).

En revanche, des groupes plus denses, plus enracinés, plus structurés, plus connectés, peuvent former des organisations locales : les Méso-Américains ou les Incas en sont de bons exemples. Sous une forme très différente, les peuples du Pacifique composent également l'amorce d'un système géographique de grande ampleur. On pourra trouver d'autres exemples : Madagascar, le « royaume » du Kongo... Ces agrégats représentent assez bien la dimension géographique de ce qu'on appelle traditionnellement une civilisation.

Mais lorsque des agrégats sont connectés entre eux, comme c'est le cas depuis fort longtemps de la Méditerranée à l'archipel Nippon, on est en présence d'une configuration géographique qui n'est pas sans annoncer, sous une version beaucoup plus continentale, la mondialisation à venir : l'Ancien Monde forme une sorte de système-Monde, à la fois ancêtre de l'actuel et présentant quelques similitudes.

Chapitre 3

Le système-Ancien Monde

« Et nous avons fait de vous des nations et des tribus, pour que vous vous entre-connaissiez. »

Le Coran, surate Al Hujurat 13.

PARLER DE «SYSTÈME» pour rendre compte de la géographie d'un ensemble de civilisations peut choquer. Tel n'est évidemment pas le but. L'expression «système-Ancien Monde» n'est que l'écho de la formule qu'Olivier Dollfus a, en 1984, reprise à Immanuel Wallerstein [1980] pour proposer une lecture géographique du niveau mondial dont on prenait alors une conscience aiguë. Nulle prétention à vouloir faire croire qu'une telle combinaison géohistorique a concrètement existé. Il ne s'agit que d'une grille de lecture proposant une logique possible des dynamiques interagissant entre les sociétés eurasiatiques et africaines, puisque ce fut de ces processus historiques que découla la mondialisation qui se poursuit aujourd'hui. Une autre interprétation est toujours possible et même nécessaire, surtout si elle peut mieux rendre compte d'un plus grand nombre de faits.

Hypothèse centrale : s'est forgé très lentement, au fil des millénaires, un ensemble d'interactions qu'on peut interpréter en termes de centre, de périphéries et de marges [REYNAUD, 1981]. Les causes en furent très nombreuses : configuration des terres et des mers induisant passages et barrières, variations climatiques contraignant aux changements sociaux, bifurcations locales mais en situation géographique de se diffuser, etc. Il en découle un grand nombre de potentialités dont l'aventure européenne (chapitre 4) n'était sans doute qu'une parmi d'autres.

La plus grande partie de l'humanité

Même en prenant au pied de la lettre les hypothèses démographiques les plus hautes pour l'Amérique précolombienne ou l'Océanie, il n'en reste pas moins que plus des trois quarts des êtres humains vivaient dans l'ensemble formé par l'Afrique et l'Eurasie. Car il s'agit bien d'un même ensemble de terres émergées, pratiquement d'un seul tenant, et c'est là qu'est née l'humanité.

Rien d'étonnant, alors, que ce soit également là que le maximum d'interactions entre sociétés ait pu se déployer dans la longue durée.

La plus grande île

La répartition des terres émergées s'inscrit dans le temps très long de la tectonique des plaques. À l'échelle temporelle de l'histoire humaine, on peut la considérer comme fixe; ce n'est qu'un instant du temps géophysique. Ce qui varie, et on a vu dans le chapitre précédent que cela avait été essentiel pour la diffusion de l'écoumène, c'est le climat donc, par conséquent, le niveau marin et la géographie des milieux naturels. Il faut relativiser les formes actuelles des terres émergées: la figure 3.1 nous montre ce qu'étaient approximativement les « limites » entre Eurasie et Afrique il y a environ 20 000 ans, lors du dernier maximum glaciaire. La mer Rouge est probablement en grande partie à sec. La Méditerranée ne fut pas coupée de l'Atlantique, comme elle l'avait été il y a 5,3 millions d'années; cependant, il fallut un énorme apport d'eau océanique pour maintenir son niveau pourtant très inférieur à l'actuel. L'Adriatique disparut et le détroit entre la Tunisie et la Sicile se trouva fortement réduit. La mer Noire, devenue un lac, subissait un total endoréisme.

Si l'on insiste sur le caractère conjoncturel de la forme des littoraux, c'est pour mettre en évidence que les découpages continentaux n'ont rien de naturel (chapitre 10). Si, à partir du VIIIe siècle, la « mer entourée de terres » peut être pensée plus comme une discontinuité qu'un trait d'union, plus comme une limite qu'une *mare nostrum*, c'est que deux civilisations qui en sont largement issues divergeaient et rivalisaient au nord et au sud: un fait culturel qui n'a rien de naturel sur lequel la réflexion pionnière d'Henri Pirenne avait mis l'accent [1936]. De même, la mer Rouge unit plus ses rives proches qu'elle ne les oppose[1]. La principale solution de continuité, il faudra y revenir, est beaucoup plus le Sahara. On court un gros risque d'erreur de perspective historique en essentialisant la division continentale [GRATALOUP, 2009], en l'extériorisant de l'histoire des hommes comme un fait naturel[2].

---

1. Pour les cartes «T dans O», les mappemondes médiévales, la limite entre l'Asie et l'Afrique passait d'ailleurs par le Nil et non la mer Rouge.
2. Sophie Bessis, dans son très stimulant essai sur les implicites occidentaux de l'universalisme [2001], tombe ainsi involontairement dans l'erreur de perspective qu'elle dénonce justement (p. 38-44). Pour illustrer l'occultation des origines du soi-disant «miracle grec», elle met en avant le poids de l'Afrique dont l'élément clef serait l'Égypte. Si elle n'a pas tort de montrer que l'historiographie fait de cette civilisation une sorte d'«île» sans relation vers le Sud, en ignorant ses populations noires y compris parmi les Pharaons, elle essentialise le découpage occidental en continents en considérant l'Égypte comme africaine. Les influences négro-africaines dans l'Antiquité méditerranéenne sont ainsi l'objet de polémiques violentes. Un courant, dit «afrocentriste», né sur certains campus étatsuniens, va très loin dans la revalorisation de ses influences (Bernal Martin, 2006, *Black Athena: The Afroasiatic Roots of Classical Civilization*, Rutgers University Press). Pour l'analyse critique de ce courant (chapitre 2), voir FAUVELLE-AYMAR, 2009.

Autant la coupure entre l'Amérique et le reste des terres émergées est défendable, autant les quatre autres parties du Monde sont à fortement relativiser, comme on le fait souvent pour la « coupure » de l'Oural en parlant d'Eurasie.

L'Eufrasie[1] peut donc être considérée comme le plus grand ensemble émergé d'un seul tenant. Rien d'étonnant que ce soit là que la plus grande diversité d'espèces vivantes se soit développée, dont l'espèce *homo*, née en « Afrique », nous l'avons vue (chapitre 2), déjà diffusée aux extrémités orientale et occidentale de « l'Eurasie » il y a plus d'un million d'années. Nous avons également noté que c'est dans cet ensemble qu'on a eu le plus de probabilités de bénéficier de plantes et d'animaux domesticables.

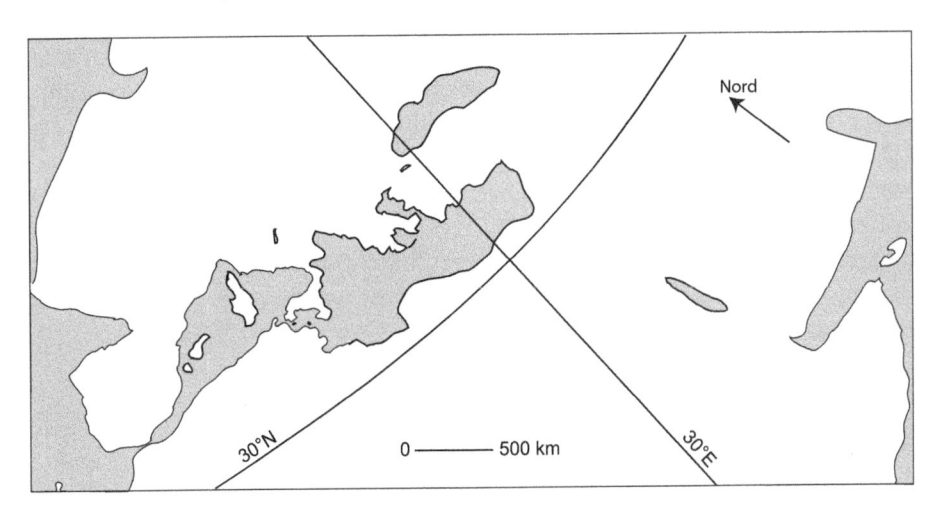

Figure 3.1. Les limites de l'Afrique et du reste de l'Ancien Monde vers – 17 000

Densité et diversité des civilisations

On peut être surpris que ce soit dans cet Ancien Monde que se rencontrent le plus grand nombre de sociétés, présentant la plus grande variété de configurations, mais également le plus grand nombre de connexions entre elles. On peut, en changeant son niveau géographique, emprunter à Jacques Lévy

---

1. Le terme d'Eufrasie, plutôt que le mot-valise « Eurasafrique », est encore inhabituel [CAPDEPUY, 2014], mais « Eurasie » est utilisée depuis longtemps pour désigner un ensemble topographique et biogéographique et certains textes géopolitiques n'ont pas peur de l'« Eurafrique ». Il est vrai l'ordre des radicaux n'est pas innocent. On rencontre aussi l'expression « Afrasie », on pourrait donc aller jusqu'à l'« Eurafrasie » ! Patrick Boucheron propose lui l'« Afriqueurasie » [2009]. On parlera donc d'Eufrasie, comme d'un synonyme d'« Ancien Monde », mais sans sa connotation d'histoire eurocentrée.

[1999] sa définition de la ville (densité + diversité) et l'appliquer plus généralement à certaines sociétés dans leur globalité, à celles qui présentent le maximum d'interconnexions ; le principe devient ainsi : densité + connexité = historicité [GRATALOUP, 2015]. Mais, comme pour les villes qui, jusqu'à la métropolisation contemporaine, étaient loin de regrouper la majorité des hommes, le caractère de société dense et diverse ne concerne qu'une partie des groupes d'humains de l'Ancien Monde.

De telles configurations ne peuvent se comprendre que situées le mieux possible par rapport aux axes de communication. Il était donc peu probable de les rencontrer à la périphérie de « l'île Ancien Monde » : en Afrique méridionale ou dans le Grand Nord. Mais on peut être surpris d'en trouver au XVe siècle sur des lisières océaniques, face au grand large, comme le Japon ou l'Europe. C'est, en effet, que l'Ancien Monde présente une zone, au sens précis du terme géographique[1], de fortes densités que l'on peut lire comme le centre de son système. On retrouve les noyaux très peuplés déjà constatés (cf. chapitre 1). À la différence du méridien américain, des densités relativement fortes des hauts plateaux mexicains aux Andes centrales, les sociétés échangent et se connaissent depuis très longtemps. Si Aztèques et Incas s'ignoraient réciproquement, Romains et Chinois de l'Empire han se connaissaient, selon des perspectives déformées certes, mais en se fondant sur des échanges réels et voulus.

Une zone centrale et des marges

Cadre naturel de la zone centrale

Pour comprendre la situation géographique de la zone centrale de l'Ancien Monde, il n'est pas inutile de tenir compte des contraintes naturelles positives qui permettent aux échanges de s'effectuer avec moins de difficultés qu'ailleurs [SÉMAH et RENAULT-MISKOVSKY, 2004]. Néanmoins, ne pas considérer la surface de la Terre comme un espace plan et homogène ne signifie pas que l'axe de civilisations qui organise l'espace des échanges était pré-inscrit dans la géographie naturelle du globe. Certaines possibilités de passage ont été plus utilisées que d'autres.

Jared Diamond [2000, p. 184], toujours déterministe, développe une idée simple et très géographique : la configuration des terres émergées et des zones climatiques favorise les interactions dans l'Ancien Monde et les défa-

---

1. *Dzônê*, en grec, signifie « ceinture ». On l'utilise donc en géographie depuis les cosmographes grecs pour désigner toute configuration auréolaire, en particulier les divisions climatiques majeures du système-Terre.

vorise ailleurs (figure 3.2). La relative continuité des mêmes milieux facilite le passage, alors que le changement de contraintes écologiques le freine. En d'autres termes, une disposition zonale d'un axe est plus favorable aux échanges, alors qu'une orientation méridienne les contredit.

De fait, André Leroi-Gourhan[1] a constaté que déjà pour le Paléolithique ancien une ligne privilégiée par les restes archéologiques court de la Méditerranée à la mer de Chine, en d'autres termes du milieu méditerranéen aux steppes sur lœss, en passant par les semi-déserts des piémonts d'Asie occidentale et centrale. Inversement, la barrière saharienne, même si elle n'a jamais été absolue, en particulier lors de la période plus humide de l'Holocène moyen, a largement contribué à séparer des mondes divergents.

Présenter l'écharpe de communication et d'habitat dense comme une bande zonale n'est qu'une esquisse à gros traits. On peut même la suspecter de retrouver la légitimation déterministe du primat de l'Europe par les atouts supposés de la zone tempérée septentrionale du début du XXe siècle (chapitre 6). Pour une analyse plus fouillée du système-Ancien Monde, il faudrait détailler les passages, les axes et les barrières, qui donnent forme à ce faisceau de routes et d'hommes. On peut l'aborder sous la forme d'une carte (figure 3.3).

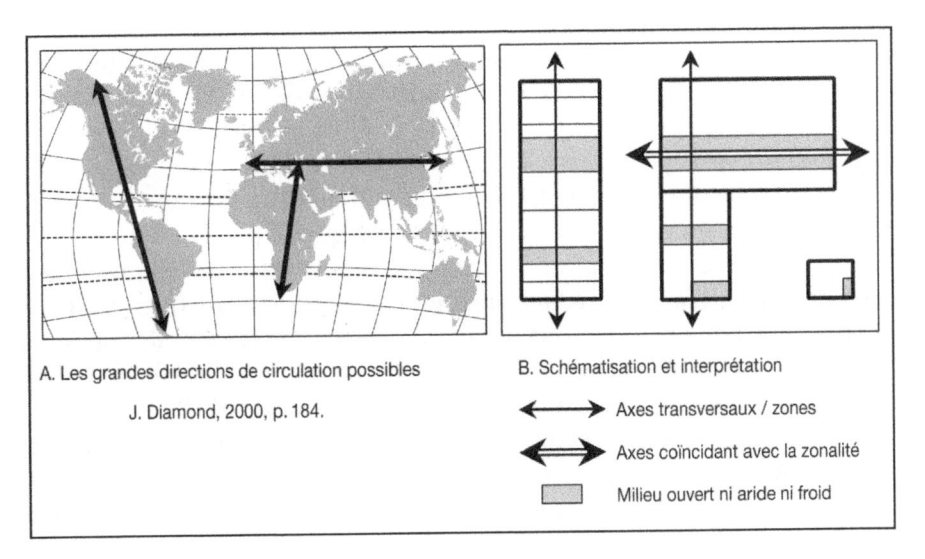

A. Les grandes directions de circulation possibles
J. Diamond, 2000, p. 184.

B. Schématisation et interprétation
⟷ Axes transversaux / zones
⟷ Axes coïncidant avec la zonalité
▭ Milieu ouvert ni aride ni froid

Figure 3.2. Un axe de circulation terrestre privilégié

---

1. LEROI-GOURHAN André, 1973, *Milieu et techniques*, Paris, Albin Michel.

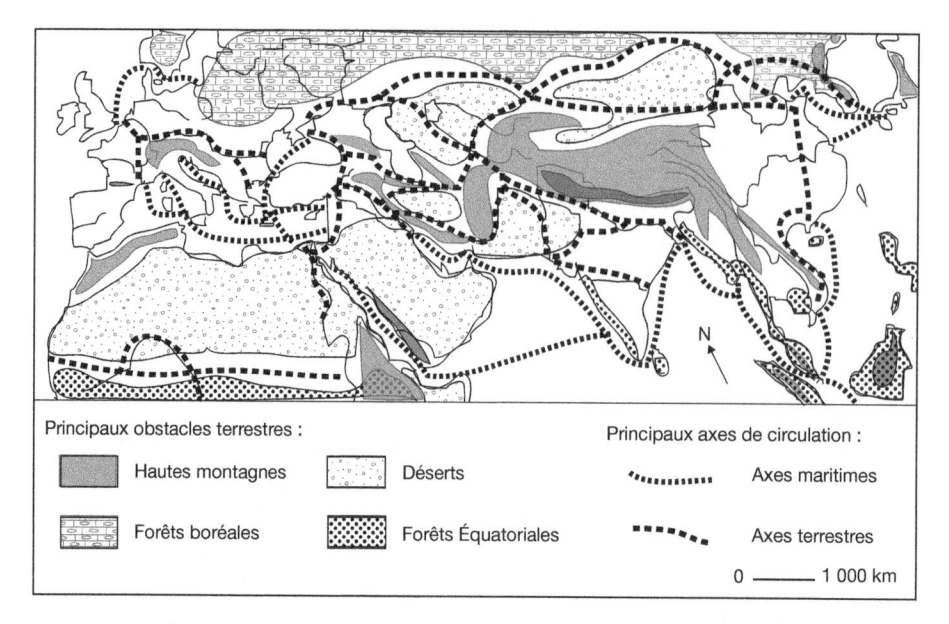

Principaux obstacles terrestres :
- Hautes montagnes
- Forêts boréales
- Déserts
- Forêts Équatoriales

Principaux axes de circulation :
- Axes maritimes
- Axes terrestres

0 — 1 000 km

Figure 3.3. Axes et barrières de la zone principale d'échanges dans le système-Ancien Monde

On peut remarquer que le lieu de la plus ancienne néolithisation, le Croissant fertile, correspond peu ou prou au mitan de cet axe privilégié de l'Eurasie. L'Asie occidentale[1] peut être regardée comme un isthme (figure 3.4). Des axes d'échanges y convergent grâce à la densité de contraintes naturelles favorables aux communications de sociétés de la fin du Paléolithique : littoraux et archipels permettant le cabotage (Méditerranée, mer Rouge, golfe Arabo-Persique, Caspienne), grandes vallées (Nil, Mésopotamie, Syr-Daria et Amou-Daria, Indus), piémonts offrant pâturages et points d'eau (Zagros, Taurus, Caucase, Elbourz, etc.), steppes et forêts claires. Ces ouvertures rayonnent vers l'ouest (Méditerranée et annexes), le nord (mer Noire et steppes eurasiatiques), l'est (piémonts iraniens et d'Asie centrale, vallée de l'Indus, littoraux de l'océan Indien), le sud (axe nilotique, relais sahariens, mer Rouge, littoraux orientaux de l'Afrique [BEAUJARD, 2012]).

L'Asie du Sud-Ouest a représenté un milieu favorable au niveau local aux premières domestications de plantes (blé, orge, pois, lentilles, olivier, lin) et d'animaux (bovins, moutons, chèvres, ânes), mais aussi un carrefour

---

1. Pour désigner le lieu social à l'est de la Méditerranée, on évite les expressions «Proche» ou «Moyen-Orient» qui n'ont, comme l'«Extrême» d'ailleurs, de sens que vus d'Europe [CAPDEPUY, 2008]. Cette mise en perspective des autres par l'Occident n'est évidemment pas sans rapport avec la mondialisation (chapitre 10). C'est pourquoi, même dans le contexte d'autres moments que la Haute Antiquité, l'expression «Croissant fertile» est un toponyme utile, car il n'induit pas de position relative.

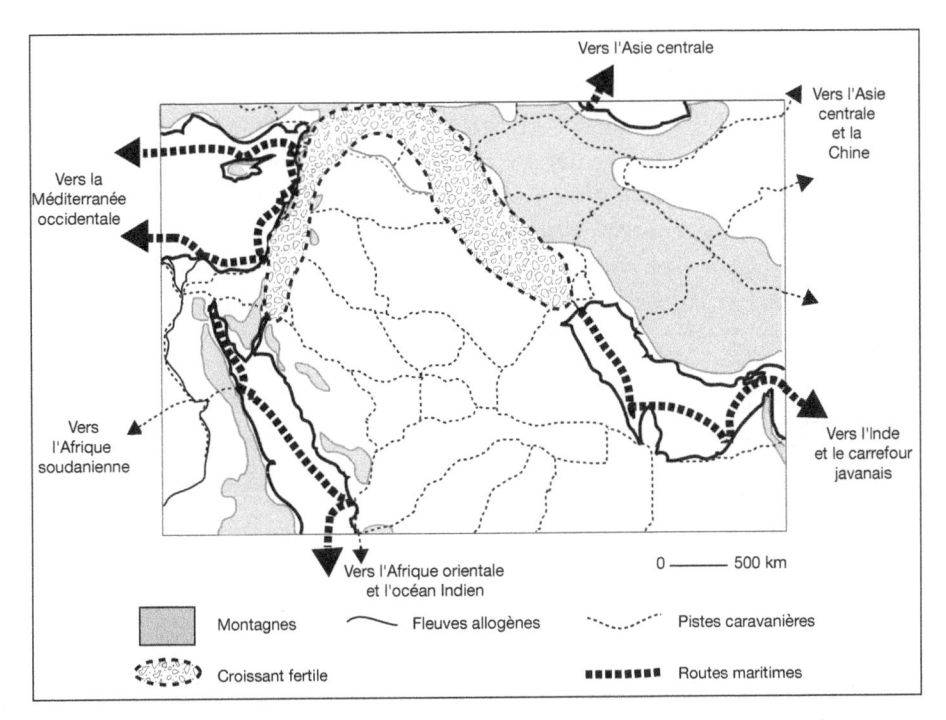

Figure 3.4. Le Croissant fertile dans l'isthme de l'Asie occidentale

multipliant les interactions, les brassages de populations, les possibilités d'innovation. C'est de la conjonction des deux types d'atouts, à deux niveaux géographiques différents, qu'a pu découler la première révolution Néolithique[1]. Remarquons qu'il y a sans doute un rapport entre le caractère de carrefour et la plus grande variété floristique et faunistique du lieu ; donc contexte riche et interactions fortes se combinent aussi bien naturellement que socialement. Rappelons qu'un carrefour est tout autant l'utilisation de contraintes naturelles positives, que la construction humaine de routes. À partir du moment où le processus géohistorique est enclenché, l'existence des routes grandit. Tout d'abord, on sait par où passer : la connaissance géographique est, sur terre comme sur mer, le premier pas de la maîtrise de l'espace. Ensuite, le passage est aménagé : développement de sociétés relais, construction d'infrastructures, etc. Le carrefour produit donc l'interconnexion qui produit le carrefour [GRATALOUP, 2015].

Les axes convergents qui permettent cette concentration, cette centralité, sont tout autant centrifuges, ils autorisent la diffusion des inno-

---

1. Si la révolution Néolithique est un préalable ancien mais nécessaire à la mondialisation, il n'est pas indispensable d'évoquer ici les débats sur ses origines. Comme pour son *alter ego* intellectuel, la révolution Industrielle, qui, elle, a plus directement partie liée avec la mondialisation (chapitre 7), il y a débat entre les causalités externes et internes aux sociétés en transformation. Si des explications environnementalistes ont longtemps dominé, Jacques Cauvin a introduit une réflexion sur le rôle de l'évolution idéelle dans le processus [1998].

vations favorisées par les interactions. Quelques exemples de diffusions anciennes à partir du Croissant fertile mettent en relief l'axe central de l'Ancien Monde : l'agriculture (figure 3.5), l'écriture (figure 3.6), la métallurgie (figure 3.7). Ce dernier exemple est particulièrement intéressant pour montrer, avec le cas de l'acier, dont la fabrication est une invention indienne, les contre-diffusions qui ont circulé dans l'axe principal (figure 3.8). L'un des commerces illustrant le plus anciennement cette forte connexion, après l'obsidienne, est sans doute celui du lapis-lazuli [CASANOVA, 2013].

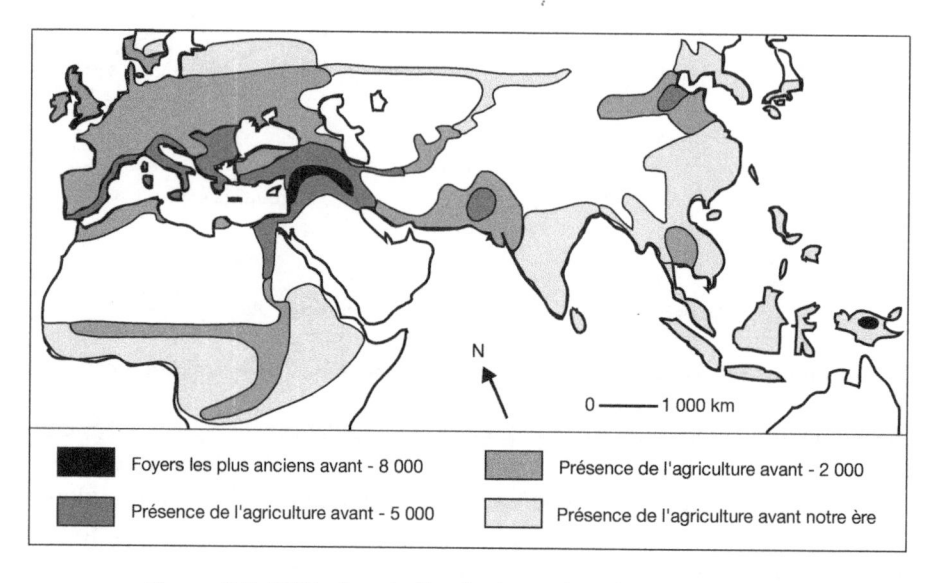

Figure 3.5. Diffusion de l'agriculture dans l'Ancien Monde

D'autres foyers agricoles autonomes par rapport à celui de l'Asie du Sud-Ouest ont contribué à leur tour aux échanges, la Chine septentrionale en particulier (ail, chou, poireau, céleri, cerise, prune, noix, noisette...), puis l'Inde (coton, canne à sucre...). Dans le cas de la domestication de plantes ou d'animaux, la localisation des milieux d'origine des espèces domestiquées fournit un bon indice de l'autonomie de l'apport. Cela ne veut cependant pas dire que la technique de domestication, l'idée même de la faire, ne venait pas de loin. La question de l'autochtonie des innovations est, en effet, toujours un problème fortement idéologique. Il faut que l'évidence soit bien forte aujourd'hui pour qu'une société, milieu scientifique compris, accepte l'idée qu'elle doive à d'autres des innovations essentielles et non aux hommes qu'elle considère comme ses ancêtres. Un tel champ de contraintes pousse à minimiser la probabilité des phénomènes de diffusion.

Un bon exemple est fourni par l'origine des écritures (figure 3.6). Que le polygénisme soit possible est bien montré par l'invention de techniques que l'on peut qualifier ou rapprocher de l'écriture chez les Amérindiens : les glyphes des Mayas et des Aztèques méritent incontestablement d'être intégrés au monde de l'écrit ; c'est moins évident pour les *quipus* andins, qui n'autorisaient guère que la transmission de nombres[1]. Mais la grande différence de ces inventions américaines avec les écritures de l'Ancien Monde plaide en faveur d'une forte homogénéité de ces dernières. Il n'existe aujourd'hui, au-delà d'une grande variété apparente, que deux familles : celle des alphabets de la Méditerranée à l'Indonésie en passant par l'Inde, qui sont tous apparentés (compte non tenu évidemment des transformations coloniales comme pour le vietnamien[2]), et celle des idéogrammes de type chinois et de ses dérivés. Évidemment, la thèse d'une création totalement autochtone, sans influence du processus initié en Mésopotamie au IIIe millénaire avant notre ère, est vigoureusement défendue en Chine. Il est cependant difficile de penser, alors que l'écriture chinoise apparaît plus d'un millier d'années après le cunéiforme (sous la dynastie Shang, XVIIIe-XIe siècle av. J.-C.) et que d'autres diffusions plus anciennes montrent que les échanges étaient déjà non négligeables, qu'il n'y ait pas eu quelques influences, ne serait-ce que parce que le principe de ces mémoires artificielles inventées plus à l'ouest était connu (diffusion par imitation), même si les modalités techniques n'avaient pas été transmises.

Un même nationalisme archéologique se rencontre en Afrique occidentale à propos de la métallurgie du fer (figure 3.7). La culture de Nok (dans le Nigeria actuel)[3] est considérée comme celles des plus anciens forgerons du fer au sud du Sahara.

---

1. Les *quipus* sont des ensembles de cordes nouées qui permettent d'écrire des nombres en base 10. Le nœud simple représente une unité et des nœuds de plus en plus complexes figurent des dizaines et des centaines. À partir d'un millier, il faut plusieurs cordelettes. Cette écriture permettait d'archiver et de transmettre des statistiques. D'après Garcilaso de La Vega, fils d'une princesse inca et principale source d'information sur l'empire andin, les quipus pouvaient aussi jouer le rôle d'aide-mémoire. Les *chaskis* (les coureurs à pied qui servaient de poste dans le monde Inca) emportaient des quipus pour mémoriser les messages et transmettre des données quantitatives, mais aussi qualitatives. Cette écriture est bien antérieure aux Incas ; elle semble remonter au moins deux millénaires avant notre ère.
2. Le vietnamien, langue de la famille autroasiatique, branche môn-khmer, a longtemps été écrite avec des idéogrammes d'origine chinoise. Dès le XVIe siècle, des missionnaires portugais la transcrivent en caractères latins. Au XVIIe siècle, le jésuite Alexandre de Rhodes systématise le système de transcription, appelé Quốc ngữ (écriture de la langue nationale). Devenue très populaire, cette écriture a acquis en 1918 le statut d'orthographe officielle qu'elle a gardé après l'indépendance.
3. La fusion du fer s'est répandue par Méroé (dans le Soudan actuel) à travers l'Afrique subsaharienne. La culture de Nok (au confluent du Niger et de la Bénoué) est surtout connue pour sa statuaire très ancienne, souvent considérée comme la souche ancestrale d'une grande partie des sculptures ultérieures de l'Ouest africain. On la situe chronologiquement dans les cinq siècles avant notre ère. Les gisements archéologiques y ont révélé des traces d'industrie du fer (scories, fragments de tuyères), très loin de la région nilotique ce qui a pu laisser supposer qu'elle était autochtone. Comme la principale hypothèse de localisation du foyer originel des populations bantoues qui peuplent la plus grande partie de la moitié méridionale de l'Afrique est située au même endroit, le lien entre métallurgie et expansion bantoue a souvent été fait (figure 3.9).

92 ▲ Géohistoire de la mondialisation

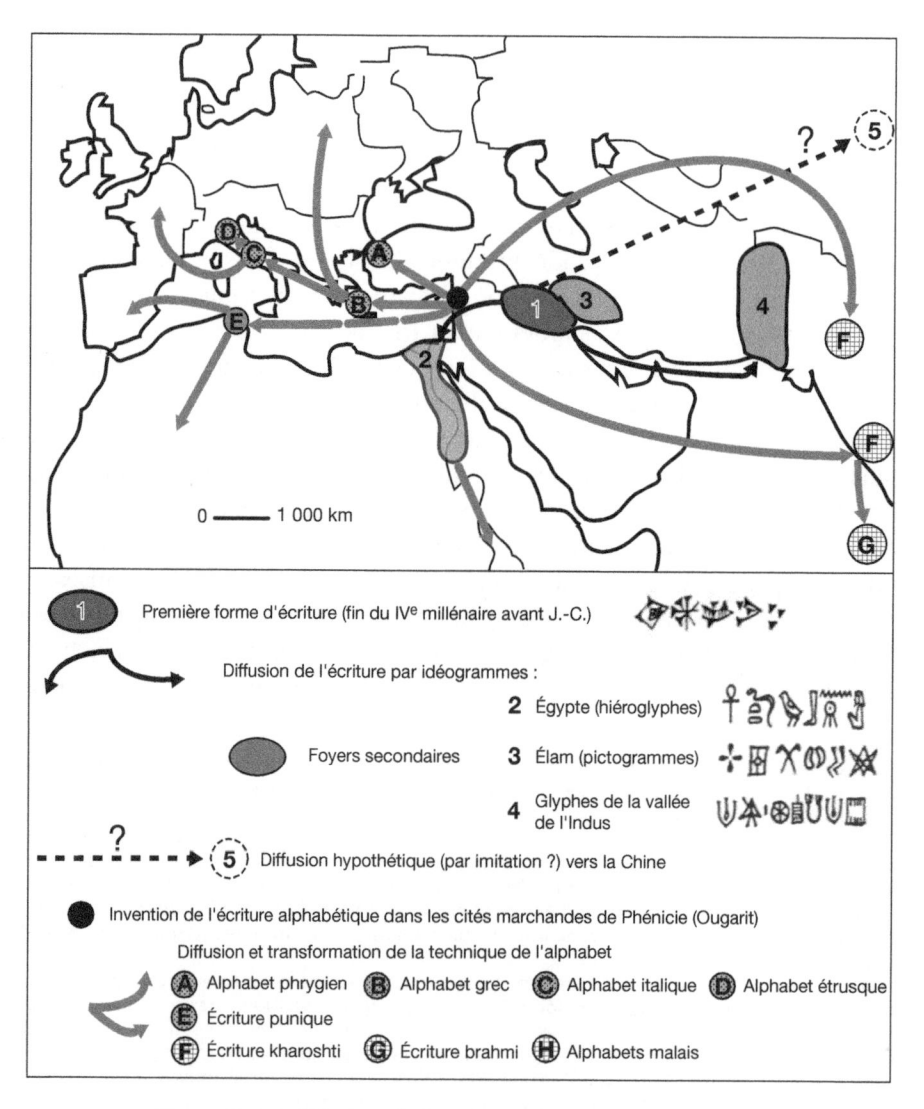

1 Première forme d'écriture (fin du IVᵉ millénaire avant J.-C.)

Diffusion de l'écriture par idéogrammes :
  2 Égypte (hiéroglyphes)
  Foyers secondaires
  3 Élam (pictogrammes)
  4 Glyphes de la vallée de l'Indus

5 Diffusion hypothétique (par imitation ?) vers la Chine

● Invention de l'écriture alphabétique dans les cités marchandes de Phénicie (Ougarit)

Diffusion et transformation de la technique de l'alphabet
  A Alphabet phrygien **B** Alphabet grec **C** Alphabet italique **D** Alphabet étrusque
  E Écriture punique
  F Écriture kharoshti **G** Écriture brahmi **H** Alphabets malais

Figure 3.6. Diffusion de l'écriture dans l'Ancien Monde

Le système-Ancien Monde ▼ 93

A. Diffusion du travail du cuivre

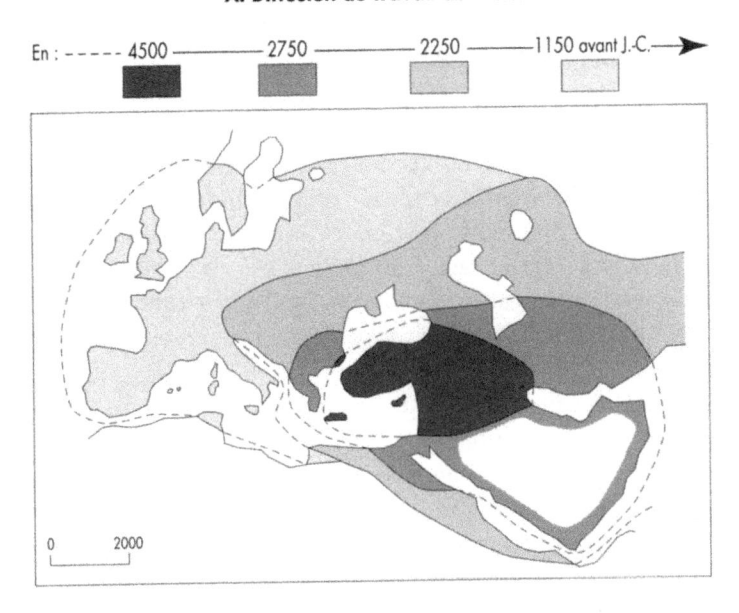

En : ----- 4500 ——— 2750 ——— 2250 ——— 1150 avant J.-C. →

B. Diffusion du travail du fer

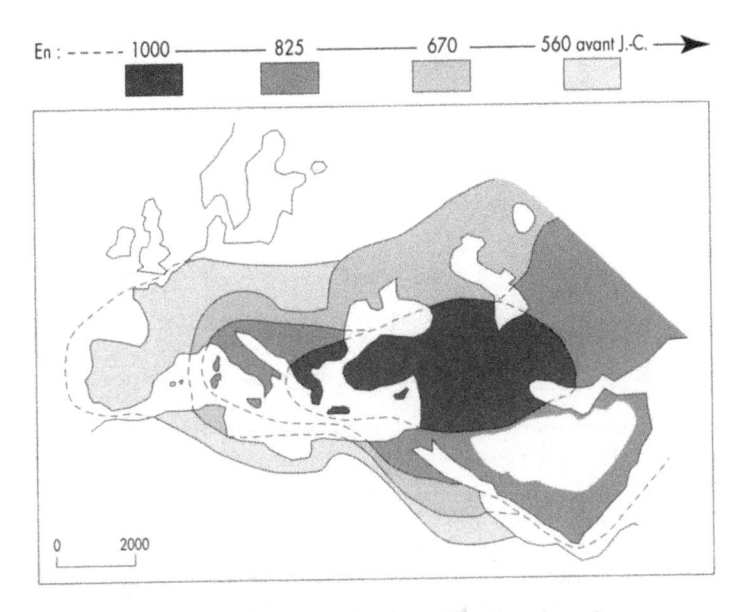

En : ----- 1000 ——— 825 ——— 670 ——— 560 avant J.-C. →

Figure 3.7. Diffusion des métallurgies du cuivre
et du fer dans l'ouest de l'Ancien Monde

Sa datation est nettement postérieure à l'apparition de la métallurgie du fer en Méditerranée orientale, voire plus au nord. Là aussi, l'antériorité des courants d'échanges plaide en faveur d'un processus de diffusion. Mais rien n'interdit de penser qu'il puisse aussi s'agir d'une transmission de l'idée plus que de la technique. Dans tous les cas, la recréation d'une innovation au loin, même à l'issue d'une diffusion, est toujours simultanément de l'invention et de la copie ; l'éloignement intervient toujours.

Phénomène beaucoup plus récent, la diffusion de l'acier nous rapproche de la charnière entre le système-Ancien Monde et le système-Monde (figure 3.8). L'innovation, cette fois-ci, est indienne. Elle s'est diffusée vers l'ouest par le Monde arabe (acier de Damas puis de Tolède), avant d'être acquise et perfectionnée par les Européens qui, à leur tour, la font connaître à d'autres, par exemple au Japon au XVIe siècle. Les sabres de samouraïs sont le point d'aboutissement de ce parcours.

L'ensemble de ces processus de diffusion montre de façon récurrente des innovations au centre qui finissent, mais avec des délais parfois très longs, par gagner l'ensemble de l'Ancien Monde, à quelques exceptions marginales près. Avant d'analyser la zone centrale plus en détail, il faut tenter d'évaluer la situation géographique des marges ; la question est grosse de parcours inégaux dans la mondialisation à venir.

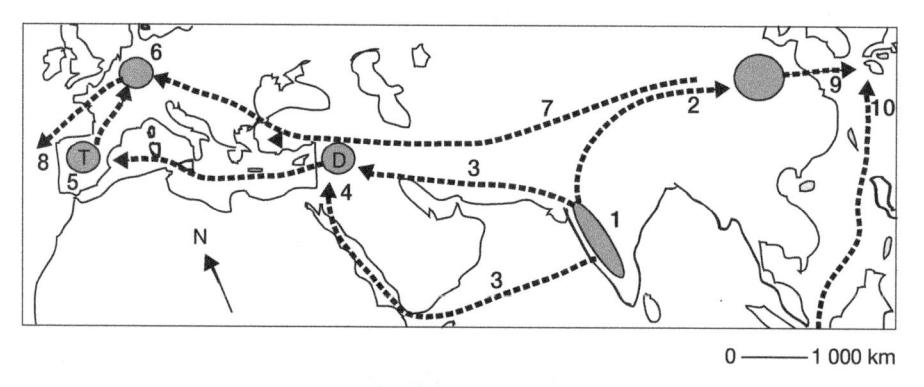

Figure 3.8. Diffusion de la technique de l'acier dans l'Ancien Monde

La métallurgie du fer apparaît en Mésopotamie au IIe millénaire avant notre ère. Mais c'est en Inde que sa transformation en acier a été mise au point (1), quelques siècles avant notre ère. La diffusion de la technique de l'acier est particulièrement ancienne en Chine (2), dès le IVe siècle avant J.-C., sans doute grâce à des minerais à forte teneur en phosphore. La diffusion occidentale à partir du foyer indien, est effectuée par les Arabes : l'acier de Damas (4) impressionne les Croisés. C'est par Tolède (5) qu'il pénètre en Occident (6). L'Europe bénéficie sans doute également des techniques chinoises par la Route de la soie (7). À leur tour les Européens diffuse l'acier dans le Monde (8). Le Japon, qui connaissait l'acier grâce aux Chinois (9), le perfectionne ainsi (10) : une longue route pour la technique du sabre de samouraï.

Les marges du monde ancien

Sur les bords du très grand bloc de terres émergées pouvaient exister des peuples largement à l'écart des échanges qui tissaient l'Ancien Monde et lui donnaient progressivement plus d'épaisseur. Ces populations avaient souvent été repoussées par des acteurs plus centraux, mais n'étaient jamais totalement exclues des logiques de ce monde. Ils étaient fréquemment confinés dans des milieux difficiles à anthropiser. Les Inuits sibériens représentent un excellent exemple de société très peu branchée sur le système-Ancien Monde. On peut, en utilisant la terminologie d'Alain Reynaud [1981], les qualifier de marges délaissées.

On peut ranger dans la même catégorie des peuples de chasseurs-cueilleurs repoussés dans les marges naturelles de l'Eurasafrique ; l'exemple le plus net est sans doute celui des peuples de langue khoisan[1], souvent appelés péjorativement « Bushmen » ou « Bochimans » par les Européens, à partir du milieu naturel difficile dans lequel ils étaient relégués. Les Khoisans, qui vivaient originellement dans tout le sud de l'Afrique, en particulier dans les régions orientales humides et giboyeuses, ont été refoulés par les pasteurs hottentots[2], eux-mêmes bousculés par les migrations bantoues (figure 3.9). À partir du XVIIe siècle, les fermiers européens ont achevé cette marginalisation qui a souvent pris la forme dramatique d'une extermination – mais alors nous sommes déjà dans le système-Monde.

Les Pygmées du centre de l'Afrique ont une histoire assez similaire : des chasseurs-cueilleurs refoulés par des agriculteurs bantous, cette fois dans la forêt. Mais le processus est plus ancien et il s'est opéré une symbiose, fort inégale au demeurant, entre les cultivateurs et les chasseurs. À preuve que les Pygmées n'avaient, au moment où les Européens les ont rencontrés, plus de langue propre mais usaient des dialectes bantous environnants, avec un accent très net, paraît-il. Le maintien de leur mode de vie forestier devait sans doute ainsi beaucoup à la fonction de complémentarité, en particulier en protéines animales et en ivoire, qu'il apportait aux sociétés cultivatrices bantoues. On est donc plus proche du cas suivant.

---

1. Comme pour d'autres peuples marginaux (*cf.* note 3 page 63), le terme « Khoisan » n'est pas emprunté à leur propre langue mais à celle de leurs voisins, les Hottentots ; il s'agit d'un mot bantou. Il est composé du terme « khoi », être humain, par lequel les Hottentots se désignent eux-mêmes, et « San » qui leur permet de caractériser les Bochimans.
2. Les Hottentots ont une origine discutée. Ils sont physiquement assez proches des Bochimans, quoique un peu plus grands et ils parlent une langue « à clics » de type khoisan. Mais, s'ils ne pratiquaient pas non plus l'agriculture, ils étaient éleveurs. L'hypothèse la plus courante est celle d'un métissage de Bochimans, dont l'espace avait été beaucoup plus grand, et de Bantous.

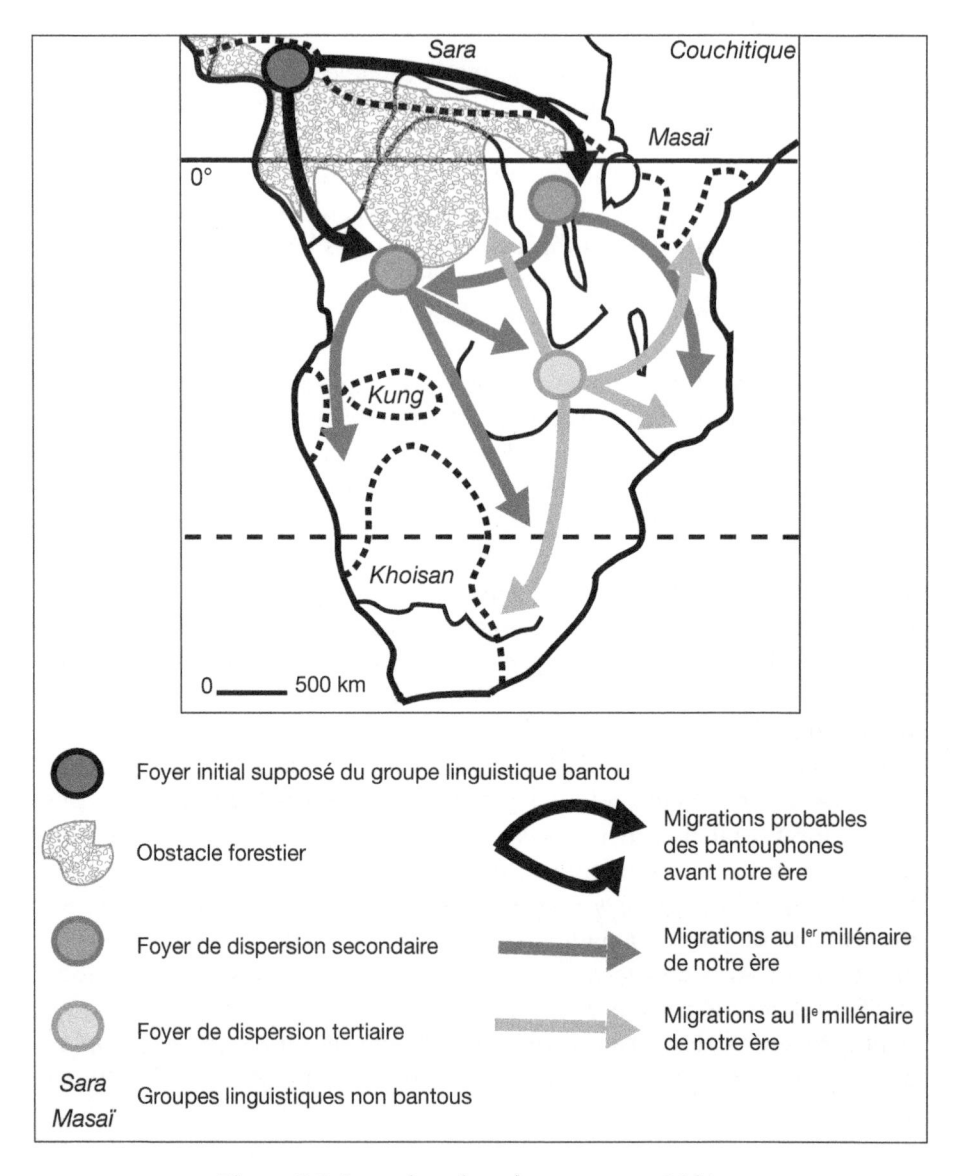

Figure 3.9. Les migrations bantoues en Afrique et leurs conséquences sur les peuples premiers

Légende :
- Foyer initial supposé du groupe linguistique bantou
- Obstacle forestier
- Foyer de dispersion secondaire
- Foyer de dispersion tertiaire
- Sara / Masaï : Groupes linguistiques non bantous
- Migrations probables des bantouphones avant notre ère
- Migrations au Ier millénaire de notre ère
- Migrations au IIe millénaire de notre ère

Les peuples les plus méridionaux, de langues khoisans (le kung en fait partie), ont été repoussés par les peuples bantous. Ce sont les langues des populations dites Khoi (Hottentots) et San (Bushmen ou Bochimans). Les langues khoisan étaient autrefois parlées dans la majeure partie de l'Afrique australe et orientale. Autre peuple repoussé par les migrations bantous, dans la forêt congolaise, les Pigmés, ont perdu leur idiome originel et s'exprime dans des langues bantoues.

En se rapprochant du centre, on trouve des groupes toujours peu nombreux mais dont les activités sont plus marquées par les échanges. Au sud de la toundra où vivent les Inuits, dans la taïga, des sociétés de chasseurs sont partiellement spécialisées dans la trappe pour fournir aux autres des fourrures (figure 3.12). Selon une formulation semblable, on peut alors parler de marges branchées. On est bien dans la logique élémentaire d'une intégration progressive au système-Ancien Monde des sociétés des marges vers le centre.

L'Afrique noire déjà mal partie

Une question géohistorique de beaucoup plus grande ampleur découle de la situation de l'Afrique noire. Problème, hélas, toujours au présent au début du XXIe siècle : pourquoi la quasi-totalité des sociétés au midi du Sahara ont-elles été historiquement marginalisées et se trouvent donc représenter aujourd'hui la fraction la plus pauvre de l'Humanité ? Les réponses fondées sur les conséquences des impérialismes, celui des Européens en particulier, sont à la fois tout à fait évidentes et, malgré tout, insuffisantes. Il n'est, bien sûr, pas question de nier le moins du monde les méfaits subis par l'Afrique subsaharienne, les traites négrières en tout premier lieu. Nous aurons bientôt l'occasion de voir (chapitre 6) combien la situation de ces sociétés dans un milieu essentiellement tropical a pu se révéler une malchance dans le système-Monde naissant. La relative proximité de l'Europe – les Portugais sont actifs dans le golfe de Guinée dès la seconde moitié du XVe siècle – aggrava la durée de cette pression extérieure. Mais tout cela ne suffit pas à comprendre pourquoi, dans la dynamique mondiale qui se développe à partir du XVIe siècle, le monde subsaharien se trouve si mal parti.

Bien sûr, pour l'Afrique comme pour l'Asie, les écarts avec l'Europe sont peu spectaculaires avant le XVIIIe siècle, en termes de niveaux de vie et même de capacités militaires. Les Européens ne peuvent pas pénétrer loin des côtes et même à proximité du littoral, leur situation reste souvent précaire ; nombreux sont les épisodes où un point d'appui côtier est éliminé vigoureusement par les puissances locales. Le haut-lieu mémoriel qu'est aujourd'hui la petite île de Gorée au large de Dakar n'a pas pu être le lieu de transit des foules d'esclaves que la légende suggère, dans la mesure où, totalement dépourvu d'eau douce, ce minuscule territoire était totalement dépendant du bon vouloir des sociétés africaines proches. La faiblesse de l'écart apparent avant le partage du XIXe siècle semble bien plaider pour une explication par l'impérialisme des derniers siècles – processus dévastateur qu'il n'est pas question de nier et qu'il faut toujours rappeler.

Cependant, même dans cette perspective qui resitue bien l'Afrique noire dans le système-Ancien Monde, la marginalisation des XIXe et XXe siècles pose problème. Certes, au milieu du siècle passé, lorsque la vision d'un Tiers-monde aux traits communs de l'Amérique latine à l'Extrême-Orient pouvait paraître intégrer les sociétés africaines dans un ensemble relativement homogène des victimes du colonialisme, au moment de Bandoeng, la spécificité subsaharienne pouvait n'être pas évidente, voire passer pour un leurre destiné à tromper le camp anti-impérialiste. Mais aujourd'hui cette unité plus politique qu'économique n'est plus qu'un lointain et nostalgique souvenir du non-alignement. Alors que l'Asie orientale s'affirme économiquement avec vigueur, alors que les écarts avec l'Amérique latine, pour n'être pas si nouveaux n'en sont pas moins évidents, les pays du sud du Sahara présentent toujours des indicateurs beaucoup moins favorables, même si, depuis une décennie les taux de croissance témoignent que les acteurs de l'économie mondiale ont compris qu'il y a là le dernier gisement de main-d'œuvre à très bon marché.

Parmi les explications proposées à prendre au sérieux, on ne peut négliger celles qui tiennent compte des particularités des sociétés africaines, de leurs dimensions holistes, des écarts entre les structures identitaires anciennes et les constructions étatiques surimposées, bref la différence entre les modèles mondiaux et les réalités locales, ce qu'on avait tenté naguère de formaliser par le concept de «mode de production africain». Mais ce n'est, une fois de plus, que reporter la question : pourquoi ces différences-là et pas ailleurs ? Pourquoi, en particulier, l'Afrique a-t-elle plusieurs décennies de retard sur l'Asie orientale ? À cette interrogation très actuelle, nous pouvons proposer une réponse dans le temps long, en suggérant l'hypothèse que, dans le système-Ancien Monde, le sud du Sahara était déjà marginalisé.

Le propos n'est évidemment ni de nier l'apport des civilisations africaines à la culture universelle, ni de minimiser les réussites passées trop souvent ignorées. C'est au contraire parce que l'histoire négro-africaine est plus autonome, donc plus originale, qu'elle est d'autant plus précieuse pour les autres. Mais le revers de cette originalité est sans doute le décalage avec l'actuel système-Monde – même si cet écart peut être porteur à terme d'une spécificité valorisante. L'hypothèse est encore moins de chercher dans une africanité ou une négritude éternelle une quelconque fatalité ontologique. Les traits généraux que l'on peut attribuer à l'ensemble de l'Afrique subsaharienne sont trop modestes pour que l'on puisse raisonnablement considérer que l'on a un sous-ensemble autonome, comme les mondes chinois ou indien et leurs périphéries. À la différence de ces derniers, du Monde arabe ou de la Chrétienté occidentale, la conscience d'une certaine unité, celle qu'il est convenu de nommer un espace de civilisation, n'est pas le résultat d'une dynamique autonome confrontée à ses altérités voisines, mais celui d'une caractérisation de l'extérieur. Avant le XVe siècle, Arabes, Indiens ou Européens avaient connaissance d'un «Pays des Noirs». La notion d'Afrique

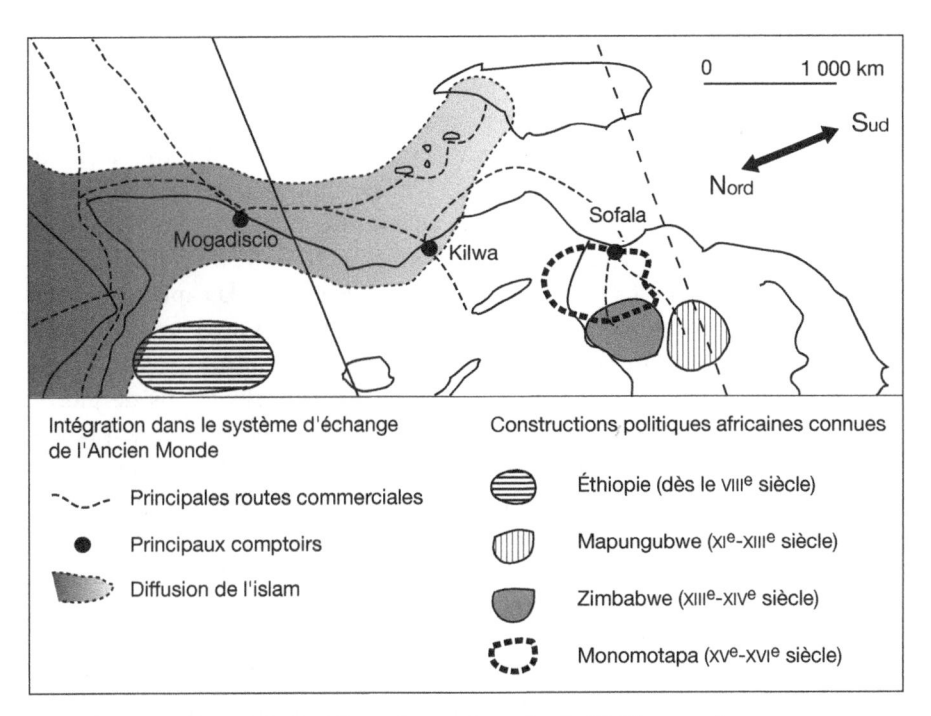

Figure 3.10. L'interface orientale de l'Afrique noire
avec le reste de l'Ancien Monde

noire telle qu'elle est pensée aujourd'hui est un produit de l'exploration européenne du Monde, ce qui ne veut pas dire qu'elle n'est pas maintenant fortement intériorisée.

L'Afrique subsaharienne fait incontestablement partie de l'Ancien Monde. Non seulement le berceau de l'espèce humaine en général et de *Homo sapiens* en particulier y est situé, mais les échanges n'ont jamais cessé avec l'Eurasie (en intégrant l'Afrique septentrionale et la Méditerranée dans ce dernier ensemble). On peut autonomiser deux interfaces : le littoral de l'océan Indien (figure 3.10) et les routes transsahariennes (figure 3.11). En 1498, à Melinda sur la côte africaine orientale, Vasco de Gama embarque des pilotes arabes et indiens qui le mènent en vingt-trois jours sur la côte de Malabar. Arrivé à Calicut, Gama peut s'entretenir avec le zamorin, le souverain local, grâce à un Tunisien rencontré sur place et qui parlait l'espagnol [SUBRAHMANYAM, 2012]. Le commerce entre l'Afrique et l'Inde et au-delà plonge, en effet, dans l'Antiquité avec l'aide des moussons. Gama a d'ailleurs dû attendre le mois de mai pour faire la traverser en droiture de Mombasa à Calicut.

Les récits les plus anciens rapportent les expéditions égyptiennes au pays du Pount (de la Somalie au Mozambique) dès la première dynastie (vers −2900), mais qui avaient sans doute eu bien des précédents. Et elles se poursuivirent : l'expédition restée la plus fameuse grâce aux bas-reliefs du temple de Der el-Bahari fut celle lancée en – 1493 par la reine Hatshepsuth. Cette route de l'encens et de l'or ne cessa de prendre de l'importance. Phéniciens et Juifs auraient été, bien avant les Romains, jusqu'aux Comores et à Madagascar, avant d'être relayés par les commerçants arabes. L'importance de cette interface ne pouvait être sans conséquence dans l'intérieur continental. L'exemple le plus fameux resté dans notre historiographie est l'Empire du Monomotapa. Sur le plateau de l'actuel Zimbabwe (qui a repris le nom de la capitale de cette société), les activités minières (or et cuivre) sont attestées dès la fin du Ier millénaire de notre ère. Sur cette base économique, au XIe siècle, se fonda une société de bâtisseurs dont il reste de gigantesques constructions de pierre. Le Monomotapa figure dès la fin du XVe siècle dans les récits de voyageurs portugais. C'est ainsi que nous connaissons le souverain Matopé, mort vers 1480, qui avait bâti un très grand empire entre le Zambèze et l'océan Indien ; cette construction politique se fractionna en quatre à son décès, ce qui facilita l'installation portugaise.

La seconde interface est proprement subsaharienne, puisqu'il s'agit de l'aboutissement des routes caravanières traversant le grand désert (figure 3.11). Elles remontent au moins au début du Ier millénaire avant notre ère, ce qui explique l'installation de comptoirs phéniciens sur la rive méridionale de la Méditerranée. Carthaginois et Romains commercent avec l'Afrique subsaharienne pour obtenir ivoire, plumes d'autruche et, déjà, esclaves. L'accentuation de l'aridification vers le début de notre ère pousse les Romains à introduire le dromadaire, d'origine asiatique, au Sahara. Mais c'est seulement avec l'Empire du Ghana, aux VIIIe-XIe siècles, que l'on a des souvenirs grâce aux témoignages des géographes arabes contemporains. Il est le premier cas évident dans l'Ouest africain où une structure spatiale étatique l'emporte visiblement sur des organisations lignagères segmentées. Il fonctionnait sur le contrôle des routes commerciales, particulièrement celle de l'or, organisé à partir du VIIIe siècle par des caravaniers musulmans. L'agriculture s'étendait jusqu'au 18e degré de latitude Nord, alors que l'aridification l'a fait reculer depuis jusqu'au 16e, voire au 15e degré. L'ouest du Sahel, occupé par le plus septentrional des peuples de langue mandé, les Soninké, était le point d'aboutissement des routes venues du Sud marocain ; par ces voies sont arrivés des commerçants arabo-berbères et des envahisseurs (expédition militaire de Habib ben Abi Ubaida en 734), et c'est sous cette influence que s'édifia l'État du Ghana, du Sénégal au Niger, dont le bras armé était une puissante cavalerie à cottes de mailles, technique d'origine septentrionale. Au XIe siècle, les troubles agitant l'Afrique du Nord eurent des répercussions au sud ; le Ghana fut finalement conquis par les Almoravides. Au début du XIIe siècle, la région était fractionnée en plusieurs royaumes ; l'un d'entre eux, le Mali fondé par Soun Diata Keita, reconstruit un ensemble

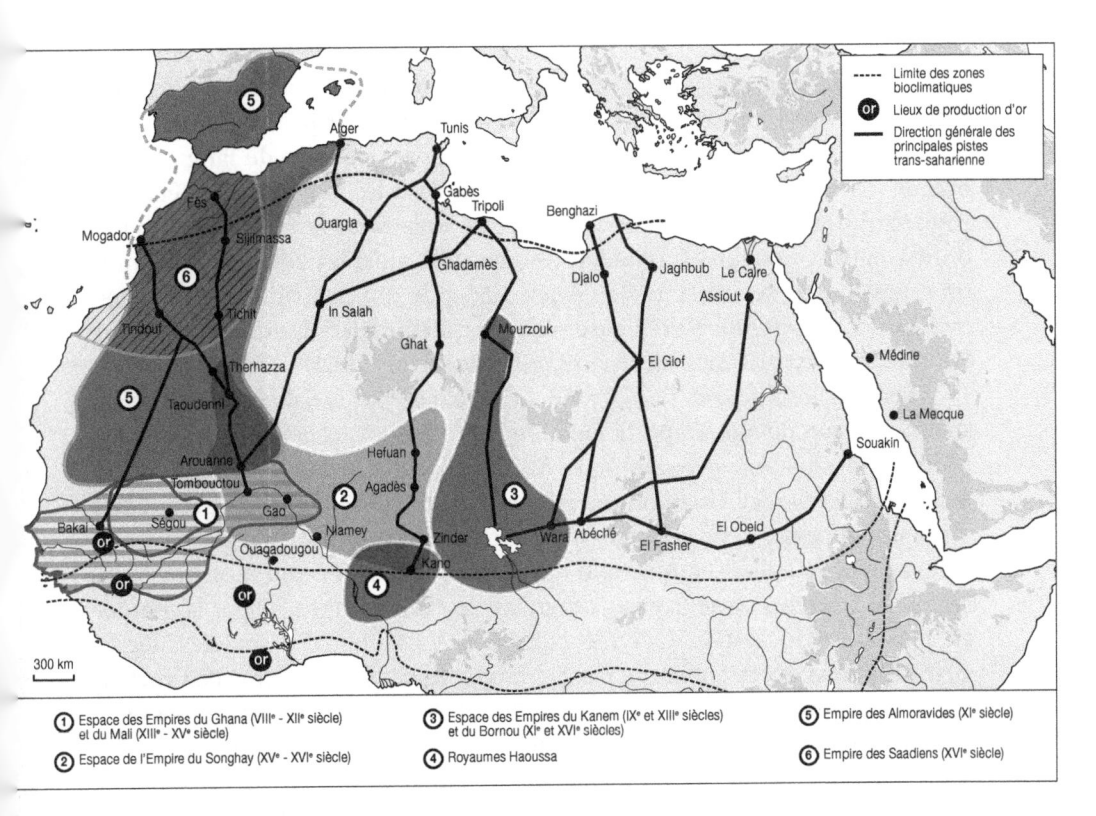

Figure 3.11. L'interface transsaharienne de l'Afrique noire avec le reste de l'Ancien Monde

① Espace des Empires du Ghana (VIIIᵉ - XIIᵉ siècle) et du Mali (XIIIᵉ - XVᵉ siècle)
② Espace de l'Empire du Songhay (XVᵉ - XVIᵉ siècle)
③ Espace des Empires du Kanem (IXᵉ et XIIIᵉ siècles) et du Bornou (XIᵉ et XVIᵉ siècles)
④ Royaumes Haoussa
⑤ Empire des Almoravides (XIᵉ siècle)
⑥ Empire des Saadiens (XVIᵉ siècle)

hégémonique aux XIII-XIVᵉ siècles, avant de laisser à son tour la place à l'Empire du Songhay, toujours selon la même logique ; ce fut la grande époque de Gao et de Tombouctou. Le plus célèbre empereur du Mali, Kankou Moussa, est resté fameux pour le fastueux pèlerinage qu'il fit à La Mecque en 1324. Toujours au débouché de routes transsahariennes, d'autres puissantes principautés se construisirent plus à l'est : les royaumes Haoussa entre Niger et Tchad, le Kanem au nord, puis le Bornou à l'ouest du Tchad. Mais dès la fin du XVᵉ siècle, des royaumes se fondent plus près des côtes, comme celui des Wolofs vers le fleuve Sénégal, en relation avec les Portugais.

Le Ghana n'était le « pays de l'or » des chroniqueurs méditerranéens que dans la mesure où il était le maître des débouchés des pistes sahariennes, mais il n'y avait pas d'orpaillage sur son territoire. Le minerai était en fait extrait plus au sud (mines du Bambouk, du Bouré, de Bito) ; c'est également de là que parvenaient les autres produits caravaniers, en particulier l'ivoire et les esclaves. Parmi les Soninké, certains se spécialisèrent dans le commerce à longue distance entre les mineurs et les commerçants arabo-berbères. Au contact de ces derniers, ces intermédiaires s'islamisèrent et formèrent progressivement un groupe bien particulier, les Dioulas, plus mobiles, plus individualistes, qui représentèrent un ferment de transformation sociale dans toute l'Afrique occidentale, en particulier chez les peuples de langue mandingue (Bambara, Malinké). Ils constituèrent dans les régions forestières des réseaux drainant l'or, mais aussi la noix de kola dont la consommation se diffuse dans les régions soudaniennes. On peut ainsi les considérer comme un rameau actif des réseaux de l'Ancien Monde qui contribue à connecter, intégrer les sociétés locales à l'ensemble du système spatial trans-continental. Leur histoire est au cœur de l'islam noir [Monteil, 1964].

Ainsi, par les littoraux de l'Afrique orientale ou par le Sahel occidental, les sociétés au sud du Sahara participent de plus en plus aux réseaux de l'Ancien Monde, en situation géographique de périphérie. On aurait également pu insister sur le rôle de l'axe nilotique qui, de l'Égypte à l'Éthiopie par les royaumes d'Axoum, représente un passage très ancien, même s'il est loin d'être facile en amont de la deuxième cataracte. Il n'en reste pas moins qu'au moment où ce réseau de relations va se trouver progressivement mis en cause par la montée en puissance du système-Monde européen, l'essentiel des sociétés négro-africaines n'est guère concerné par ces interactions. Rien à voir avec l'ancienneté et l'importance des échanges qui se font au nord de l'océan Indien ou le long des routes de la soie. À preuve l'épuisement rapide des diffusions d'origine septentrionale. La métallurgie du fer pénètre tard et lentement. L'écriture reste confinée aux interfaces islamisées. Même l'unification microbienne est moins patente qu'en Eurasie : la Peste noire qui a ravagé toute l'Eurasie au XIVe siècle n'a pas traversé le Sahara ; l'épidémie ne gagne l'Afrique noire que marginalement, au siècle suivant, par l'interface la plus active, lorsque les vaisseaux chinois de Zheng he vont jusqu'au Mozambique (figure 4.4)

À la fois cause et conséquence de ce caractère périphérique, l'originalité des sociétés africaine reste très forte, même là où nous avons quelques informations, dans les interfaces. Les « empires » comme le Ghana présentent des structures très spécifiques (monarchie sacrée, imbrications ethniques, poids considérable des structures lignagères), même si certains caractères les rapprochent des autres constructions de l'Ancien Monde (amorce de structure étatique, développement de l'Islam, pratique de l'écriture, montée en puissance de groupes marchands structurés et de réseaux urbains importants – Koumbi, la capitale du Ghana, est estimée à 30 000 habitants au XIe siècle –, etc.), similitudes qui autorisent d'ailleurs à les désigner par le terme d'empire. Mais à mesure qu'on avance vers le sud et l'ouest, la relation avec le reste du « Monde » devient évanescente. Sans doute n'est-elle jamais totalement inexistante : même les Khoisans par l'intermédiaire des Hottentots, ces derniers eux-mêmes en liaison avec d'autres sociétés bantoues, ne sont pas totalement coupés du littoral oriental et, au-delà, des échanges de l'océan Indien...

Malgré tout, cette insignifiance des relations autorise à qualifier de marge l'essentiel des sociétés au-delà des interfaces que l'on vient d'évoquer. Cette marginalité, dont découle l'originalité de ces sociétés par rapport à celle du reste de l'Ancien Monde, se poursuit d'autant que la barrière saharienne, du fait de l'aridification croissante, représente un obstacle de moins en moins aisé à franchir. Alors que, sans remonter à la route des chars des Garamantes célébrés par Hérodote [*Histoires*, IV, 183], le cheval était encore utilisable sur bien des pistes avant notre ère, seule l'introduction du dromadaire asiatique a permis de maintenir les liaisons. Malgré cela, le coût de ce franchissement reste énorme et le trafic, en dehors de besoins locaux vitaux (le sel), ne concerne que des biens très chers (or et esclaves). On peut donc conclure que la marginalité africaine est très ancienne, qu'elle s'est reproduite alors même que le système-Ancien Monde s'indurait plus au nord. Jusqu'au XVe siècle, cette situation géo-historique n'est pas synonyme de différence quantitative, de «retard» dans un langage évolutionniste, mais qualitative, de spécificité sociale.

Cette originalité, au sein de l'Ancien Monde, fut relevée par les explorateurs européens lorsque, au sud du tropique du Cancer, à partir de la Guinée (toponyme correspondant alors à la plus grande partie de l'ouest africain et qui dérive probablement du mot «Ghana»), ils rencontrèrent des sociétés qu'ils eurent du mal à comprendre. Ils parlèrent de «royaumes» pour désigner des structures sociétales dont la complexité et la richesse leur échappaient visiblement («royaumes» du Bénin, du Congo, de Bigo, des Zoulous... généralement issus de la diffusion bantoue). L'absence d'écriture locale, la faiblesse des traces archéologiques (la modestie des densités liée à une base économique fondée sur l'agriculture sur brûlis et le pastoralisme extensif en étant la principale raison[1]), la difficulté à les comprendre des premiers témoins arabes ou européens, nous laisseront sans doute ces sociétés plongées dans le mystère.

Un ensemble central de civilisations chronologiquement situées

Il n'est pas de peuples sans Histoire. L'illusion des Occidentaux qui ne savaient voir de processus historiques que semblables aux leurs a heureusement fait long feu. Mais tous les lieux du globe n'ont pas porté la même densité historique et aucune autre portion des terres émergées n'en est autant chargée que

---

1. Il faut aussi tenir compte d'une contrainte environnementale forte : la grande difficulté à se procurer des pierres. Le socle ancien très altéré, le climat tropical favorisant le lessivage des sols en grande profondeur rendent difficile l'utilisation de matériaux de construction autre que la terre et le bois. Si les constructions ne sont pas constamment entretenues, comme les mosquées de Djenné et Mopti, elles disparaissent sans laisser beaucoup de traces.

la zone qui court du bassin Méditerranéen à l'archipel nippon (figure 1.9), avec un rôle central croissant pour l'océan Indien [BEAUJARD, 2012]. On se restreindra, autant que faire se peut, à n'en évoquer que quelques traits qui mettent en perspective la mondialisation ultérieure.

Entre steppes, déserts et océans

Plutôt que l'hypothèse à l'emporte-pièce d'une disposition zonale bio/climatique déterminante, on se contentera de l'idée que, dans l'ensemble des interconnexions entre sociétés de l'Ancien Monde, il y a eu dans le temps long une sorte de prime à la centralité. De fait, même si des hommes étaient présents des extrémités de l'Afrique à celles de l'Eurasie depuis très longtemps, même si des sédentarisations avaient pu s'y produire très tôt[1], les processus cumulatifs qui se sont avérés irréversibles se produisirent dans des situations de carrefours anciens et durables, au cœur de la grande masse de terres émergées, en particulier dans le Croissant fertile.

Rappelons que, si les routes passent là où les obstacles naturels ne sont pas les plus redoutables, le réseau de communications est bien une construction historique. Il se fonde d'abord sur des connaissances d'itinéraires et des savoirs sur le lointain – il est vrai souvent brodés d'imaginaire. Les aménagements, les adaptations des sociétés intermédiaires, renforcent ensuite les possibilités d'interconnexions, les incarnent dans des infrastructures matérielles et idéelles qui les perpétuent dans le temps long. Il y a donc une histoire interne à la zone centrale de civilisations, un ensemble de processus particuliers qui auraient pu se dérouler différemment. Mais, avant d'en tracer l'esquisse, il faut en montrer les limites imposées par des contraintes environnementales majeures.

Il y a, en effet, deux limites, l'une septentrionale et l'autre méridionale, à cette zone de forte densité de l'Ancien Monde toujours lisible aujourd'hui (cf. figure 1.1), sachant que les océans Atlantique et Pacifique restèrent très longtemps des barrières quasi absolues. Les steppes eurasiatiques, au midi de la taïga, en composent la frange Nord ; mais les sociétés clairsemées qui les ont occupées ne sont pas marginales dans le système-Ancien Monde puisqu'elles jouent très tôt un rôle d'intermédiaires entre les sociétés massives plus méridionales. Les vrais confins septentrionaux de l'ensemble central sont beaucoup plus représentés par les immenses forêts boréales, longtemps véritable

---

1. Ainsi, au nord de Honshu, l'île principale de l'archipel japonais, on retrouve les traces de villages datées d'environ 10 000 ans. Il ne s'agissait pas d'agriculteurs, mais de collecteurs de coquillages qui ont laissé d'énormes amas de coquilles vides. Ces populations n'étaient d'ailleurs probablement pas les ancêtres des Nippons actuels mais plutôt de leur «peuple premier», les Aïnous.

obstacle à toute pénétration massive. Confins, cependant, plus que limite, dans la mesure où les rares populations qui y habitent peuvent fournir aux sociétés plus méridionales quelques biens précieux, de l'ambre et surtout des fourrures. Le développement de la trappe marque leur intégration dans le système-Ancien Monde.

Parmi les produits qui ont motivé des échanges à très longues distances, il n'y a pas, en effet, que les pierres ou les métaux précieux ; il y a d'autres produits de grand luxe que la soie ou les épices, ce sont les fourrures. « L'or mou », comme on dit parfois, est le marqueur le plus net d'un front pionnier des échanges. L'Eurasie fut sillonnée de chemins plutôt nord-sud, orthogonaux aux routes de la soie (figure 3.12). La demande de fourrure émanait des grands centres urbains et princiers des empires plus méridionaux. Il est bien évident qu'à Constantinople ou Bagdad, Cordoue ou dans les cités indiennes ou chinoises, même si les hivers peuvent être rigoureux, l'importance des fourrures était d'abord ostentatoire. Un facteur essentiel de cette marque de grande distinction résidait dans la difficulté de son approvisionnement, due à la fois à l'éloignement des lieux de ressource, à la dureté de ces milieux et à la rareté des animaux recherchés, essentiellement des carnivores. L'immense forêt[1] qui couvrait le nord de l'Eurasie a représenté le principal gisement de fourrures pour les sociétés plus méridionales. Les animaux les plus recherchés sont la martre zibeline et l'hermine. On chassait aussi un écureuil gris dont la peau grise et blanche était qualifiée de « vair » (variée), dont le plus célèbre usage a sans doute été la pantoufle de Cendrillon.

La chasse était effectuée par des tribus nomades qui se déplaçaient avec le gibier[2]. Les pelleteries étaient regroupées à la lisière méridionale de la forêt, près des grands fleuves. En effet, les seules voies de passage étaient les cours d'eau que l'on pouvait longer ou remonter en pirogue. La similitude avec la pénétration du Grand Nord américain, à partir du XVIe siècle, est totale. Les traiteurs venus du sud rassemblaient les marchandises dans de gros entrepôts fortifiés, *gorod* en langue slave, pour se protéger des pillards, souvent les cavaliers des steppes. Ces postes de traites sont à l'origine de villes actuelles comme Kiev. On a bien là un mécanisme d'intégration d'une extrême périphérie. La limite méridionale de la zone centrale est beaucoup plus complexe à tracer, ne serait-ce que parce l'humanité est plus présente au-delà.

---

1. Certes, il peut exister des animaux aux belles fourrures dans les pays chauds (tigres, guépards, panthères...), mais le lien entre le grand froid et la qualité du pelage est évident. À tel point que la chasse se fait surtout l'hiver, quand les fourrures sont les plus belles, mais aussi quand la vie est plus difficile pour le chasseur, ce qui renforce le coût de « l'or mou ».
2. Le film *Dersou Ouzala* (1975) d'Akira Kurosawa brosse l'émouvant portrait d'un des derniers descendants de ces chasseurs du Grand Nord.

106 ▲ Géohistoire de la mondialisation

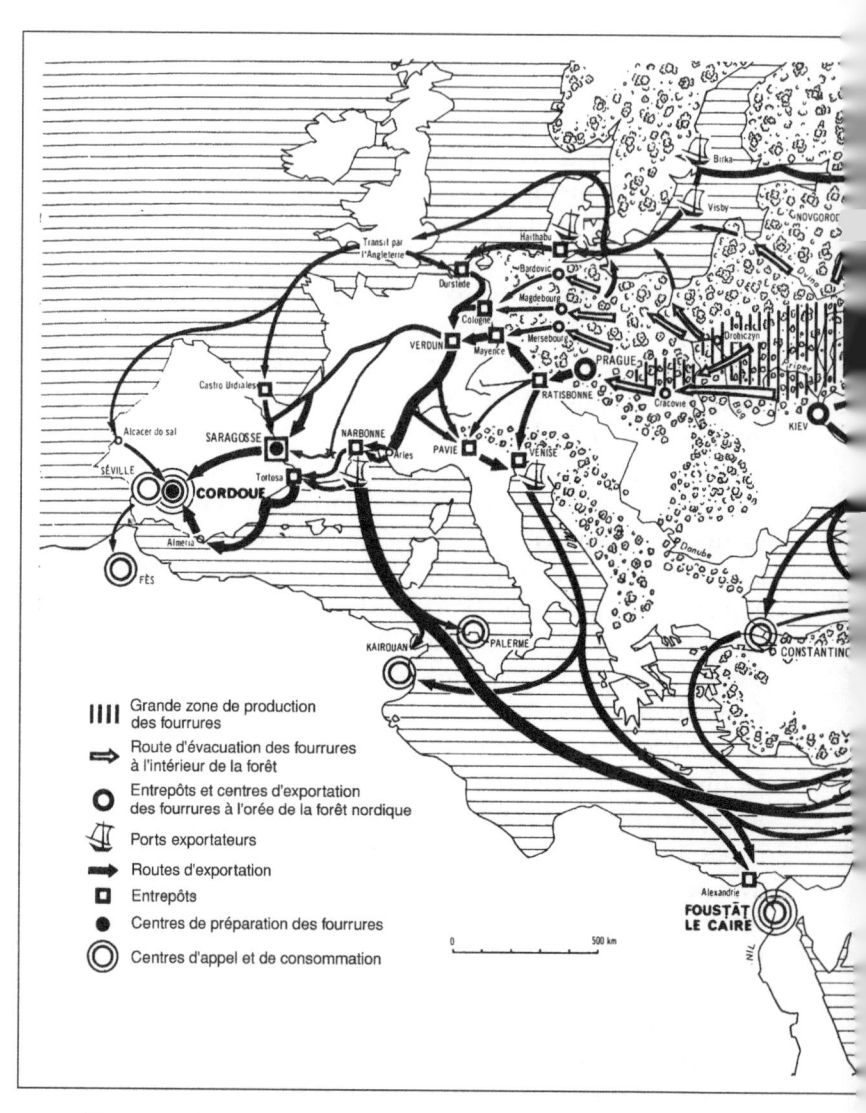

Figure 3.12. Le commerce des fourrures

Source : LOMBARD Maurice, 1972, *Espace et réseaux au Haut Moyen Âge*, Paris, Mou

Le système-Ancien Monde ▼ 107

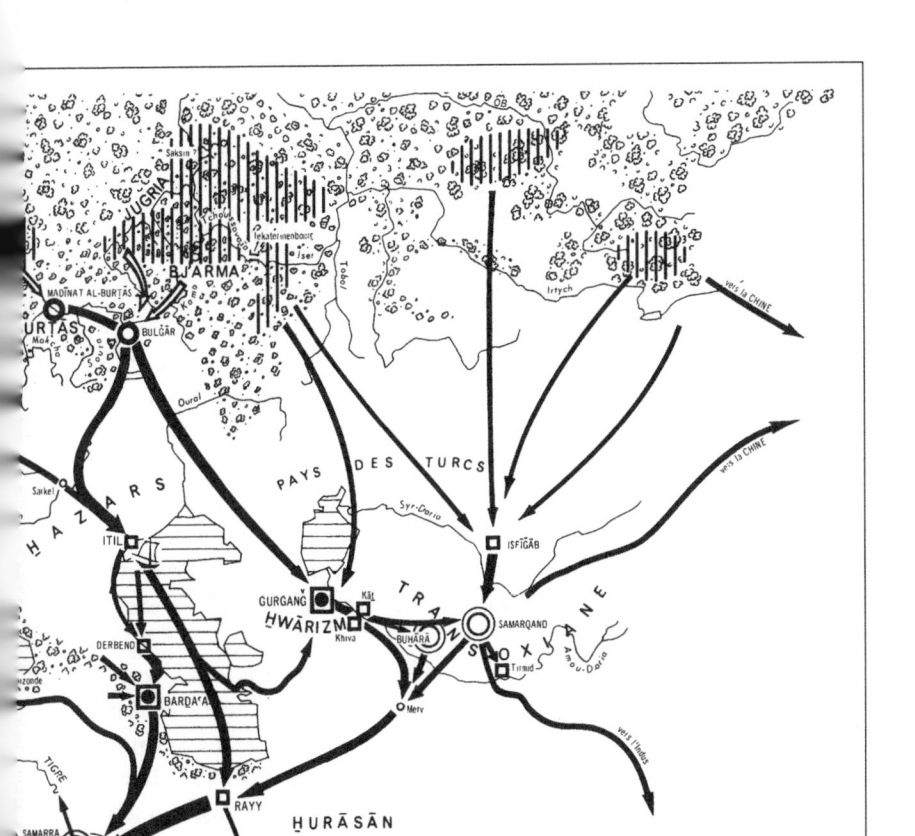

On peut, grossièrement, considérer qu'elle est composée de deux segments : à l'est, l'océan Indien, et à l'ouest, le Sahara. L'océan Indien est lui aussi une frange, comparable aux steppes d'Asie centrale. Les golfes de son rivage Nord sont très tôt des espaces maîtrisés et c'est là qu'apparaît la première navigation hauturière durable. Entre Aden et l'Inde méridionale, la route est régulièrement utilisée depuis, au moins, la période hellénistique. Cette voie maritime a pris une importance considérable lorsque l'Empire romain a représenté un gros partenaire commercial et n'a jamais disparu ultérieurement. Le Dekkan est riche en trésors de monnaies perses, mais aussi grecques et plus encore romaines. Le site le plus oriental où on a découvert des monnaies romaines est Oc Eo, dans le delta du Mékong ; on y découvrit des sesterces à l'effigie d'Antonin le Pieux et même la copie (sur une seule face) d'une monnaie de Marc Aurèle.

L'importance et l'ancienneté de cette voie maritime doivent beaucoup aux moussons : l'alternance annuelle de vents d'est (la mousson d'hiver, un alizé) et d'ouest (la mousson d'été due à l'inversion des pressions atmosphériques au nord de l'océan) permet un aller-retour annuel assuré, toujours porté par un vent arrière. Le monde indo-malais, largement maritime, poursuit cette frange plus à l'est. Les bateaux malais, mais également chinois ou japonais, ont étendu leurs territoires de pêche jusqu'en Australie, mais sans tisser de liens avec les populations locales (vivant généralement plus au sud, au-delà du désert).

À l'ouest, les réseaux de l'océan Indien croisent ceux des cabotages le long de la côte africaine orientale (figure 3.10). De la Somalie à la Mauritanie, un obstacle d'une autre nature borne le centre de l'Ancien Monde, le plus grand désert chaud de la planète. Plutôt qu'une frange du monde ancien, le Sahara est une interface entre deux de ses parties (figure 3.11). Le point important ici est qu'il représente cependant une forte discontinuité et qu'elle est croissante. Même en remontant aux mythiques Garamantes, l'obstacle n'a jamais – dans la temporalité des sociétés s'entend – été facile à surmonter. Le Sahara a représenté une évidente limite écologique à l'Empire romain. Si des sociétés de chasseurs puis de pasteurs ont pu y vivre vers les Ve et IVe millénaires, nous laissant nombre de peintures et de gravures rupestres [LHOTE, 1973], il n'y eut plus ultérieurement de vie vraiment autochtone. En effet, les oasis ne doivent pas être considérées comme des espaces sociaux indépendants, mais comme des relais existant comme points d'appui de routes caravanières [RETAILLÉ, 1997]. Ce n'est que secondairement le point d'eau qui fait l'oasis, c'est d'abord la route rattachant un Sahel à l'autre (Sahel signifie « rivage » en arabe) qui justifie ce type de lieu. Les structures sociales le disent clairement : les groupes dominants sont les grands caravaniers, au contraire les horticulteurs des oasis, généralement originaires d'Afrique noire, sont esclaves. Même l'axe nilotique reste limité : au sud de la deuxième cataracte, la vallée se réduit à peu de chose entre des rives abruptes et le passage devient difficile.

En dehors des barrières absolues de l'Atlantique et du Pacifique, les limites Nord et Sud de l'axe central sont donc plutôt ambiguës. L'histoire naturelle intervient avec l'aridification croissante du Sahara. La domestication du cheval et des camélidés change le rapport aux milieux secs. Les progrès maritimes donnent de plus en plus d'étendue à la frange océanique utilisable. De tels processus interviennent également dans la répartition des sociétés au sein de la zone dense.

Inversions de densités dans la zone centrale

Même si les échanges sont immémoriaux de la Méditerranée à l'Asie orientale, ils ne pouvaient structurer un ensemble social de ce niveau. Produire de la société pour vivre, nous l'avons vu (chapitre 2), suppose un minimum de proximité au sein d'un groupe humain. Rien d'étonnant alors que la zone centrale de l'Ancien Monde se présente comme un vaste corridor de civilisations. Ce collier d'espaces sociétaux connectés a une longue histoire où interviennent contraintes naturelles, effets de distance et reproduction sociale dans le temps long.

La diffusion de l'agriculture et des élevages associés est particulièrement ancienne (figure 3.5) : on est, d'un bout à l'autre, dans des mondes de paysans, mais aussi de villes, dans des sociétés enracinées qui échangent fortement. Même si des constructions politiques ont pu, quelques siècles durant, en regrouper plusieurs (ainsi de l'Empire perse et de son successeur fugitif, celui d'Alexandre), le pluriel reste durablement de mise du fait de la tyrannie de la distance. Un exemple simple nous est fourni par la diffusion à partir du monde sumérien développé dans la Mésopotamie : vers l'ouest, la vallée du Nil, vers l'est celle de l'Indus (Mohenjo-Daro, Harappa) abritent des sociétés débitrices d'innovations sumériennes (en particulier l'écriture), mais l'éloignement est trop important pour former un même monde. Des barrières contribuent à exagérer la distance, dont une majeure : l'ensemble montagneux dont l'Himalaya est la partie principale. Que l'Inde et la Chine soient deux civilisations majeures, certes liées depuis longtemps (la diffusion du bouddhisme) mais profondément différentes, ne peut être sans rapport avec une telle contrainte naturelle.

Les noyaux initiaux importants se retrouvent surtout dans des mondes ouverts : Croissant fertile, Égypte, Chine du Huang He, vallée de l'Indus, cuvette Iranienne, bassin Méditerranéen. Ce n'est que lentement que s'étendent de plus fortes densités à partir de ces noyaux premiers. Ces diffusions sont généralement des défrichements. En effet, l'un des plus anciens obstacles pour les sociétés était la très forte densité végétale, les forêts, surtout celles qu'il n'était pas facile d'éclaircir par le feu : le nord de la Méditerranée, l'est de la péninsule indienne, le sud de la Chine, mais aussi Java ou le Japon méridional, toutes régions aujourd'hui parmi les plus denses du Monde, ont été d'abord d'épaisses forêts [GRATALOUP, 2015, figure 2.5]. Rien d'étonnant que la carte des sociétés d'il y a quatre ou cinq millénaires soit décalée par rapport aux densités actuelles. La plaine indo-gangétique représente un modèle réduit de ce type de dynamique : les plus anciennes sociétés complexes, il y a au moins 4 000 ans, sont dans la vallée de l'Indus, fleuve allogène dans un milieu sec ; la basse vallée du Gange porte alors d'épaisses forêts tropicales. Au fil des siècles, les défrichements progressent vers l'est, les densités [GRATALOUP, 2015, figure 2.6] et les constructions politiques aussi.

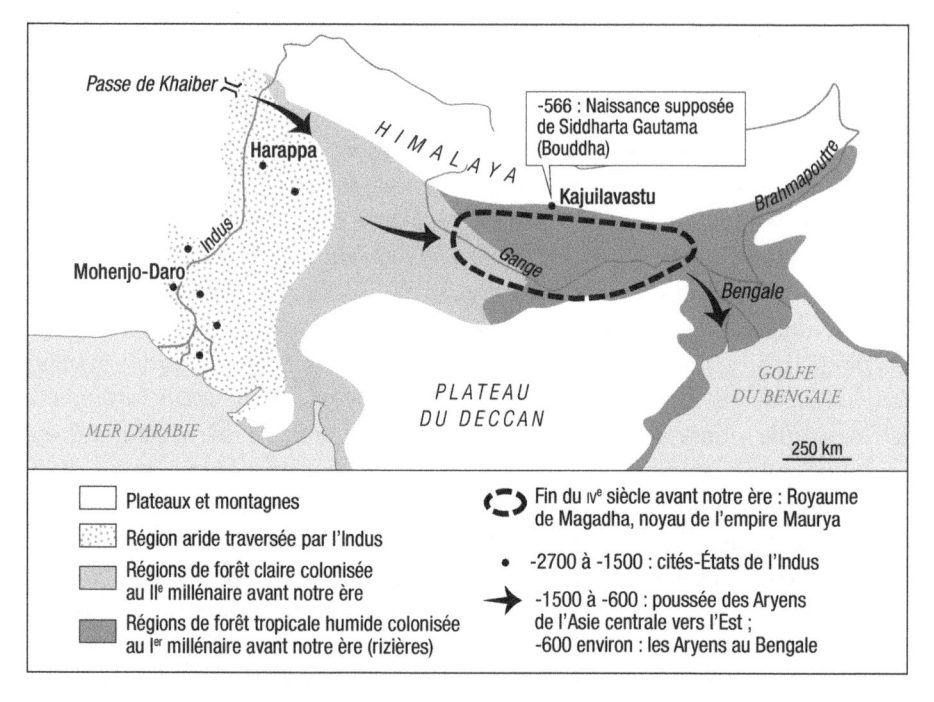

Figure 3.13. Inversions des densités dans les plaines indo-gangétiques

On peut suivre de semblables mouvements de la Chine du Nord à celle du Sud et de la Méditerranée vers le nord (chapitre 4). Cela aboutit souvent à un renversement des rapports de densités, non que les régions les plus anciennement occupées voient leurs populations fléchir, mais que les sols qui portaient les forêts épaisses se révèlent en général d'excellentes bases pour des agricultures très productives lorsque les techniques issues de régions aux sols plus légers ont été adaptées (riziculture à plusieurs récoltes annuelles en Chine du Sud ou dans la basse vallée du Gange, systèmes culturaux européens avec le passage de l'araire à la charrue). Ces diffusions régionales aboutissent ainsi à la création de gros noyaux de peuplement qui donnent beaucoup plus de poids et de contiguïté à la zone centrale de l'Ancien Monde. Les échanges en sont dynamisés.

Un marqueur de cette circulation, trop peu souvent mis en évidence, est une pratique très ancienne de ces sociétés : l'usage comme matière première pour conserver de la valeur, comme base monétaire, des « métaux précieux ». D'autres sociétés, américaines ou africaines, ont également maîtrisé des métallurgies de l'or et de l'argent dont le point de fusion se situe autour de 1 000°, température assez facile à atteindre (à la différence du fer qui fond vers 1 500°), mais il n'en avait l'usage que pour l'orfèvrerie. En revanche, de la Méditerranée au Japon, la monnaie fut normalisée sous forme d'objets fabriqués avec ces métaux devenus ainsi « précieux ». La faim d'or et d'argent qui en a résulté fut, ultérieurement, une motivation très puisssante pour l'agrégation d'autres parties du monde, la mondialisation. Les premières sociétés concernées, avant la traversée européenne de l'Atlantique, furent les sociétés africaines, devenues ainsi des périphéries de l'axe de l'Ancien Monde.

Routes de la soie et des épices

De la Méditerranée, puis de l'Europe à l'ouest, à la Chine, puis au Japon à l'est, les échanges n'ont eu de cesse de se multiplier. Deux grands faisceaux de routes se structurent lentement entre l'Orient et l'Occident de l'Eurasie : l'une, septentrionale, par les steppes, l'autre par les mers du Sud. Cette opposition est trop schématique : la route du nord peut emprunter la mer Caspienne ou aboutir en Méditerranée ; celle du sud peut être terrestre dans certains segments, traverser la plaine indo-gangétique plutôt que contourner le Dekkan, ou la péninsule indochinoise au lieu de passer par les îles de l'Insulinde. Des voies peuvent également permettre de passer de l'une à l'autre, ainsi à travers l'Afghanistan. Mais, dans tous les cas, il faut contourner l'énorme masse de montagnes qui culmine avec l'Himalaya.

La soie, produit éponyme de l'ensemble de routes le plus mythique, reste sans doute le bien le plus symbolique du poids de l'Orient dans les diffusions sur l'axe de l'Ancien Monde[1]. Le travail du fil du bombyx du mûrier remonte à plus de 5 000 ans[2]. Comme pour la transformation de la canne à sucre, élément essentiel de la construction du Monde (chapitre 6), il ne peut s'agir d'une modeste activité agro-artisanale. La production d'une étoffe en soie requiert un grand nombre de tâches spécialisées s'enchaînant rigoureusement, de la culture des mûriers et l'élevage des chenilles (les « vers à soie »), au dévidage, à

---

1. L'expression « Route de la soie » ne date que du XIXe siècle. Elle est due au géographe allemand Ferdinand Von Richthofen. Le fait qu'elle porte le nom d'un produit oriental trahit sa subjectivité occidentale. Pour les Chinois, cela aurait plutôt été la route de l'argent ou du fer.
2. L'histoire de la soierie débute en Chine au troisième millénaire avant notre ère. Le plus vieux fragment de soie actuellement connu date de – 2570. Selon une tradition, rapportée par Confucius, un cocon de vers à soie serait tombé dans la tasse de thé de l'impératrice Leizu, épouse du mythique Empereur jaune, Huangdi. Le fil, décollé par la chaleur du liquide, aurait été tiré par la jeune femme qui aurait ensuite eu l'idée de le tisser...

la teinture, au tissage, à l'impression... Dès l'époque des Royaumes combattants (du Ve au IIIe siècle av. J.-C.), les rouleaux de soie servent de présents, mais aussi de moyens de paiement au-delà du seul monde chinois. Par le monde iranien, qui inclut alors l'Asie centrale, la soie atteint la Méditerranée. On raconte que lors d'un triomphe de Jules César, parmi les prises de guerre faites aux Perses, un merveilleux tissu fin et soyeux impressionna particulièrement les Romains. En fait, Égyptiens[1] et Grecs en avaient déjà touché, mais durant l'Antiquité, ce bien restait tellement rare qu'il s'échangeait fréquemment contre son poids d'or! On comprend que les Romains et, avant eux, les Égyptiens, aient cherché à contourner les Perses qui, inversement, s'efforçaient de maintenir leur monopole d'intermédiaires. Deux possibilités de contournement se présentaient: par le nord en entrant directement en contact avec les peuples cavaliers sur les bords de la mer Noire et en rejoignant la Route de la soie en Sibérie méridionale et, surtout, par le sud, en empruntant les voies maritimes de l'océan Indien. D'où l'importance, dès avant notre ère, de la navigation en droiture de la mer Rouge à la côte de Malabar et à Ceylan. Les Chinois ont réussi à conserver longtemps leur monopole de la sériciculture. La peine de mort menaçait quiconque tentait d'exporter un ver à soie! Ils y parviennent jusqu'en 550, année où deux moines byzantins réussissent à dérober des œufs de bombyx et des graines de mûrier.

Les principaux objets du commerce méridional sont plutôt ce qu'il est convenu d'appeler des épices (cannelle, santal, poivre, sucre... adjuvants alimentaires ou pharmacopée, bref ce que vendait le «droguiste»). Cette autre branche des faisceaux de routes qui forment la colonne vertébrale de l'Ancien Monde est nettement centrée sur la péninsule indienne. La diffusion de l'hindouisme vers le «carrefour javanais» [LOMBARD, 1990] témoigne de l'ancienne importance des commerçants indiens qui, ultérieurement, deviendront les vecteurs de l'Islam. Les commerçants persans et arabes les rejoignent également: à la fin de l'Empire tang, au IXe siècle, Canton compte un important quartier arabe ainsi que des concessions indiennes et iraniennes. Ces routes maritimes s'étendent jusqu'à la Corée et au Japon. On peut donc bien qualifier de «route des épices» l'ensemble de ce faisceau méridional de l'axe méridien.

En échange de la soie, des épices et d'autres biens (diamants de Golconde, pierres précieuses birmanes[2]), quels sont les biens qui circulaient d'ouest en est? Les trésors monétaires romains puis européens que l'archéologie découvre en Orient nous en donnent la clef. Même si d'autres produits

---

1. Une momie égyptienne datée de 1070 avant notre ère, provenant de la Vallée de rois, portait de la soie.
2. Ainsi, lorsque le laboratoire du musée du Louvre a été chargé d'examiner une statuette sumérienne, il y a une dizaine d'années, c'était parce que ses yeux rouges et durs intriguaient. L'hypothèse était que l'on tenait peut-être là les verres les plus anciens. Ce fut dont une grande surprise de s'apercevoir qu'il s'agissait de rubis et, comme les pierres précieuses ont toutes une «signature géologique» qui permet d'identifier leur mine d'origine, de constater que ces rubis étaient venus de Birmanie pour orner un objet mésopotamien du IIIe millénaire...

occidentaux sont prisés à l'est (encens, corail méditerranéen, vin, puis, à partir du Moyen Âge, certains textiles italiens ou flamands...), on a là une constante des échanges de l'Ancien Monde : un transfert permanent de monnaie et, plus largement d'objets métalliques, entre autres d'armes, d'ouest en est. Ce fait, qui perdure bien au-delà des « Grandes Découvertes », s'avère essentiel dans la construction du système-Monde (chapitre 5). Le seul produit dont le monde Méditerranéen a longtemps conservé le monopole technologique et que les Orientaux recherchaient fortement était les produits de verre égyptiens ou syriens, puis vénitiens, des perles en particulier.

Sur ces immenses routes qui trament le réseau structurant l'Ancien Monde, il faut des transporteurs, des commerçants : des caravaniers et des marins. Ce sont les maîtres de la distance, ceux qui permettent au système de fonctionner et de se reproduire de mieux en mieux. Ils mettent en relation des sociétés plus enracinées. Les deux types d'agents de liaison peuvent être schématiquement situés selon deux logiques inverses, puisque les premiers maîtrisent le cœur continental et les seconds la périphérie maritime. Entre les deux habitent l'immense majorité des habitants de l'Ancien Monde dans des sociétés essentiellement agricoles, enracinées (figure 3.14).

Dans l'Ancien Monde, ce sont les premières sociétés, celles des cavaliers, qui jouèrent longtemps un rôle original et essentiel. Les marins ne pouvaient former des groupes aussi autonomes puisque les hommes ne peuvent vivre continuellement sur mer, doivent construire leurs bateaux et les avitailler. Inversement, dans les steppes eurasiatiques, se formèrent progressivement des sociétés fondées uniquement sur l'élevage et dont l'animal pivot était le cheval. Ce n'est que progressivement, bien après les premières sociétés d'agriculteurs-éleveurs au Néolithique, que cette spécialisation s'est précisée. Non seulement elle suppose une maîtrise de l'usage du cheval qui demanda des millénaires (passer du char à la monte avec les deux perfectionnements essentiels que sont le mors et l'étrier, inventions des peuples des steppes), mais on peut faire l'hypothèse que ces sociétés d'éleveurs n'ont pu se singulariser que dans la mesure où elles fonctionnaient doublement en complément avec les agriculteurs : comme fournisseurs de produits d'origine animale et comme intercesseurs entre mondes agricoles très éloignés. Mais, de ce fait, pour être essentiel dans le système-Ancien Monde, le rôle des cavaliers ne cessait guère d'être ambigu : ils représentent aussi pour le sédentaire l'altérité absolue du nomade redouté, celui qui peut, sans crier gare, surgir du désert des Tartares.

Les steppes eurasiatiques nous sont moins bien connues que les milieux où l'agriculture a triomphé, ne serait-ce que parce que les sociétés qui les peuplèrent n'usèrent que très tardivement de l'écriture née chez les sédentaires. La conjugaison de leur faible densité et de leur mobilité ne pouvait pas non plus laisser d'importants restes archéologiques, même si les kourganes, les grandes tombes tumulus scythes, nous transmettent des merveilles.

Montée en puissance de la dynamique des échanges

Une tendance générale lourde perdure du Néolithique au XVe siècle : la lente et irrésistible montée en puissance de ces courants commerciaux, mais aussi démographiques et culturels. Il y eut des phases de récession, lorsque des acteurs majeurs ont fait défaut. Ce fut le cas autour des IIIe et IVe siècles de notre ère : l'Empire han s'est effacé, la Chine, dite « des Trois Royaumes » est fractionnée, le monde des steppes entre en ébullition, Rome et l'Empire kusan en Inde se divisent à leur tour…

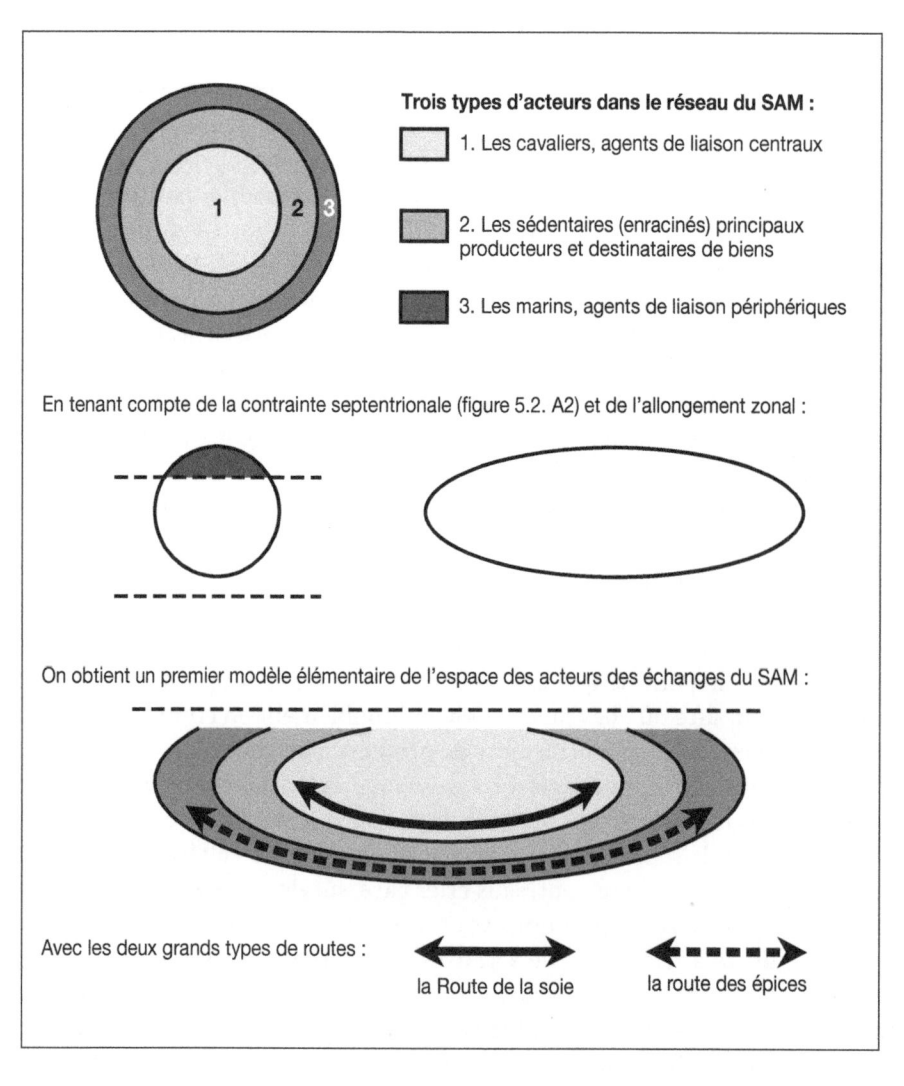

Trois types d'acteurs dans le réseau du SAM :

1. Les cavaliers, agents de liaison centraux
2. Les sédentaires (enracinés) principaux producteurs et destinataires de biens
3. Les marins, agents de liaison périphériques

En tenant compte de la contrainte septentrionale (figure 5.2. A2) et de l'allongement zonal :

On obtient un premier modèle élémentaire de l'espace des acteurs des échanges du SAM :

Avec les deux grands types de routes : ⟷ la Route de la soie   ⟵┄┄⟶ la route des épices

Figure 3.14. Schéma : sédentaires, cavaliers et marins

Le système-Ancien Monde ▼ 115

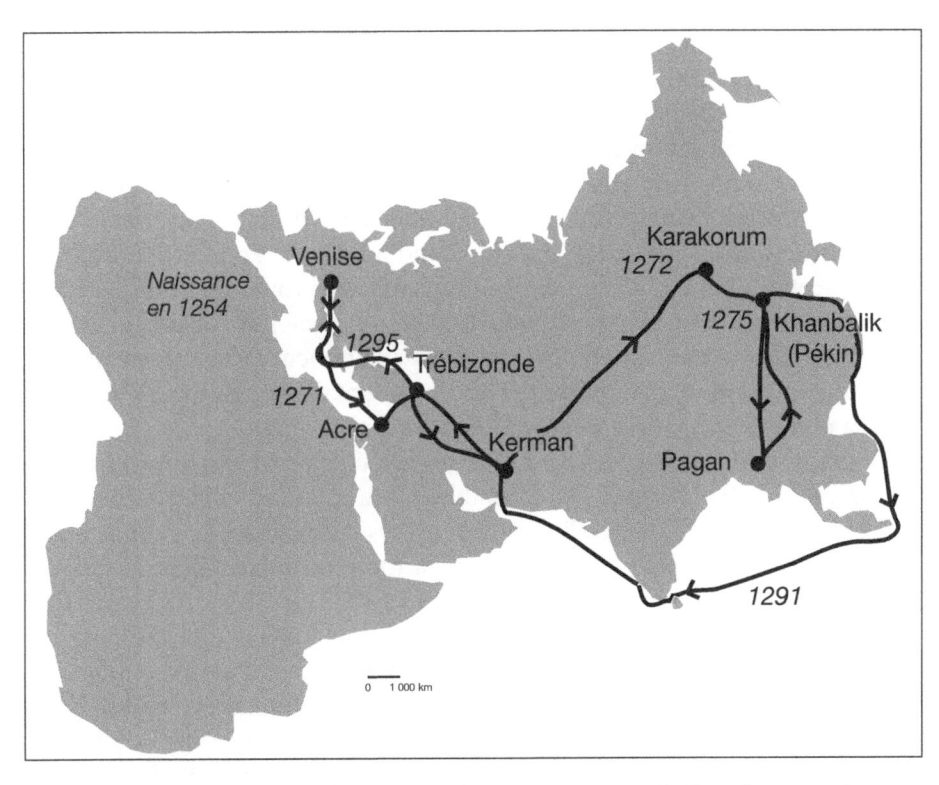

Figure 3.15. Marco Polo, témoin des axes centraux de l'Ancien Monde

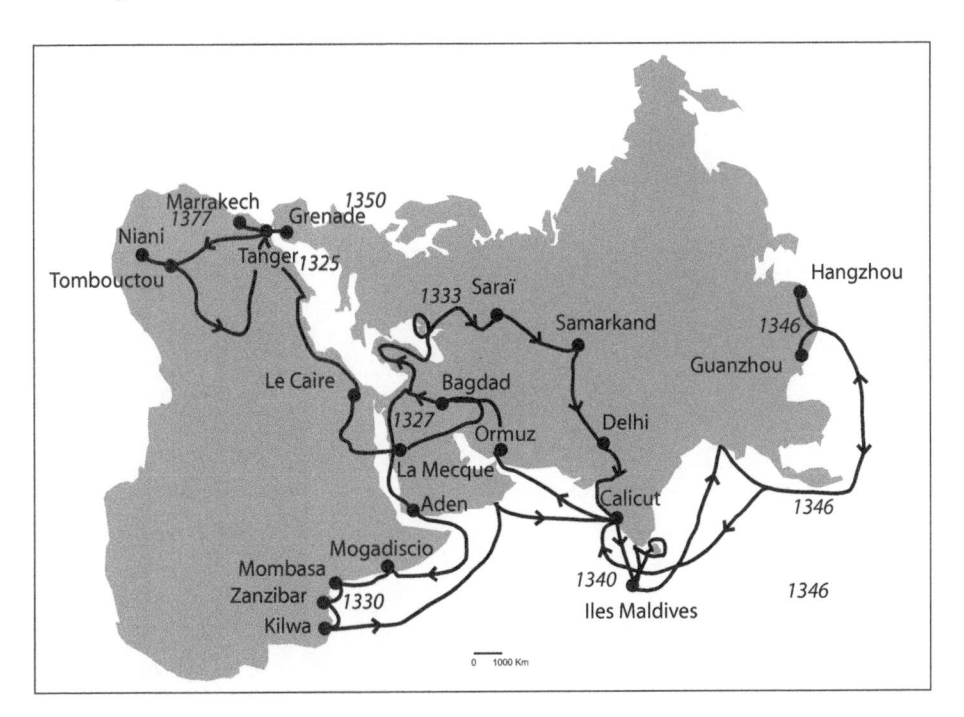

Figure 3.16. Les voyages d'Ibn Battûta aux limites de l'Axe de l'Ancien Monde

Si les échanges de marchandises sont réduits, les mouvements démographiques est-ouest sont vigoureux : invasions « barbares » en Méditerranée, mais aussi en Iran et en Inde avec les Huns hephtalites (Huns blancs). On remarque cependant que l'activité maritime augmente dans l'océan Indien et ses bordures : c'est une époque très importante de mise en place d'une vigoureuse thalassocratie dans l'archipel indonésien, le Founan [LOMBARD, 1990], vecteur d'une diffusion de l'hindouisme dans toute l'Asie du Sud-Est (développement du Champa en Indochine au VIe siècle). À l'ouest de l'océan Indien, le Yémen connaît une période particulièrement faste et la péninsule arabique est le lieu d'un important développement des trafics caravaniers qui font la prospérité de villes comme Médine et La Mecque.

Il est important que les axes aient été des écheveaux car ainsi ils n'ont jamais cessé de fonctionner. Les ensembles Nord et Sud se sont souvent compensés. L'itinéraire de Marco Polo (1254-1324) peut nous servir ainsi de marqueur symbolique (figure 3.15) : aller par la route terrestre septentrionale et retour par les mers du Sud. Quelques décennies après Polo, le Marocain Ibn Battûta (1304-1377) a parcouru encore plus systématiquement l'axe de l'Ancien Monde et ses périphéries, jusqu'à Quanzhou à l'est, le khana des Bulgares de la Volga au nord et Tombouctou au sud, et même Sumatra et les Maldives (figure 3.15). Même si une partie des commentateurs doutent qu'il y ait vraiment effectué lui-même un tel périple, le récit qui en a été tiré par Ibn Juzayy, décrit l'ampleur des territoires connus des Méditerranéens au XIVe siècle.

Conclusion : l'inverse du système-Monde ?

Les géopoliticiens de la première moitié du XXe siècle, Mackinder ou Spykeman[1], ont développé des modèles assez simples des rapports de force internationaux opposant le monde continental au monde maritime (le *heartland* à l'anneau maritime)[2]. Ils pensaient, bien sûr, à Napoléon, puis à Hitler ou Staline, face à l'Angleterre ou aux États-Unis. Ces modèles ont fait long feu, mais cette dichotomie masse continentale/espace océanique donne une image simple du renversement qui s'opère en passant des flux de l'Ancien Monde au système-Monde, d'échanges surtout terrestres ou péricontinentaux au grand large.

Pourtant ce basculement de l'Ancien Monde dans le Monde est aussi une continuité dans la mesure où ce qui s'avère après-coup être des « découvertes » n'avait eu pour intention première que de mieux s'insérer dans les échanges anciens.

---

1. Halford John Mackinder (1861-1947) fut un géographe britannique, considéré comme l'un des fondateurs de la géopolitique, avec l'allemand Ratzel. Il a été le premier à enseigner la géographie à l'université d'Oxford, puis a dirigé la *London School of Economics*. Il est connu pour sa théorie du *Heartland*, cœur de la masse continentale formée par l'Eurasie-Afrique, en conflit permanent avec l'anneau maritime qui l'entoure. Il a aussi été le premier à réaliser l'ascension du mont Kenya. Son principal continuateur fut l'Étatsunien Nicholas J. Spykman (1893-1943), dont les écrits ont inspiré la stratégie des États-Unis durant la guerre froide.
2. CHALIAND Gérard, RAGEAU Jean-Pierre, 1983, *Atlas stratégique*, Paris, Fayard.

Chapitre 4

Pourquoi l'Europe ?

« Du point de vue occidental, la Chine est tout simplement l'autre pôle de l'expérience humaine. C'est seulement quand nous considérons la Chine que nous pouvons prendre une exacte mesure de notre propre identité et que nous commençons à percevoir quelle part de notre héritage relève de l'humanité universelle et quelle part ne fait que refléter de simples idiosyncrasies européennes. La Chine est cet autre fondamental. »

Simon LEYS, *L'humour, l'honneur, l'horreur.*
Essais sur la culture et la politique chinoises, 1991.

LE RÉSULTAT DE la mondialisation a été une européanisation du Monde. Même si l'espace mondial n'est plus aujourd'hui eurocentré comme il le fut vers 1900, il suffit de regarder une carte des langues dominantes (figure 4.1) pour voir que la marque de l'ensemble social qui fut l'acteur initial de la mondialisation est durable. Bien que des langues amérindiennes aient survécu, en particulier le quechua et l'aymara andins et le nahuatl méso-américain, les Amériques *latine* et *anglo-saxonne* parlent européen. Grand nombre des langues officielles africaines sont également originaires du nord de la Méditerranée. Même en Inde, l'anglais se développe, du fait de l'absence d'une langue majoritaire dans le subcontinent... Bien évidemment, les régions peuplées de descendants d'Européens n'ont pas adopté d'autres idiomes : on parle français au Québec, anglais dans les anciens dominions, l'afrikaans des descendants de Boers est une forme de hollandais... Et la mondialisation actuelle parle incontestablement la langue de Shakespeare.

Une tentation finaliste courante consiste à montrer qu'il ne pouvait qu'en être ainsi. Une telle paresse intellectuelle est d'autant plus tentante que l'Europe puis, plus globalement, l'Occident, n'ont eu de cesse de justifier leur ascendant par une supériorité supposée et imposée aux autres [BESSIS, 2001]. Insister sur les apories de cette vision historique est essentiel, non seulement pour éviter des erreurs de perspective sur le processus, mais surtout pour comprendre les problèmes que pose cet héritage à la construction d'un Monde vraiment universel (chapitre 10).

Il faut toujours rappeler combien l'Europe ne présente aucune « avance » sur d'autres sociétés de l'axe de l'Ancien Monde jusqu'au XIXe siècle : « L'Europe se situe toujours du côté des causes et le reste du monde du côté des effets » [Norel, 2009, p. 21]. Les innovations techniques considérées comme les premiers pas de la révolution industrielle, comme la navette volante de Kay (1733) ou la *spinning jenny* de Hargreaves (1764), étaient connues des Chinois depuis le XIIe siècle. Plusieurs auteurs [Pomeranz, 2010 ; Hobson, 2004 ; Temple, 2007] ont pu considérer la Chine comme pionnière en matière de pistons et de propulsion, en particulier du fait de la maîtrise ancienne de la poudre (d'origine indienne) et de son utilisation militaire. Watt, pour inventer la machine à vapeur, a perfectionné le premier essai de Wilkinson qui s'était inspiré des dessins d'un vulgarisateur chinois, Wang Chen, de 1313. Si l'acier est, on l'a vu, d'origine indienne, les premiers hauts-fourneaux seraient chinois ; au XIe siècle, ils auraient produit deux fois plus de fonte que l'Angleterre du XVIIIe siècle.

Il n'est pas nécessaire de remonter loin dans l'histoire de l'Ancien Monde pour comprendre pourquoi la bifurcation du XVe siècle s'est produite à partir de l'ouest de l'Eurasie plutôt que d'un autre point de son axe central. Alors que les deux précédents chapitres s'inscrivaient dans le temps très long, ce quatrième concerne surtout les trois derniers siècles avant les Grandes Découvertes.

Il n'y a pas de vocation européenne

Rechercher dans des traits propres à une civilisation les raisons de son devenir n'est évidemment pas sans quelques logiques. Il y a toujours une part d'autochtonie dans un processus historique, même lorsqu'il subit une énorme pression extérieure. Nous aurons l'occasion de rediscuter de cette question d'échelle géographique (est-ce le niveau local qui est déterminant ou le niveau supérieur ?) pour deux problématiques majeures liées à l'histoire de la mondialisation : les origines du capitalisme (chapitre 7) et du sous-développement (chapitre 6). Mais, s'il est évident que des caractères de l'Europe du XVe siècle sont essentiels pour comprendre les aventures maritimes qui vont créer le Monde, il serait dangereux de les rattacher à une Europe éternelle qui ne peut exister, comme pour la plupart des sociétés, que dans ses propres mythes fondateurs.

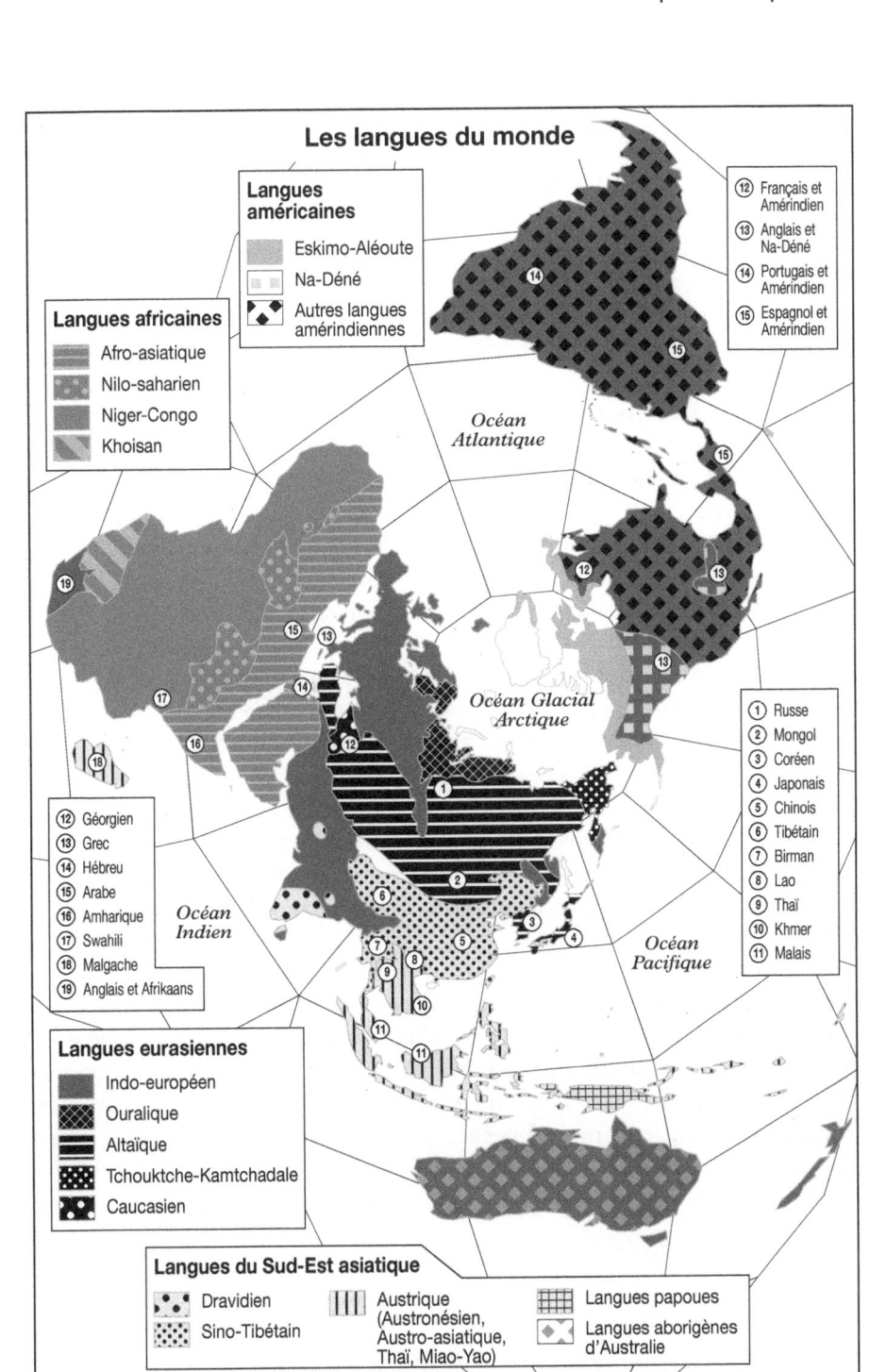

Figure 4.1. Les langues dominantes

Parmi les civilisations du cœur de l'Ancien Monde, l'Européenne est tard venue

À la fin du XXe siècle, « L'Europe au temps d'Ulysse », une exposition financée par le Conseil de l'Europe, a présenté, dans différents pays, des objets sélectionnés selon un cadrage dont l'anachronisme pourrait paraître d'une naïveté amusante s'il n'avait reflété un préjugé tenace, celui d'une Europe éternelle que son essence profonde prédisposait à guider le Monde[1]. Le « temps d'Ulysse » signifiait les derniers siècles du IIe millénaire avant notre ère, soit la fin de l'Âge du bronze et le début de celui du fer dans l'espace méditerranéen et l'Asie occidentale. Il est alors impossible de séparer le littoral de l'Asie mineure, la future Ionie grecque, des Cyclades, de la Crète ou de la partie orientale de la péninsule balkanique. À cette époque, c'est la mer qui unit, non qui sépare[2].

Ce territoire mycénien est totalement en interrelations avec la Phénicie de Tyr et Ougarit (où s'invente l'alphabet) et l'Égypte, elles-mêmes en forte relation avec l'Assyrie... Inversement, si les liens existent avec le « Far West » méditerranéen des sociétés du bronze atlantique ou les groupes des champs d'urnes danubiens, la possibilité de les considérer comme un même espace de civilisation est beaucoup plus ténue. L'exposition du conseil de l'Europe, en respectant pour des raisons diplomatiques évidentes les frontières des États actuels, commettait un énorme anachronisme, comme toujours quand on considère les continents comme un donné de nature [GRATALOUP, 2009]. Si on peut comprendre qu'une institution de niveau européen cherche à conforter son mythe fondateur, inversement dans un souci de science historique, il faut prendre ses distances avec une telle éternité continentale.

L'Europe est née au Moyen Âge [LE GOFF, 2003]. C'est même ce qui définit cette période, qui n'a donc vraiment de sens qu'en cette partie de l'écoumène [GRATALOUP, 2011]. Il a fallu, lors du Ier millénaire de notre ère, que les sociétés méditerranéennes diffusent vers le nord leur modèle agricole et urbain pour que défrichements et densités permettent progressivement l'autonomisation d'un nouvel espace plus septentrional. Ce décalage progressif au-delà du Bassin méditerranéen, intégrant des populations venues de plus loin, celtes, germaniques, puis slaves, s'émancipe progressivement

---

1. L'exposition, qui a tourné dans toute l'Europe, était par ailleurs d'une très grande qualité et le décalage, dans le catalogue, entre le texte scientifique et le titre politiquement imposé était frappant.
2. Les rivages de cet espace maritime (la mer Égée) étaient alors nommés *Europè* pour l'occidental et *Asiè* pour l'oriental. Les deux termes, d'origine sémitique, signifiant originellement « couchant » et « levant ». Par extension, ils sont devenus la division matricielle des continents [GRATALOUP, 2009].

du son cadre d'origine : de cœur, la Méditerranée devient marge[1]. La filiation avec le monde méditerranéen, l'espace de l'Antiquité, est évidente et les discours de l'Europe sur elle-même n'auront de cesse de le revendiquer. Et même de s'en instituer les héritiers uniques, marginalisant Byzance, plus encore ignorant la généalogie gréco-romaine du monde arabo-musulman. En inventant la césure du « miracle grec », l'Europe coupait son cordon ombilical avec le Croissant fertile et son au-delà asiatique et africain. Ce qui ne veut pas dire qu'aucune solution de continuité ne puisse être tracée des Sumériens à Charlemagne. Le poids de la distance a toujours limité l'étendue des sociétés : Rome formalise par son empire circum-méditerranéen la branche occidentale des diffusions issues du foyer du Croissant fertile, avant de se fractionner à son tour sous l'effet des expansions auquel l'empire avait lui-même contribué (figure 3.7).

Des attributs qui facilitent l'expansion, mais d'autres qui lui sont plutôt défavorables

Finalement, au XIe siècle, la Chrétienté latine est d'évidence un ensemble social fortement individualisé, même s'il participe à l'axe central de l'Ancien Monde dont il est le maillon le plus occidental. Ce monde plutôt neuf fait preuve d'une forte capacité d'expansion, non que ses moyens techniques soient supérieurs à ceux de ses voisins byzantins, almoravides ou fatimides – ce serait plutôt le contraire. Mais les techniques agricoles et l'encadrement social, la féodalité, ne contredisent pas un net dynamisme démographique

Du Xe au XIVe siècle, la Chrétienté latine (qui ne se nomme encore guère elle-même l'Europe[2]) soumet ses voisins immédiats à rude pression. Le versant le plus connu est représenté par les Croisades, mais aussi la poussée dans la péninsule Ibérique et en Sicile, mouvements migratoires autant que militaires. Mais l'extension se fait également vers le nord avec l'intégration des peuples vikings, et surtout vers l'est, à la fois sous forme d'une diffusion de groupes occidentaux, le *Drang nach Osten* [HIGOUNET, 1989], et l'inclusion de petits mondes slaves. Cette dynamique ne fut cassée qu'un temps, avec la

---

1. C'est une dynamique géohistorique classique : les plus anciens espaces d'échanges sont des milieux ouverts et en est-il de plus ouvert qu'une mer permettant de naviguer à vue ? Mais les thalassocraties finissent souvent par s'effacer devant des territoires plus continentaux lorsque ceux-ci ont eu la durée nécessaire pour réduire la distance terrestre par densification des populations et des infrastructures. Denys Lombard [1990] montre des processus de ce type dans le « Carrefour javanais ».
2. Les termes « Europe » et, plus encore, « Européen » apparaissent (très rarement) dans quelques textes de l'époque carolingienne, puis disparaissent. On ne les retrouve qu'au XVe siècle, discrètement, et c'est au XVIe que s'impose la nécessité de nommer cette aire culturelle autrement que par la Chrétienté (latine).

crise démographique du XIVe siècle. Mais elle reprit ultérieurement et, dans une certaine mesure, l'expansion outre-mer qui débute dès le XVe siècle avec la conquête des îles de l'Atlantique[1] représente le passage de témoin entre la diffusion médiévale et les colonisations de l'époque moderne [TANASE, 2013]. Ce fut à la fois une expansion vers le sud dans la dynamique de la *Reconquista* et un laboratoire de la projection à venir de l'Europe outre-mer (élimination des peuples indigènes, transfert de l'économie de plantation). L'expansion ibérique contre le monde arabo-musulman se termine moins en 1492 avec la prise de Grenade qu'en 1578 avec la défaite d'Alcazar-Quivir où la chevalerie portugaise est massacrée en tentant d'envahir le Maroc, emmenée par les rêves de croisades du jeune roi Sébastien (1557-1578).

La filiation entre croisés et conquistadors n'est que partielle, mais elle se retrouve dans l'un des mythes justificateurs de l'expansion : faire la jonction avec le royaume du Prêtre Jean. Cette figure mythique d'un puissant souverain chrétien, à la fois roi et prêtre, sis au-delà de l'espace islamisé, paraît s'être formée dans l'Orient chrétien à partir de récits divers sur les christianismes lointains, nestoriens ou éthiopiens. Les pèlerins latins croisaient au Saint-Sépulcre d'autres venus d'ailleurs. La légende était surtout connue par la célèbre *Lettre du Prêtre Jean à l'empereur Manuel*, probablement d'origine byzantine. Maintes fois traduit jusqu'à la Renaissance, ce texte décrivant les merveilles de l'Orient a contribué à entretenir le mythe. À partir du XIVe siècle, le Prêtre Jean est assimilé à l'empereur de l'Éthiopie chrétienne, ce qui encourage les Portugais à tenter la circumnavigation de l'Afrique supposée beaucoup moins étendue.

Le commerce monte progressivement en puissance entre un centre européen en voie de formation dans les Flandres et les villes italiennes qui forment le terminus occidental des routes de l'Ancien Monde. C'est là que des techniques venues d'Orient sont progressivement apprises par les Européens (fabrication du verre, textile de haute lisse [CARDON, 1999], perfectionnement de la sidérurgie [ARNOUX, 1995], usage du sucre et de bien d'autres épices...). Ce développement du commerce transméditerranéen au bénéfice des cités-États d'Italie du Nord, les liens qu'il prolonge avec les villes flamandes, à travers les foires de Champagne, puis les cités rhénanes, représente l'amorce de la mégalopole européenne dont nous avons vu qu'elle était l'un des noyaux de la Triade, le plus ancien (figure 1.5).

Cependant, si l'Europe médiévale ne formait pas un monde replié sur lui-même, elle était loin d'être la seule. Elle partageait avec beaucoup d'autres

---

1. Les Canaries sont atteintes une première fois par Malocello en 1312 et vraiment découvertes par Béthencourt en 1402. Madère aurait été découverte en 1418 par les Portugais qui s'y installèrent définitivement en 1430. Les Açores sont explorées au XIVe siècle par des navigateurs italiens puis occupées par les Portugais entre 1432 et 1457. Les îles du Cap-Vert sont découvertes en 1456 par le Vénitien Ca'da Mosto au service du Portugal.

tant la motivation de la conversion à sa propre foi considérée comme la seule vraie que l'attrait pour des richesses lointaines réelles ou imaginées. Un caractère de l'Europe qui s'avère essentiel et sur lequel nous insisterons à la fin de ce chapitre, son polycentrisme qui facilite son expansion, n'est pas non plus profondément original dans l'Ancien Monde.

Une tendance lourde de l'Ancien Monde

La dynamique européenne n'a pu apparaître exceptionnelle qu'après coup. Les voyages du XVe siècle s'inscrivent dans la continuité des échanges qui n'ont eu de cesse, dans la longue durée, de se développer à l'échelle de toute la zone centrale de l'Eurasie. Ce sont surtout les plus anciennes routes, terrestres et maritimes, qui drainent la croissance des échanges stimulés par la tendance tout aussi lourde de l'augmentation démographique. Mais l'extension du réseau, la tendance à repousser ses limites, est également générale. Les pionniers sont souvent des pêcheurs. C'est le cas dans l'Atlantique où les marins européens fréquentent les bancs de morues de Terre-Neuve avant que Jean Cabot n'en soit le découvreur officiel en 1497. C'est également le cas des marins japonais dans le Pacifique Nord, des bateaux malais sur les côtes australiennes. La poussée non-européenne la plus durable est sans doute celle des navigateurs arabes, persans, malais et même chinois vers le sud de l'Afrique (figure 3.10) [BEAUJARD, 2012].

Ces marges dynamiques des réseaux maritimes de l'Ancien Monde se comprennent mieux si l'on prend en compte vents réguliers et courants marins (figure 4.2) : la connaissance empirique des flux d'est des basses latitudes (alizés et courants induits) et des très hautes latitudes septentrionales (la route des Vikings dans l'Atlantique Nord), ainsi que des flux d'ouest des latitudes moyennes permet d'aller toujours plus loin. Le cœur de l'ensemble de ces réseaux maritimes anciens est l'océan Indien où les marins bénéficient de l'alternance assurée des moussons. Cet atout qui a permis une navigation de grande ampleur très ancienne, n'est pas sans inconvénient à long terme : la possibilité de toujours naviguer vent arrière ne favorise pas la recherche de techniques de navigation plus sophistiquées. Cette expansion progressive au-delà des mers bordières de l'Ancien Monde aurait pu être dynamisée par une intégration du monde des meilleurs spécialistes de navigation hauturière jusqu'au XVe siècle : les Polynésiens. On peut imaginer ce que leurs compétences auraient apporté aux flottes chinoises ; mais cette bifurcation n'était pas encore possible lorsque, en traversant l'Atlantique, les Européens l'ont renvoyée à un avenir devenu impossible (chapitre 11).

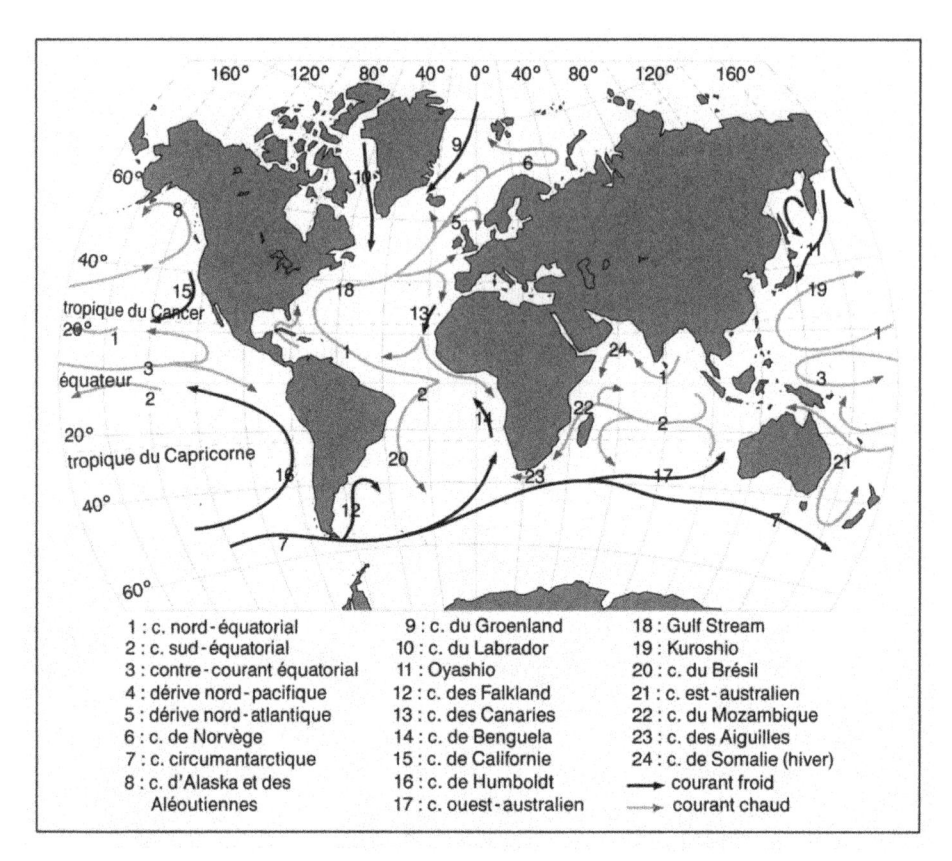

Figure 4.2. Vents réguliers et courants marins

1 : c. nord-équatorial
2 : c. sud-équatorial
3 : contre-courant équatorial
4 : dérive nord-pacifique
5 : dérive nord-atlantique
6 : c. de Norvège
7 : c. circumantarctique
8 : c. d'Alaska et des Aléoutiennes
9 : c. du Groenland
10 : c. du Labrador
11 : Oyashio
12 : c. des Falkland
13 : c. des Canaries
14 : c. de Benguela
15 : c. de Californie
16 : c. de Humboldt
17 : c. ouest-australien
18 : Gulf Stream
19 : Kuroshio
20 : c. du Brésil
21 : c. est-australien
22 : c. du Mozambique
23 : c. des Aiguilles
24 : c. de Somalie (hiver)
⟶ courant froid
⟶ courant chaud

La progression des voies maritimes entraîne des avancées techniques qui, à leur tour, favorisent cette expansion. Ces progrès se diffusent, comme le font finalement toutes les innovations, à travers l'Ancien Monde. Ce sont d'abord des sommes de savoirs vernaculaires des marins des différents bassins qui s'articulent progressivement les uns aux autres. À l'ouest, les traditions de la Baltique (dont nous sommes redevables, entre autres, des noms de nos points cardinaux : Est, Ouest, Nord, Sud sont des termes vikings) et celle de la Méditerranée échangent [MOLLAT DU JOURDAIN, 1957, 1993]. Les marins arabes font le lien entre ces bassins occidentaux et l'océan Indien [PLANHOL, 2000 ; PICARD, 2015], les Malais avec les marines chinoises et japonaises [BEAUJARD, 2012].

Ces savoir-faire empiriques concernent autant les moyens matériels (bateaux, voiles...) que les connaissances (géographies des littoraux et des mers, astronomie pratique pour se situer). Mais ils sont aussi liés aux savoirs savants, ceux des cartographes et des astronomes. Là aussi, Arabes et Iraniens sont en position d'intermédiaires : entre science grecque et mathématiques indiennes, entre techniques chinoises et européennes. La boussole est ainsi connue en Méditerranée dès le XIIe siècle et utilisée par les marins au siècle suivant, avec pour conséquence l'invention des « portulans[1] ». Le perfectionnement lent de l'astrolabe, qui permet de mesurer la latitude d'un lieu quelconque grâce à l'angle fait entre l'horizon et l'étoile polaire (puis le soleil et, lorsque l'équateur fut franchi, la Croix du Sud), se produit de l'Inde à l'Atlantique. Dès lors, malgré l'impossibilité, qui dure jusqu'au XVIIIe siècle, de saisir la longitude [SOBEL, 1996], on hésite de moins en moins à s'éloigner des côtes hors des routes connues. À l'aube du XVe siècle, au moment où les Portugais amorcent une politique systématique pour prolonger ces avancées, c'est l'ensemble des réseaux de l'Ancien Monde qui est en expansion.

La preuve par les Mongols

Un moment de cette histoire de l'Ancien Monde peut être considéré à la fois comme le facteur le plus récent de ce dynamisme global qui débouche sur notre mondialisation et comme l'acmé du système d'interrelations qui l'anime : l'aventure mongole des XIIIe et XIVe siècles. Cet épisode ne peut être considéré comme exceptionnel ; la construction géographique de Gengis Khan s'inscrit dans une récurrence d'empires des steppes [GROUSSET, 1965], mais on peut avancer l'idée que son extension plus grande que celles de ses prédécesseurs témoigne du développement alors atteint par les systèmes d'échanges de l'Ancien Monde, en même temps qu'il contribue à lui faire accomplir un bond nouveau.

La Route de la soie transformée en empire

L'étendue de l'empire des descendants de Gengis Khan a toujours fasciné ; il est vrai qu'aucune construction politique terrestre que l'on peut considérer comme d'un seul tenant n'a jamais atteint cette ampleur (figure 4.3). Ce gigantesque empire qui dure près d'un siècle [ROUX, 1993], est à la fois inédit (aucun empire des steppes n'a connu cette étendue et celui de Tamerlan (1370-1405) n'atteint pas non plus cette ampleur) et héritier d'une structure géographique fort ancienne. Sa colonne vertébrale est, en effet, la Route de la soie.

---

1. Les portulans, *stricto sensu*, sont des descriptions des littoraux permettant à un pilote de guider un navire d'un port à l'autre. Comme ces recueils d'informations étaient souvent accompagnés de croquis, le terme a été tardivement utilisé pour désigner les cartes marines construire autour de roses de vents, très nombreuses du XIIIe au XVIIIe siècle [HOFMANN *et alii*, 2012].

A. Les conquêtes mongoles

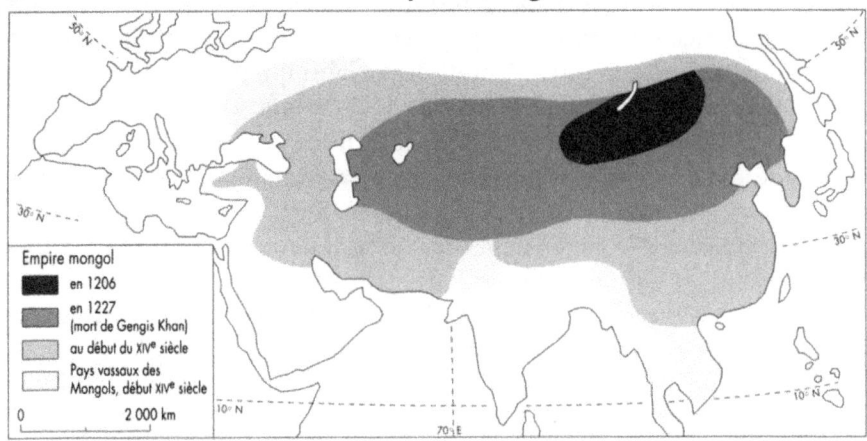

Empire mongol
- en 1206
- en 1227 (mort de Gengis Khan)
- au début du XIVe siècle
- Pays vassaux des Mongols, début XIVe siècle

0 — 2 000 km

L'extension mongole s'est d'abord réalisée dans le monde nomade, celui des steppes entre la grande forêt septentrionale et les fortes densités méridionales de sédentaires. Ce n'est qu'ultérieurement qu'elle s'est attaquée à certains gros ensembles historiques, en particulier la Chine, masse sédentaire la plus proche de l'épicentre.

B. Espace mongol et fortes densités histotiques

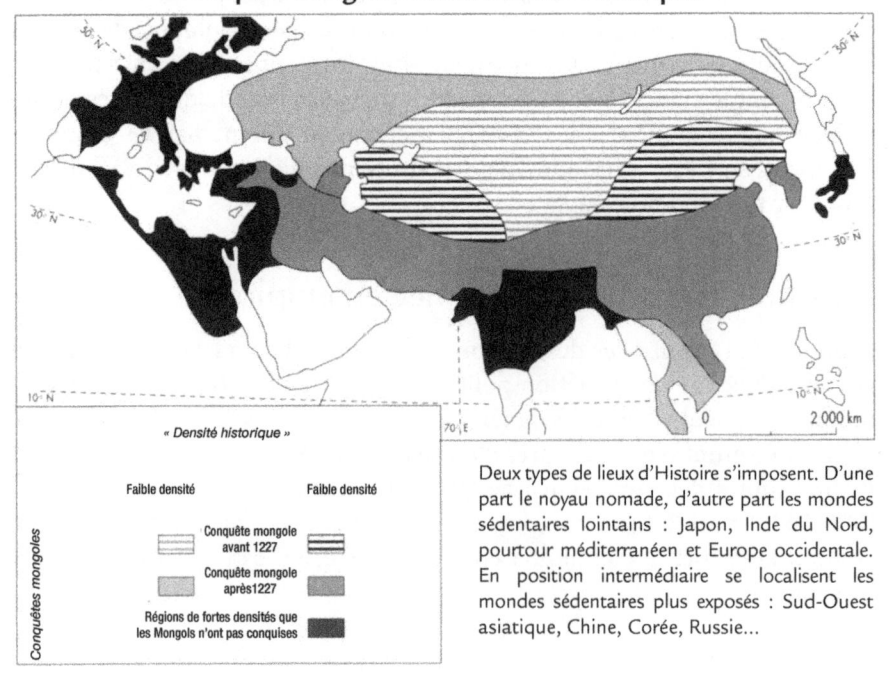

« Densité historique »

Faible densité / Faible densité

Conquêtes mongoles :
- Conquête mongole avant 1227
- Conquête mongole après 1227
- Régions de fortes densités que les Mongols n'ont pas conquises

Deux types de lieux d'Histoire s'imposent. D'une part le noyau nomade, d'autre part les mondes sédentaires lointains : Japon, Inde du Nord, pourtour méditerranéen et Europe occidentale. En position intermédiaire se localisent les mondes sédentaires plus exposés : Sud-Ouest asiatique, Chine, Corée, Russie...

Figure 4.3. L'Empire mongol dans sa plus grande extension

Les trajets des armées de cavaliers ne sont pas nouveaux, ce sont ceux des routes commerciales. Gengis Khan a d'abord conquis la plaque tournante de l'Asie centrale, détruisant l'État du Khorezm (1219), s'emparant des villes relais de Boukhara et Samarkand (1220). Le premier raid vers l'ouest, mené par les généraux Jëbë et Sübötei, contourne la Caspienne par le sud, détruit le royaume bulgare de la Volga, pille les comptoirs génois de la mer Noire et revient en longeant la mer d'Aral. Cette expédition reprenait des routes bien connues depuis l'Antiquité – ce qui n'enlève rien à son brio militaire. La reprise de la poussée vers l'ouest à partir de 1230 assura d'abord la mainmise sur les routes méridionales par la conquête de l'Iran (1231), complétée ultérieurement par l'effondrement des derniers Abbassides (destruction de Bagdad et mise à mort du Khalife en 1258). La campagne la plus foudroyante fut menée par Batu, l'un des petits-fils de Gengis Khan, qui sera le fondateur de la Horde d'Or, assisté de Sübötei. Elle se déroula de 1236 à 1241 : les peuples des steppes sont subjugués et les villes russes détruites (1240 : prise de Kiev qui marque la fin d'une logique géographique construite sur un axe marchand nord-sud, de Novgorod à Constantinople), la Pologne et la Hongrie envahies. Là encore, ce sont les vieilles routes des steppes qui ont été suivies.

À l'est, les Mongols étaient directement en contact avec le monde chinois, fractionné en trois ensembles au début du XIIIe siècle – affaiblissement qui a représenté une condition nécessaire sans laquelle l'aventure mongole n'aurait pu avoir lieu. La conquête a été beaucoup plus lente dans ce monde de grande densité et ne s'acheva qu'en 1279 avec la fin de la dynastie des Song du Sud. Ainsi, de la mer de Chine à la mer Noire, les routes continentales de l'Ancien Monde se trouvent sous une même autorité, même si la conception du pouvoir de ces grands nomades n'est pas celle d'un État centralisé. Divisé en *Ulus* (apanages) dirigés par des frères ou des cousins tous descendants du fondateur, le système est souple et s'effrite petit à petit dans les querelles entre entités si éloignées. Mais cette souplesse lui permet de durer un temps et de contrôler les routes qui ont d'abord guidé les conquérants.

L'apogée du système-Ancien Monde

Les cavaliers mongols sont de redoutables combattants, mais aussi des caravaniers. Leur règne correspond très certainement au moment où l'ensemble de routes terrestres, celles qu'on nomme « de la soie », mais également beaucoup d'autres, fonctionna au mieux. Jamais il n'y eut si peu de limites entre grands ensembles politiques à franchir, avec ce que cela suppose d'incertitudes et de prélèvements. Jamais la sécurité ne fut mieux assurée pour les voyageurs et leurs biens. Cette *Pax mongolica* a laissé le souvenir d'un âge d'or, dont témoigne la célèbre phrase du Turc Abul Ghazi Bahadur Khan : « Une jeune vierge portant sur sa tête un plateau d'or pouvait aller du Levant au Couchant sans avoir à subir de personne la moindre violence » [LEMERCIER-QUELQUEJAY, 1970].

Un élément structurant de cette maîtrise des routes a été la formidable organisation de la poste mongole [GAZAGNADOU, 2013]. Ils n'en furent pas les inventeurs et prirent modèle sur l'organisation de l'Empire chinois. Mais ils perfectionnèrent et étendirent le système grâce à une organisation efficace et très autoritaire. Les nouvelles officielles pouvaient effectivement voyager « à la vitesse d'un cheval au galop[1] ». Les relais de poste et leurs chevaux permettaient également aux commerçants de circuler beaucoup plus aisément qu'auparavant. Si la conquête mongole s'est déroulée dans l'espace en suivant la Route de la soie, elle a en retour permis son apogée.

Certains voyageurs occidentaux nous ont laissé un souvenir de ces trajets : Marco Polo, bien sûr, qui fut d'ailleurs au service de Khubilaï Khan, petit fils de Gengis et fondateur de la dynastie « chinoise » des Yuan, mais également Jean de Plancarpin et Guillaume de Rubrouk[2]. Même si on ne peut avancer aucune indication de volume, il est bien évident que les quantités de marchandises échangées ont considérablement augmenté au cours du XIIIe et du début du XIVe siècle. Ce dont nous conservons plus facilement la mémoire, c'est de la diffusion de connaissances et de techniques : c'est dans ce contexte que furent connus en Occident le gouvernail d'étambot, la poudre à canon, l'imprimerie, tous moyens importants de l'expansion européenne ultérieure. L'explosion des échanges fut également un moment fort de diffusion religieuse : l'islam que la plupart des groupes mongols adoptèrent gagna les steppes d'Eurasie centrale, le bouddhisme fit des progrès en Chine propagé par des moines et des pèlerins indiens puis chinois, à l'origine d'une importante littérature de voyage.

Tout aussi importantes pour la mondialisation à venir furent des diffusions moins immédiatement visibles et surtout beaucoup moins souhaitées, celles de microbes, virus et autres bacilles. La manifestation la plus connue en est la pandémie de peste noire du XIVe siècle qu'il faut replacer à bonne échelle. L'historiographie européenne nous transmet l'énorme traumatisme que fut l'épidémie de 1346-1353 ; à partir du port de Gênes, la peste balaya l'Europe du sud au nord provoquant le trépas, estime-t-on, d'un tiers de la population.

---

1. La plus célèbre chevauchée fut celle des messagers annonçant le décès du Grand Khan Ögödei (1246). La missive destinée à l'armée de Batu et de Subötei, alors en Europe orientale, aurait été déplacée sur 10 000 kilomètres avec une moyenne de l'ordre d'une cinquantaine de kilomètres à l'heure, record jamais atteint avant les moyens de communication mécaniques du XIXe siècle.
2. Guillaume de Rubrouk, envoyé de Louis IX, écrivit au roi de France une relation de son voyage en latin qu'on peut lire avec grand plaisir dans la traduction de Claude-Claire Kappler, 1993, *Voyage dans l'Empire mongol*, Éditions de l'Imprimerie nationale.

Pourquoi l'Europe ? ▼ 131

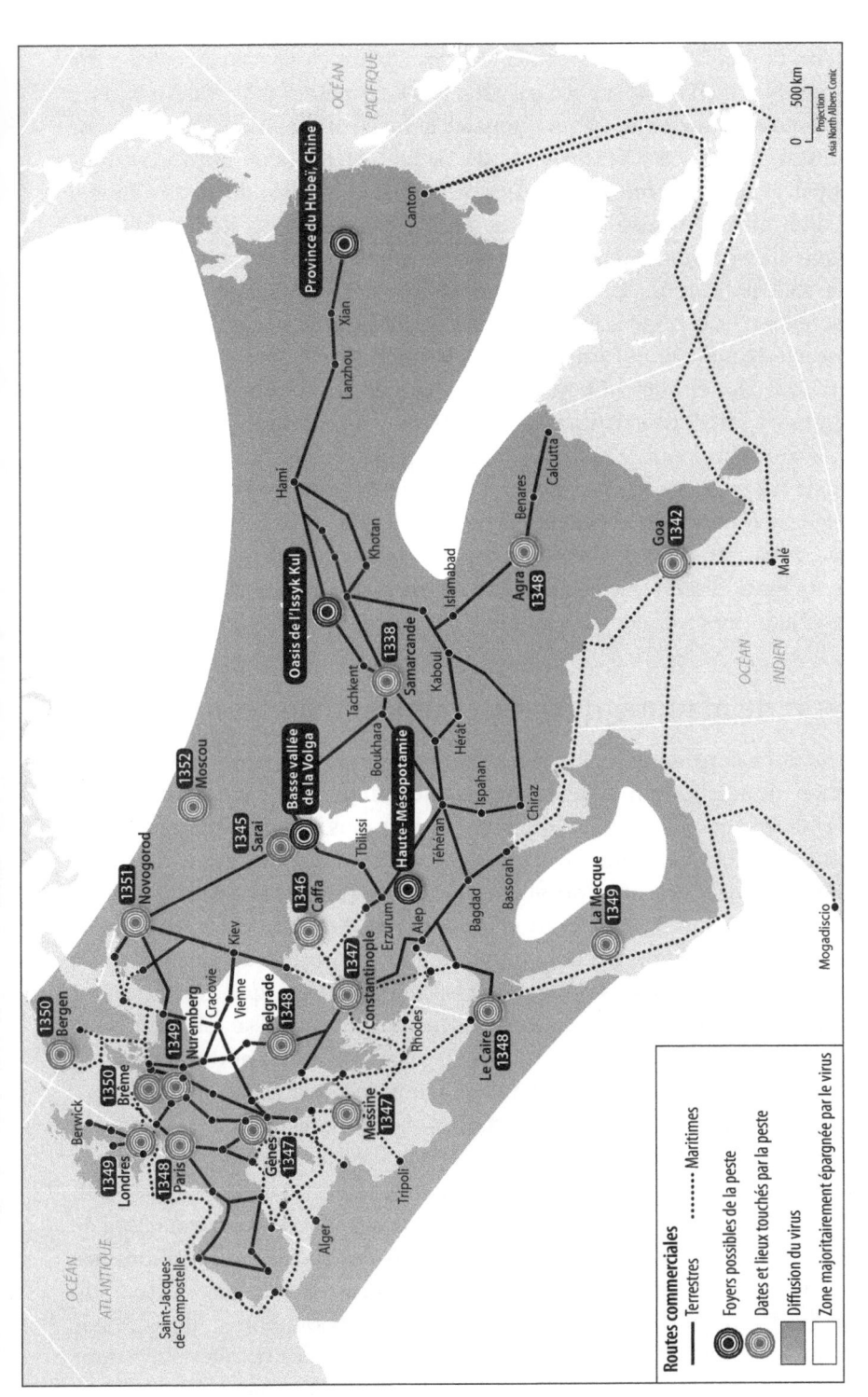

Figure 4.4. La peste noire à l'échelle de l'Eurasie

Source : FUMEY G., GRATALOUP Ch., *Atlas global*, Les Arènes, 2014.

Le bacille de Yersin avait été apporté par des navires en provenance des ports de la mer Noire en contact avec les Mongols eux-mêmes infectés. Mais cette histoire européenne reste bien régionale : le foyer originaire de la pandémie se trouvait dans des vallées reculées de l'actuel Afghanistan qui furent touchées par l'expansion mongole et l'empire cavalier la répandit de la Chine à la Méditerranée. Les historiographies de la Perse, de l'Inde, de la Chine, de l'Afrique du Nord racontent des histoires tristement semblables. Il n'est pas impensable que la réussite militaire mongole face aux Song doive beaucoup à la progression de la peste noire dans l'Empire du Milieu qui aurait désorganisé les réseaux du pouvoir et l'armée, affaibli la résistance et démoralisé les populations. On peut risquer une macabre comparaison : la diffusion de la peste noire montre l'étendue et l'intensité du système-Ancien Monde comme le Sida le fait aujourd'hui pour le système-Monde. Le bacille pesteux a parcouru les routes de la soie et des épices, infectant les sociétés branchées sur les échanges de l'Ancien Monde ; en revanche, il ne semble pas qu'il ait franchi, à cette époque, la barrière saharienne. Des ports de l'est africain et des tribus caravanières du grand désert ont pu être affectés, mais de façon trop modeste pour pénétrer alors en profondeur l'ensemble de l'Afrique Noire [VITAUX, 2010].

Un état de manque qui crée un appel d'air

On peut donc considérer le XIVe siècle comme le point d'aboutissement d'une ancienne mondialisation. Avec les moyens techniques des mondes d'agriculteurs et d'éleveurs, on pouvait difficilement aller plus loin. La situation n'était d'ailleurs pas durable. L'immensité de l'Empire mongol, la fragilité de sa base ethnique (même si le groupe dominant d'origine a progressivement été grossi de nombreux apports), l'assimilation progressive des titulaires locaux d'*hulus* aux sociétés qu'ils dominent et que traduit la conversion des descendants de Gengis Khan aux religions de leurs sujets, ne pouvaient que condamner à terme un tel empire. Ce qui est surprenant, c'est moins qu'il se soit fractionné au début du XIVe siècle, que le fait qu'il ait pu se constituer et durer quelque temps : il témoigne de la vigueur qu'avait acquis le système-Ancien Monde.

La période qui suit ce temps fort en présente largement les caractères inverses : temps de troubles, de guerres et d'épidémie. Nous en connaissons bien le versant occidental : Guerre de Cent Ans, schismes et hérésies (Wyclif, Hus) ; c'est l'époque des danses macabres. En Asie, c'est un moment d'émiettement et de recompositions territoriales dans des sociétés où les hommes sont plus rares : montée en puissance des Ottomans, saccages brutaux de Tamerlan (Iran, Inde du Nord, Horde d'Or), fractionnement du sultanat de Delhi. La Chine des Yuan sombre dans l'anarchie ; les révoltes succèdent aux famines et après les inondations de 1351, le soulèvement des Turbans

Rouges aboutit à la mise en place de la dynastie Ming par un ancien paysan, mais Chinois authentique, Zhu Yuanzhang, en 1368. Dans un tel contexte, les échanges est-ouest s'effondrent. À la faim d'épices à l'ouest répond la pénurie de métaux précieux à l'est. Si les routes terrestres n'assurent plus les échanges, rien d'étonnant que des sociétés se soient jetées à l'eau.

Grands voyages chinois et européens du XVe siècle

Un fait frappant, au début du XVe siècle, est la symétrie apparente de « Grandes Découvertes » de part et d'autre de l'Eurasie, chinoises d'un côté, portugaises de l'autre (figure 4.5). En fait, seules la coïncidence chronologique et une partie de leurs causes rapprochent ces deux aventures maritimes. Elles sont profondément différentes.

Zheng he reste dans l'Ancien Monde

De 1405 à 1433, la Chine des Ming se lançait de façon spectaculaire en haute mer. Sous la conduite de marins expérimentés et de grands dignitaires dont le plus fameux fut Zheng he (1371-1434), un eunuque musulman, sept grandes expéditions maritimes menèrent les jonques chinoises, les « bateaux trésors » (*baochuan*) à Java, Ceylan, en Inde méridionale, en mer Rouge, en Somalie, mais aussi le long du Kamtchatka. Le point le plus éloigné qu'aient atteint ces flottes est sans doute quelque part sur le littoral du Mozambique, peut-être même de l'Afrique du Sud actuelle. Si les Chinois n'innovèrent en rien dans le tracé des voies maritimes puisqu'ils ne firent qu'utiliser les moussons, ils démontrèrent une maîtrise impressionnante de cette grande partie des routes des épices[1].

---

1. Si les aventures maritimes chinoises du début du XVe ont été, jusqu'à la fin du XXe siècle assez peu connues, ce n'est sans doute pas par la seule faute d'une vision eurocentrée de l'histoire du Monde qui aurait gommé cette concurrence des Grandes Découvertes. Les chroniques chinoises elles-mêmes parlèrent peu de Zheng He ou le firent comme d'un épisode très mineur. Le fait qu'il ait été un eunuque d'origine mongole, musulman de surcroît, le vouait d'évidence au mépris des mandarins. Mais c'est surtout que les expéditions maritimes en général étaient vivement réprouvées par les lettrés-fonctionnaires qui y voyaient moins la démonstration de la supériorité navale chinoise – fait évident, normal, donc sur lequel il n'était pas nécessaire d'insister –, mais l'illustration des goûts dispendieux de l'empereur Yongle, l'initiateur de ces démonstrations maritimes [BOUCHERON *et alii*, 2009, p. 623]. En revanche, depuis les années 1980, le contexte mémoriel s'est inversé. Un parc au nom de Zheng He a été créé à Nankin en 1985, ville dont il fut aussi gouverneur, sa « tombe » (il est en réalité mort en mer) est l'objet d'un culte et ses exploits maritimes ont fait l'objet d'une grande exposition au Musée national de Pékin, place Tienanmen, en 2005. Au moment où la Chine s'impose de plus en plus dans le commerce mondial, l'audacieux eunuque qui n'a pas procédé à des conquêtes mais a multiplié les échanges (inégaux, cependant) devient une référence intéressante. Le fait qu'il ait été musulman et ait d'ailleurs profité d'un de ses voyages pour accomplir le pèlerinage de La Mecque, n'est pas non plus sans intérêt diplomatique.

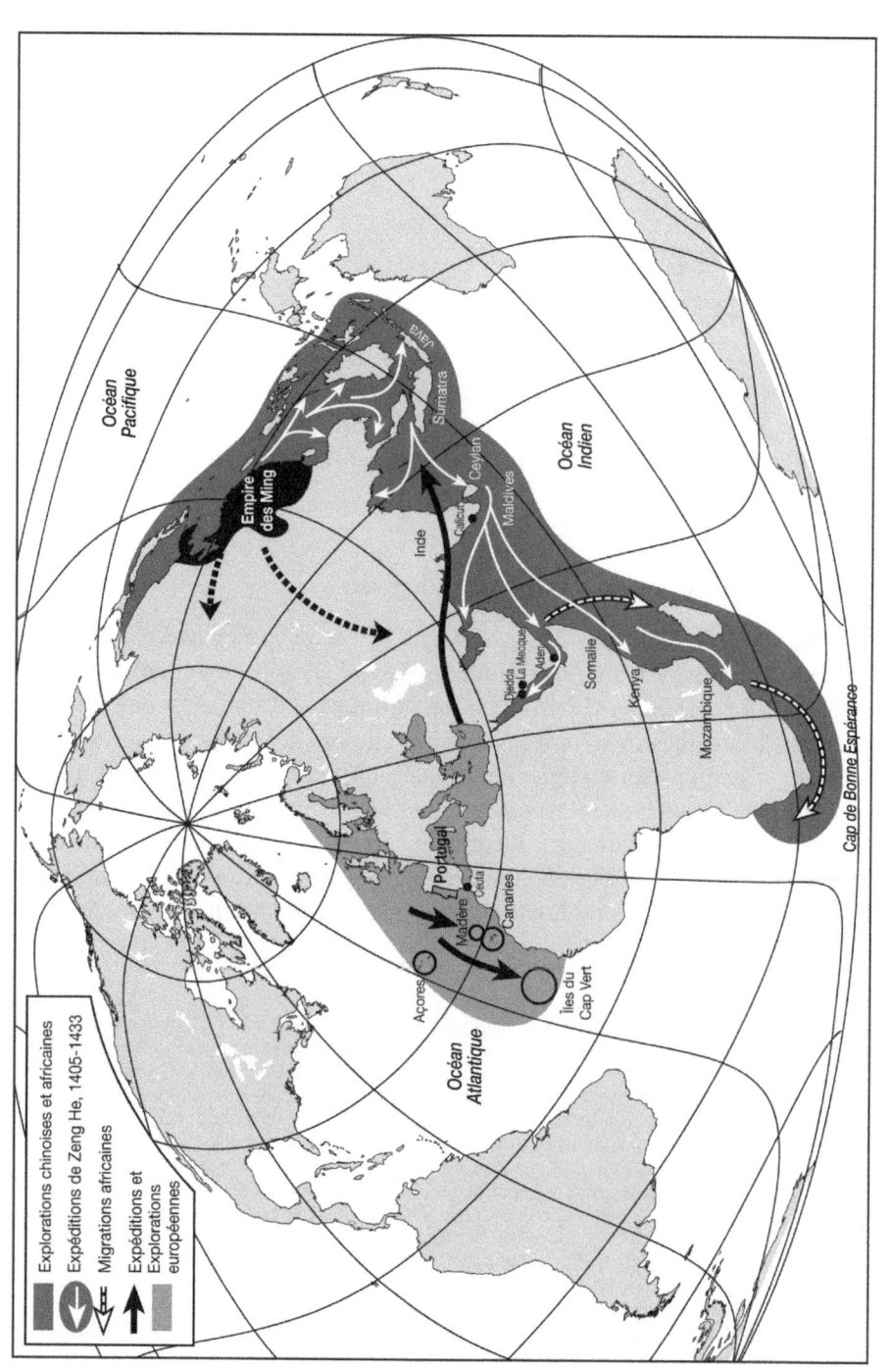

Figure 4.5. Voyages chinois et portugais au début du XVᵉ siècle

On raconte que la première expédition, partie en 1405, compta 62 grands bâtiments, sans compter les vaisseaux secondaires, et 27 800 marins, soldats, fonctionnaires, artisans, marchands... On a beaucoup dit qu'à cette occasion ont été construits les plus grands navires à voiles jamais réalisées : des jonques de haute mer (figure 4.6), héritières d'une longue tradition navale, qui ont pu compter jusqu'à 14 mâts et mesurer 138 mètres sur 56. Ces dimensions, reprises littéralement des chroniques et même des romans chinois, sont aujourd'hui remises en cause, en particulier par les recherches archéologiques sur les chantiers navals de Nankin, sur le Yangzi, qui ont construit cette flotte [SALMON et PTAK, 2005]. Aujourd'hui on penche plutôt pour une bonne soixantaine de mètres, ce qui n'est déjà pas mal (une caravelle, comme la Pinta de Colomb, dépassait à peine la vingtaine et une nave comme la Santa Maria était longue d'une trentaine de mètres).

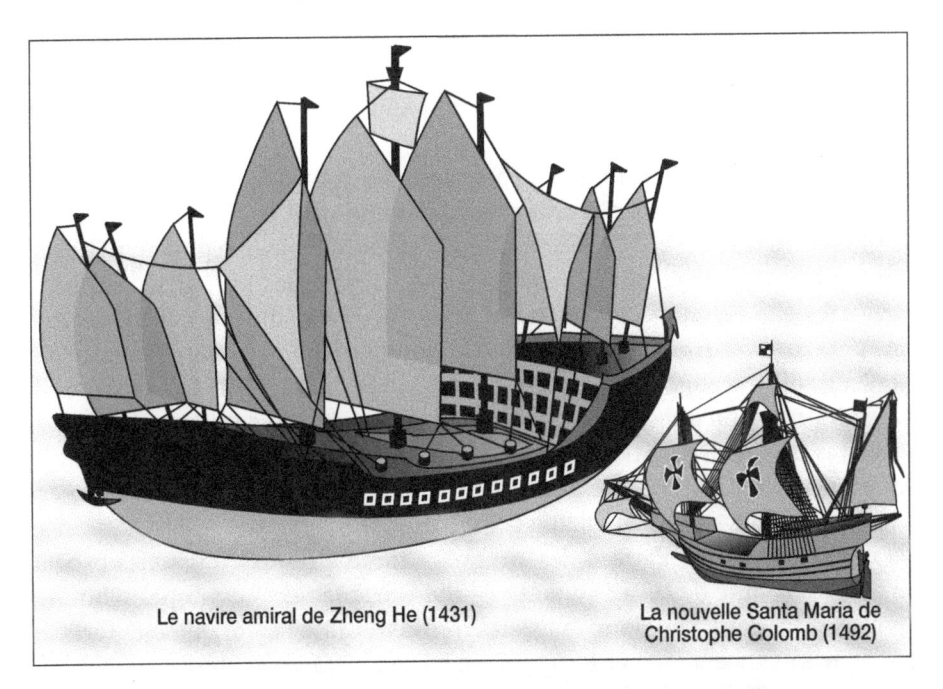

Figure 4.6. Silhouettes d'une jonque et d'une caravelle

L'hypothèse d'un ancien officier de la *Royal Navy*, Gavin Menzies [2002] selon laquelle les jonques de Zheng he auraient pu franchir le sud de l'Afrique et entrer dans l'Atlantique est donc hautement fantaisiste. Emporté par son enthousiasme, il suggère qu'une flottille aurait fait le tour de l'Amérique du Sud jusqu'au Pérou avant de rentrer en Chine par le Pacifique, accomplissant ainsi le premier tour du Monde un siècle avant Magellan. Une autre serait revenue par la côte Nord de la Sibérie et une troisième aurait exploré les rivages de l'Antarctique, trois siècles et demi avant Cook... La méthode de Menzies consiste à relever les contours africains ou « américains » sur des cartes chinoises antérieures à l'influence de la cartographie européenne. Il déduit ensuite des itinéraires qui lui semblent plausibles, comte tenu de sa connaissance des vents et des courants marins, qui permettraient de rendre compte d'une telle cartographie. Or, l'authenticité des cartes est discutée, les contours sont souvent visiblement imaginaires, vents et courants ne sont pris en compte que lorsqu'ils servent la thèse défendue, la découverte de prétendues ancres chinoises anciennes sur les littoraux californiens a été infirmée depuis longtemps, etc. Que des navires aussi rigides aient pu naviguer plus au sud que le canal du Mozambique ou s'arrête l'influence des moussons est très peu probable. Il est inutile d'insister ; mais si un paragraphe est consacré ici à Menzies, c'est pour tenir compte du phénomène éditorial qu'il a représenté. Le succès a été énorme et mondial. Fierté rétrospective des Chinois, entrant ainsi avec les Africains de l'Ouest et les Polynésiens dans le club de ceux qui revendiquent une découverte de l'Amérique avant Colomb (chapitre 2), mais aussi un intérêt qu'on peut qualifier de « post-colonial » partout dans le Monde.

Pour la cour de Pékin, ces expéditions ne sont pas explicitement économiques, mais relèvent d'une stratégie diplomatique. Les pays proches de l'Empire du Milieu, Corée, Japon, Dai-Viêt, envoient régulièrement des ambassadeurs qui ne sont considérés que comme des porteurs de tributs, signe de leur vassalité. En soutenant les grandes expéditions maritimes vers les pays du *Nan Hai*, la « mer du Sud », Yong Le (qui règne de 1403 à 1425), joue un rôle qui annonce celui d'Henri le Navigateur au Portugal. Sept grands voyages mettent directement en contact les missions de l'Empire avec les sociétés de l'Asie du Sud-Est et de l'océan Indien : le Champâ, le royaume hindouiste le plus oriental (correspondant au sud de l'actuel Vietnam), le Mojopahit à Java, le Palembang à Sumatra, le Siam, et, au delà, Ceylan et la côte de Malabar. Partout, les envoyés chinois dressent des stèles proclamant la vassalité de ces royaumes vis-à-vis de la Chine. Les grandes jonques poussent encore plus loin : aux environ de 1422, elles atteignent Ormuz, Aden et s'avancent en mer Rouge jusqu'à Djeddah. La Méditerranée n'est pas loin ; on est d'ailleurs dans l'espace de circulation des navires vénitiens que les jonques ont sans doute croisés. Les flottes de Zheng he poursuivent le long de la côte orientale de l'Afrique, au moins jusqu'à l'île de Mozambique.

Le lien ainsi concrétisé entre la Chine et l'Afrique orientale est symbolisé par l'arrivée de girafes à la cour de Nankin. La première ne fut pas rapportée par Zheng he, mais un autre eunuque diplomate, Hou Xian, qui fut à plusieurs reprises, entre 1403 et 1427, missionné au Bengale, au Népal et au Tibet. La girafe fut offerte en 1414 par le roi du Bengale, Sayf ud-Din, à l'empereur. Elle lui avait auparavant été offerte par des envoyés musulmans d'Afrique. Si l'événement fit grand bruit en Chine, c'est qu'on prit l'animal pour une licorne, symbole du bon gouvernement. Par la suite, d'autres girafes furent offertes. La cinquième expédition de Zheng he fut même lancée pour raccompagner chez eux les émissaires de Malindi (dans l'actuel Kenya) qui avaient apporté l'un de ces animaux [BOUCHERON *et alii*, 2009].

Les voyages de Zheng he contribuèrent à intégrer l'Afrique noire au bassin épidémiologique de l'Ancien Monde. Une équipe de biologie du Muséum national d'Histoire naturelle, dirigée par Thierry Wirth et Raphaël Leblois, a pu retracer en 2010, par séquençage et typage génétique, l'histoire de la bactérie *Yersinia pestis*[1]. Ils ont montré que les souches chinoises sont les plus anciennes et que l'arrivée de la peste en Afrique correspondrait probablement au début du XIVe siècle, donc avec les voyages de Zheng he...

En 1433, l'Empire ming met brutalement fin à ses grandes expéditions maritimes. La raison principale vient du nord de la Grande Muraille, du monde des steppes où le bruit des sabots mongols se fait de plus en plus inquiétant. De fait, la pression ne se relâche pas, Pékin est encore assiégée par une armée mongole au XVIe siècle, avant qu'au XVIIe siècle, un autre peuple originaire des steppes, les Mandchous, ne s'impose à l'empire. Dans un tel contexte géostratégique, le coût des grandes flottes n'était pas la meilleure dépense. Mais pour que cette décision ait finalement abouti à ce net coup d'arrêt, il fallait le poids d'un pouvoir impérial dont les volontés sont effectivement appliquées. En Europe, si les Portugais s'étaient lassés de leur tentative pour trouver une nouvelle route des épices, il est probable qu'un autre État aurait pris le relais ; c'est d'ailleurs ce que fait l'Espagne en 1492, avant que d'autres Européens suivent plus tard. Mais l'Europe n'était pas un empire...

Pour bien marquer l'arrêt autoritaire de 1433, le pouvoir tenta d'effacer le souvenir de ces voyages. Les archives, en particulier les cartes, furent malheureusement détruites. Pourtant la mémoire ne s'en est pas effacée, non seulement en Chine, mais aussi en Asie du Sud-Est. *Les merveilles des océans*, souvenirs d'un membre des expéditions publiés en 1451, constituent une sorte de pendant du *Livre des merveilles* de Marco Polo. Les voyages contribuèrent surtout à renouer les liens entre la société de l'Empire et les communautés chinoises déjà installées (en particulier après les expéditions militaires Yuan vers Java). Ces liens rétablis avec la diaspora contribuèrent au redémarrage du commerce et de l'émigration : les communautés chinoises devinrent prospères à Manille, Malacca, Ayuthia...

Pour impressionnantes qu'elles furent, les expéditions auxquelles Zheng he a laissé son nom ne doivent pas faire illusion. Aucune nouvelle route océanique n'a été tracée. Les chemins des mers du Sud et de l'océan Indien sont

---

1. Magazine *Nature Genetics* du 31 octobre 2010.

sillonnés régulièrement depuis plus d'un millénaire. Les marins chinois ont sans doute été jusqu'à la limite de cet espace de transit en Afrique méridionale, mais s'ils se sont arrêtés, c'est entre autres parce qu'ils sortaient du champ des vents porteurs connus, en gros du monde des moussons qui s'arrête au canal du Mozambique. En effet, les énormes jonques ne pouvaient avancer que vent arrière. Rien à voir avec la maniabilité des petites caravelles qui, quelques décennies plus tard, peuvent pratiquer la *volta* à travers l'Atlantique Sud. Mais pour les mettre au point, il a fallu quitter l'espace de navigation connu. On ne peut, cependant, s'empêcher d'imaginer ce qui ce serait produit si Zheng he avait envoyé ses jonques chercher le flux d'ouest au large du Japon ou rentrer dans l'Atlantique et aller jusqu'à Lisbonne (chapitre 11)...

Henri le Navigateur amorce la mondialisation

L'effort symétrique d'explorations maritimes initié de l'autre côté de l'Ancien Monde, à peu près au même moment, procède également d'une volonté politique, celle de la famille régnante du Portugal. La poussée démographique et sociale du royaume chrétien vers le sud s'est achevée, avec la conquête de l'Algarve (1250)[1], plus tôt que pour la Castille voisine. La poursuite du mouvement reste dans les intentions[2], mais s'avère difficile au Maroc et s'achève d'ailleurs tragiquement pour la chevalerie portugaise en 1578. Rien de bien étonnant alors que ce pays en pointe dans l'Atlantique ait pris à son compte la demande diffuse en Europe de tracer une nouvelle route vers l'est. La stabilité politique dont jouit le Portugal au XVe siècle permet un effort séculaire gros d'innovations : le contournement de l'Afrique, mais aussi la route de l'ouest, même si ce sont des navires castillans qui sont commandés par le Génois Colomb. La traversée de l'Atlantique et son retour n'ont été matériellement réalisables qu'au terme d'une longue période d'apprentissage de l'Atlantique[3] : il fallait en connaître les vents et les courants, il a fallu également

---

1. Ce qui vaut au Portugal d'avoir le tracé frontalier stable le plus ancien d'Europe [FOUCHER, 1988].
2. Il faut se méfier d'une écriture de la *Reconquista* qui voit dans les limites actuelles, tant des États ibériques que du continent européen, une donnée naturelle que l'expansion chrétienne n'aurait fait que remplir. Les formules courantes comme « les rois conquérants achèvent l'unité du Portugal » présupposent cette unité en en faisant un fait « géographique » transhistorique.
3. Colomb a vécu neuf ans au Portugal, où il a épousé la fille du premier colonisateur de l'île de Porto Santo. Il a navigué incessamment de l'Islande à la Côte de l'Or. Il achetait du sucre à Madère pour le compte de la maison de commerce génoise Centurione. Il a surtout beaucoup navigué à partir des Canaries, ce qui lui a donné sa grande connaissance des alizés, d'où son choix en août 1492 de partir droit vers l'ouest à partir de ces îles. Si Colomb a réussi ses traversées, il l'a dû à ses grandes qualités de navigateur. Il sait toujours choisir les meilleurs vents et les meilleurs voiles. Un de ses compagnons du deuxième voyage, qui ne cherche pas à être flatteur, note : « Pendant les navigations, il lui suffisait de regarder un nuage ou la nuit une étoile, pour savoir ce qui allait se produire et s'il allait y avoir du gros temps » [TODOROV, 1982].

mettre au point un navire adapté aux explorations (moins de cent tonneaux), la caravelle, probablement dérivé d'un type de bateau de pêche arabe. Cet apprentissage européen du grand large atlantique est une étape clef dans la genèse de la mondialisation.

C'est la volonté politique d'Henri le Navigateur (1394-1460), qui n'a pas navigué lui-même, relayé par le roi Jean II (1455-1495) qui permet la synthèse des connaissances scientifiques et techniques, outil des Grandes Découvertes. Ils organisent à Sagres, près du cap Saint-Vincent, un véritable centre de recherche, à la fois état-major des explorations, laboratoire cartographique, « junte de mathématiciens[1] » pour l'astronomie appliquée et base de données sur le lointain mystérieux et désiré. L'historiographie récente a cependant quelque peu minimisé le caractère « moderne » et l'importance de Sagres où une part minoritaire des expéditions aurait été pilotées. La valeur des informations rassemblées impose un culte du secret qui rend encore aujourd'hui mal connu le détail de cette aventure[2]. La quête de ces informations n'était pas, en effet, spécifique à l'équipe rassemblée par Henri. Une grande partie de l'Europe savante et commerçante disputait de géographie afin de trouver la route vers les richesses réelles ou imaginées des « Indes[3] ». Dès le XIVe siècle, les lettrés européens ont emprunté à leurs homologues arabes le texte clef, la *Géographie* de Ptolémée, synthèse des connaissances de la géographie grecque du IIe siècle de notre ère qui met en évidence la rotondité de la Terre, garantie aussi par l'autorité d'Aristote.

Les Portugais entreprennent donc de trouver une nouvelle route pour éviter le passage obligé par la Méditerranée. Aux désordres qui ont suivi la désintégration de l'Empire mongol s'est effet ajoutée la rapide montée en puissance des Ottomans; la prise de Constantinople en 1453 a frappé les esprits occidentaux. La raréfaction de l'arrivée des produits orientaux, des épices en tout premier lieu, conjuguée à la vigoureuse reprise démographique et économique de l'Europe du XVe siècle qui en décuple la demande, stimule la recherche d'une nouvelle voie d'approvisionnement. L'aventure commence en 1434 avec l'entrée dans l'inconnu par le franchissement du cap Bojador. Le cap Vert est atteint en 1444, l'équateur franchi en 1471, l'embouchure du Congo connue en 1482. Le point le plus méridional est atteint lorsque

---
1. C'est seulement sous Jean II que la « junte de mathématiciens » perfectionne l'astrolabe en usage dans l'océan Indien en trouvant le moyen de calculer plus précisément la latitude. Grâce à l'*esquadria*, on n'hésite plus à s'éloigner des côtes dans une mer inconnue.
2. Ainsi, sait-on vraiment quand les Portugais ont mis pour la première fois le pied sur le futur Brésil ? Officiellement en 1500 avec Cabral, bien sûr; mais l'insistance à Tordesillas et dans les années qui suivent ce Yalta des Grandes Découvertes à déplacer le méridien séparant leurs conquêtes de celles des Espagnols laisse quelques doutes.
3. Dans le cadre du sultanat de Delhi, le persan, langue administrative, est pénétré de nombreux termes sanskrits. La formule « Pays indien », *Hindustan*, désigne d'abord la plaine indo-gangétique, pour finir par s'appliquer à l'ensemble du quasi-continent.

Barthélemy Diaz double le cap des Tempêtes, que Jean II rebaptise « cap de Bonne Espérance », en 1485. La lenteur de la progression initiale puis sa rapidité croissante traduisent les progrès techniques et l'assurance prise par les navigateurs. À partir du moment où ils atteignirent le golfe de Guinée, le coût de l'opération devenait en partie amorti par le commerce de produits tropicaux (épices africaines comme la malaguette, le poivre de Guinée, et, déjà, esclaves noirs).

Parallèlement à cet effort maritime, les Portugais envoient des agents de renseignement dans l'océan Indien. L'opération la plus fameuse est celle de Pêro da Covilho, chargé de rassembler des informations sur la route des Indes et l'Abyssinie, porteur de lettres pour le Prêtre Jean, en 1486. Par Le Caire et Aden, il atteint Calicut et Goa, pour finalement aller en Éthiopie, où il se marie et finit sa vie. Il avait pu faire parvenir à Sagres de précieux renseignements sur le littoral oriental de l'Afrique et la navigation dans l'océan Indien qui aident Vasco de Gama et ses successeurs [SUBRAHMANYAM, 2012].

Ce dernier, parti de Lisbonne en 1497, double le Cap à la fin de l'année et fait la jonction avec le trafic maritime le long de l'Afrique de l'Est. À Melinda, il se procure des pilotes qui le mènent, selon un trajet nouveau pour un Européen mais bien connu localement, en 23 jours sur la côte de Malabar. Le 18 mai 1498, il atteint Calicut. Il revient à Lisbonne en septembre 1499 avec seulement deux navires sur les quatre initiaux, mais dont les cales sont pleines d'épices. Le cours du poivre connaît alors une très forte chute dans l'ensemble du marché européen. L'empire réticulaire que les Portugais construisent dans la foulée de cette aventure dure à peine un siècle, avant d'être relayé par les Hollandais, mais il contribue à renforcer cette nouvelle route entre les extrémités de l'Ancien Monde. Ce faisant, les Portugais avaient initié un mouvement qui allait bien au-delà de leurs intentions.

Similitude et dissymétrie de part et d'autre de l'Eurasie

La double aventure maritime, aux deux extrémités de la zone de sociétés en interactions au cœur de l'Ancien Monde, répondait sans doute à une même situation générale, mais selon des modalités profondément différentes. La comparaison Europe/Chine est un classique de la réflexion sur les Découvertes ; Braudel lui a consacré de belles pages [1979]. Mais si cela a pu longtemps tourner à la confrontation rhétorique de la dynamique et de l'inertie, une telle perspective n'est plus de mise à l'heure où la Chine s'est vigoureusement éveillée à la mondialisation.

La Chine obsidionale et le Japon bouillonnant

L'ampleur des voyages maritimes de Zheng He est moins importante que leur arrêt brutal. L'autorité du pouvoir Ming à la tête d'un empire unifié y est manifeste : deux siècles auparavant, les Song du Sud laissaient se développer le commerce à Canton, sans désapprouver au départ les premières offensives de Gengis Khan qui minaient leurs concurrents du Nord. Les raisons de tourner le dos à la mer au XVe siècle relèvent de l'obsédant talon d'Achille du monde chinois : son ouverture sur le monde des steppes qui lui impose de consacrer une grande partie de ses forces à se défendre. Cette mobilisation d'hommes et d'argent est une des justifications d'un pouvoir fort, protecteur et centralisé. Jusqu'au XIXe siècle, la Chine reste dans une géopolitique qui relève plus des logiques anciennes de l'Ancien Monde, du rapport entre les grands empires sédentaires et le monde des steppes, que de la mondialisation qui se tisse alors [GRATALOUP, 2015]. Certes, le Monde frappe de plus en plus fort à la porte, d'abord à Canton (les Portugais s'établissent à Macao en 1516), puis à Shanghai. Mais, il faut attendre le milieu du XIXe siècle pour que les Occidentaux puissent s'imposer à l'Empire du Milieu, et encore de façon beaucoup plus indirecte qu'ailleurs. Cet « absolutisme » des Ming est si évident que certains sinologues font débuter l'histoire dite moderne dans cette partie de l'écoumène au début du règne de Yongle en 1403[1].

De la cohésion de ce monde découle sans doute une moindre plasticité que dans l'Europe polycentrique. Un autre élément a cependant sans doute joué pour retenir les Chinois dans leurs aventures maritimes : les besoins commerciaux lointains étaient plus faibles. Si d'autres motifs existent, on a vu que la recherche des épices est essentielle pour les Occidentaux ; en d'autres termes, il y avait une faim de produits tropicaux (chapitre 6). Or, une part importante du territoire chinois est subtropicale : le tropique du Cancer passe juste au nord de Canton et les cultures de milieux chauds prospèrent dans les provinces du Fujian et du Guangdong. Les îles de la Sonde qui font rêver les Européens sont aisément accessibles. Comme, de plus, les Chinois ne sont pas non plus mus par les intentions missionnaires d'une religion révélée, une demande sociale du lointain a beaucoup moins de probabilité d'être officiellement prise en charge.

---

1. La question de la périodisation historique n'est pas étrangère à une réflexion géohistorique sur la mondialisation. En effet, adopter la même succession (Antiquité, Moyen Âge, Temps modernes) en différents endroits, c'est faire l'hypothèse soit que cet ordre est universel pour toutes les évolutions sociales, qu'il n'y en a donc qu'une seule possible, soit qu'une logique commune regroupe plusieurs sociétés et leur impose sa temporalité. Dans la première catégorie, celle d'un évolutionnisme monolinéaire, on peut ranger des remarques comme celles de Pierre Chaunu [1969] considérant que les Aztèques en étaient à l'époque hellénistique. La seconde perspective est indéfendable tant qu'il existe des mondes séparés. Mais, au sein du système-Ancien Monde, il n'est pas absurde de penser que le poids des interrelations impose progressivement une temporalité commune. Cependant, dans le cas précis de la Chine du XVe siècle, c'est lui dénier sa forte autonomie.

Cependant, il ne faut pas courir le risque d'inverser le raisonnement. Si la Chine avait traversé le Pacifique, on n'aurait aucun mal à mettre en évidence l'avance dont bénéficiait alors cette société sur le reste de l'Ancien Monde. Son économie pouvait être plus encore que celle de l'Europe qualifiée d'industrielle et de monétaire [BALARD et alii, 1997, p. 101-105]. Entrepreneurs et commerçants sont nombreux et puissants, même si le confucianisme ne leur accorde théoriquement que la dernière place sociale. Pour la sidérurgie, la soie, le coton, la porcelaine, le papier, on peut parler d'une proto-industrie qui impressionne beaucoup les visiteurs européens. Même si certains secteurs de l'économie restent des monopoles d'État (sel, fer, alcools), ils sont généralement affermés et contribuent à l'enrichissement de cette « bourgeoisie ». Comme pour l'Iran, l'Empire turc ou les États indiens, l'avantage européen ne saute pas aux yeux. Il en va de même avec le Japon. On comprend sans doute mieux que le caractère plus avancé de l'Occident aux XIXe et XXe siècles ne soit sans doute qu'un décalage dans une chronologie courte de la mondialisation.

S'il est une société vis-à-vis de laquelle l'avance européenne ne sera jamais évidente, c'est bien le Japon. Un fait frappant à la veille des Grandes Découvertes est, au-delà d'une grande altérité culturelle, le parallélisme de certains traits économiques et sociaux. Il peut se résumer d'un mot, systématiquement employé pour le Japon du XVe et XVIe siècles : la féodalité [BLOCH, 1939]. L'organisation sociale en fiefs, les *daimyos*, laisse beaucoup d'autonomie locale, non seulement pour l'aristocratie agraire, mais aussi pour les monastères et surtout les villes en pleine expansion. L'agriculture très intensive favorise une forte croissance démographique, malgré les conflits endémiques (environ 20 millions d'habitants au XVe siècle, soit plus que la plus grosse entité européenne contemporaine, le royaume de France), dont témoigne l'émigration (intégration des Ryû-Kyû, développement de communautés japonaises outre-mer, en particulier aux Philippines et en Insulinde). Le commerce, tant à l'intérieur de l'archipel que sur toute la façade pacifique de l'Asie, est en pleine expansion aux XIVe et XVe siècles. Activités productives et commerçantes font vivre de grosses villes, dirigées par de puissantes guildes marchandes, qui peuvent rivaliser avec les plus grandes agglomérations européennes d'alors, Paris ou Venise : Edo (la future Tokyo) atteint le demi-million d'habitants, Osaka près de 300 000.

Un fait qui témoigne de cette similitude entre les deux sociétés aux deux bouts de l'Eurasie est la rapidité avec laquelle les Japonais assimilent les techniques inventées ou perfectionnées par les Européens, qu'ils acquièrent d'eux dès les premiers contacts (1543). L'acier trempé (figure 3.8), les armes à feu légères (mousquets) ou lourdes, les techniques d'orientation des navires... L'intégration ultérieure du Japon dans la mondialisation, qui passe par une phase de rejet (la période Tokugawa, de 1630 à l'ère Meiji), n'est peut-être pas si surprenante. Et si on élargit le champ chronologique à la fin du XXe siècle et l'espace à l'Asie orientale, l'originalité européenne dans la mondialisation s'estompe encore plus.

Polycentrisme et économie-monde en Europe

En attendant l'émergence de la Triade, l'Europe de la fin du XVe siècle réalise une bifurcation qui l'érige pour quelques siècles comme le centre du Monde. Un caractère essentiel qui, nous venons de le voir, l'oppose fortement à la Chine, est son absence radicale d'unité politique. On peut parler d'espace religieux, dans la mesure où l'immense majorité de sa population confesse le christianisme latin – même si les craquements qui s'entendent annoncent les déchirements des Réformes du XVIe siècle – ou d'aire culturelle, dont témoigne la circulation de ses lettrés, qui s'expriment tous en latin, et de ses artistes ou la diffusion de son architecture (la carte de l'architecture gothique est un bon indicateur de l'étendue d'alors de l'Europe). L'unité économique est également lisible. Non que le niveau géographique de la vie quotidienne de la majorité des Européens dépasse beaucoup celui du village et de son finage, mais les échanges à grand rayon dessinent un espace économique autonome au sein de l'Ancien Monde. Au cœur de cette économie, un axe d'échanges ne cesse, depuis le XIe siècle au moins[1], de prendre du poids, ébauche de la future mégalopole européenne (chapitre 1).

Cette unité culturelle, cultuelle et économique, qui correspond à un fort sentiment d'identité face aux autres (les infidèles ou les païens), contraste avec le polycentrisme politique qui remonte au moins au traité de Verdun (843). Une organisation géohistorique selon la double caractéristique de l'unité économique et intellectuelle et du fractionnement politique a été conceptualisée par Immanuel Wallerstein [1980 et 1984] et Fernand Braudel [1979 et 1985] sous le nom d'«économie-monde». Cette notion, que l'on peut aussi qualifier de «polyterritoire» [GRATALOUP, 2015], forme couple avec celle d'«empire-Monde» qui désigne une aire autant unifiée politiquement que culturellement. La Chine serait l'archétype de cette seconde catégorie. Or, comme on a vu que l'unité impériale chinoise devait beaucoup à la nécessité de contenir la pression des «Barbares du nord», l'hypothèse inverse peut jouer pour l'Europe. En effet, sa diffusion vers l'est et le nord, son épaississement démographique, ont progressivement reporté au loin les risques d'invasion. De fait, l'Europe occidentale n'a plus connu de pression extérieure, passé le Xe siècle et les invasions hongroises et vikings.

Ce caractère polycentrique de l'Europe joue doublement dans l'amorce de la mondialisation. Non seulement aucun coup d'arrêt politique ne peut la faire cesser, on le voit dès 1492 quand Colomb, faute d'être entendu par

---

1. Un axe d'échanges entre la Méditerranée et le Nord est lisible dès le Néolithique en «Europe» occidentale. L'énorme et magnifique cratère grec qu'est le vase de Vix en est un témoignage impressionnant. La Lotharingie témoigne sans doute du développement de cette structure géographique dès l'Antiquité tardive. Mais ce n'est qu'avec le développement du pôle des Flandres que s'amorce la mégalopole européenne.

les Portugais pour tenter la route de l'ouest, va plaider avec succès sa cause auprès des Rois catholiques, alors au siège de Grenade. Il avait simultanément envoyé son frère auprès du roi de France pour lui porter la même requête, en cas d'échec en Espagne, et, si nécessaire, de se tourner vers le roi d'Angleterre. Mais elle va jouer constamment sous forme d'une concurrence de plus en plus exacerbée entre métropoles colonisatrices, jusqu'à la « course au drapeau » du XIXe siècle. Plus important sans doute encore pour la forme que prend la mondialisation dès son origine et qui est loin d'être démentie aujourd'hui au niveau du Monde entier : le lien fort entre le capitalisme et une géographie polycentrique. L'autonomisation de la dimension productive des sociétés n'était pas un fait inédit au XVe siècle. On a pu en lire des formes tant parmi la classe de chevaliers de l'Empire romain que dans la Chine des Tang ou dans bien d'autres sociétés [BEAUD, 1981]. Mais les cités-États marchandes des Flandres et de l'Italie du Nord représentent sans doute une configuration historique dans laquelle l'autonomisation de l'économie par rapport au politique ou au religieux n'a jamais été aussi évidente : elle y était particulièrement peu « enchâssée » dans d'autres structures sociales, pour reprendre la formule de Polanyi [1972].

Cela aurait sans doute pu ne pas durer. Dans d'autres contextes où le monde des marchands s'est émancipé (la Chine des Song méridionaux soumis à la pression de l'invasion mongole et cherchant désespérément à financer sa défense est un exemple souvent cité), la reprise en main n'a généralement pas tardé. Mais dans l'Europe où aucune autorité d'un autre ordre, politique et religieux, ne peut s'imposer seule, ni le Pape, ni l'Empereur allemand, ni le Roi de France, les territoires autonomes peuvent avoir la vie dure et une assez grande marge d'autonomie. Entre les diverses autorités ont pu s'insinuer ces petits mondes, ces cités-États, où les marchands sont maîtres chez eux. De Florence à Bruges, en passant par les principautés rhénanes et certains cantons suisses, c'est un réseau urbain qui réussit à échapper à toute autorité supérieure. À preuve que lorsqu'une de ces villes est annexée à un puissant territoire voisin, souvent la France, elle perd petit à petit son rôle économique au niveau européen pour s'intégrer dans un réseau « national ». La poussée du pré carré français renvoie à l'extérieur de son emprise l'axe d'échanges et de villes qui a pris ainsi la forme courbe que l'on trouve dans tous les manuels de géographie de l'Europe (figure 1.5) [GRATALOUP, 2015, p. 143].

Les cités italiennes médiévales représentaient d'ailleurs une première forme de cette autonomie marchande liée à l'ancienne mondialisation, celle de l'Eurasie, puisqu'elles étaient le terminus occidental des routes de la soie et des épices, les « Échelles du Ponant » pourrait-on dire. Ce sont d'ailleurs les banquiers, les marins et les cartographes de ces villes qui représentèrent les principaux acteurs de l'amorce d'un monde nouveau : Colomb, mais aussi Amerigo Vespucci, les Cabot, Verrazzano...

**L'époque des foires de Champagnes
(pôles économiques au XIIIᵉ siècle)**

● principaux centres de commerce

★ villes de foire au niveau européen

⟶ grands axes commerciaux

○ cœur économique européen
(lieux d'autonomisation de l'économie)

⟶ axe marchand médiéval

⬡ territoire français

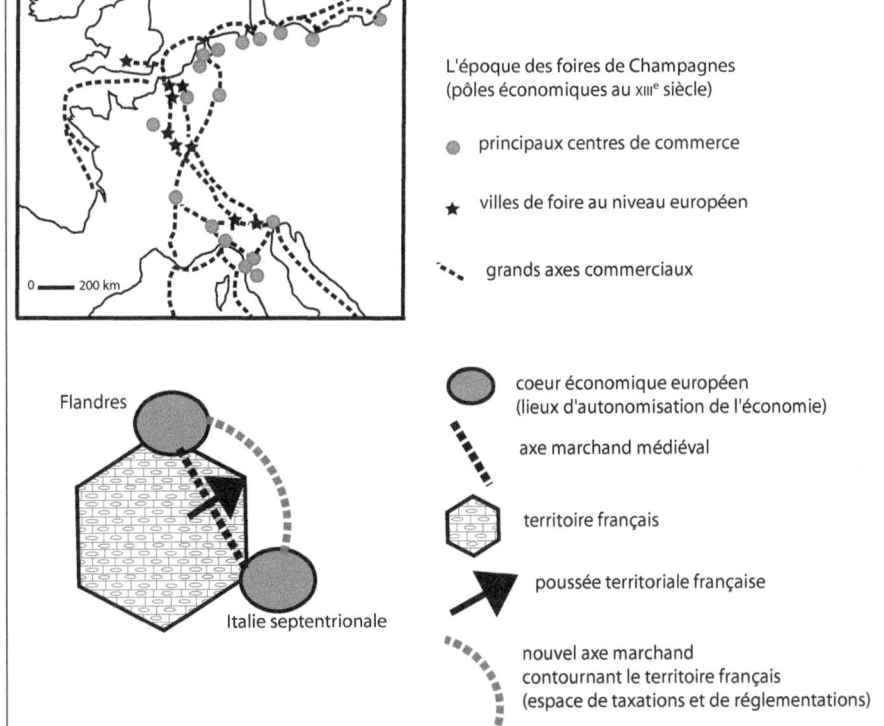

▶ poussée territoriale française

⟶ nouvel axe marchand
contournant le territoire français
(espace de taxations et de réglementations)

Flandres

Italie septentrionale

Figure 4.7. Genèse de la « banane bleue »

Et l'on sait bien que les richesses qui transitèrent par Lisbonne ou Séville profitèrent surtout aux banquiers génois et aux négociants d'Anvers.

La marqueterie d'autorités qui compose l'Europe, à partir du moment où elle acquit une certaine solidité, aux XIIᵉ-XIIIᵉ siècles, entretient sa propre dynamique. Lorsqu'un des éléments prend l'avantage, il se heurte à une coalition de la plupart des autres. Ce fut souvent le cas de la France, poids lourd démographique à l'échelle européenne jusqu'aux saignées de la Révolution et de l'Empire comprises. Du moment qu'aucune menace extérieure durable n'imposait une union européenne pour survivre, la dynamique du polycentrisme a pu s'inscrire dans la longue durée[1]. Cette configuration géographique est essentielle pour comprendre l'émergence et la consolidation d'une

---

1. L'attitude des autorités européennes lors de l'invasion mongole de 1240-1241 est une démonstration d'égoïsmes réciproques. Les armées hongroise ou polonaise qui affrontent Batu et Sübötei le font isolément. Lorsque le duc d'Autriche appelle Louis IX au secours, la lettre que celui-ci lui envoie (et qui nous est parvenue) est une fin de non-recevoir : le roi de France ne serait concerné que si les « cavaliers du diable » arrivaient aux frontières du royaume... Les Mongols bénéficient même d'une cinquième colonne avec les Vénitiens qui aident ceux qui mettent à mal les comptoirs des rivaux génois...

catégorie sociale essentiellement urbaine et nommée, pour cela, bourgeoisie. L'existence de groupes sociaux dont la puissance est fondée sur la maîtrise du commerce et de la production artisanale, et non seulement de l'agriculture et de l'élevage ou de l'exercice de la puissance militaire, n'est en rien spécifique de l'Europe. Ce qui y prend une forme particulière, c'est son autonomisation vis-à-vis des autres types de pouvoir. Or, non seulement le polycentrisme autorise l'existence de lieux où les marchands sont maîtres chez eux, les cités-États de l'axe central, mais, en bridant la possibilité pour les gouvernements de trop mettre au pas chez eux ces puissances économiques sous peine de les faire fuir, le jeu des différentes entités politiques laisse toujours de la marge au capitalisme pour se situer. Certes, il est une géographie différenciée de la bourgeoisie européenne, l'itinéraire de Jacques Cœur n'est pas celui des Médicis, mais globalement – et c'est l'intérêt de raisonner à ce niveau géographique – l'Europe occidentale, par son polycentrisme, s'est révélée le foyer d'une forme particulière de dynamique sociale dorénavant imbriquée avec la mondialisation (chapitre 11).

Conclusion : partir et arriver

Aujourd'hui, la mondialisation évoque un espace économique mondial, doté de traits culturels, mais sans gouvernance politique. Une économie-monde braudélienne étendue au globe tout entier, l'économie-Monde. Mieux encore que dans l'Europe de l'automne du Moyen Âge, l'autonomisation des structures économiques bénéficie du fait que quasiment aucune structure politique ne peut les contraindre partout. Cela se manifeste non seulement par les paradis fiscaux ou les pavillons de complaisance, mais plus profondément encore par un jeu permanent sur les différences entre lieux pour les coûts de production, les demandes de consommation, les avantages ou les inconvénients de l'environnement social et naturel. Il faut cependant se garder de tout finalisme : parce que le Monde contemporain est largement structuré par une dynamique capitaliste qui trouve ses racines en Europe, on pourrait croire qu'il n'aurait pu venir que d'Europe. La jonction entre les sociétés dispersées de l'écoumène était probable, mais pas la forme de la mondialisation.

Une chose semble cependant sûre. Que ce furent les Européens qui prirent le large n'est pas décisif dans la perspective des logiques de l'Ancien Monde. Il ne s'agissait que de tracer une route supplémentaire au faisceau d'axes existants. Ce qui a compté, c'est d'arriver et de le faire là où personne ne savait que c'était possible, en Amérique. Ce fut aussi d'y retourner. Mais, il est vrai que pour arriver, il fallait partir…

Conclusion de la première partie

D'un monde le Monde

EN RETENANT POUR date de conception du Monde, la première traversée volontaire et consciente de l'Atlantique, 1492, ne fait-on pas un choix qui privilégie l'européanisation de la face de la Terre ? Parmi les sociétés diverses de l'écoumène, il se trouve que ce fut effectivement l'Europe qui a fait ce pas décisif. Il y a eu auparavant d'autres contacts établis entre des sociétés éloignées : des Polynésiens ont probablement traversé le Pacifique jusqu'en Amérique, sans doute aussi des Japonais ; des Malais ont abordé les côtes australiennes et des Vikings ont franchi l'Atlantique, peut-être aussi des pirogues de l'Empire du Mali. Mais ces contacts avaient été fortuits et restèrent sans lendemain. Ils furent le fait de pêcheurs ou d'aventuriers prêts à quelques rapines, mais pas de marins porteurs d'un dessein, celui de trouver des routes nouvelles vers des richesses estimées et de propager ce qui leur semblait leur vérité, qui s'est avéré un destin en butant sur l'inconnu et en cherchant à s'en saisir, avec succès.

Il a fallu, pour en arriver là, que se produisent simultanément deux processus : la dispersion des hommes, le fractionnement de l'écoumène en sociétés diversifiées dont beaucoup s'ignorent et dont aucune n'a la moindre idée de l'ensemble – ce que nous avons appelé l'anti-mondialisation ; mais aussi, à l'inverse de cette tyrannie de la distance, l'établissement de liens intersociétaux de plus en plus serrés là où les hommes étaient le plus nombreux, au cœur du plus grand ensemble de terres émergées. De ce tissu de relations, qui en se densifiant s'étend, naît, lorsque les routes anciennes ne suffisent plus, une projection vers le lointain qui progressivement va englober l'ensemble des sociétés, créer du lien social au niveau de tout l'écoumène : le Monde.

Il était peu probable qu'une telle projection se produise à partir du cœur du réseau ancien, mais plutôt de ses périphéries actives qui cherchaient à mieux se centrer. La Chine ou certains de ses voisins, le Japon en particulier, semblaient bien correspondre à ce profil. Mais il se trouve que le Pacifique, avec plus de 20 000 kilomètres de Panama au golfe de Siam, représente près de la moitié de surface de la Terre, alors que la largeur de l'Atlantique varie entre 3 000 kilomètres et 5 000 kilomètres. Le fait que ce soit de l'ouest de l'Ancien Monde que partirent les Grandes Découvertes était gros de l'occidentalisation du Monde.

DEUXIÈME PARTIE

La construction du Monde

« Ce n'est donc pas l'Europe qui va découvrir l'Amérique ou l'Afrique, ni violer les mystérieux continents. Les découvreurs du Centre africain au XIXe siècle, hier si vantés, ont voyagé sur le dos des porteurs noirs et leur grande erreur, celle de l'Europe d'alors, a été de croire qu'ils découvraient une sorte de Nouveau Monde... De même les découvreurs du Continent sud-américain, même ces *Bandeirantes paulistas* dont l'épopée est admirable n'ont fait que redécouvrir les vieilles pistes et rivières à pirogue utilisées par les Indiens et ce sont généralement des métis (de Portugais et d'Indiens), les *Mamelucos*, qui les conduisent par la main. Même aventure, au bénéfice des Français, grâce aux métis canadiens, aux "Bois Brûlés", des Grands Lacs au Mississippi. L'Europe a redécouvert le monde, très souvent avec les yeux, les jambes et l'intelligence d'autrui. »

Fernand BRAUDEL, *Civilisation matérielle, économie et capitalisme*, 1979.

Chapitre 5

La capture de l'Amérique change la donne

> « L'Amérique, ce continent aux veines ouvertes... »
>
> Eduardo GALEANO,
> *Les veines ouvertes de l'Amérique latine.*
> *Une contre-histoire*, 1971.

AVOIR FAIT LE CHOIX DE 1492 comme date de naissance du Monde, ce n'est pas forcément céder, malgré le contexte postcolonial, au Grand Récit magnifiant l'Europe tel qu'il fut écrit au XIXe siècle, lorsqu'Alexandre de Humboldt forgea l'expression « Grandes Découvertes ». C'est considérer que le seuil décisif de la nouveauté est franchi lorsque l'essentiel des mondes hors de l'Ancien Monde perd son autonomie. Cet essentiel, ce sont les sociétés amérindiennes. Les Océaniens, d'ailleurs très peu nombreux, sont aux antipodes de l'Europe. L'intégration de l'Amérique, brusque, brutale, ne fut possible justement que parce qu'elle n'avait quasiment pas de relation avec les autres, de liens biologiques et sociaux.

Sans cet énorme écart, la bonne fortune des Européens était impensable. Nulle part ailleurs lors de leurs expéditions des XVe et XVIe siècles et même bien plus tard, ils ne purent s'imposer aussi aisément, ni en Asie orientale, ni dans le monde arabo-musulman, ni en Afrique noire. Jusqu'au XIXe siècle, seul l'Atlantique est devenu un lac européen ; ailleurs, les vaisseaux, les négociants, les militaires européens doivent composer avec nombre de puissances locales ; l'avantage en est d'autant réduit. En Amérique, la mise en coupe réglée du territoire et des hommes permet un transfert de richesse sans précédent.

L'Amérique n'est pas si loin

La Terre est ronde

Au XVe siècle, s'est imposée dans l'Europe des savants et des grands commerçants l'évidence de la rotondité terrestre. L'idée n'avait jamais vraiment disparu depuis l'Antiquité, mais était restée purement spéculative. L'ouverture européenne sur le monde (l'Ancien) des siècles antérieurs, due aux Croisades, au commerce italien, aux effets locaux du grand désenclavement mongol dont l'énorme diffusion du *Livre des merveilles* de Marco Polo est le plus célèbre témoignage, a créé une forte demande de connaissance géographique. Le retour aux textes antiques est, comme pour d'autres champs du savoir, la première étape. La reprise de la géographie de Ptolémée au XVe siècle (on parle de «révolution ptoléméenne» [BESSE, 2003]), transmise par les Arabes, constitue l'horizon intellectuel jusqu'au XVIe siècle [LEFORT, 2004; TANASE, 2013]. Cette synthèse des connaissances de l'Antiquité grecque est d'ailleurs constamment enrichie, en particulier de cartes: les figures antiques avaient été perdues et les voyages nouveaux permettent de réactualiser le corpus. Un autre best-seller répondant aux interrogations sur le vaste monde fut l'*Imago mundi* du cardinal Pierre d'Ailly (1350-1420), large compilation des connaissances antiques selon une pratique alors courante. Cet ouvrage développait aussi l'idée de la rotondité terrestre en s'appuyant sur l'autorité grecque majeure pour les savants médiévaux, Aristote.

À la fin du XVe siècle, l'idée est largement répandue qu'en faisant voile vers l'ouest, on atteindrait assez rapidement l'Asie. La circonférence terrestre est, en effet, sous-estimée. Une erreur de 40° place le Japon (Cipangu) à peu près à la place de la Californie actuelle. On admet couramment une extension de l'Eurasie sur 225° de longitude et non 180° oubliant les travaux d'Ératosthène qui, au IIIe siècle avant notre ère, avait donné une mesure du globe beaucoup plus exacte[1]. Peut-être que les Européens retenaient ce qu'ils avaient le plus envie de croire... C'est certainement le cas de Colomb qui, dans les notes qu'il a tracées en marge de son exemplaire de *La géographie* de Ptolémée (une édition princeps de 1478) retenait les 225° et adoptait une mesure du degré de 45 miles nautiques (au lieu des 50 nautiques de Ptolémée), ce qui lui permettait de conclure: «entre la fin de l'Orient et la fin de l'Occident, il n'y a qu'une toute petite mer».

Le projet que réalise le navigateur génois était donc dans l'air européen. Rappelons qu'il s'agissait de trouver une nouvelle route vers les richesses commerciales asiatiques, non de s'arrêter dans une mystérieuse «Antilla», nom d'une île hypothétique indiquée sur les cartes depuis 1424. Colomb

---

1. Denis Guedj a donné de l'opération de mesure de la Terre dans l'Égypte ptolémaïque sous l'autorité d'Eratosthène, directeur de la bibliothèque d'Alexandrie, une très jolie version romanesque (et didactique): *Les cheveux de Bérénice* [2003].

tentera jusqu'à la fin de son quatrième et ultime voyage d'atteindre Cathay (la Chine) et Cipangu. Durant tout le XVIᵉ siècle la recherche du passage du Nord-Ouest perpétue cet effort. L'énorme impact, immédiatement diffusé à travers toute l'Europe, de la découverte d'une route de l'ouest témoigne d'une demande européenne. La lettre de Colomb par laquelle il raconte sa découverte est aussitôt imprimée et traduite en plusieurs langues.

En fait, il n'était pas le premier Européen du XVᵉ siècle à longer les littoraux américains. La reprise démographique augmente la demande de poisson susceptible de se conserver séché ou salé. Les contraintes du jeûne chrétien, du carême au moment de la soudure en particulier, multiplient le marché des poissons nordiques, harengs et morues. La surpêche affecte la Baltique, puis la mer du Nord[1]. Les marins suivent les déplacements de bancs de morues vers l'Islande et au-delà. Venus du Pays Basque, de Bretagne, de Bristol et d'autres lieux de la façade atlantique européenne (le Labrador porte un nom portugais), les bateaux de pêche suivent la « ruée à la morue » provoquée par la découverte des énormes bancs de Terre-Neuve. Dès 1470, il est question de terres nouvelles entrevues et même parfois abordées. Mais ces petits navires ne portent d'autres ambitions que celles de pêches miraculeuses (qui contribuent d'ailleurs aux Grandes Découvertes dans les rations des équipages), ils ne mettent pas le cap sur un Orient fabuleux.

Le préambule viking

Les pêcheurs de morue n'ont fait que reprendre une route qui avait été inaugurée aux Xᵉ-IXᵉ siècles par des Norvégiens. Les sociétés vikings, alors en pleine croissance démographique, suscitent des mouvements d'émigration, devenus des invasions normandes lorsque les sociétés méridionales étaient en position de faiblesse. La route de l'Atlantique Nord utilise deux éléments naturels : un pavage insulaire qui permet de procéder par petits bonds et un courant marin d'est (figure 5.1). De Bergen aux Shetlands, il y a 350 km ; un peu moins des Shetlands aux Féroé ; de là, les côtes d'Islande sont à 400 km, puis le Groenland à même distance ; enfin, entre le Groënland et le Labrador, l'éloignement est de l'ordre de 500 km : rien d'insurmontable pour les navires danois de haute mer. Ceux-ci peuvent d'ailleurs bénéficier à ces hautes latitudes des courants marins qui se dirigent vers l'ouest, à la fois contre-courant du *Gulf Stream* et effet de l'anticyclone thermique polaire (courant du Groënland oriental, courant du Labrador). Enfin, du VIIIᵉ au XIIᵉ siècle, le climat est un peu plus clément, ce qui facilite les voyages et surtout les implantations [HAYWOOD, 1996].

---

1. Le déplacement des bancs de harengs au XVᵉ siècle des côtes du Danemark vers le Dogger Bank fut ainsi à l'origine de l'une des sources de la fortune hollandaise.

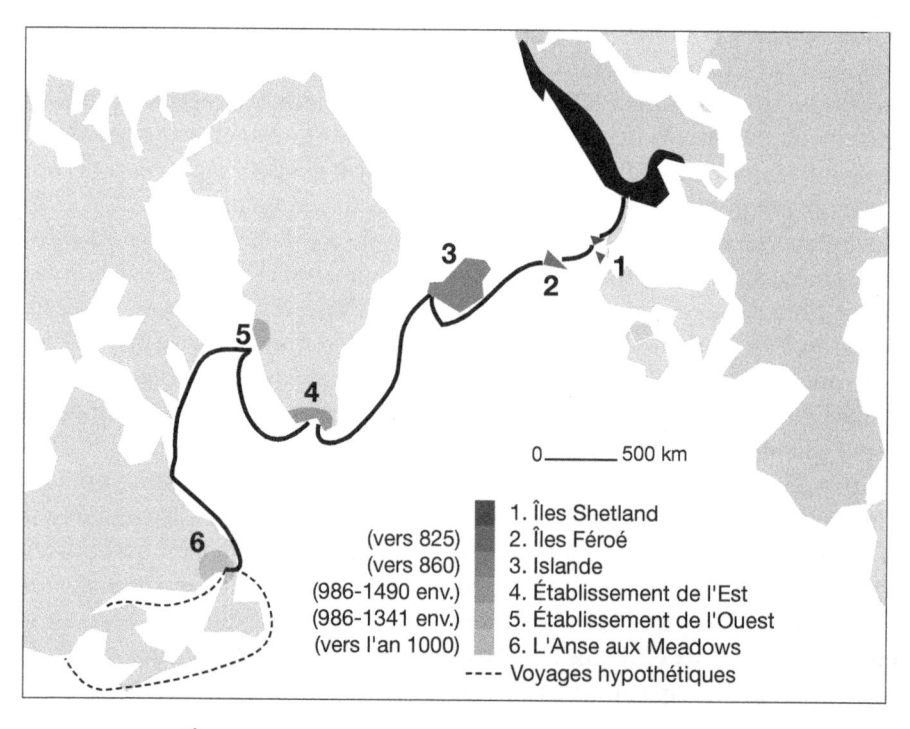

Figure 5.1. L'aventure viking dans l'Atlantique Nord

(vers 825)	1. Îles Shetland
(vers 860)	2. Îles Féroé
(986-1490 env.)	3. Islande
(986-1341 env.)	4. Établissement de l'Est
(vers l'an 1000)	5. Établissement de l'Ouest
	6. L'Anse aux Meadows
----	Voyages hypothétiques

À partir du IXe siècle, des Norvégiens, bientôt convertis au christianisme, s'installent en Islande. De là, ils gagnent la terre plus à l'ouest qu'ils nomment « verte », le Groënland, vers 985. Deux établissements, dits « de l'Est » – en fait vers la pointe Sud – et « de l'Ouest », sont attestés jusqu'en 1340 pour le premier et 1430 pour le second. Au-delà vers l'ouest, rien n'est plus parfaitement sûr, mais des recherches archéologiques menées dans les années 1960 à l'anse aux Meadows au nord de Terre-Neuve permettent d'y considérer comme plus que probable la présence d'un village viking vers l'an Mil. Ce qui confirme les sagas écrites au XIIIe siècle, narrant cette navigation vers le « Vinland[1] ». Quelques autres indices ténus vont dans le même sens (une monnaie scandinave, sans doute passée par des Inuits, trouvée chez des Indiens du Québec ; de l'anthracite du Rhode Island dans « l'établissement de l'Ouest » groenlandais suggérant une avancée encore plus méridionale des Vikings). Au total, tout cela est peu de chose.

Cette route n'a pas survécu au refroidissement des XIIIe-XIVe siècles. La dérive plus méridionale des icebergs rend la route plus dangereuse (c'est d'ail-

---

1. Une carte, dite « de Yale », qui représente le Vinland a fait couler beaucoup d'encre. Il est avéré que celle-ci est un faux, réalisé par un jésuite anti-nazi qui avait voulu tendre un piège aux tenants d'un pangermanisme précoce (les Vikings, embrigadés ainsi dans la propagande du 3e Reich, auraient rattaché l'Amérique à l'aire d'expansion germanique…). Pour la reproduction de la carte : GRATALOUP, 2009, p. 66-67.

leurs le même trajet qu'emprunta le Titanic beaucoup plus tard...). Surtout, l'avancée des glaciers condamne les fragiles implantations groenlandaises. La seule possibilité locale de survie aurait été d'adopter le genre de vie des Inuits, ce que les Vikings n'ont pas su ou pas voulu faire [DIAMOND, 2006]. Ces « découvertes » par le nord ont évidemment fait rêver d'une autre façon dont l'Amérique aurait pu être « connue ». Le scénario reste cependant peu probable, dans la mesure où la route de l'Atlantique septentrional joignait des mondes aux peuples rares. La base démographique scandinave était faible ; la projection au Groënland et à Terre-neuve fut réalisée à partir de l'Islande qui comptait alors au mieux 30 000 habitants. Plus encore, le Labrador était quasiment vide. Le contact avec les Inuits mettait en relation des sociétés trop dissemblables pour susciter l'intérêt des Européens. Même si des liens avaient été établis avec le monde des Hurons et des Iroquois (chapitre 2), cela n'aurait sans doute pas eu beaucoup plus de conséquences. Les Aztèques étaient encore très loin.

Colomb ne va pas en Asie

> « Venir n'est rien. Tout commence quand on revient. »
> Proverbe africain, cité par Éric Orsenna.

Les contacts établis par Christophe Colomb, passé le premier enthousiasme fondé sur la croyance que l'Asie était à portée de main, ne furent pas beaucoup plus importants que ceux des Vikings. Au cours de ses quatre voyages (1492-1493, 1493-1496, 1498-1500 et 1502-1504), il explore surtout les Antilles et le littoral de l'actuel Venezuela. Lors de la dernière expédition, il a bien failli entrer en contact avec des mondes plus denses en hommes et en richesses. En 1509 il longe des côtes des actuels Honduras, Nicaragua et Panama, c'est-à-dire un peu au sud du monde maya. Cela dit, à la différence de Cortes deux décennies plus tard, Colomb n'a pas encore de vraie base arrière à Cuba.

C'est heureux pour l'expédition de 1492 qu'elle ait buté sur l'Amérique. Colomb était parti sur un trajet considérablement sous-estimé entre l'Europe et la Chine[1] : à la fois en supposant la Terre plus petite et, à la suite de Marco Polo, en imaginant une Asie beaucoup plus vaste. Si le Pacifique et l'Atlantique n'avaient été qu'un seul et même océan, il ne serait arrivé nulle part.

---

1. On comprend que les responsables portugais, qui disposaient alors des connaissances géographiques les plus en pointe, n'aient pu être convaincus par les arguments de Colomb. Les conseillers espagnols des Rois Catholiques partageaient d'ailleurs ce point de vue et c'est sans doute la dimension mystique du discours de Colomb qui a emporté la décision de la reine Isabelle. Cela dit, huit ans plus tard, le Portugal découvre officiellement le Brésil : l'Amérique ne pouvait échapper à l'Europe.

Mais Colomb n'eut de cesse, et beaucoup après lui, de considérer les terres découvertes, trop vierges, comme des obstacles à contourner. Le chemin par l'ouest entre les deux extrêmes de l'Eurasie, Magellan (ou plutôt Del Cano qui réussit à ramener en 1522 le seul navire restant sur les cinq partis en 1519) le démontre en réalisant le premier tour de la Terre. Et non seulement cette route est immense, mais elle doit difficilement contourner l'obstacle américain.

Ainsi, durant les premières décennies du XVIe siècle, jusqu'à l'arrivée en Europe des premiers pillages arrachés aux Aztèques, la route portugaise par l'est reste la seule affaire économiquement sérieuse. Sans doute inquiétés par l'aventure de Colomb, les dirigeants du Portugal ont accéléré le processus : dès le retour de Vasco de Gama, ils organisent leur insertion dans le commerce de l'océan Indien. Il se crée d'ailleurs assez rapidement, du fait de l'éloignement de la métropole, un système autonome portugais du Mozambique au Pacifique, dont les intérêts ne coïncident pas toujours avec ceux de la métropole [CARREIRA et alii, 2003]. Cet « empire » réticulaire est bâti sur de nombreux compromis non seulement avec les États littoraux, mais aussi avec toutes les organisations marchandes déjà en place, arabes, malaises, japonaises... Ainsi, les Portugais ne modifient pas profondément les logiques de l'Ancien Monde. Bien au contraire, ils contribuent, d'une certaine façon, à leur accélération. La victoire en 1504 des Portugais contre la ligue formée par le roi de Calicut, l'Égypte et Venise, ne doit pas faire illusion : le petit Portugal ne pouvait pas grand-chose contre le commerce arabe dans l'ouest de l'océan Indien [SUBRAHMANYAM, 2012]. Le déclin du commerce méditerranéen, comme Braudel l'a bien montré[1], date du XVIIe siècle et découle beaucoup plus de la montée en puissance du commerce transatlantique, donc du système-Monde émergent, que de la route de contournement de l'Afrique. Pour que le basculement s'opère, il a fallu que l'Amérique, baptisée en 1507, passe du statut d'obstacle à celui de conquête.

La guerre bactériologique involontaire des Européens

C'est une erreur de perspective d'englober toutes les conquêtes européennes dans un même fourre-tout « colonisation ». Une erreur géographique d'abord, dans la mesure où, jusqu'au XVIIIe siècle, les prises de possession de vastes ensembles de territoires et de populations ne peuvent avoir lieu que dans les nouveaux mondes. Dans l'Ancien Monde, que ce soit sur les côtes africaines ou asiatiques, les Européens n'arrivent au mieux qu'à se ménager

---

1. Dans sa célèbre thèse, *La Méditerranée à l'époque de Philippe II*, Paris, Armand Colin, 1949.

des points d'appui pour leurs réseaux commerciaux. Ce n'est qu'en s'insérant dans la géopolitique locale que des constructions politiques plus vastes, avec des contrôles souvent indirects, peuvent commencer au XVIIIe siècle, en Inde en particulier. Parler de « colonisation » au singulier est également une erreur chronologique, dans la mesure où on associe la période pré-industrielle, où l'avantage militaire des Européens loin de leurs bases n'est pas évident, à la seconde moitié du XIXe siècle et au début du XXe siècle, moment durant lequel la force des Occidentaux est sans rivale – sauf au Japon.

La supériorité européenne dans les nouveaux mondes (en Amérique essentiellement, mais c'est un sinistre scénario qui se répète dans les mondes océaniens ultérieurement atteints) tient certainement à un effet de surprise, qui n'a cependant qu'un temps. Il faut accorder une place essentielle à la dimension médicale du contact opéré entre des sociétés sans aucune relation préalable. Sans l'arrière-fond de pandémies qui accompagne les Grandes Découvertes et en représente à coup sûr la face la plus sinistre, il serait incompréhensible que des poignées d'hommes, certes avides et sans scrupule, mais à des milliers de kilomètres de leurs bases et ne comprenant pas grand-chose à ceux qu'ils affrontaient, aient pu tailler de vastes possessions européennes en quelques années. La dissymétrie de l'Empire portugais, immense Brésil d'un seul tenant et réseau de points d'appuis sur les littoraux africains et asiatiques, est symbolique de l'écart entre les deux colonisations.

Dans l'Ancien Monde, les Européens ne peuvent qu'égratigner

À une époque où le combat à l'arme blanche reste essentiel dans les confrontations violentes, le nombre des hommes engagés demeure décisif dans un affrontement militaire. Ce fut encore vrai lors de la conquête de l'Algérie par les troupes françaises (1830-1847). De ce fait, les Européens n'ont pas de supériorité militaire sur les Chinois, les Japonais, les Turcs, les Iraniens, ni même sur les Africains. La difficulté à s'imposer est évidente dès le sud de la Méditerranée : « Agissant depuis des siècles des Pyrénées vers Gibraltar, du nord vers le sud, la *Reconquista* aurait dû logiquement aboutir à l'Afrique. Or, en dépit de la maîtrise des eaux du détroit, la politique des *presides* africains n'a jamais réussi à déboucher des misérables et coûteuses enclaves difficilement taillées dans le vif de l'Islam maghrébin » [MEYER, 1996, p. 16]. En Méditerranée orientale et dans les Balkans, la balance penche plutôt en faveur des Turcs jusqu'au XVIIIe siècle.

Même en Afrique noire, où l'on pourrait croire que l'avantage technique européen aurait été plus grand, les envahisseurs d'outre mer sont facilement repoussés. L'historiographie européenne a souvent effacé la résistance africaine du XIXe siècle, *a fortiori* encore plus ignoré les déconvenues européennes subies auparavant sur les littoraux [COQUERY-VIDROVITCH, 1985]. Un domaine où les Européens se révélèrent particulièrement vulnérables était les cours d'eaux et les mangroves. Dès 1446, le Portugais Nuno Tristao connut une sévère défaite face à une flottille de pirogues en Sénégambie. Les sociétés intérieures de l'Afrique occidentale, le Mali en particulier, contrôlaient le système fluvial centré sur le Niger et surent bloquer les envahisseurs, les contraignant à négocier l'installation de relais littoraux pour leurs routes maritimes. De même, la première installation des Portugais en Angola (1571) supposa un traité à la suite d'une dure négociation avec le « roi » du Kongo. Au XVIIIe siècle, une base britannique de la Côte de l'Or est massacrée sans difficulté par une expédition *ashanti* et la peau du gouverneur britannique transformée en trophée de guerre. Cela reste vrai jusqu'aux conquêtes de la seconde moitié du XIXe siècle, réalisées d'ailleurs non sans de grosses difficultés (les noms de Samori en Afrique occidentale et de Chaka pour les Zoulous restent ainsi des symboles de résistance).

Sur le pourtour de l'océan Indien et dans l'Asie-Pacifique, le rapport de forces est encore plus défavorable ; les sociétés concernées sont beaucoup plus denses et disposent souvent d'armées bien organisées ; surtout les Européens sont encore plus loin de leurs bases. Ce ne sont d'ailleurs pas les États colonisateurs qui interviennent, contrairement à l'Amérique espagnole, mais des compagnies « des Indes », hollandaise (la VOC), anglaise, française, danoise... Leur but est mercantile, le « marché plutôt que le drapeau » [FERRO, 1994]. La conquête, avec ce que cela suppose de coût d'entretien, est généralement faite faute de mieux. Un bon exemple est fourni par les Indes néerlandaises qui ne dépassent le réseau de points d'appuis qu'à la fin du XVIIIe siècle [LOMBARD, 1990, tome I]. Mais le cas le plus évident est la fermeture du Japon au début du XVIIe siècle : lorsque le shogun, qui vient d'unifier le pays (en grande partie grâce aux innovations militaires venues d'Europe), veut mettre au pas les régions du Sud-Ouest les plus pénétrées par les Européens, où les conversions au catholicisme ont été les plus importantes, il n'a aucun mal à repousser toutes ces influences et à n'autoriser que les contacts qui intéressent le Japon. Jusqu'au milieu du XIXe siècle, les Occidentaux n'y peuvent rien.

Finalement, la seule supériorité européenne qui s'affirme relève de la maîtrise de la haute mer et, dans une moindre mesure, de progrès dans l'artillerie[1]. Le passage à la marine à vapeur au XIXe siècle ne doit pas rétrospectivement obscurcir les progrès considérables qui séparent la Santa Maria de Colomb

---

1. Un domaine technique où, dès le XVIe siècle, la supériorité européenne est évidente, est l'artillerie navale. Les tourillons des canons, les sabords, la fonte de pièces légères... tout un ensemble de techniques de canonniers associées à la maniabilité des bateaux permet aux vaisseaux européens d'être invulnérables, tout du moins en mer et sauf face à d'autres navires européens.

de la Boudeuse de Bougainville. Les bateaux de haute mer européens sont sans doute les machines les plus compliquées que des hommes aient produites avant la Révolution Industrielle [MOLLAT, 1957 et 1993]. Cela supposait tout un complexe de cultures techniques, celles des marins, des ingénieurs et des ouvriers des arsenaux, mais également des cartographes et des astronomes et, au-delà, des forestiers... Le problème fort difficile de la mesure de la longitude [SOBEL, 1996] est résolu grâce aux progrès de l'horlogerie[1]. La médecine, surtout par l'intermédiaire de l'hygiène et de la diététique, joue un rôle essentiel également puisque ce qui tuait le plus en mer n'était ni les tempêtes, ni même les concurrents européens, mais les carences découlant de la difficulté à conserver de l'eau potable et des aliments sains. Cette histoire technique est au cœur de la mondialisation, puisque le Monde nouveau qui ne s'affirme vraiment qu'au XIXe siècle est maritime.

La maîtrise de la mer permet un développement progressif d'un grand commerce, mais ce processus reste lent. Il contribue à coup sûr à l'enrichissement de l'Europe, dans la mesure où les échanges bénéficient surtout à celui qui se déplace. On peut cependant douter que cela ait pu suffire à asseoir l'ascendant européen sur le Monde. D'où le caractère décisif de la conquête de l'Amérique.

L'échange inégal des pandémies

À la pénétration lente, difficile et souvent remise en question des Européens dans l'Ancien Monde, s'oppose la conquête éclair des « Empires » américains. On a beaucoup glosé, à juste titre, sur l'effet de surprise dont ont bénéficié les conquistadors. L'avantage de celui qui arrive sur celui qui est « découvert » est évident. Les populations envahies ont dû puiser dans leurs grilles de lecture du monde des éléments de compréhension de ce qui leur arrivait, ce qui a souvent facilité un peu plus la tâche des conquérants, pris pour des dieux revenus (Quetzalcoatl au Mexique, Viracocha au Pérou). La supériorité militaire des Européens a surtout eu une dimension psychologique : les chevaux, animaux d'une taille inconnue, les armes à feu plus assourdissantes que mortelles, ont semé l'effroi. Les épées de métal, les cuirasses s'avéraient beaucoup plus efficaces que les massues armées de pointes d'obsidienne et les protections de coton matelassé. Mais il ne faut pas surestimer ces atouts. Les arquebuses et les canons s'abîment vite en milieu tropical, les chevaux meurent, et la vulnérabilité des nouveaux venus est vite comprise. Après la révolte de Mexico, la *Noche triste*, les Espagnols capturés sont sacrifiés aux dieux aztèques.

---

1. Jusqu'au XVIIIe siècle, les marins ne pouvaient mesurer avec précision la longitude (à la différence de la latitude). Il a fallu pouvoir inventer une horloge qui restait précise sur les navires, malgré les mouvements et les variations de température et d'humidité. Ce fut le Britannique John Harrison qui y parvint en 1749.

Sans diminuer le courage et les compétences des conquistadors (Cortes fut un habile stratège, sachant se concilier les adversaires de l'Empire aztèque, en particulier les Tlaxcaltèques), il faut remarquer que l'arme première des Européens fut bactériologique. C'est la dimension pandémique de « l'échange colombien[1] ». Les Espagnols se sont battus contre des peuples malades en voie d'effondrement démographique. Sur les vaisseaux qui traversèrent l'Atlantique, voyagèrent des hommes, des chevaux, des poules, des rats, des puces..., mais aussi des microbes et des bactéries. Logiquement, le phénomène symétrique s'est produit au retour. Colomb inaugure la mondialisation microbienne. Mais la balance fut loin d'être égale dans l'échange. Rien de surprenant d'ailleurs qu'un peuple qui venait du plus vaste espace d'échanges soit à la fois porteur d'un plus grand nombre de risques et, puisqu'exposé depuis plus longtemps, « vacciné » naturellement (porteur d'anticorps) contre la plupart d'entre eux. Le grand brassage provoqué deux siècles auparavant par l'Empire mongol s'était soldé par la pandémie de la peste noire. Les populations survivantes, si elles n'étaient pas totalement protégées, étaient cependant les gagnantes d'une sévère sélection naturelle. Au contraire, les Amérindiens ne participaient qu'à peu de brassages de populations et se sont révélés terriblement réceptifs aux nouvelles infections. Des maladies le plus souvent bénignes pour les Européens, comme la rougeole, ont pu faire des ravages considérables. Le choléra, la tuberculose, la variole... ont produit des massacres. En échange, les Européens n'ont ramené qu'une forme, virulente il est vrai, de syphilis[2]. Ce scénario dramatique s'est reproduit chaque fois que le contact a été établi avec une population largement hors du Monde, en particulier dans les îles du Pacifique où l'arrivée des Européens a, avec une triste régularité, été signe de mort, même si ces nouveaux venus n'étaient pas toujours belliqueux[3].

Plus que pour la conquête du Mexique, c'est face à l'Empire inca que l'inégalité devant la maladie a le plus joué. Pizarre et Almagro étaient des soudards d'une folle audace due à leur ignorance, mais piètres gestionnaires

---

1. *The Columbian Exchange* est le titre de l'ouvrage, publié pour la première fois en 1972 et toujours pas traduit en français, d'Alfred W. Crosby qui démontra le rôle essentiel qu'ont joué plantes, animaux et maladies qui ont traversé l'Atlantique dans les deux sens. Crosby inaugure l'histoire environnementale qui devient aujourd'hui essentielle. Sans ce socle, tout récit de la mondialisation est privé de toute base biophysique.
2. Il a existé antérieurement des formes de syphilis dans l'Ancien Monde qui ont affecté, entre autres, la Rome antique, mais rien d'aussi dramatique que les germes venus d'Amérique, toujours actifs aujourd'hui et qui tuèrent au XIXe siècle, parmi bien d'autres, Daudet et Maupassant. La maladie a, semble-t-il, atteint l'Europe dès 1493 (ce qui prouverait que les marins de Colomb n'avaient pas eu que des rapports platoniques avec les Caraïbes). En quelques années, les soldats espagnols participants aux guerres d'Italie les diffusent. Les militaires français appelèrent la Syphilis le « mal de Naples », puis, dans le reste de l'Europe, ce fut le « mal français ».
3. Le général anglais Amherst assiégé dans le fort de Pitt (Pittsburg) en 1763 par les Indiens Delaware aurait fait passer à ses assiégeants des couvertures infectées par la variole...

de leur acquis. S'ils bénéficient d'une situation de guerre civile entre deux frères prétendants au trône, c'est en partie du fait de modalités de succession génératrices de conflits entre parents de l'Inca défunt, mais surtout parce que les membres de la famille régnante mouraient systématiquement de maladies venues de loin, comme leurs sujets : les microbes avaient devancé les conquistadors qui n'ont eu à affronter que des armées de malades. Le sentiment de catastrophe, d'abandon des dieux, provoqué par le désastre sanitaire, facilitait encore plus le dessein des envahisseurs. Et il fallait bien un tel contexte pour que l'opération pût réussir. Après avoir exécuté l'empereur Atahualpa, sur le modèle de la façon dont Cortes avait procédé avec Montezuma, Pizarre avait mis un de ses demi-frères, Manco Inca, sur le trône. Profitant des dissensions violentes entre Almagro et Pizarre (le second fait assassiner le premier qui est vengé par ses soldats), le nouvel empereur organisa la résistance dans un pays montagneux dont les rudes guerriers incas avaient une grande pratique. Il faudra encore une quarantaine d'années pour que cette résistance soit brisée. Et encore, les Espagnols ne réussiront jamais à contrôler vraiment tout le territoire, comme la longue survie du Machu Picchu hors d'atteinte des colonisateurs l'a montré a posteriori. Le sentiment de résistance se manifeste encore régulièrement par des révoltes « indigènes » violentes et dangereuses dont la plus célèbre est celle de Tupac Amaru II à la fin du XVIIIe siècle.

Si les Espagnols ont pu malgré tout coloniser le Pérou, c'est parce que d'une population estimée à une dizaine de millions d'habitants vers 1530, on était passé à près d'un million d'Amérindiens à la fin du siècle [WACHTEL, 1971]. Si l'on tient compte du fait que, dans toute épidémie, les peuplements plus concentrés et connectés sont beaucoup plus atteints, et parmi eux les classes dirigeantes en premier lieu, l'effondrement des villes, du Cuzco aux capitales des oasis littorales, ont marginalisé la résistance sous forme de jacquerie. Au total, même s'il ne faut surtout pas minimiser la brutalité des conquistadors ou de l'inquisition qui les a suivis, le peu de cas que les Européens ont pu faire des vies indiennes n'est pas le principal responsable de ce qui fut sans doute la plus grande catastrophe démographique de l'humanité, au moins en valeur relative (et jusqu'à présent). Au Mexique, la population indienne serait passée de 25 millions vers 1519 à 1,5 million en 1580 [BERNAND, GRUZINSKI, 1991]. Faut-il parler de génocide [BESSIS, 2001] ? S'il n'y a pas eu volonté programmée d'élimination de tous les autochtones, le projet de soumettre à tout prix leurs territoires était manifeste. L'intention d'éradiquer des peuples gênants devient plus claire trois siècles plus tard quand la transition démographique européenne projette sur l'Amérique des migrants avides de terres. C'est l'époque où « un bon Indien est un Indien mort ». Des Patagons aux Mohicans, la disparition, dans des conditions épouvantables, fut effectivement le sort de nombreux peuples amérindiens. Les victimes de la mondialisation, c'est d'abord en Amérique qu'il faut les chercher.

162 ▲ Géohistoire de la mondialisation

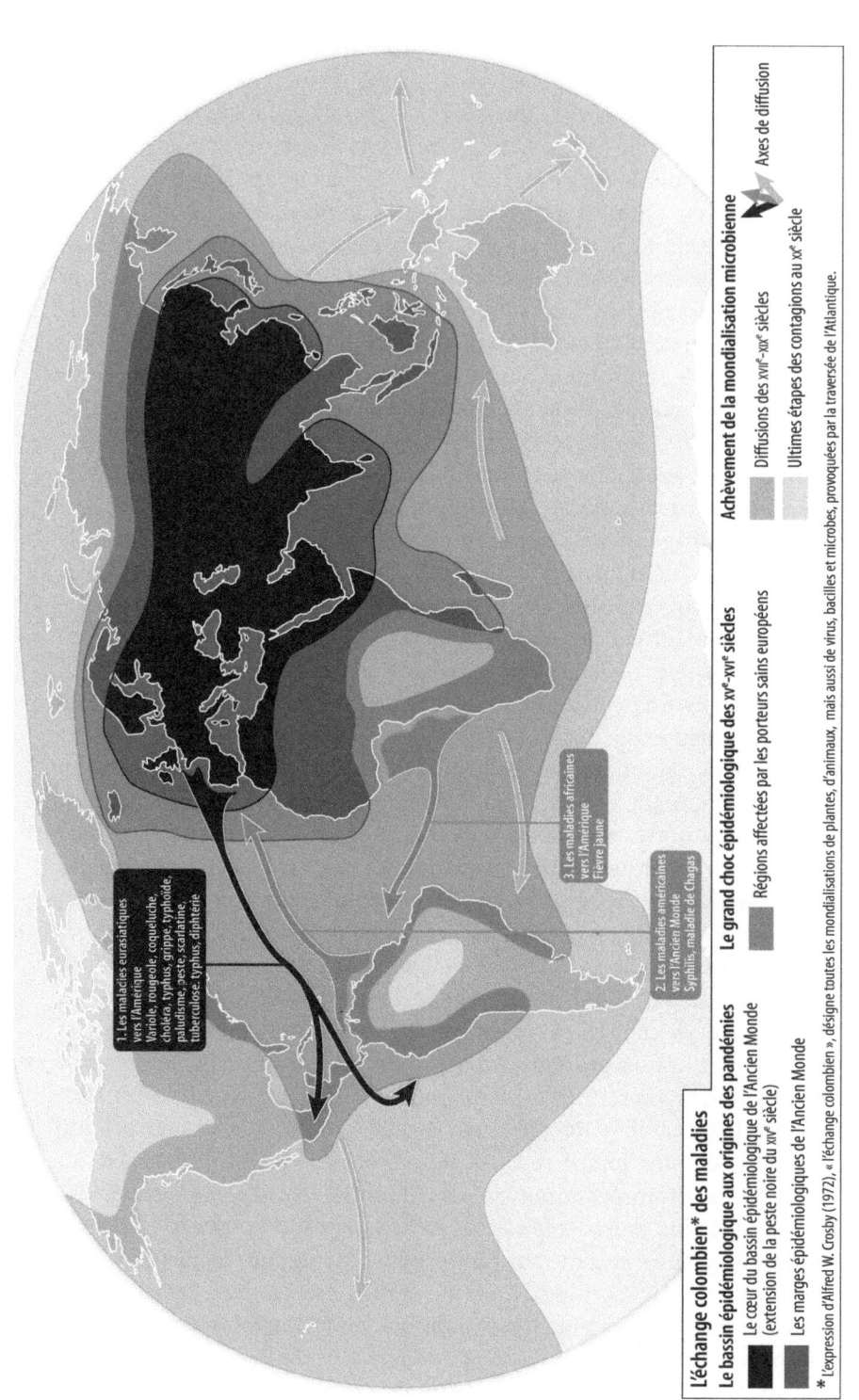

Figure 5.2. L'Europe contagieuse

Source : FUMEY G., GRATALOUP Ch., 2014, *Atlas global*, Paris, Les Arènes.

L'effondrement du peuplement n'a d'ailleurs pas été sans poser problème aux colonisateurs. Le cas le plus manifeste est celui des Antilles où, en quelques années, la population précolombienne avait presque totalement disparu. Comme « il n'est de richesse que d'hommes », la colonisation sans travailleurs de plantations ou mineurs n'avait plus de sens. C'est en Afrique qu'on va alors chercher une nouvelle population (chapitre 6). Lors de la controverse de Valladolid, le représentant de Charles Quint soutient Las Casas dans l'opinion que « toute la race des hommes est une », qui permet à l'État, associé à l'Église, de reprendre en main les colonies naissantes. Cependant, malgré les apports migratoires venus d'Europe ou (par force) d'Afrique, malgré une reprise démographique indienne à partir du XVIIe siècle pour les régions les plus anciennement touchées, on considère qu'au milieu du XVIIIe siècle le peuplement de l'Amérique n'avait pas encore retrouvé ses effectifs de la fin du XVe siècle.

Même s'il est quelque peu ethnocentrique de parler d'empire centralisé pour les Aztèques ou le Pérou, il n'en reste pas moins que la capture de l'appareil d'État par les Espagnols a permis une rapide prise en main de territoires immenses par quelques milliers d'émigrants : d'après les calculs de Pierre Chaunu (1969), il n'y avait en 1570, dans toute l'Amérique, pas plus de 75 000 Espagnols (dont 15 000 pour la seule ville de Mexico). La collaboration des notables, les caciques, l'importance du métissage, ont permis d'assurer un minimum d'encadrement des sociétés indiennes dominées et même de concentrer suffisamment de travailleurs pour les exploitations minières et les élevages extensifs. Au-delà des mondes denses des Andes et d'Amérique centrale, dans des espaces occupés par des sociétés peu nombreuses et sans État, les Européens ne peuvent capter aucun héritage. Il leur faut construire des sociétés dont la base démographique est totalement importée.

Les mines d'Amérique financent l'enfance du Monde

La quête de l'or avait été l'une des motivations du départ des navigateurs européens. Les Portugais espéraient court-circuiter l'approvisionnement maghrébin dont ils savaient que l'origine était plus méridionale. L'or fut également la première chose dont s'enquit Colomb auprès des premiers Amérindiens rencontrés ; dès Noël 1492, un peu d'or natif est échangé à Haïti. Cependant les premiers contacts, tant en Afrique qu'en Amérique, furent plutôt décevants. Mais, avec les conquêtes des deux grands ensembles politiques, aztèque et inca, l'histoire des métaux précieux fut bouleversée.

Rappelons que l'or et l'argent ont une fonction bien particulière pour les sociétés de l'axe de l'Ancien Monde (chapitre 3), celle de matière première de la monnaie. Les sociétés américaines connaissaient et la métallurgie de l'or et l'argent, et certains usages monétaires. Mais ces deux pratiques n'étaient pas combinées. Les métaux rares à température modérée de fonte servaient à produire de l'orfèvrerie et de la bijouterie, mais il n'était en rien des conservatoires de la valeur, à la différence de certains autres biens rares comme des plumes ou des coquillages. De ces différences d'usages découlait de part et d'autre de l'Atlantique une nette dissymétrie dans l'épuisement des réserves minières. Alors que, de l'Europe au Japon, les mines d'argent ou d'or étaient largement épuisées (selon les techniques alors connues), les gisements américains n'avaient, jusqu'au XVIe siècle, guère été sollicités. Leur mise en exploitation, qui se poursuit encore aujourd'hui, en particulier en Amazonie, a profondément modifié la géographie de la circulation monétaire mondiale.

Dans la vision des vaincus, la première caractéristique du vainqueur, hormis sa brutalité, était sa soif de l'or. L'Inca capturé par Pizarre en 1532, Atahualpa, l'avait compris et il proposa à son geôlier de verser pour sa rançon tout l'or que la pièce pouvait contenir jusqu'à la hauteur d'un homme. Pizarre, évidemment, ne refusa pas ; ce qui ne l'empêcha pas, une fois le payement effectué, d'envoyer Atahualpa au bûcher. On considère que la masse d'or versée, additionnée des autres prises de guerres dans le camp de l'armée indienne, représentait l'équivalent de cinquante années de production européenne d'or et d'argent. Il y eut donc d'abord, dans les années 1520-1540, un transfert transatlantique massif des métaux précieux accumulés par les sociétés indiennes au cours des siècles passés sous forme de bijoux et d'objets rituels, estimé, pour l'or seul, à quelque 35 tonnes.

Le pillage s'est rapidement tari, laissant l'espoir de trouver un nouvel Eldorado qui jeta au loin de nouveaux aventuriers, généralement promis à une mort obscure, mais il contribua à repousser les limites du Monde, comme le firent les premiers explorateurs de l'Amérique du Nord ou les *Bandeirantes* du Brésil. À partir de 1546 pour le Mexique (mines de Zacatecas), et surtout de 1575 pour le Pérou (mines du Cerro Rico au-dessus de Potosi, dans la future Bolivie), sont exploitées les mines d'argent qui assoient la fortune espagnole et attisent la convoitise des pirates des Caraïbes. S'y ajoute l'or de Buritica qui fit la prospérité de Carthagène. Les exportations vers leur métropole des deux vice-royautés de Nouvelle Espagne et de Nouvelle Castille (Antilles non comprises) restent, durant les trois siècles de leur existence, composées à 90 % de métaux précieux. Ce volume transféré fut de l'ordre de 70 000 tonnes en équivalent-argent.

Le flux n'a évidemment pas été régulier, mais dépendait des cycles miniers. On peut schématiser cette histoire en opposant à un XVIe siècle inflationniste (pillage des capitalisations indiennes, exploitation des premières mines les plus faciles d'accès), un XVIIe siècle de raréfaction des métaux précieux[1], de 1620 aux nouvelles découvertes du début du XVIIIe siècle au Mexique (Taxco), en Bolivie et surtout au Brésil resté peu exploité jusque-là faute de peuplement; le siècle des Lumières fut une période de forts transferts d'or et d'argent américains, même si ce flux ne pouvait suivre la demande. Avec la Révolution Industrielle, la quête et l'exploitation de nouveaux gisements, les ruées vers l'or, s'accélèrent et les fluctuations monétaires induites deviennent plus rapprochées : Californie en 1848 (avec l'Australie en 1851), Alaska en 1896 pour l'or et Nevada en 1873 pour l'argent.

Au-delà des fluctuations dues aux variations de la production qui contribuent à mettre progressivement en évidence une conjoncture économique mondiale, le fait essentiel reste l'énormité de la contribution américaine à la constitution d'une masse monétaire mondiale. Non pas que ce continent ait été géologiquement mieux doté, mais parce que les sociétés qui l'habitaient jusqu'au XVe siècle n'avaient fait qu'effleurer l'exploitation de ses minerais. À la différence de l'Ancien Monde où la demande de métaux précieux avait, depuis plusieurs millénaires, stimulé la recherche de mines et d'orpaillages[2], les nouveaux mondes étaient restés largement vierges, disponibles pour produire les liquidités du Monde en formation.

Inflation et dopage économique de l'Europe

Séville a longtemps représenté la porte d'entrée des métaux précieux en Europe (compte non tenu des détournements et captures des pirates). Une partie passait rapidement à Lisbonne pour les achats d'épices et, donc, partait vite pour l'Asie. Le reste, par divers circuits, en particulier par Gênes et Anvers au XVIe siècle, puis par Amsterdam et Londres, se diffusait dans l'ensemble de l'Europe occidentale. La conséquence la plus spectaculaire de cette augmentation de la masse monétaire, de cette inflation, fut la hausse des prix qui frappa les contemporains. Entre 1520 et 1620, ils quadruplèrent dans la péninsule ibérique. Le phénomène se diffusa dans les pays proches en

---
1. Le sentiment, nullement injustifié, de relative pénurie de métaux précieux n'est pas étranger aux théories et aux politiques mercantilistes du XVIIe siècle : attirer les capitaux dans l'espace national et éviter qu'ils ressortent.
2. Nuance importance, cependant : la situation de marge de l'Ancien Monde qui était celle de l'Afrique noire, avait fait que les gisements avaient été beaucoup moins recherchés et exploités. Les Portugais, au XVIe siècle, ont ainsi pu sortir du Mozambique une quantité d'or estimée à près de 10 % de l'apport américain. À la fin du XIXe siècle, les mines d'or du Transvaal, découvertes en 1886, contribuent au stock mondial. Même remarque pour l'Australie.

proportion de leurs relations avec le marché espagnol : très rapidement dans l'axe marchand, en Italie, dans les Flandres, avec un léger décalage en France et en Angleterre, beaucoup plus lentement ailleurs. Ce n'est qu'au début du XVIIe siècle que l'Europe orientale fut atteinte, en dehors des villes hanséatiques plus directement branchées sur les circuits monétaires.

L'inquiétude des contemporains provoquée par le caractère spectaculaire, durable et massif de cette hausse des prix joua un rôle important dans l'élaboration d'une réflexion en économie, versant intellectuel de l'autonomisation de la dimension économique au sein de la société européenne. Le nom de Jean Bodin (1530-1596) reste associé à cette première conceptualisation de l'inflation. Il écrivit en 1595 : « La cause principale de l'élévation des prix est toujours l'abondance de ce avec quoi le prix des marchandises est mesuré, l'abondance d'or et d'argent plus grande qu'elle ne l'a jamais été ». La beaucoup plus grande disponibilité des liquidités contribue à un phénomène qui affecte en profondeur le monde européen : la lente et progressive monétarisation des rapports sociaux. Les différentes formes de libéralisation qui commencent avec les Réformes protestantes et la réduction des fonctions régulatrices de l'Église dans beaucoup de pays, missions sociales transférées aux États (aux « princes ») ou à des particuliers (aide aux plus démunis, enseignement...) et la captation de leurs bases de financement (propriété foncière ecclésiastique), participent à ce mouvement de monétarisation, de désenclavement économique, de nombreuses fonctions sociales. Le processus est continu en Europe jusqu'au XXe siècle. À partir du XVIIIe siècle, il touche aussi largement certains droits « féodaux » (four ou moulin « banal »...) de l'aristocratie ou des municipalités ; il contribue également à détruire les corporations. Ce qu'on nomme ultérieurement libéralisme suppose une masse monétaire beaucoup plus considérable que ce qui circulait dans les mondes denses du XVe siècle. L'apport américain n'y a pas suffi à terme et, à partir du XVIIe siècle, se développent des monnaies de papier[1] ; mais il y a largement contribué.

Ce rôle d'accélérateur des évolutions sociales en Europe est mis en évidence dès le XVIe siècle par les effets de la hausse des prix. Les perdants sont toujours, dans les phases d'inflation forte, les détenteurs de revenus fixes, en l'occurrence surtout ceux qui bénéficiaient des diverses formes de rente foncière formulées en espèces. La situation fut au contraire beaucoup plus

---

1. Le premier producteur notable de papier-monnaie fut l'État impérial chinois au VIIIe siècle qui dut faire face à l'appauvrissement des stocks de cuivre, donc de la possibilité de frappe de monnaie courante, alors que le commerce, dynamique sous les Tang, réclamait plus de liquidités. Ce fut d'ailleurs l'une des origines de l'imprimerie. Un scénario assez semblable dans l'Italie du début du XIVe siècle produit la lettre de change. L'argent américain fait reculer un temps ce moyen de produire des instruments de stockage de la valeur, mais, dès le premier épuisement des mines d'outre mer, à partir de 1620, l'intérêt pour le papier-monnaie reprit.

favorable pour les agriculteurs travaillant pour le marché, les artisans, les commerçants, tous ceux qui gagnaient à l'autonomisation de l'économie et qui représentaient donc des forces sociales susceptibles d'accélérer le processus.

Une circulation mondiale dans le sens inverse de la course apparente du soleil

La motivation des Grandes Découvertes était de mieux insérer l'Europe dans les échanges « mondiaux », ce qui fut largement réalisé grâce aux facilités de paiement autorisées par l'afflux de métaux précieux. À son tour, cette abondance dont l'Europe n'est que le relais, a augmenté l'ensemble des échanges y compris dans leurs aspects traditionnels. En effet, dans les circuits de l'Ancien Monde, l'Europe était structurellement déficitaire en argent métal (en revanche, la Chine a fonctionné jusqu'au XVIIIe siècle comme un « puits d'argent » [Norel, 2009]). Elle ne pouvait, certes, pas contribuer seule à la « masse monétaire » mondiale : on estime qu'au XVe siècle le Monomotapa exportait environ 500 kg d'or par an, auxquels s'ajoutait la production des gisements d'Afrique occidentale et de l'Insulinde, des Philippines à Java, ainsi que de quelques lieux de production secondaires (Japon, Éthiopie) et d'une foule de centres locaux. Vers 1500, l'Europe perdait chaque année, semble-t-il, environ le quart de sa production d'argent et la moitié de sa production d'or.

Dans une large mesure, la source américaine ne modifie pas profondément cette circulation qui aboutit en Inde, en Chine et en Asie du Sud-Est où la thésaurisation ornementale, en particulier dans les édifices religieux (pagodes aux toitures recouvertes d'or...), est très importante. Le trajet des métaux précieux reste donc essentiellement d'ouest en est. Seul flux en sens inverse, mais qui ne modifie pas la logique d'ensemble : une petite partie des métaux précieux américains était expédiée, par Acapulco, directement vers l'Asie, grâce au « vaisseau de Manille ». Il faut distinguer deux flux différents : l'un matériel, celui des métaux précieux, et celui moins visible de la valeur qu'ils peuvent symboliser. L'inflation européenne peut ainsi être propagée par une diffusion plus rapide d'or et surtout d'argent qui, les mêmes causes produisant les mêmes effets, du fait de l'augmentation des masses monétaires d'autres mondes économiques, se traduit par une hausse locale des prix. Mais le processus inflationniste est également contagieux lorsque la valeur nominale d'un produit en Europe a des effets relativement directs sur celle du même produit, puis indirectement d'autres, ailleurs – on ne peut plus écrire « dans un autre monde économique ». La première forme de diffusion est évidente dès le XVIe siècle, rapidement dans l'Empire turc, puis en Inde, plus lentement en Chine et au Japon. La seconde forme, plus subtile à déceler, a été mise en valeur par Braudel [1985] et Wallerstein [1984 et 1985].

La jonction entre les mondes monétaires occidentaux (européen et turco-arabe) et l'espace chinois s'était vraiment réalisée sous les Ming : développement de l'économie monétaire à base de pièces d'argent frappées avec du métal américain arrivé par les Philippines ou par l'océan Indien sur les vaisseaux portugais puis hollandais. Au XVIIIe siècle, le *carolus* d'argent espagnol circule dans toute la zone côtière chinoise, et l'espace monétaire de l'Empire du Milieu s'organise en fonction de la proximité de chaque province avec les échanges internationaux payés avec des métaux américains. La manifestation matérielle la plus évidente de cette diffusion fut la fonction de modèle d'unité monétaire de certaines pièces européennes de la Turquie à la Chine. La monnaie la plus anciennement mondialisée, bien avant le billet vert, fut le Thaler autrichien ; des pièces à l'effigie de Marie-Thérèse ont ainsi été frappées durant tout le XIXe siècle, du Yémen à la Corée. On en trouve toujours dans les ornements des objets touristiques tout autour de l'océan Indien.

Dès les années 1530, les épices rapportées d'Orient par les vaisseaux portugais sont payées avec de l'or et de l'argent venus d'Amérique sur les bateaux espagnols. De la mine mexicaine ou péruvienne aux planteurs de l'Inde ou des Moluques, un morceau de métal peut ne mettre que quelques années, quelquefois moins. La contribution de l'Amérique à la mondialisation a d'abord été celle du banquier involontaire, avant d'être rapidement celle de l'agriculteur, pour finalement accueillir des immigrants européens.

De l'Europe à l'Occident

Dans l'Atlantique, les Européens n'ont eu d'autres concurrents qu'eux-mêmes. Aucune flotte maya ou iroquoise pour les contraindre à la prudence, comme les « pirates » japonais ou les boutres arabes pouvaient les obliger à le faire plus à l'est. Il est vrai qu'entre puissances européennes, sans compter les « gentilshommes de fortune » à leur propre compte, les rapports de forces furent fréquemment très rudes. L'artillerie embarquée a beaucoup plus servi pour se faire respecter des autres navires européens que des flottes de sociétés exotiques. Dans l'Atlantique, les Européens connaissent bien leurs routes et maîtrisent les distances, non seulement du fait de la proximité, mais aussi de la relative modestie des trajets (figure 5.3). Pour eux, jusqu'au XIXe siècle, en fait, il y a l'Atlantique, prolongement de l'Europe, interface avec l'Amérique, et le reste du Monde.

L'Atlantique, lac européen

L'océan entre Amérique et Ancien Monde est plutôt un fuseau méridien : de ce fait, la circulation des vents et des courants est organisée par les deux anticyclones subtropicaux, le septentrional, celui des Açores, et le méridional, celui de Saint-Hélène [GRATALOUP, 2015; figure 2.1]. La circulation tourne au nord dans le sens des aiguilles d'une montre et dans le sens inverse au sud, produisant les alizés aux basses latitudes et les vents et courants d'ouest aux latitudes moyennes (figure 4.2). La route septentrionale, celle des Vikings, reste longtemps un chemin de pêcheurs vers les bancs de Terre Neuve. C'est seulement à partir du milieu du XVIIIe siècle, avec le développement de l'Amérique du Nord tempérée, que la voie septentrionale devient le trajet Europe-Amérique principal. Pendant trois siècles au moins, la route privilégiée des navires est celle que Colomb a inaugurée: de l'Europe vers les alizés poussés par le courant de Mauritanie, puis plein ouest grâce aux vents subtropicaux, et retour d'Amérique par le Gulf Stream. Cette *volta* est le trajet du commerce triangulaire (chapitre 6). Les archipels atlantiques, qui avaient au XVe siècle servi de terrain d'essai, demeurent d'utiles relais (figure 6.4).

L'Atlantique Sud reste un siècle durant le domaine portugais. L'équateur franchi, les alizés mènent les bateaux sur les côtes de l'Amérique méridionale ou les courants permettent d'aller au sud récupérer le flux d'ouest porteur vers l'océan Indien. Cette route permet également de décrire une sorte de huit ramenant vers l'Angola: la double *volta*. Hollandais, puis Anglais récupéreront le même chemin dont une branche, fort dangereuse et peu fréquentée jusqu'au XIXe siècle, permet le seul passage direct vers le Pacifique par le redouté cap Horn.

Ce qui compte longtemps sur mer, c'est la durée du trajet. Les navires de bois, menés par des marins expérimentés, risquent beaucoup moins le naufrage que les mauvaises rencontres. Mais le pire, ce sont les risques infectieux dus à une eau croupie ou des aliments gâtés. Sachant que les provisions d'eau, évidemment non traitée au départ, sont stockées dans des tonneaux sur le pont, les risques sanitaires arrivent rapidement, surtout quand on navigue sous un climat chaud. Si on ne fait pas de l'eau fréquemment (d'où l'importance des îles intermédiaires), on est condamné à boire de véritables bouillons de culture. Le désinfectant traditionnel est l'alcool. La mauvaise réputation des marins tient largement au fait que boire alcoolisé tuait beaucoup moins rapidement qu'absorber de l'eau. Les marines militaires ont vite compris la nécessité de la ration de tafia pour l'équipage, de vin pour les officiers. Si le voyage était long, le scorbut menaçait également, comme en firent l'amère expérience les marins de Magellan à travers le Pacifique qu'ils traversèrent sans avoir la chance de buter par hasard sur une île. À partir du XVIIIe siècle, l'usage des citrons, les premiers filtres à eau, une meilleure connaissance des contraintes sanitaires permettent de réduire les menaces. Mais longtemps un voyage de quelques semaines fait courir de graves risques de maladies. Vue l'expérience indispensable pour assurer la conduite d'un navire, les connaissances nécessaires pour faire le point, lire les cartes, la

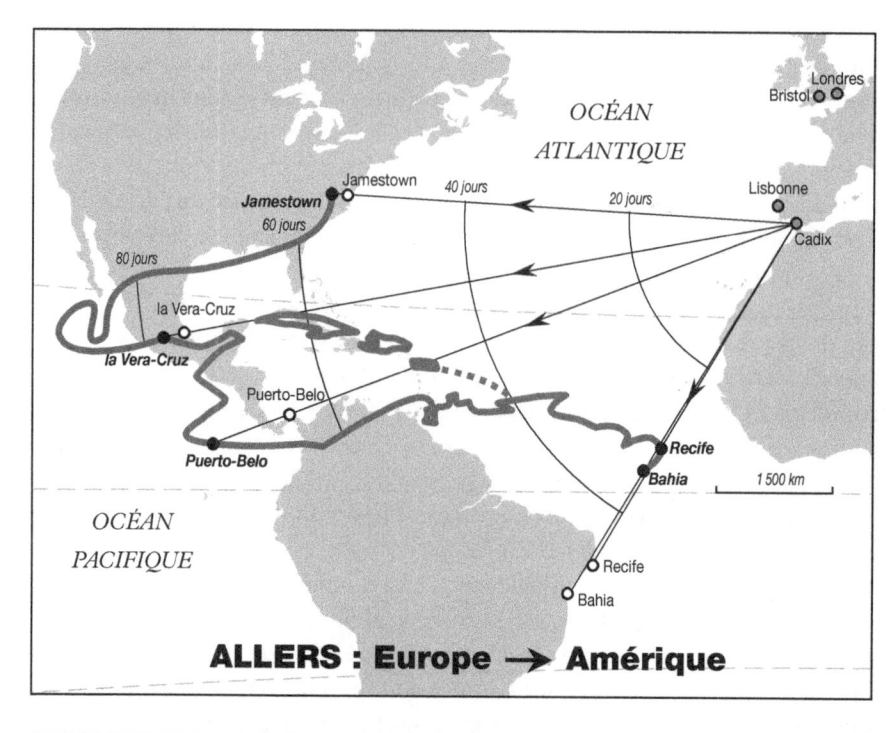

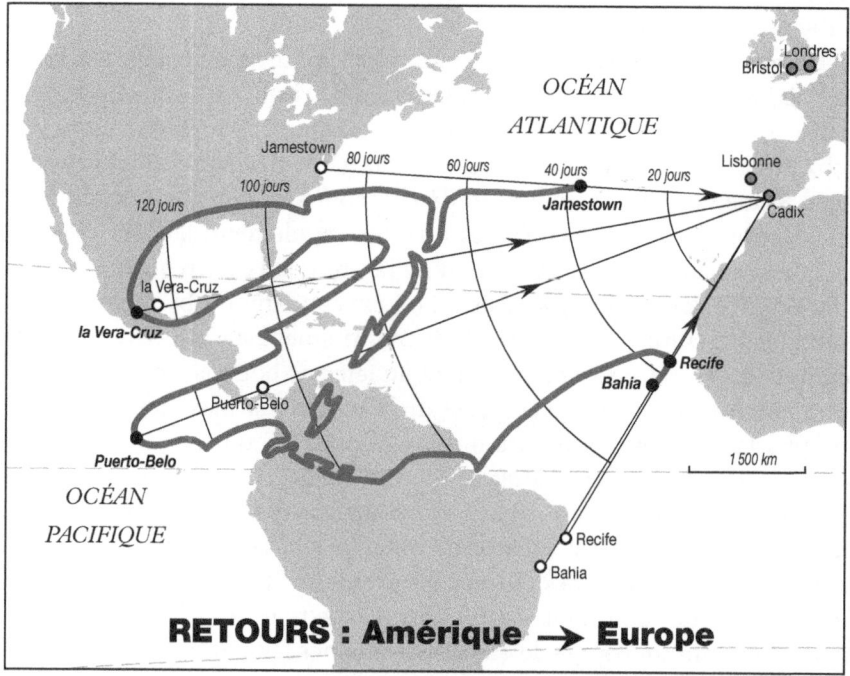

Figure 5.3. Les isochrones dans l'Atlantique

maîtrise des manœuvres nécessaires, sans compter les qualités de meneur de rudes hommes, mais aussi vus les risques encourus par le capitaine autant que par les autres, il était nécessaire sur un vaisseau de haute mer qu'il y ait au moins quatre hommes capables d'assurer tant bien que mal cette fonction pour ramener navire et cargaison à bon port.

De ce fait, la relative étroitesse de l'Atlantique est importante. Par les routes communes, il faut une vingtaine de jours en moyenne pour aller d'Europe en Amérique, quelquefois moins, et à peine plus pour le retour. Rien à voir avec l'immensité au-delà du cap de Bonne Espérance et surtout du cap Horn. La contrainte du trajet le plus court, combinée à la circulation des vents, permet donc de mieux comprendre la chronologie de certaines colonisations. L'Amérique la plus facile d'accès (en dehors d'un point de départ en Islande) est le Nordeste brésilien (figure 5.2), d'où la localisation des premiers grands ensembles de plantations (chapitre 6).

« America, America ! »

Deux caractères conjugués ont fait de l'Amérique la destination privilégiée de l'émigration européenne : la faible concurrence du peuplement autochtone et la relative modestie du trajet pour y parvenir. Le premier attribut est fort cynique : s'il est vrai que l'Amérique était moins densément peuplée avant l'arrivée des Européens que l'Eufrasie, cette irruption a largement contribué à vider le continent de ses autochtones. Cette élimination fut d'ailleurs volontairement poursuivie par les migrants pour s'approprier les territoires des Amérindiens. Mais le second a également beaucoup joué : l'Australie et la Nouvelle-Zélande qui « bénéficiaient » encore plus du premier avantage, n'ont jamais connu de semblables flux d'immigrants.

On peut schématiser le mouvement migratoire transatlantique selon deux étapes. Jusqu'au milieu du XVIIIe siècle, les principaux flux sont à destination de l'Amérique intertropicale ; ensuite, ce sont les régions plus tempérées du nord et du sud du continent qui reçoivent le plus de migrants. Cette seconde période correspond à la transition démographique européenne qui voit la population du « vieux continent » passer de 100 millions à 400 millions entre 1700 et 1900, compte non tenu des 80 millions d'émigrants, essentiellement tournés vers l'Amérique. La première période ne peut concerner de tels effectifs, mais parmi ceux qui ont traversé l'Atlantique, c'est alors qu'il y a le mouvement forcé de la traite négrière.

Si les premiers flux vont vers le Nordeste brésilien, les Antilles et le Mexique, ce n'est pas parce que les courants marins y portaient plus directement les galions. Le courant le plus septentrional permettait d'atteindre assez rapidement le Labrador, sans qu'il ait longtemps poussé d'autres navires que ceux de pêcheurs de morue. Quant au Mexique, il restait fort loin : arrivé aux Antilles, on n'avait guère fait en temps que la moitié du voyage (figure 5.2). Mais les Européens ont recherché des terres qu'ils pouvaient mettre en valeur – et pour cela il fallait des travailleurs, donc des habitants – et dont la production avait en Europe une valeur suffisante pour compenser le coût du transport qui, jusqu'au milieu du XIXe siècle, restait considérable (chapitre 6). D'où une première colonisation effective dans les deux régions dont les sociétés « impériales » avaient pu être reprises, Mexique et Pérou, dont la première finalité fut longtemps la production minière.

Malgré l'effondrement démographique des peuplements indiens initiaux, une société métissée hispano-indienne, très inégalitaire entre les deux termes, a pu se développer donnant la base sociale des exportations de métaux précieux analysées précédemment. L'économie est bouleversée en quelques années par l'introduction du bétail de l'Ancien Monde, bovidés et ovins[1], et la constitution de vastes domaines latifundiaires, les *haciendas*. La base indienne et l'éloignement (il fallait près de six mois pour qu'un problème qui se posait dans la vice-royauté du Pérou, soumis au gouvernement de Madrid, puisse avoir une réponse sur place) sont responsables d'une forte autonomie de ces mondes par rapport à l'Europe. La minorité dirigeante issue de l'immigration européenne, les Créoles, est restée attachée à son origine tant que celle-ci permettait de légitimer sa domination. Lorsque le bilan a semblé devenir négatif, au début du XIXe siècle, l'heure de l'indépendance politique avait sonné. La situation était très différente dans les régions à la fois plus proches en temps et en coûts de l'Europe et vides – ou plutôt vidées – d'hommes, les Antilles et le Nordeste, plus tard le sud de l'Amérique septentrionale. L'intérêt économique que les Européens y trouvent en nécessite le peuplement. Après avoir déporté de gré ou de force des misérables d'Europe par le système de l'engagement[2], on fait rapidement appel à la traite négrière à l'origine du peuplement afro-américain actuel (chapitre 6).

D'autres migrations européennes ont suivi des motivations différentes et ont donc eu d'autres destinations. Le « Nouveau Monde » représentait l'espoir

---

1. Les Espagnols ont volontairement lâché des ovins et des bovins qui avaient le double atout de fournir une base alimentaire (et quelques sous-produits comme la laine et le cuir) et de pâturer donc d'ouvrir les paysages plus faciles ainsi à contrôler. Il suffisait de regrouper de temps en temps ces animaux en quasi liberté : c'est l'origine des *rodeos* [MAUDET, 2010]. Des chevaux, plus mobiles, retournèrent pour partie à l'état sauvage, devenant ainsi les « *mustangs* » dont les peuples américains des plaines copièrent l'usage sur celui des Européens. C'est ainsi que se développèrent les indiens cavaliers poursuivant les diligences des westerns. Cette re-domestication des chevaux eut surtout pour conséquence de faire revenir des peuples agriculteurs à la situation de chasseurs, tant cette nouvelle technique rendait efficace la chasse des bisons [TESTART, 2012].
2. L'*engagement* se présente comme une forme de servage « volontaire », généralement de trois ans, contre la promesse d'un lopin de terre et le voyage. Les candidats, même forcés, n'étaient pas assez nombreux en métropole et mouraient trop vite de maladies tropicales – d'où le recours, initialement plus coûteux, à la main-d'œuvre servile africaine.

de bâtir une société effectivement neuve dans une nature supposée vierge et attira ainsi des groupes religieux extrémistes, dont le plus célèbre est celui des *Pilgrim Fathers*, source du mythe fondateur *wasp* des États-Unis. Plus largement, des paysans en surnombre, comme les Poitevins qui sont les ascendants de beaucoup de Québécois, ont choisi l'émigration plutôt que la famine, préfigurant la grande vague migratoire de 1860-1910. Ces immigrants veulent rompre avec le Vieux Monde ; mais, à la différence des exclaves minières ou agricoles sous les tropiques, ils recherchent plutôt des milieux semblables à ceux qu'ils quittent et qu'ils peuvent maîtriser plus aisément. Leurs localisations sont donc surtout dans les milieux tempérés, en particulier en Nouvelle Angleterre relativement proche de l'Europe. Ces pionniers sont suivis massivement par les migrants issus de l'explosion démographique du XIXe siècle européen qui peuplent en tout premier lieu les États-Unis, mais également le Canada, l'Argentine, l'Uruguay, le Brésil méridional et le Chili. Les flux dirigés vers l'Océanie, l'Afrique du Sud ou d'autres lieux, restent en regard bien modestes.

C'est ainsi que dans une large mesure l'Europe s'est dédoublée de l'autre côté de l'Atlantique. Le meilleur témoignage en est sans doute le clonage toponymique massif : plus de villes portent des noms de lieux européens qu'indiens (Cordoba, Cartagena, Sevilla, Birmingham, London, etc.) ; combien de « nouveau » ou « nouvelle » (Castille, Angleterre, France, York...). Les Européens ont fait preuve partout dans le Monde qu'ils construisaient de la même façon de marquer nominalement leur emprise (ou du même manque d'imagination), mais nulle part aussi massivement qu'en Amérique. Plus profondément, s'est ainsi construite de part et d'autre de l'Atlantique une civilisation considérée comme une, même s'il a un versant ancien et un autre neuf : l'Occident. Le terme peut surprendre[1], mais son sens lourd le rend incontournable dans le fonctionnement du Monde contemporain. Déjà au XVIIIe siècle, comme l'a montré l'historien Jacques Godechot avec la notion de « révolution atlantique[2] », un même ensemble culturel et politique agit d'un même mouvement sur les deux rives de l'océan.

---

1. « Orient » et « Occident » sont des expressions qui devraient désigner les deux bouts de l'axe eurasiatique ancien. En fait, l'Orient est une notion occidentale qui sert à désigner ce que les Européens ont bien été obligés d'admettre comme civilisations (Chine, Inde, Iran, Monde arabe), qu'ils n'ont donc pas pu ranger parmi les « sauvages », sans pour autant les admettre comme semblables à eux (chapitre 10).
2. Jacques Godechot (*Les Révolutions. 1770-1799*, Paris, PUF, 1986) désigna ainsi l'ensemble des révolutions qui ont transformé les sociétés euro-atlantiques de la déclaration fondatrice des États-Unis (1776) aux guerres d'indépendance de l'Amérique espagnole (1808-1824) en passant par le point d'orgue de la Révolution française.

Conclusion : le laboratoire du métissage

Il n'y a rien de surprenant à ce que ce soit un spécialiste du Mexique du XVIᵉ siècle, Serge Gruzinski, qui ait écrit *La société métisse* [1999] : alors qu'ailleurs le Monde est imposé aux sociétés préexistantes, africaines ou asiatiques, qui doivent s'adapter, l'Amérique présente une gamme assez large de combinaisons inédites ou les origines européennes et d'autres mondes contribuent à produire du neuf. Le Mexique n'est ni espagnol ni nahuatl, ni moderne ni catholique, mais une de ces combinaisons neuves, que symbolise à Mexico la place des Trois Cultures. Dans les Caraïbes ou le Nordeste, les apports africains ont résisté souterrainement aux normes européennes. De telles fusions se produisent ailleurs dans le Monde, mais, jusqu'à présent, nul de part ailleurs un aussi vaste espace n'a effectivement mérité la dénomination de « nouveau monde ».

Chapitre 6

L'Europe tempérée produit le sous-développement sous les tropiques

La colonisation européenne est souvent considérée, non sans raison, comme la cause première des inégalités du Monde (figure 1.3). L'impérialisme est effectivement un agent puissant d'extraversion des espaces dominés. Pourtant, un demi-siècle après l'essentiel des décolonisations, l'origine du sous-développement – ou du retard économique, selon la problématique retenue – ne peut plus paraître aussi élémentaire. Si la diversité géographique des anciennes colonies est évidente, il n'est pas non plus possible de considérer en bloc la période qui va de la prise de possession des îles atlantiques à la décolonisation portugaise en 1975. On peut opposer une première période coloniale, avant la Révolution industrielle, durant laquelle l'Europe n'agit que là où cela rapporte vraiment aux métropoles, à une seconde étape, où le différentiel militaire est tel que les Européens ont les moyens d'agir presque partout à leur guise. Ramené à ce scénario à deux étapes (et deux niveaux spatiaux), on pourrait imaginer que la colonisation ait organisé un monde en cercles concentriques autour de l'Europe des métropoles : à proximité les héritages des colonies de l'époque dite moderne, au-delà ceux des impérialismes du XIXe et du début du XXe siècle. Et pourtant, le Monde est loin d'être ainsi.

Le tiers-monde était-il tropical ?

La question posée à la fin du chapitre 1 part du constat dérangeant d'un apparent rapport entre tropicalité et sous-développement. Cette question n'a de sens que contextualisée historiquement, à la fois par l'histoire du Monde et par celle de sa pensée : c'est au moment de la décolonisation, au mitan du XXe siècle, que le problème est soulevé, quand le déterminisme naturaliste est remis en cause par une lecture plus géopolitique, elle-même influencée par la contestation des colonisations.

Coïncidence troublante au milieu du XXe siècle

La notion de sous-développement (et la version plus politiquement optimiste de pays en voie de développement) date du tout début de la guerre froide, lorsque s'amorcent les décolonisations. La dimension politique apparaît au milieu des années 1950 avec le Mouvement des non-alignés (1956), l'« Internationale des pauvres » selon la formule de Nasser, conçu à Bandoung en avril 1955. Alfred Sauvy avait, dès 1952, inventé l'expression « tiers-monde », démarquée du tiers état de 1789[1]. À partir de là, une autre lecture bipolaire du Monde, « Nord/Sud », vient croiser l'opposition « Est/Ouest » de la guerre froide. Cette grille d'interprétation reste dominante tant que ne s'impose pas l'idée de mondialisation, à partir des années 1980. L'opposition nette entre pays riches et pauvres est souvent représentée par une limite cartographique linéaire qui donne à voir ce dualisme tranché (figure 6.1). Depuis au moins une vingtaine d'années, à la suite de l'émergence des Nouveaux Pays industriels (NPI) puis des différentes formes de « transitions » (chapitre 7), la problématique binaire est beaucoup moins de mise, mais cela ne signifie pas que la pauvreté de masse ait disparu du Monde ! L'ONU a même ressenti la nécessité en 1971 de forger la notion de Pays les moins avancés (PMA) pour recenser les États dont la majorité de la population est d'évidence

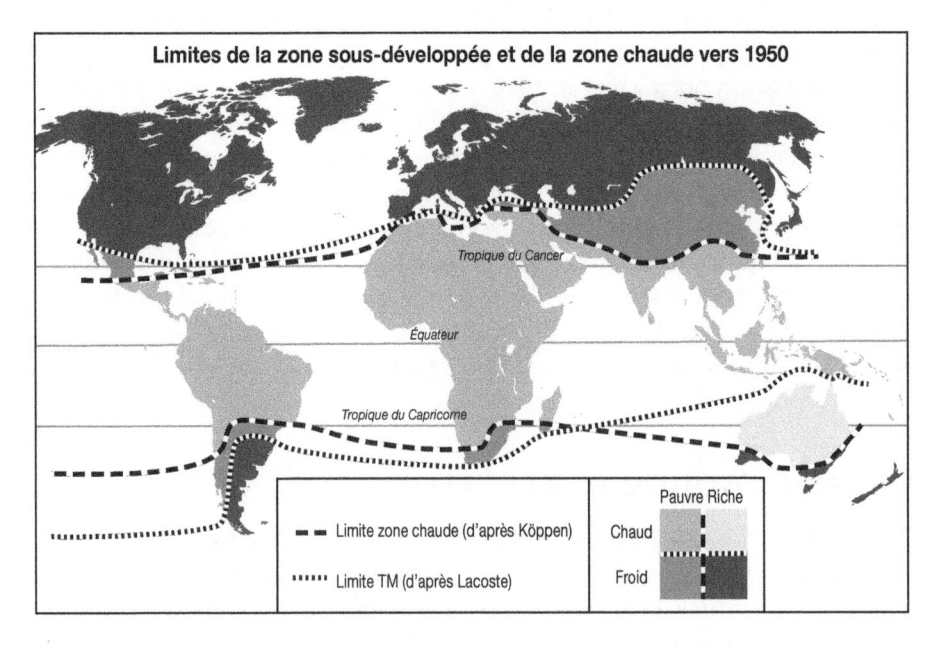

Figure 6.1. Sous-développement et zone tropicale vers 1950

---

1. « Car enfin ce tiers monde ignoré, exploité, méprisé comme le tiers état, veut lui aussi, être quelque chose » : ainsi Alfred Sauvy conclut-il sa chronique de *L'Observateur* du 14 août 1952.

contrainte à la pire pauvreté. S'il y avait sans doute une part de représentation fondée sur des préoccupations politiques dans la vision binaire opposant développement et sous-développement, il n'en reste pas moins que sa pertinence était incontestablement plus grande au milieu du XXe siècle, même si elle était fondée sur un arrêt sur image négligeant les dynamiques longues.

La frontière tracée dans les années 1960 entre pays riches et pauvres ne coïncide qu'imparfaitement avec la limite des pays chauds, sans hiver thermique, mais cette superposition relative est tout de même dérangeante. On peut, bien sûr, chercher tout ce qui permet d'infirmer ce constat et éviter ainsi d'avoir à affronter l'analyse d'une éventuelle relation. Le gros reliquat, très gros même, est posé par la Chine dont la pauvreté de masse pour l'essentiel du XXe siècle ne peut être niée. Certes, l'évolution ultérieure du pays remet en cause cette appartenance au Sud, mais sans effacer encore aujourd'hui le poids des masses rurales encore loin des standards mondiaux de niveau de vie. On ne peut, en effet, négliger l'importance des frontières étatiques, ne serait-ce que par la contrainte des statistiques sur lesquelles se fondent les classements de niveau de vie et qui sont toujours données dans le cadre des États ou de leurs regroupements[1]. Au-delà de l'instrument de mesure, le découpage national est également important dans la mesure où il produit des espaces de sociétés dans lesquels des logiques homogénéisatrices, redistributrices, s'affranchissent des limites naturelles. Ainsi les régions subtropicales des États-Unis (Floride, sud du Texas, sans compter Hawaï franchement sous les tropiques) bénéficient, même avant le développement d'un « effet *Sun Belt* », de leur appartenance à une société prospère. Le même raisonnement peut être fait pour l'Australie, dont le territoire est traversé en plein milieu par le tropique du Capricorne, mais dont l'essentiel du peuplement est plus méridional.

Une question taboue

Avant 1945, la question n'était pas vraiment posée et les réponses potentielles relevaient plus de la problématique inverse : non pas pourquoi les régions tropicales seraient-elles plus pauvres, mais pourquoi la zone tempérée était-elle plus riche ? En fait, il n'y avait guère débat et un paradigme de déterminisme naturaliste était largement partagé. Les manuels scolaires en donnaient la vision la plus simplifiée (figure 6.2). Il faut citer le texte qui accompagne la figure :

---

[1]. Pour l'analyse critique du rôle du découpage étatique des statistiques, voir l'article « Frontière » de Claude Grasland *in* GHORRA-GOBIN Cynthia (dir.), 2012 (2e éd.), *Dictionnaire critique de la mondialisation*, Paris, Armand Colin.

« La France est placée dans l'hémisphère boréal, le plus peuplé et le plus civilisé. Elle est comprise entre les 42ᵉ et 51ᵉ degrés de latitude, c'est-à-dire au milieu de la zone tempérée, la plus favorable au développement de la civilisation. »

Le déterminisme est assumé sans état d'âme. Cette explication zonale, déjà présente dans la géographie grecque antique, suggère donc en creux que les zones chaudes et polaires sont défavorables au développement !

**Figure 6.2. La France au centre du Monde
à l'École primaire supérieure de la Troisième République**

Source : *Cours supérieur de géographie* de Lemonnier et Schrader, Paris, Armand Colin, 1898.

La géographie universitaire, de façon évidemment plus nuancée, ne procédait guère autrement. Rien d'étonnant dans le contexte général de probabilisme dans lequel elle baignait. De fait, s'il n'est plus question de géographie dite « coloniale » passées les années 1930 et la grande exposition du même nom à Paris, les mêmes territoires relèvent de la géographie « tropicale ». Le principal auteur français, Pierre Gourou, en donne une vision subtile et nuancée dans *Les pays tropicaux* (1ʳᵉ édition en 1947 aux Presses Universitaires de France), mais qui n'échappe pas à une réflexion fondée sur le milieu naturel : comme il étudie des sociétés essentiellement agricoles, il part des sols (et donc des problèmes posés par la latérite) et du contexte biologique (pathogène dans des milieux toujours chauds). La question des origines de la pauvreté ne se posait ainsi guère : il y avait l'Europe et ses prolongements, l'Amérique du Nord en particulier, et, en regard, les autres. Parmi ces autres, il y avait les tropicaux plus mal dotés. Remarquons que, si une telle démarche intellectuelle évite de voir la colonisation autrement qu'en termes « d'apport de la Civilisation », elle permet également de contester un autre naturalisme plus pernicieux, celui qui cherche dans des différences biologiques supposées entre groupes humains les raisons de leurs inégalités socio-économiques.

Rien de surprenant, cependant, que le contexte d'une réflexion sur le sous-développement et le tiers-monde n'ait pu accepter cette vision déshistoricisée. Qu'elle se soit située dans la mouvance de l'économie keynésienne alors banalisée[1] ou de l'une des formes du marxisme encore très présent, l'analyse du sous-développement ne pouvait présenter la colonisation comme un facteur de progrès économique, bien au contraire. Le seul éloge qui pouvait en être fait dans un contexte qui se voulait progressiste, consistait à faire référence à Marx se félicitant de l'extension de l'économie capitaliste grâce à l'impérialisme détruisant les modes de production antérieurs, esclavagistes, féodaux ou orientaux, et hâtant ainsi la révolution socialiste. De ce fait, la tropicalité devenait un contexte sans signification et tout rapport entre milieu non tempéré et pauvreté ne pouvait qu'être ignoré ou nié.

Le débat principal, toujours dans le contexte intellectuel des années 1950-1970, était plutôt entre des perspectives évolutionnistes dominantes, résolument « modernes » dirait-on aujourd'hui, et une lecture plus interactive des processus, plus spatiale, celle des « dépendantistes »[2]. Les premiers, qu'ils aient plutôt partagé les valeurs du camp occidental et donc interprété la pauvreté en terme de retard, privilégiant ainsi l'expression de la Banque mondiale « pays en voie de développement », dont Rostow a donné la forme la plus simplifiée (1963), ou qu'ils se soient situés dans une perspective marxiste, considérant les pays pauvres comme destinés à progresser grâce à la révolution socialiste, partageaient ensemble l'idée que la géographie du Monde pouvait se lire selon un axe chronologique. En cela, ils ne contredisaient pas le modèle de la transition démographique qui permet de cartographier les différentes sociétés selon leur position dans un modèle évolutionniste (figure 7.3). En revanche, les dépendantistes ont mis en avant une analyse plus spatiale : ce sont eux qui ont donné du poids dans l'ensemble des sciences sociales au modèle centre/périphérie [REYNAUD, 1981], en refusant l'assimilation du sous-développement à un retard. Les théories qui ont inspiré plusieurs politiques d'États nouvellement indépendants, celles des industries industrialisantes (le « modèle algérien ») ou de la substitution des

---

1. LEWIS Arthur, 1963, *La théorie de la croissance économique*, Paris, Payot. ALBERTINI Jean-Marie, 1967, *Les mécanismes du sous-développement*, Paris, Les éditions ouvrières.
2. L'analyse « dépendantiste » est née dans le cadre de la Cepal (Commission économique pour l'Amérique latine) mise en place par Raûl Prebisch en 1948 et dont Celso Furtado fut l'un des principaux animateurs. Même s'ils n'avaient pas tous accepté cette classification, on peut ranger dans ce courant Samir Amin [1971 et 1973], Paul Bairoch [1971], Emmanuel Arghiri [1969], André Gunder-Frank [1977].

importations, en sont issues. Ce second courant a eu le mérite de penser en termes de mondialisation avant la lettre, même si les solutions avancées renvoyaient plutôt à l'autonomisation par rapport aux échanges mondiaux. Dans tous les cas, le rapport entre le milieu naturel, tropical pour la majorité des pays concernés, et le développement, ne pouvait être posé.

Un botaniste français, Francis Hallé [2010], a récemment repris une explication déterministe du sous-développement sous les tropiques. Il s'agit moins d'un déterminisme climatique, lié à l'absence d'hiver et à la chaleur permanente, que d'un déterminisme astronomique. La sensibilité de l'espèce humaine aux variations de longueur des jours serait l'explication fondamentale des différences comportementales entre les régions tropicales et les latitudes tempérées. D'après Hallé, la constance de longueur des jours et des nuits ou, inversement, leurs variations saisonnières, produiraient d'importants écarts des structures psychologiques, donc des progrès scientifiques et des structures sociales. Formulée aussi abruptement, l'hypothèse ne peut que prêter à sourire, mais son gros ouvrage est beaucoup plus nuancé. Il a le mérite de critiquer une pratique assez générale des sciences humaines[1], celle d'ignorer les contraintes des milieux et leurs influences sur les processus historiques. Comme pour les remarques de Jared Diamond, on ne peut le suivre jusqu'au bout de son déterminisme ; mais la contextualisation qu'il nous fait opérer n'en manque pas de salubrité. Cependant, s'il appelle l'histoire au secours de sa thèse, il déshistoricise nettement le rapport des hommes aux contraintes astronomiques. On voit qu'aujourd'hui on ne peut plus traiter par le mépris la question du moindre développement et de la zone intertropicale.

Une hypothèse géohistorique épicée

Depuis que l'apparente homogénéité des pays sous-développés a volé en éclat, ce qui correspond à la prise de conscience de la mondialisation contemporaine (chapitre 1), la question du rapport au milieu naturel peut être reposée en termes historiquement situés. Une réponse possible procède d'un constat très simple : l'initiatrice du niveau mondial, l'Europe, est un ensemble social entièrement situé en milieu tempéré. Nul retour à l'idée de « zone la plus favorable au développement de la civilisation », bien au contraire ; plutôt le constat d'un handicap : les sociétés européennes n'ont pu produire dans leurs propres territoires un certain nombre de biens découlant d'agricultures ou de cueillettes de plantes de milieux chauds.

Si les Européens sont partis au XVe siècle et surtout, à la différence des Chinois, ont persévéré, ce fut d'abord pour trouver le chemin de ce qu'ils

---

1. La critique que Hallé fait des économistes [p. 307-309] est particulièrement savoureuse.

appelaient des « épices ». La notion concerne des produits exotiques, donc lointains et coûteux, autrement on parle d'aromates (ail, oignon, laurier, thym, etc.). Les quatre principales épices (poivre avant tout, girofle, muscade et cannelle), auxquelles s'ajoutèrent le gingembre, la cardamome, le piment et quelques autres, sont moins vues comme des adjuvants culinaires que comme des produits thérapeutiques. Il est vrai que, jusqu'au XVIIIe siècle[1], la limite entre l'alimentation et la médecine n'était pas tranchée. Les apothicaires se disaient « épiciers et droguistes ». De fait, les vertus médicinales des épices ne sont pas imaginaires – l'aromathérapie contemporaine les a retrouvées – même si elles ont souvent été surestimées en proportion de leurs coûts autrefois exorbitants [BOUDAN, 2004]. Le clou de girofle, par exemple, est un désinfectant et cicatrisant en usage externe, et un antinévralgique et antiseptique en usage interne (le laurier aussi). Inversement, le poivre, pourtant longtemps le plus prisé, n'a guère que des vertus digestives, alors qu'on l'a beaucoup utilisé à tort comme préventif de la peste ou des maladies vénériennes.

Que les raisons aient été bonnes ou mauvaises, la quête des épices a été un puissant stimulant aux aventures lointaines, à la mesure des énormes enjeux financiers. Or, si les épices qu'on continue à nommer ainsi, le poivre et quelques autres, ont perdu au XVIIIe siècle leur importance tant médicale qu'économique, certains produits « tropicaux » dont le statut d'épice est souvent oublié aujourd'hui ont vu leur poids économique devenir considérable, le sucre en particulier. Pour pouvoir satisfaire une demande croissante, les Européens ont cherché à construire dans les régions tropicales des lieux spécialisés de production, qu'ils ont parfois gérés eux-mêmes dans le cas des plantations, ou dont ils ont fortement orienté l'économie par leurs demandes pressantes, en particulier en main-d'œuvre servile. Dans tous les cas, le résultat est un héritage social, économique et spatial, marqué par la désorganisation des structures antérieures et l'extraversion.

La première colonisation productrice d'extraversion

Les moyens dont disposaient les Européens, jusqu'à la Révolution Industrielle, pour soumettre des sociétés lointaines restaient très limités. À l'exception des nouveaux mondes, américains en particulier, dont les histoires séparées leur ont offert une opportunité extraordinaire (chapitre 5), les colonisateurs ne se sont saisis que de territoires très limités, ne serait-ce que parce que les

---

[1]. Elle persévère même au cœur du XIXe siècle : à preuve la très belle usine Menier à Saint-Denis qui produisait des médicaments à base de cacao.

démographies des métropoles ne permettaient la projection outre-mer que d'un nombre très restreint d'hommes. Jusqu'au XVIIIe siècle, les Européens n'ont contrôlé que ce qui leur permettait d'énormes profits. Cette colonisation relativement restreinte laisse malgré tout des traces profondes.

Le sucre, combustible du premier Monde

Une denrée peut être considérée comme archétypique de la première colonisation, dans la mesure où elle a progressivement pris le pas sur tous les autres produits tropicaux : le sucre. À mesure que les voies d'accès étaient mieux contrôlées, les productions locales mieux articulées à la demande européenne, la plupart des épices ont perdu de leur importance symbolique et économique. En revanche, il est d'autres produits dont l'importance a été croissante parce qu'ils ont largement contribué à la modification des pratiques alimentaires en Europe. C'est le cas en tout premier lieu du sucre et, à partir de la fin du XVIIe siècle, de produits stimulants auxquels il est associé : le café, le thé et le chocolat.

En dehors des fruits et du miel, la plupart des Européens connaissaient très peu le sucre avant le XIIIe siècle [MEYER, 1989]. Le sucre de canne n'avait pas été totalement ignoré dans le bassin méditerranéen antique, mais c'est avec les Croisades que les Européens, tout du moins une petite minorité fortunée, prennent goût pour le sucre pour ne plus jamais s'en passer. Qu'il y ait là, d'ailleurs, des raisons physiologiques[1], c'est certain. Mais ils apprennent aussi de leurs interlocuteurs arabes, qui eux-mêmes le tiennent de plus orientaux, comment le sucre permet la conservation d'aliments sous forme de confitures, de dragées et autres douceurs. La demande de sucre ne cesse de croître dans l'Europe des Temps Modernes, la diffusion de son usage, le passage progressif à une consommation de masse, allant de pair avec l'abaissement de son coût à l'arrivée en Europe. Ce qui restait encore à la fin du XVIe siècle un mets exceptionnel, objet de consommations ostentatoires et très occasionnelles[2], finit par pénétrer profondément la vie quotidienne en modifiant les pratiques alimentaires.

Or, une contrainte fondamentale pèse sur la satisfaction de la faim de sucre des Européens : la canne est une plante qui ne supporte pas l'hiver. Cette graminée de la sous-famille des Panicoïdés surtout présente dans les

---

1. Le saccharose est le plus pur et le plus concentré des glucides, donc le plus directement assimilable, celui qui, pour le minimum de poids procure le maximum de calories (4 kCal par gramme). De fait, il est le combustible idéal pour alimenter rapidement l'effort. D'où, probablement, la satisfaction innée dès le plus jeune âge que procure sa consommation.
2. Une pratique de tout personnage puissant, du XVe siècle au XVIIe siècle, pour afficher sa supériorité sur ses interlocuteurs, est de leur offrir des dragées. D'où la mode des drageoirs comme objets de grand luxe.

régions chaudes (elle comprend les millets africains, le sorgho, le maïs...), impose deux contraintes qui interdisent sa culture en Europe: son cycle de vie est d'une quinzaine de mois et elle ne supporte pas une température durablement inférieure à 18 °C. Or, jusqu'à la fin du XVIIIe siècle, on n'a pas su produire massivement du saccharose autrement qu'à l'aide de la canne. La culture de cette plante, originaire d'Asie méridionale (sa domestication a sans doute eu lieu dans le sud de la Chine), a été mise au point en Inde et a connu à partir de là une diffusion dont les conséquences historiques ont été très lourdes (figure 6.3). Le nom même de sucre vient de l'Inde, du mot sanscrit *sarkara*.

La production du sucre exige un traitement complexe. Non seulement la canne nécessite beaucoup d'engrais et de soins, mais la récolte est étroitement saisonnière et, surtout, la canne doit être très rapidement traitée, malgré sa lourdeur, sous peine d'une très forte déperdition du sucre. De ce fait, pratiquement dès l'origine, la culture a été concentrée, concertée et organisée sous forme d'exploitations de grande taille, disposant d'une importante main-d'œuvre rapidement mobilisable, groupée autour d'un moulin pour extraire le jus par broyage dès la récolte et des chaudrons pour la concentration et la cristallisation. La plantation est déjà inventée en Inde lorsque les soldats du roi de Perse Darius y découvrent en 510 avant notre ère « ce roseau qui donne du miel sans le concours des abeilles ». Ce sont cependant les Arabes qui l'introduisent en Mésopotamie puis en Égypte où les Européens la découvrent.

Ils n'auront alors de cesse de tenter la culture de la canne dans tous les reliquats des conquêtes des Croisades: Chypre, Crète, Malte. C'est l'une des toutes premières cultures introduites dans les îles atlantiques au XVe siècle (le « boom de l'or vert » à Madère). Mais tout cela reste trop modeste au regard d'une demande en pleine expansion. La canne traverse l'Atlantique sur un vaisseau de Colomb dès son deuxième voyage et sa culture est la première activité de production et non de prédation que les Européens imposent à l'Amérique. Elle est, en effet, en dehors des métaux précieux, sans doute le seul bien dont le prix final permette de rentabiliser les coûts de la production et surtout du transport transatlantique. Jusqu'au XVIIIe siècle, l'approvisionnement sucrier de l'Europe, en pleine expansion, est essentiellement américain (en dehors d'une faible contribution marocaine). La diffusion des plantations de canne suit celle des prises de possession sous les tropiques, en particulier dans les îles relais comme les Mascareignes, ultérieurement en Insulinde et dans le Pacifique. Mais alors la substitution par la betterave a été inventée.

184 ▲ Géohistoire de la mondialisation

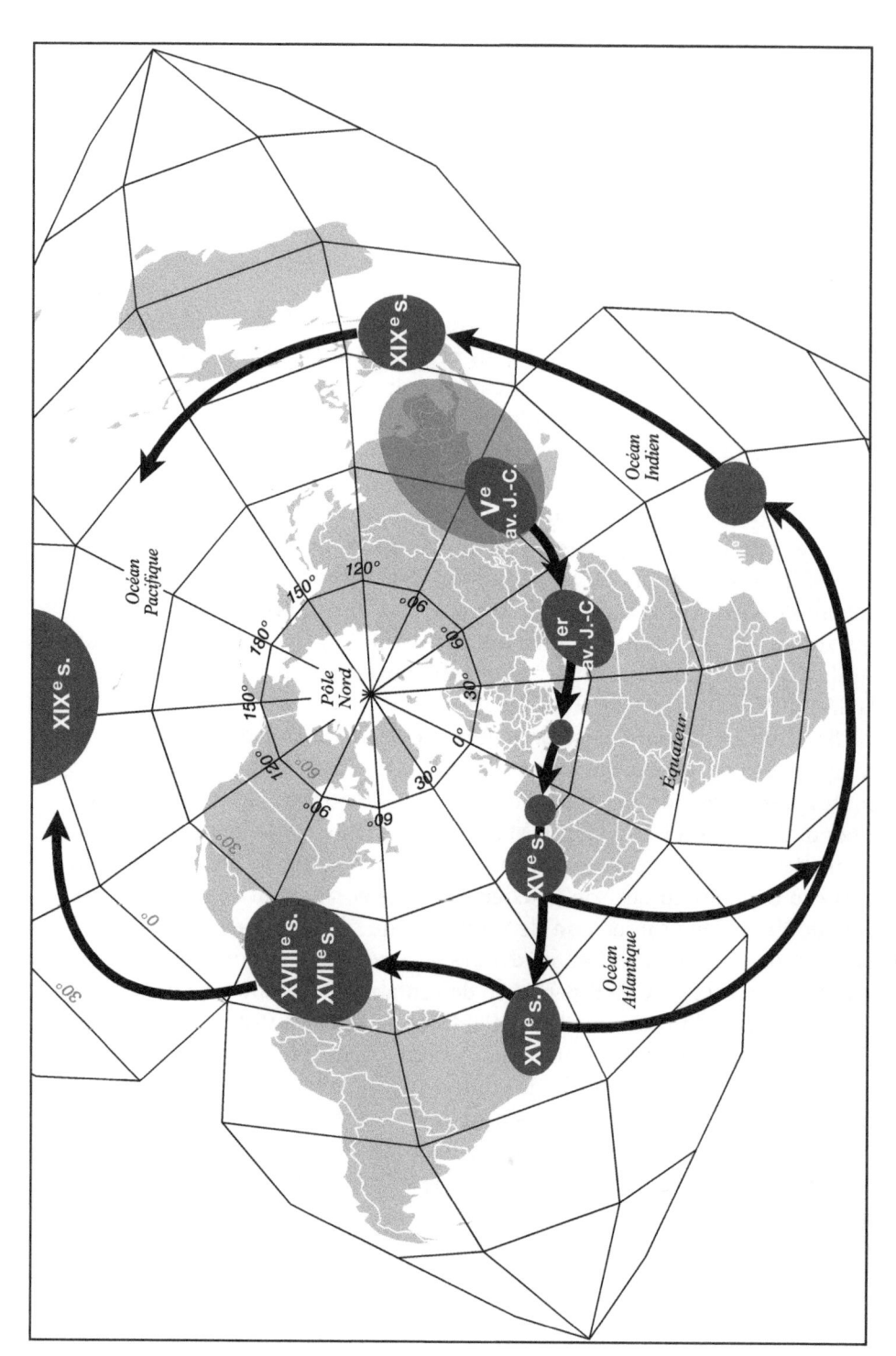

Figure 6.3. Diffusion de la culture de la canne à sucre

La traite négrière ou les soutes du Monde

On a pu dire de la plantation – non sans quelque raison – qu'elle avait été le laboratoire expérimental du travail industriel [MINTZ, 1991] : main-d'œuvre nombreuse, strictement encadrée, aux tâches parcellisées, calendrier et horaire précis, organisation fortement hiérarchique... et brutalité des relations sociales. La plantation est effectivement un monde profondément différent de l'agriculture et de l'artisanat familial. Or, le besoin de travailleurs nombreux pose vite problème en Amérique. Les densités y sont très faibles et fortement amoindries par les pandémies apportées par les Européens (chapitre 5). Les lieux où la main-d'œuvre disponible n'était pas négligeable sont trop éloignés et ceux qui sont économiquement accessibles sont quasiment vides (le Nordeste) ou vidés (les Antilles). Rien d'étonnant à ce que les Européens aient très vite eu recours à la traite négrière. Elle fut même réclamée par les défenseurs des Indiens, comme Las Casas. Les Européens n'ont d'ailleurs rien inventé, les plantations méditerranéennes et asiatiques ayant déjà recours à une main-d'œuvre servile dont le principal réservoir était déjà subsaharien. Il est bien évident que tout cela ne saurait en rien exonérer la responsabilité de l'Europe négrière et que, si l'on a pu dire dans le chapitre 5, que les Amérindiens avaient été les premières victimes de la mondialisation, il faut ajouter que les esclaves noirs et, derrière eux, la plus grande partie des populations d'Afrique noire soumises à l'hémorragie de cette émigration forcée, ont été les secondes.

Le trafic d'esclaves noirs était déjà pratiqué avant notre ère dans le bassin Méditerranéen et l'océan Indien. On estime les migrations forcées à une vingtaine de millions d'êtres humains en deux millénaires [PÉTRÉ-GRENOUILLEAU, 2004]. Il y eut donc une traite négrière de l'Ancien Monde qui divergea vers l'Atlantique à partir du XVe siècle. Comme pour l'ensemble des échanges, le Monde procède du système antérieur (chapitre 3) : la traite atlantique se greffe sur d'autres plus anciennes, transsahariennes et de l'océan Indien qui ne cessèrent qu'au XIXe siècle. Mais la traite occidentale fut la plus systématique, la plus massive en un temps relativement réduit, la plus inhumaine aussi.

Les premiers noirs arrivent en Amérique avec la canne à sucre dès 1500. Charles Quint donne, en 1518, l'autorisation d'importer dans les colonies espagnoles des esclaves africains « en raison de leur résistance au climat tropical ». La traite devient rapidement une affaire d'État. Pour l'Espagne, le système des *asientos* permet à l'État de céder contre une redevance à un entrepreneur le monopole de la fourniture d'un nombre donné d'esclaves noirs pour une colonie particulière. Pour les autres métropoles, ce sont les compagnies des Indes occidentales, mi-publiques mi-privées, qui captent ces monopoles rémunérateurs. Pour se procurer les victimes africaines, les

186 ▲ Géohistoire de la mondialisation

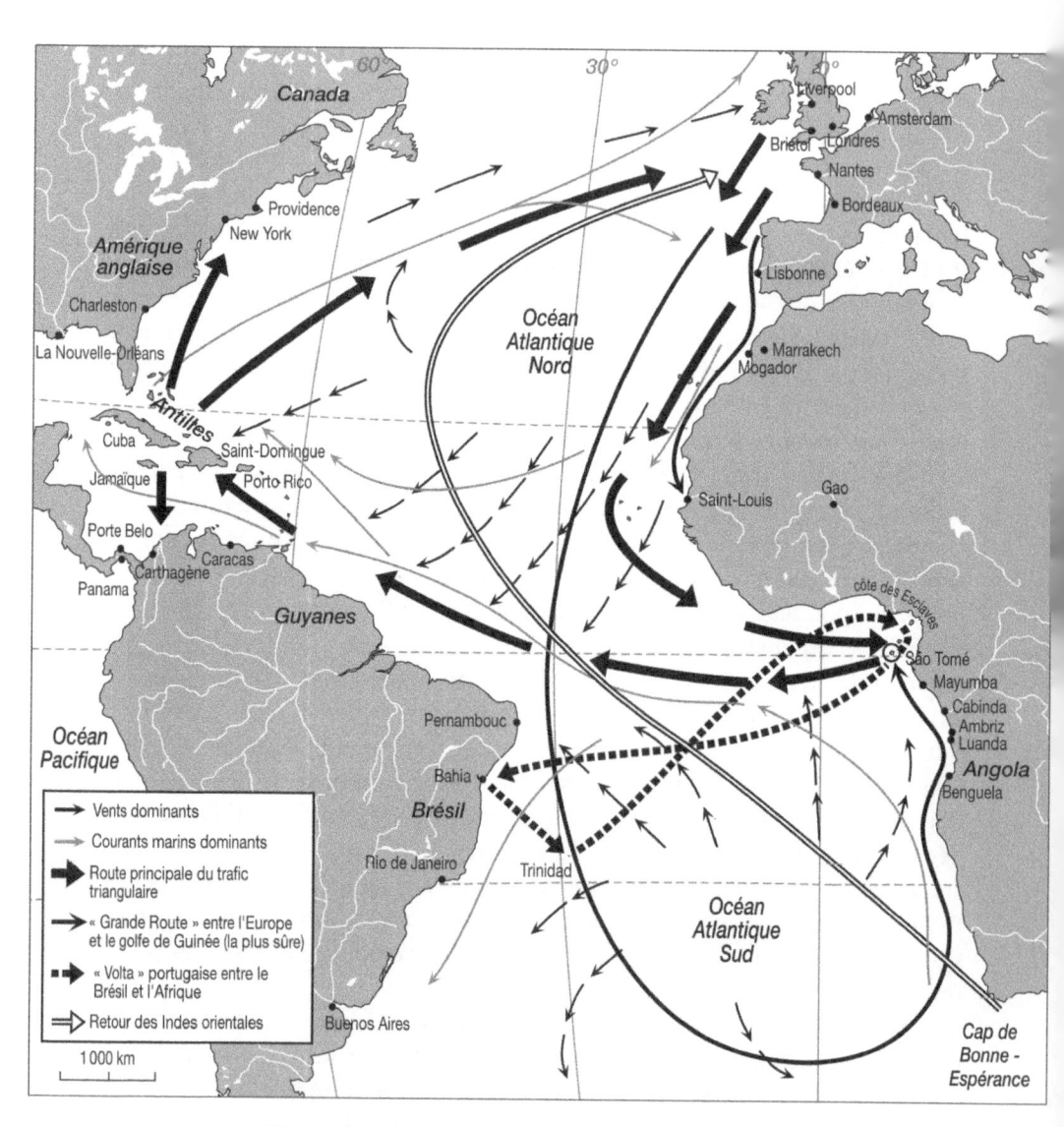

Figure 6.4. Les traites des Noirs dans l'Atlantique

Européens sont obligés de négocier avec des pouvoirs locaux qui drainent les esclaves vers les littoraux. Les produits d'échange, ce qu'on appelle souvent « la verroterie », génèrent une production européenne spécifique pour ce marché : perles de Murano et objets métalliques, plus tard cotonnades à l'origine des pagnes typiques du textile africain, armes à feu élémentaires. La traite négrière intègre ainsi l'Afrique subsaharienne dans le système-Monde émergent en position plus périphérique encore que dans l'Ancien Monde.

Les vents et les courants de l'Atlantique conditionnent le circuit des échanges (chapitre 5). Le commerce triangulaire ne représente qu'une variante des routes européennes transatlantiques ; l'originalité vient des escales africaines. Un autre itinéraire, portugais, représente une boucle entre le Brésil et le golfe de Guinée (figure 6.4). Un but recherché par les navires négriers est d'abréger au maximum le voyage afin de limiter le plus possible les pertes dans les cales prisons, les esclaves étant difficiles à obtenir en Afrique, donc coûteux. La localisation des plantations se comprend ainsi non seulement en fonction du trajet le plus court entre l'Amérique et l'Europe, mais aussi entre l'Afrique et l'Amérique, ce qui explique que les premières exploitations sucrières importantes aient été dans le Nordeste brésilien (figure 6.3). On y trouve, en 1600, 130 plantations qui produisent près de 16 000 tonnes de sucre avec des ouvriers à 70 % noirs. Cette première région tropicale organisée par l'Europe en fonction de ses besoins suscite bien des convoitises : les Portugais ont du mal à maintenir leur emprise. Si les tentatives françaises impulsées par l'amiral de Coligny sont assez facilement contenues, il n'en va pas de même face aux Hollandais qui réussissent à contrôler la région durant plusieurs décennies du XVIIe siècle[1] [DROULERS, 2001].

Mais, si le Nordeste est le mieux placé par rapport aux courants océaniques, il présente un énorme défaut pour le système de la plantation : son caractère continental. La douleur du déracinement et les conditions de vie proches du bagne poussent les esclaves à s'enfuir, à « marronner », dès qu'ils le peuvent. S'organisent ainsi au XVIIe siècle de véritables sociétés de fugitifs dans l'arrière-pays brésilien qui font peser une menace sur la mince bande littorale contrôlée par les Européens en même temps qu'elles suscitent un espoir de fuite. Cette condition locale due à l'immensité brésilienne a fait, pour la raison inverse, l'intérêt (pour les Européens) des Antilles. Les îles, surtout les plus petites, constituent de véritables prisons naturelles. Ainsi, la diffusion des plantations de canne se réalisa du sud vers le nord-ouest, de Trinidad dès le début du XVIIe siècle à Cuba dans la seconde moitié du XVIIIe siècle ce dont témoigne aujourd'hui le pourcentage de population noire, en gros décroissant dans cet ordre.

---

1. On doit à cet épisode hollandais au Brésil la première peinture américaine avec les tableaux de Franz Post, à la fois témoignage de la vision européenne des tropiques et jalon dans la mondialisation de l'art (chapitre 10).

L'opium mondial

> « L'opium agrandit ce qui n'a pas de borne. »
> Charles Baudelaire, *Les Paradis artificiels*, 1860.

L'opium résulte du séchage du latex contenu dans les graines de pavot. Cette plante est utilisée et sans doute cultivée en Méditerranée orientale depuis la plus haute Antiquité. Une tablette sumérienne mentionne le pavot à opium comme « plante de la joie », l'*Iliade* l'évoque et on considère souvent que « le breuvage procurant l'oubli de tous les chagrins » (*Odyssée*, IV, 221) devait être à base d'opium. La médecine antique en fait grand cas et Galien en fit la base d'une panacée promise à un grand avenir européen : la thériaque, utilisée jusqu'au début du XXe siècle. D'autres opiacées sont toujours très pratiquées (laudanum, élixir parégorique, morphine...). L'usage se développe parallèlement en Inde et en Chine, pour une pratique médicale, mais aussi toxicomaniaque. Ce sont les retraités de l'armée des Inde qui l'introduisent comme drogue en Grande-Bretagne à la fin du XVIIIe siècle. L'opium est décisif pour l'intégration de la Chine au système-Monde – il est même devenu symbolique de ce processus. L'image du Chinois tirant sur une pipe d'opium, celle du *Lotus bleu* de Hergé, est un stéréotype. Deux millions de Chinois étaient intoxiqués en 1850, 120 millions en 1880. Or, cette pratique a supposé une mise au point technique complexe. La pipe est liée au tabac, donc originaire d'Amérique. Les Européens mondialisent la « plante à Nicot » au début du XVIIe siècle. C'est probablement à Formose, après avoir traversé le Pacifique, que le tabac est alors mélangé pour la première fois à de l'opium dans une pipe. Puis des pipes permettant l'usage du seul produit opiacé sont inventées dans le Guangdong, mais la toxicomanie ne se diffuse que lentement au XVIIIe siècle.

La culture du pavot étant sévèrement contrôlée par l'État, c'est de l'opium importé qui est fumé dans l'Empire du Milieu, en particulier venu des Indes britanniques. Les Anglais trouvent, en effet, là une marchandise qui leur permet de compenser leurs achats de plus en plus massifs de thé. Durant toute la première moitié du XIXe siècle, la lutte entre l'État chinois, qui interdit les importations, et les trafiquants britanniques est vive. En 1839, le mandarin Lin Tsö-siu en fait jeter à la mer 20 000 caisses et Palmerston répond par la guerre, dite la première « de l'opium » (1840-1842). Par le traité de Nankin, les Anglais obtiennent la cession de Hong Kong et l'ouverture au commerce européen de cinq ports chinois. Cela marque l'intégration au Monde, en position de périphérie, de l'Empire du Milieu, renforcée par la seconde guerre de l'Opium (1856-1860)[1].

Même si le sucre et son sous-produit, le rhum, restent jusque vers 1800 la grande affaire économique tropicale, d'autres cultures se développent au XVIIIe siècle à l'aide de la main-d'œuvre noire : cacao, café, indigo, tabac et surtout coton. Deux demandes européennes qui explosent avec les prémices de

---

1. Pour plus de détails, consulter le site : www.geopium.org

la Révolution Industrielle (chapitre 7) suscitent en effet une production beaucoup plus massive : les modifications alimentaires (invention du petit-déjeuner, généralisation des desserts...) et la demande de cotonnades teintes. Les plantations se diversifient et surtout se répandent dans le sud de l'Amérique du Nord. Toutes les nations de l'Europe atlantique (Français, Anglais, Hollandais, Danois) tentent de participer à cette exploitation de l'Amérique tropicale. La traite du « bois d'ébène » connaît donc une croissance continue pour culminer durant la seconde moitié du XVIIIe siècle. Vers 1650, environ 8 000 Africains traversent de force l'Atlantique. Le rythme est passé à 25 000 à la fin du siècle. Le total est estimé à 1 350 000 pour le XVIIe siècle. Mais, pour l'ensemble du XVIIIe, il dépasse les 6 millions. Si l'on tient compte d'un taux de mortalité de 15 % durant le trajet, cela fait près de 7 millions de Noirs qui auraient quitté les côtes d'Afrique pour l'Amérique pour le seul siècle « des Lumières ». Cet énorme effectif est encore grossi de 2 millions de personnes pour les dernières années de la traite atlantique au XIXe siècle. Le Brésil et les colonies françaises et anglaises des Antilles sont les trois principales destinations, avec une redistribution ultérieure vers l'Amérique du Nord. Les treize colonies britanniques, puis les États-Unis, s'insèrent en effet dans ces échanges en fournissant les Antilles en comestibles (blé, morue, produits laitiers), en chevaux et en bois (entre autres sous forme de bateaux).

Avec la rapide montée en puissance de l'industrie textile britannique et française, la demande de coton explose dans la seconde moitié du XVIIIe siècle. Plante à la fois originaire d'Amérique et d'Inde[1], sa culture se développe dans le sud des États-Unis naissants dans le cadre d'une économie de plantation devenue le symbole de la mythologie sudiste. Avec celle du tabac, plus ancienne en Virginie, la production du coton est à l'origine de l'essentiel de la population afro-américaine des États-Unis.

Un héritage présent et pesant

Le bilan de l'économie de plantation est souvent considéré comme ambigu. C'est certainement vrai si l'on considère la seule situation économique des planteurs : activité hautement spéculative, les plantations sont souvent endettées, font fréquemment faillite, courent de toute façon des risques considérables (main-d'œuvre dangereuse, dépendance maritime pour la plupart des approvisionnements, rupture avec la métropole à l'occasion des guerres entre

---

1. La variété *Gossypium barbadense*, souvent appelée « Jumel » du nom du conseiller de Méhémet Ali qui l'a introduite en Égypte, est originaire du Pérou. Ce coton est à l'origine des « longues soies » modernes dont la culture s'est particulièrement développée en Égypte lorsque la guerre de Sécession étatsunienne provoqua une pénurie de matière première. Une autre variété, *Gossypium hirsutum*, venue du Mexique et développée aux États-Unis, est à l'origine du coton « Upland » ou « moyenne soie » qui représente aujourd'hui 80 % de la production mondiale. Les variétés indiennes, « courtes soies », ont eu tendance à disparaître à partir du XIXe siècle.

puissances européennes). En revanche, il suffit de contempler le patrimoine architectural légué par les armateurs à Nantes, Bristol et surtout Bordeaux, pour comprendre que le commerce triangulaire a pu être hautement bénéfique !

Avant de réfléchir aux conséquences métropolitaines (chapitre 7), il est important de rappeler que cette ancienne logique intercontinentale a laissé des traces profondes au niveau mondial. D'abord dans nos pratiques alimentaires quotidiennes, ce qui contribue à perpétuer les structures géographiques héritées. La consommation de sucre était restée exceptionnelle au XVIe siècle. Elle se marque surtout par l'introduction des sucreries. Les livres de recettes de confitures et de pâtisseries se multiplient[1]. La cuisine savante, telle qu'elle s'invente dans la France du XVIIe siècle [PITTE, 1991], codifie l'usage de terminer un repas par un service sucré. La pâtisserie apprise auprès des Arabes et des Turcs, mais dont l'origine, comme la culture de la canne, est indienne, est ainsi naturalisée européenne, transformée et rediffusée à travers le Monde.

Mais la principale innovation alimentaire découle de l'introduction de nouveaux repas quotidiens, le petit-déjeuner et, dans une bien moindre mesure, le goûter. Jusqu'au début du XVIIIe siècle, tous les Européens mangeaient un repas matinal (souvent plus tardif que l'actuel) plutôt salé. Ce sont, comme pour d'autres caractères alimentaires, les Britanniques qui sont restés les plus proches de cette tradition ; ils n'ont d'ailleurs pas éprouvé la nécessité de désigner d'une nouvelle expression le repas du matin : la rupture du jeune nocturne (étymologie tant de *breakfast* que de « déjeuner ») n'a pas changé de nom, alors que les Français ont dédoublé l'usage du mot qui désigne tant le repas de la mi-journée que celui du matin (devenu « petit », il est vrai). Ces évolutions des mœurs alimentaires pourraient sembler bien dérisoires par rapport au niveau mondial, si elles ne traduisaient pas de profondes modifications dans l'échelle des approvisionnements. En effet, alors que le repas traditionnel utilisait des produits locaux (œufs, lard, légumes…), le « petit-déjeuner » est centré sur la consommation d'une boisson dopante dont l'ingrédient provient d'une culture tropicale : thé, café ou chocolat, généralement sucrée. En absorbant chaque matin l'un de ces breuvages, nous participons activement au niveau mondial, d'autant plus que chacune est originaire d'un continent différent (le Mexique pour le chocolat – l'un des rares mots d'origine *nahuatl* dans notre vocabulaire –, la Chine pour le thé – figure 6.5 – et l'Éthiopie pour le café). Le petit-déjeuner invite le Monde à notre table chaque matin.

Les changements dans l'échelle géographique ne concernent donc pas que les épices, loin de là. L'alimentation quotidienne, le textile (fibres et plantes tinctoriales), puis beaucoup d'autres produits (ne serait-ce que le caoutchouc

---

1. Un auteur de recettes de desserts célèbre pour d'autres raisons fut Nostradamus !

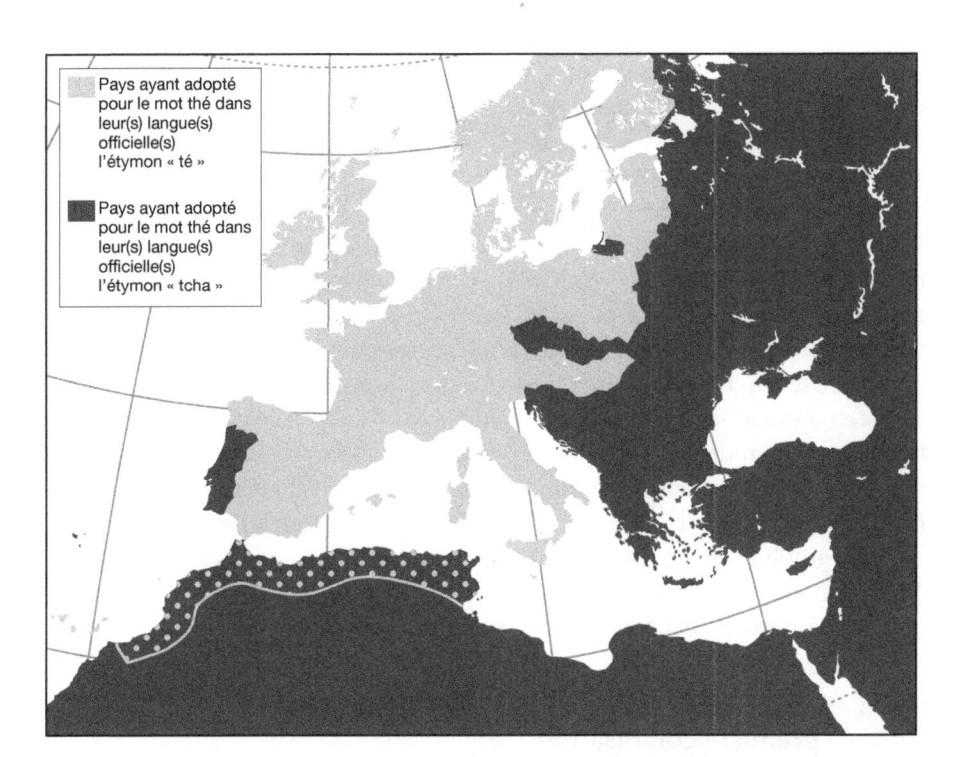

L'Europe tempérée produit le sous-développement sous les tropiques ▼ 191

Figure 6.5. Les différents mots pour désigner le thé en Europe

Les pays qui ont connu le thé par la Route de la soie ont adopté la prononciation de la Chine du Nord (*tcha*) et ceux qui l'ont connu par les voies maritimes utilisent celle de la Chine du Sud (*tè*). Le Portugal fait exception car les jésuites le lui ont fait connaître dès le XVIe siècle. Au Maghreb, le mot arabe «*tchaï*» est souvent remplacé, que ce soit pour l'arabe dialectal ou les différentes langues berbères, par des variantes de «*tè*». Voir BROCHARD Isabelle, 2004, «*Tè ou Tchaï*», *Mappemonde*, n° 75 (disponible sur: www.mappemonde.mgm.fr).

Source: carte réalisée d'après Isabelle Brochard, *op. cit.*

naturel originaire d'Amazonie) jusqu'à l'«extractivisme[1]» contemporain, mettent ainsi l'agriculture, parfois la cueillette[2], en zone intertropicale à destination du marché mondial. Ce marché des produits appelés hier «coloniaux», aujourd'hui encore «tropicaux», est toujours au niveau mondial, même si les bourses en sont «au Nord[3]». Ces agricultures sont ainsi profon-

---
1. On appelle «extractivisme» la recherche de produits végétaux ou animaux utilisés par une population laissée en marge du Monde (les «primitifs» de naguère) qui présente des caractères susceptibles d'en faire un produit lucratif vendu sur le marché mondial.
2. Le ramassage du guano a ainsi pu représenter une forme d'utilisation particulière d'un produit lointain.
3. Les principales bourses de produits agricoles sont à Chicago, Londres et New York. Il faut ajouter Paris pour le sucre blanc. La seule bourse sous les tropiques qui joue un rôle non marginal est le marché du café de São Paulo.

dément asymétriques par rapport à celles des produits tempérés protégés par de vigoureuses politiques agricoles (chapitre 9).

Alors que la première colonisation n'avait ainsi pu affecter que le monde atlantique intertropical, tant du côté africain que du côté américain, la logique d'extraversion a été étendue bien au-delà dans le cadre de la seconde colonisation. Le thé en Inde – à partir du moment où l'espionnage des Britanniques[1] leur permet de briser le monopole chinois – et le caoutchouc en Malaisie en sont des cas particulièrement importants. Les mêmes causes ont produit les mêmes effets : les déportations massives de populations dans l'Empire des Indes pour permettre le bon fonctionnement des plantations de thé sont tout à fait comparables en sauvagerie à la traite négrière, même si la durée et les effectifs concernés furent bien moindres [MINTZ, 1991]. Si les similitudes dans la mise en coupe réglée de vastes régions de la zone intertropicale par l'Europe tempérée permettent de comprendre qu'au moment de la décolonisation le tiers-monde ait eu cette géographie majoritairement zonale, il n'en reste pas moins que la proximité ou l'éloignement de l'Europe différencie les héritages. L'Amérique intertropicale (encadré ci-dessous) et l'Afrique noire restent les plus marquées (encadré p. 193).

Haïti, expérience limite de l'empreinte de la première colonisation

Triste histoire : celle d'un lieu construit comme une périphérie dominée et qui, par son émancipation, est devenu un lieu délaissé. Hispaniola, atteinte par Colomb dès 1492, représenta au début du XVIe siècle la première pièce maîtresse de l'Empire espagnol. Au XVIIe siècle, la pression des autres puissances européennes, désireuses de contrôler des îles potentiellement à sucre, devint forte sur les Antilles que les Espagnols n'arrivent plus à toutes garder sous leur pouvoir.

Ce sont les Français qui s'installent à l'ouest de la grande île (fondation de Port-au-Prince en 1661), occupation entérinée en 1697 par le traité de Ryswick. Au XVIIIe siècle, Haïti devint, pour la France, le principal lieu de plantations, regroupant environ un demi-million d'esclaves vers 1780. La canne y est d'abord associée à l'indigo, puis, de plus en plus au café, introduit dès 1726. Au traité de Paris, en 1763, la France préfère céder les quelques « arpents de neige » canadiens plutôt que ses Antilles. Haïti était alors le premier foyer de production de sucre au monde, avant d'être supplanté par Cuba.

Cet effet de taille avait un revers : l'importance de la population réduite en esclavage rendait la situation sociale difficilement contrôlable. La fuite des esclaves, le marronnage, rendu possible par l'étendue de l'île et le caractère montagneux de l'arrière-pays, favorisait des révoltes récurrentes (la dernière s'achève en 1786).

---

1. Le savoureux récit de Robert Fortune, *La route du thé et des fleurs* (1852, rééd., Payot, 1994), raconte comment ce botaniste a réussi, à la fin des années 1840, à percer les secrets de la culture du thé et faire sortir de Chine, pour le compte de l'*East India Company*, des milliers de pieds de *Camelia sinensis*, immédiatement plantés en Inde et à Ceylan. Il privait ainsi la Chine du monopole de la production d'un bien dont les Britanniques ne pouvaient plus se passer.

Les échos de la Révolution française déstabilisent très vite cette société fragile. Alors qu'affranchis et mulâtres tentent d'arracher l'égalité politique pour eux, des révoltes éclatent dans les plantations dès 1790. Toussaint Louverture réussit un temps à fédérer esclaves révoltés et métisses mécontents et, profitant de la rupture avec l'Europe dès le début des Guerres Révolutionnaires, chasse les Français. En 1802, Napoléon Bonaparte tente de reprendre Haïti. Le général Brunet parvient à capturer Toussaint Louverture qui meurt en 1803 emprisonné au Fort de Joux dans le Jura. Mais les troupes françaises sont finalement vaincues et l'indépendance est proclamée le 1er janvier 1804.

Pour la première fois, l'universalité des Droits de l'Homme est appliquée à une population non européenne. Mais la suite illustre mal l'idéal du Progrès. Jusqu'en 1839, Haïti reste morcelée après l'échec du successeur de Louverture, Jacques Dessalines, qui s'est proclamé empereur. Haïti est ensuite partiellement annexé à la Dominique espagnole voisine, coupée entre le nord du royaume d'Henri Christophe et la république méridionale d'Alexandre Pétion. La réunification et l'indépendance, définitives à partir des années 1830, ne ramènent ni la stabilisation politique, ni la croissance économique. Les plantations, qui avaient été divisées en petites propriétés, de plus en plus réduites avec la poussée démographique, ont perdu toute cohérence productive et exportatrice. Le problème principal d'Haïti réside alors dans l'impossibilité de se réinsérer dans les échanges internationaux. Aux causes internes s'ajoutent l'évolution du marché mondial du sucre transformé par le développement d'un substitut tempéré, la betterave sucrière, et le protectionnisme des grandes métropoles privilégiant leurs propres colonies.

Un lieu ainsi produit, essentiellement au XVIIIe siècle, par une logique de dépendance, devenu indépendant est ignoré par le Monde. En 2010, avec une densité de 320 habitants au km^2, Haïti a une mortalité infantile de 60 ‰, une espérance de vie de 52 ans pour les hommes et de 55 ans pour les femmes, un IDH de 0,470 et plus de 10 % de la population est séropositive – sans doute le seul aspect vraiment mondialisé localement.

Le tremblement de terre du 12 janvier 2010 a tragiquement rappelé, durant quelques jours, les fragilités extrêmes de cette société. Un tiers des bâtiments de Port-au-Prince se sont écroulés, y compris le palais présidentiel et la cathédrale.

Inversion des densités entre l'Afrique soudanienne et le littoral

Les conditions environnementales sahariennes ont interdit la constitution de structures politiques capables de menacer et de soumettre régulièrement de grands ensembles de sédentaires, équivalentes aux « Empires des steppes » d'Asie centrale. L'introduction du dromadaire, sans doute au début de notre ère, permet cependant, malgré la croissance de l'aridité, le développement de routes rattachant la zone soudanienne des savanes d'Afrique noire au monde méditerranéen et, au-delà, aux grands axes du cœur de l'Ancien Monde. Des sociétés caravanières s'autonomisent, créent des relais autour de certains points d'eau bien situés par rapport aux directions privilégiées des routes. L'Afrique noire occidentale peut effectivement produire un bien particulièrement prisé dans le reste de l'Ancien Monde où les exploitations minières et les orpaillages sont beaucoup plus anciens : l'or. Un produit d'échange provient du Sahara lui-même, le sel ; des biens manufacturés, métalliques et textiles parviennent de plus au nord.

Cette intégration aux réseaux méditerranéens et eurasiatiques se poursuit sans discontinuer jusqu'au XVIe siècle – et même au-delà. Des cités marchandes, au terme méridional des routes, se développent, puis sombrent parfois dans l'oubli quand les routes se déplacent. Dès le VIIIe siècle, l'Islam est diffusé par les marchands. En relation avec ces villes, le contrôle des ressources et de leur acheminement suscite de grandes constructions politiques que les contemporains arabes et, ultérieurement, les Européens nommèrent des « empires ». Ces constructions complexes et multiethniques encadrent les densités fortes des peuples de la savane et contribuent à les accentuer. Deux lieux principaux situent de façon récurrente ces espaces impériaux (figure 3.11) : l'un occidental, du fleuve Sénégal à la boucle du Niger (Ghana et Mali), l'autre plus à l'Est, autour du lac Tchad (Kanem et Bornou).

À partir du XVIe siècle, le littoral du golfe de Guinée, fréquenté par les Européens en quête d'or, de malaguette et, de plus en plus, d'esclaves, devient à son tour une interface. Les populations susceptibles d'être objet de traite se trouvent au nord de la forêt. Dans la zone forestière se développent des États esclavagistes spécialisés dans la fourniture de ce « bois d'ébène » qu'ils fournissent aux traiteurs européens en échanges de produits artisanaux et d'armes : Baguirm, Achanti, Dahomé, Bénin [GRATALOUP, 2015, figure 5.3].

S'amorce ainsi un renversement des densités : de la zone des savanes, à la fois espace ouvert de culture et d'élevage et interface avec les échanges septentrionaux, on passe à une littoralisation progressive qui explose au XXe siècle.

La seconde colonisation : une aventure brève et plutôt coûteuse

À la fin du XVIIIe siècle, les Européens n'ont conquis de vastes étendues qu'en Amérique, avec une exception notable : l'Inde (figure 6.6). Outre Atlantique, l'émancipation du pouvoir métropolitain a débuté avec l'indépendance des États-Unis (1783) et se déroule au début du XIXe siècle pour les colonies espagnoles du continent, contrecoup, en partie, des guerres napoléoniennes. La Chine, le Japon, l'Iran, le Siam, le Vietnam, la Corée et quelques autres restent largement autonomes. L'empreinte directe des Européens en Afrique n'est visible que sur quelques points littoraux. Beaucoup d'îles du Pacifique ne sont que des possessions nominales. L'exception indienne ne se comprend que comme un phénomène largement local, les colonisateurs européens s'étant insérés dans la géopolitique du quasi-continent. S'il y a déjà une dimension mondiale à la conquête de l'Inde, c'est que cette pénétration était stimulée par la concurrence anglo-française pour la domination des mers.

Tout change vers le milieu du XIXe siècle. La Révolution industrielle (chapitre 7) dote les puissances européennes de moyens insoupçonnés jusque-là : force militaire décuplée et moyen de projection lointaine grâce à la révolution des transports. Les navires en fer à propulsion mécanique autorisent une domination maritime écrasante, mais permettent aussi de remonter les cours d'eaux sans rapides (la politique de la canonnière). Les effectifs multipliés par la transition démographique et la militarisation des nations européennes (mise en place des conscriptions) permettent de disposer de troupes importantes. La politique qui consiste à faire porter le maximum d'effort par les colonisés eux-mêmes prend encore plus d'ampleur. L'immense Empire britannique n'aurait pu se développer sans le système de l'*Indirect Rule*, qui relève plus du protectorat que de la colonisation directe. Mais il n'en reste pas moins que l'extension outre-mer des empires européens, dont l'acmé est atteinte après la Première Guerre mondiale et le démembrement de l'Empire ottoman (figure 6.7), fut à la fois immense géographiquement et finalement très brève de l'histoire du Monde.

Bilan de la course au drapeau

Avec les décolonisations américaines, la zone d'influence officielle directe des métropoles européennes paraît plus réduite vers 1850 qu'un siècle auparavant. Il n'y a guère que la conquête de l'Algérie par les Français et la poussée britannique en Afrique du Sud qui représentent de nouvelles pénétrations importantes, sinon ce sont plutôt des multiplications de points d'appui qui traduisent l'accentuation de la maîtrise des Européens sur les mers du globe. L'ancienneté de la présence britannique en Asie du Sud explique que l'Empire britannique soit largement organisé par la maîtrise de la « route des Indes », qui est aussi celle de la Chine et de l'Australie, jalonnée de bases navales. La création du canal de Suez (1869) amène les Anglais à contrôler l'Égypte (1882). Malgré tous ses efforts, l'impérialisme britannique n'arrive pas à contrôler la Chine, tout au plus avec les Guerres de l'Opium à lui imposer une ouverture et à la faire lentement plonger dans une désarticulation séculaire (encadré p. 188). Les Occidentaux, en particulier les États-Unis (intervention du commodore Perry en 1853), réussissent également à imposer l'ouverture du Japon non sans de vigoureuses résistances (chapitre 7).

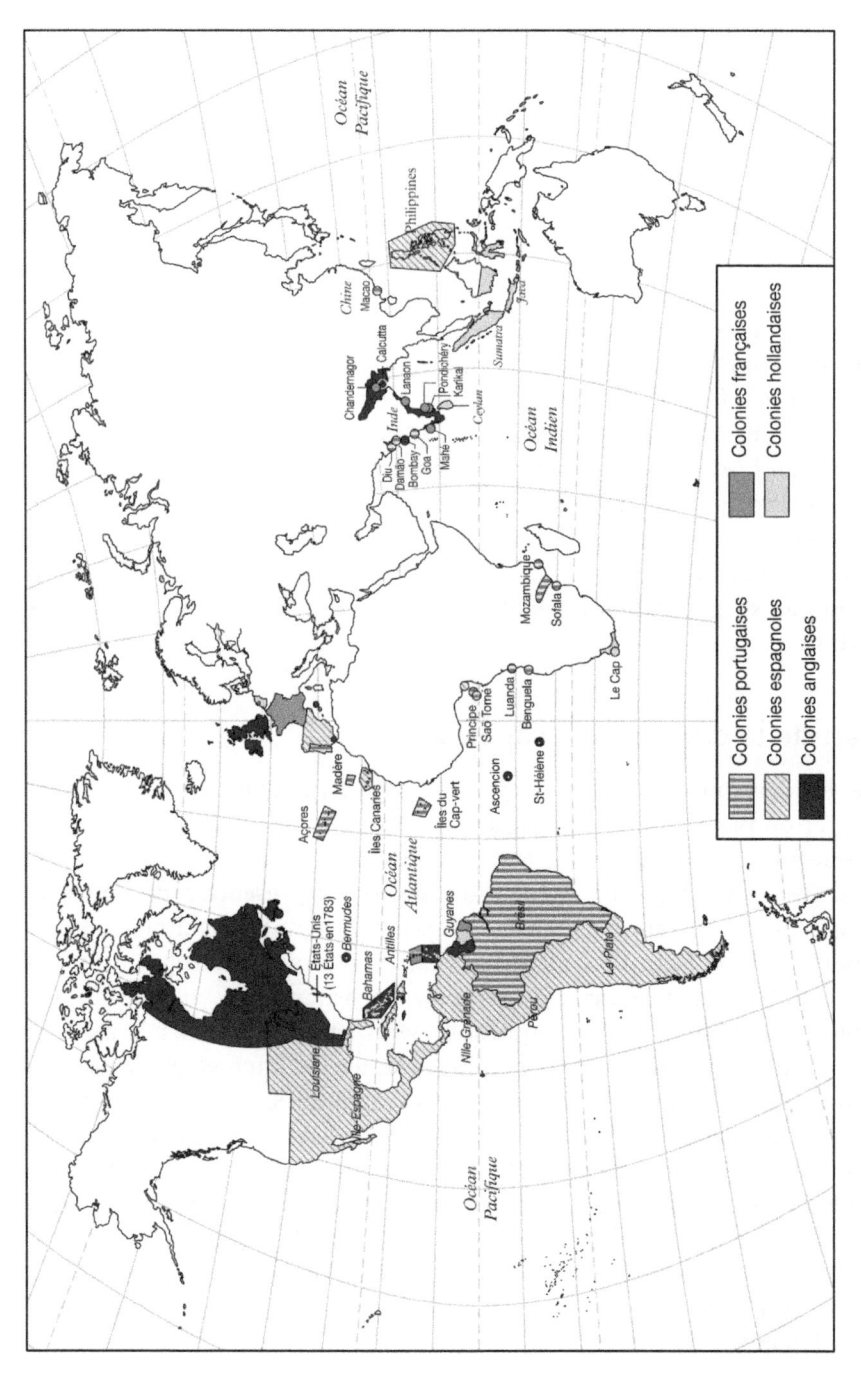

Figure 6.6. La colonisation européenne à la fin du XVIIIe siècle

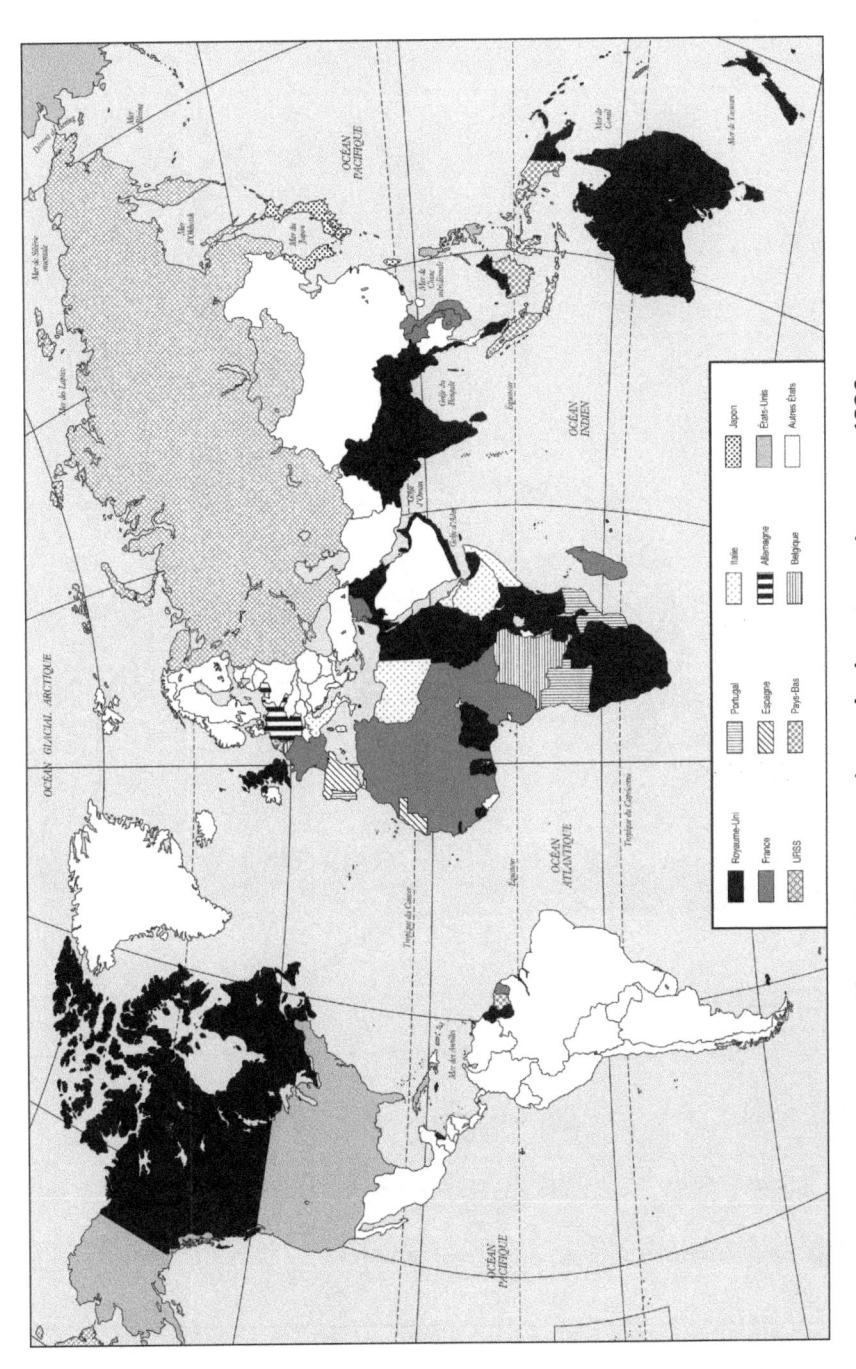

L'Europe tempérée produit le sous-développement sous les tropiques ▼ 197

Figure 6.7. Les empires coloniaux européens vers 1930

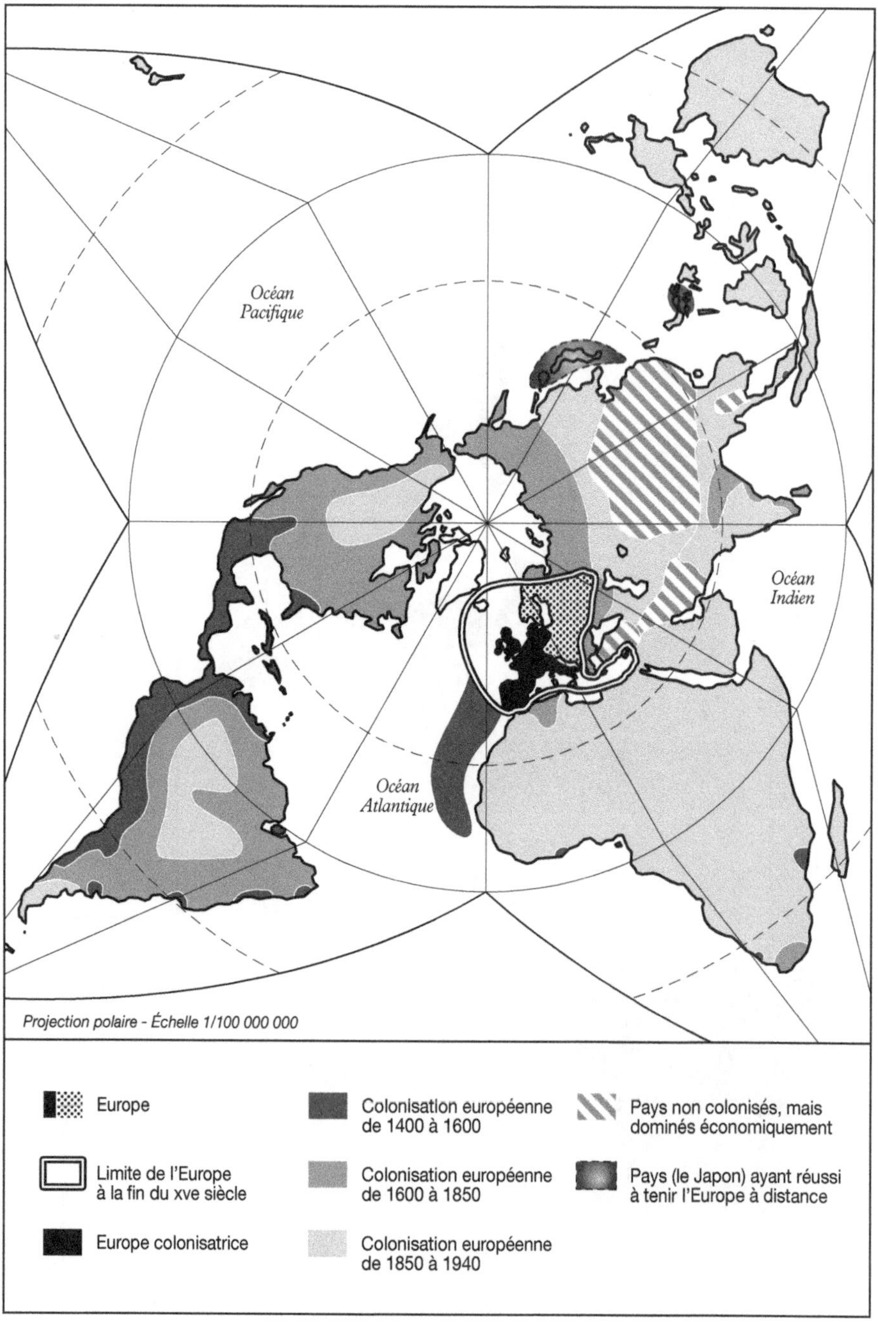

198 ▲ Géohistoire de la mondialisation

Légende :

- Europe
- Limite de l'Europe à la fin du XVe siècle
- Europe colonisatrice
- Colonisation européenne de 1400 à 1600
- Colonisation européenne de 1600 à 1850
- Colonisation européenne de 1850 à 1940
- Pays non colonisés, mais dominés économiquement
- Pays (le Japon) ayant réussi à tenir l'Europe à distance

Projection polaire - Échelle 1/100 000 000

Figure 6.8. Bilan de la mainmise européenne sur le monde (XVe-XXe siècles)

Ailleurs, la première moitié du XIXe siècle est plutôt la période préalable des explorations. L'Europe se passionne pour la géographie et les blancs des cartes sont vécus comme des défis. À la suite de la fondation de la Société de Géographie de Paris par Alexander von Humboldt en 1821, les organisations destinées à promouvoir les explorations se multiplient. L'Afrique, protégée jusque-là par son caractère massif, suscite particulièrement la curiosité. En 1795, Mungo Park parti de Gambie atteint le Niger à Ségou. En 1823-1825, Clapperton traverse le Sahara à partir de Tripoli et atteint le Tchad. René Caillé en 1829 est le premier Européen connu à pénétrer à Tombouctou. Livingstone explore le Kalahari en 1846, puis, dans les années 1850-1870, découvre les Grands Lacs d'Afrique orientale où il meurt en 1873. Brazza pénètre la forêt gabonaise. Les derniers grands mystères sont résolus à ce moment : Speke explore le haut Nil en 1863 et Stanley, après avoir retrouvé Livingstone sur le Tanganyika (épisode vedette des gestes coloniales européennes), embarque sur le mystérieux Loualaba et démontre en 1877 qu'il s'agit du fleuve Congo. La maîtrise de la quinine par Caventou et Pelletier en 1820 a joué un rôle important pour rendre possible aux Européens ces séjours africains.

Mais la conquête coloniale *stricto sensu* reste limitée jusqu'au dernier quart du siècle. La seule extension notable est celle des Français au Sénégal sous l'action de Faidherbe en 1854-1864. Si son action mérite d'être signalée, c'est qu'il fut le créateur des tirailleurs sénégalais, prototype des troupes coloniales africaines, comme les cipayes (les spahis des Français) l'ont été pour les Britanniques en Inde. Le mouvement impérialiste explose en 1880-1885. Les opinions européennes sont conquises à l'effort colonial, en particulier les milieux progressistes comme les républicains français convaincus de diffuser la Civilisation. Les rivalités entre nations européennes trouvent un exutoire aux tensions montantes qui explique la rapidité de la « course au drapeau » jusqu'au quasi-achèvement de la mainmise sur les espaces disponibles à la veille de la Guerre de 1914.

En 1885, Bismarck réunit la Conférence de Berlin où la carte du continent est découpée comme un gâteau. Le roi des Belges, Léopold, jouant des rivalités entre grandes puissances coloniales, réussit à rafler la mise sur le centre mal connu de l'Afrique, le Congo. En deux décennies, l'Afrique est occupée, non sans rudes résistances (les Ashanti en Côte de l'Or en 1896, l'État guerrier de Samory en Guinée difficilement écrasé en 1898). Les Français contrôlent l'ensemble du Maghreb en 1912. Cependant, l'occupation effective de l'Afrique par les Européens est très loin d'être complète en 1914. La seule vraie défaite reste pourtant celle des Italiens face à l'Éthiopie de Ménélik à Adoua en 1896.

En Asie, les Britanniques approfondissent leur domination sur l'Inde et l'étendent : occupation du Pendjab et du Cachemire par les Guerres

Sikhs en 1846-1849, de la Birmanie de 1852 à 1886. La suppression de la Compagnie des Indes (1858) à la suite de la révolte des cipayes oblige l'État anglais à prendre directement la responsabilité de l'énorme ensemble colonial. La reine Victoria devient impératrice des Indes en 1877. À partir de Singapour, fondé en 1819, les Britanniques contrôlent progressivement les États malais de la péninsule de Malacca et de la côte Nord de Bornéo. Au-delà, ils occupent vraiment l'Australie et annexent la Nouvelle-Zélande en 1840 à la suite de guerres difficiles contre les Maoris. Les Hollandais qui, dans le cadre de la première colonisation, s'étaient contentés de s'emparer de points d'appuis et d'accords inégaux avec les États de l'archipel indonésien, s'emparent progressivement de Java à partir de Batavia (l'actuelle Jakarta). La conquête de Sumatra est difficile (1873-1903). Le mouvement de construction des Indes néerlandaises s'achève avec la prise de Bali en 1906. La France, dernière arrivée, construit simultanément ses colonies indochinoises : en 1859, occupation de Saigon ; en 1863, protectorat sur le Cambodge, en 1883 sur le Tonkin et l'Annam, en 1893 sur le Laos. Albert Sarraut, alors gouverneur général, procède en 1911-1919 à l'unification de l'Indochine française [MARGOLIN et MARKOVITS, 2015]. Enfin, les îles du Pacifique sont partagées entre les principales puissances européennes et les États-Unis de 1898 à 1914.

Même si l'école primaire qui se généralise alors en Europe exalte ces différentes manifestations de « grandeur » nationale, cette course à l'étendue n'a jamais fait l'unanimité. Les plus nationalistes craignent une perte de force face aux « vrais » combats, évidemment en Europe : ainsi des partisans de la « Revanche » après la défaite de 1870 en France et la perte de l'Alsace-Lorraine ; c'est d'ailleurs bien ainsi que Bismarck voyait l'intérêt de « laisser le coq gaulois faire ses ergots dans le sable africain ». Si la diffusion des valeurs européennes, que ce soit celles des christianismes par les missionnaires ou celles des Lumières, ne rencontre pas d'opposants, le problème essentiel reste le coût de ces opérations. Une partie des milieux d'affaires, les armateurs de ports, les industriels gourmands de matières premières espérées à bon marché, soutient l'expansion, mais d'autres milieux capitalistes trouvent que cela est bien coûteux, moins la conquête elle-même, d'ailleurs, que le contrôle et la gestion des empires. La thèse de Jacques Marseille [1984] analysant le bilan économique de l'Empire français montre que ces derniers sont loin d'avoir tort et que la seconde colonisation, violente pour les colonisés, n'est peut-être pas non plus vraiment une bonne affaire.

Une empreinte durable

La suite de l'histoire coloniale donne effectivement plutôt raison aux Européens réticents. Les immenses étendues magnifiées par les cartes scolaires n'ont correspondu à une réalité que durant l'entre-deux-guerres mondiales. Tout s'effondre rapidement après 1945 et le seul pays qui s'accroche à son héritage colonial, le Portugal, se condamne lui-même un temps au sous-développement. Les décolonisations ont été des libérations pour les colonisés, c'est évident, mais aussi financièrement pour les colonisateurs (même si des néo-colonialismes plus discrets ont continué à peser sur les finances métropolitaines[1]). Les pays d'Europe qui n'ont pas directement participé à l'aventure coloniale (Suisse, pays scandinaves) ont plutôt bénéficié de cette abstention. Même si le bilan global est complexe et qu'effectivement des pillages ont profité à certains colonisateurs, c'est plus la richesse de l'Europe qui lui a permis la seconde colonisation, que l'inverse.

Cette période brève (en gros 1860-1960, et, encore, c'est compter assez large), n'en laisse pas moins une empreinte durable sur une grande partie de l'humanité. Elle représente pour beaucoup de sociétés une bifurcation notable, mais plus pour le lien avec tel ou tel héritage européen particulier que pour les grandes tendances. En effet, le fait d'avoir ou non appartenu à un empire de cette seconde colonisation n'est pas si important. Le devenir des États tampons, Iran, Siam, Afghanistan, n'est pas si différent de celui de leurs voisins colonisés. Reste donc le décalage chronologique dans l'évolution économique avec l'Europe et ses clones (États-Unis, dominions) ou son émule japonais qui donne au milieu du XXe siècle un Monde qu'on a pu lire comme une opposition entre centre et périphérie (chapitre 7). Un cas limite est représenté par l'Éthiopie, qui résiste à la colonisation, protégée moins par son statut d'État chrétien que par sa position montagneuse, et ne succombe brièvement qu'à la fin de cette période (conquête par l'Italie fasciste en 1935-1936 et retour de l'empereur dès janvier 1941), ce qui n'empêche que ce fut longtemps un des pays les plus pauvres du Monde.

Moins que la position dans l'économie mondiale, ce sont les structures sociopolitiques qui restent la marque de la dernière colonisation. La majorité des tracés frontaliers du monde (et d'ailleurs la notion même de frontière linéaire) datent de cette époque [FOUCHER, 1988]. Il faut néanmoins nuancer par continents. L'Amérique fait, une fois de plus, exception : les territoires massifs des États-Unis et du Brésil, le fractionnement des anciennes colonies espagnoles sous l'effet de la distance qui brise le rêve d'unité de Bolivar,

---

1. Dans la France post-coloniale des années 1960, une opposition de droite au néo-colonialisme gaullien est symbolisée par le journaliste de *Paris Match* Raymond Cartier (qui donne son nom à cette position, le « cartiérisme ») avec le slogan « La Corrèze plutôt que le Zambèze ».

sont dus à des histoires autonomes et les grandes lignes en sont tracées dès la première moitié du XIXe siècle, malgré de très douloureuses rectifications ultérieures (Texas et Californie pris par les États-Unis au Mexique en 1848, réduction drastique du Paraguay par ses voisins en 1870, avancée du Chili au détriment de la Bolivie et du Pérou en 1883...). En Asie, les identités locales restent vigoureuses et conditionnent les découpages, même si la configuration des frontières finit par se conformer à la norme internationale d'origine européenne, ce qui représente une rupture nette par rapport aux limites floues des « États-mandalas » [BRUNEAU, 2006]. L'Afghanistan, configuration géopolitique née au XVIIIe siècle, doit d'exister aujourd'hui au « Grand Jeu » entre les impérialismes russe et britannique. La partie de l'Asie où la carte aurait pu être profondément différente sans l'héritage des concurrences entre empires coloniaux est sans doute l'Insulinde. Les différentes sociétés de la péninsule de Malacca et des archipels qui s'étendent de Luçon à Sumatra auraient, d'évidence, pu avoir d'autres destins que de devenir les Philippines, la Malaisie et l'Indonésie. Les unités ne sont toujours pas évidentes : Singapour qui s'émancipe de la Malaisie en 1965, guérillas indépendantistes du sud des Philippines ou des périphéries de l'Indonésie. Mais s'il est une partie du Monde dont les frontières sont essentiellement le résultat de choix exogènes, c'est incontestablement l'Afrique noire. Le seul caractère linéaire de nombreux tracés, sans compter des complexités comme la bande de Caprivi, en témoigne. L'ignorance et le mépris des territoires préexistants ainsi découpés sont gros de contestations pour un long avenir.

Le fait d'avoir appartenu à tel ou tel empire, parfois par des circonstances hasardeuses, n'est cependant pas sans importance. Il en reste souvent une langue véhiculaire, fréquemment érigée en langue nationale. Du fait des découpages négateurs des identités, c'est en Afrique noire que cette situation est la plus fréquente. Les structures politiques, juridiques, scolaires gardent une trace profonde des caractères de l'ancienne métropole. Les liens post-coloniaux ont parfois plus encore contribué à les ancrer que la brève période d'occupation officielle. Ailleurs, les empreintes ne sont vraiment durables que lorsque la colonisation a été longue (en Inde) ou a sanctionné une influence plus ancienne (celle de la France au Liban). Le choix de l'héritage colonial permet aussi de réduire des tensions internes en se ralliant à des normes allogènes. Ainsi, l'usage de l'anglais en Inde plutôt que du hindi permet aux peuples dravidiens de garder leurs distances vis-à-vis du Nord. Ces marques de la projection dans le Monde du polycentrisme européen du XIXe siècle restent importantes dans la mesure où elles créent des différences dans les possibilités d'insertion dans le système-Monde. L'anglophonie est un atout fort pour l'Inde dans son ambition de devenir le « bureau du Monde ».

Conclusion : une lecture géohistorique

Ce chapitre n'est pas le condensé d'un manuel sur le tiers-monde – genre de littérature universitaire vieilli aujourd'hui puisque l'unité de son objet s'est largement évanouie – ni d'une histoire de la colonisation. Il est plutôt l'inverse du chapitre 2 qui visait à comprendre, par le fractionnement de l'humanité en mondes séparés, la genèse des altérités : le présent chapitre avance une explication des inégalités par la construction d'un monde unique. La lecture présentée est géohistorique, dans la mesure où les temporalités localisées dépendent de leurs positions géographiques : la distance à l'Europe et le fait d'être ou non dans un milieu naturel complémentaire sont essentiels. Ce qui fait le malheur des rives de l'Atlantique tropical permet au Japon, lointain et tempéré, de construire une histoire autonome et similaire à celle de l'Europe.

Il reste cependant une perspective de l'expansion européenne dont il n'a pas été tenu compte et qui pèse lourd dans le Monde du XXe siècle : les deux sociétés qui représentent les marges tempérées de l'Occident, la Russie et les États-Unis, participent à la conquête de la surface de la Terre, mais le font essentiellement en continuité avec leurs territoires initiaux dans des espaces peu denses et largement vidés de leurs autochtones. Comme autrefois dans l'occident du bassin méditerranéen antique, au-delà des vieilles sociétés initiatrices des principales innovations, s'était construit dans un *Far West* le vaste espace romain, les deux futurs grands du XXe siècle se sont développés dans l'ombre de l'expansion européenne.

Chapitre 7

Niveau mondial et révolution industrielle

« L'Occident est possédé, le monde s'occidentalise. »

Cheikh Hamidou KANE, *L'aventure ambiguë*, 1961.

DU DÉBUT DU XVIe siècle à celui du XVIIIe, ce qui se déroule est profondément original par rapport aux histoires séparées des nouveaux mondes et de l'Ancien Monde qui évoluaient auparavant comme des parallèles euclidiennes. Mais, à la fin du XVIIe siècle, bien que l'Europe soit présente sur toutes les mers du globe et commerce quand cela l'arrange (et qu'elle le peut), les écarts restent modestes entre les grands ensembles de sociétés à la fois en termes de niveaux de vie et de puissance militaire. Jusqu'au début du XVIIIe siècle les famines restent récurrentes en Europe occidentale[1]. Militairement, l'Europe centrale reste sous la menace des Turcs (siège de Vienne en 1683). Mais un siècle plus tard on se demande à Istanbul : « que s'est-il passé ? » – c'est le titre et le sujet du livre de Bernard Lewis [2002]. S'est en effet amorcé un mouvement irrépressible, cumulatif, la Révolution industrielle, qui donne un temps un avantage énorme à l'Europe, puis à ses prolongements.

Le rapport entre mondialisation, dans le temps long, et industrialisation est beaucoup plus souvent vu comme un lien de conséquence à cause que l'inverse. Il est bien évident que les progrès en matière de communication sont décisifs pour provoquer ce qu'on a souvent décrit comme le rétrécissement du Monde. Il est tout aussi clair que l'explosion des productions – et l'augmentation démographique qui en découle et l'accentue – modifie si radicalement la structure de l'écoumène que la mondialisation antérieure ne peut plus apparaître que comme l'esquisse du Monde contemporain.

---

1. La dernière grande famine française est celle de l'hiver 1709-1710, au pire moment de la Guerre de Succession d'Espagne. Cela n'exclut pas ultérieurement des famines localisées et surtout des disettes. En Europe occidentale, les Pays-Bas et l'Angleterre semblent les seuls territoires à avoir amorcé plus tôt la sortie des cycles économiques et démographiques dits d'« Ancien Régime » qui ramenaient, en gros tous les trente ans, des « mortalités ».

La question des origines de la Révolution industrielle est un problème intellectuel énorme, traité par une bibliographie considérable [VERLEY, 1997a] qu'il ne peut être question de simplement résumer. On ne peut, cependant, éluder l'interrogation sur les rapports entre la construction progressive d'un niveau mondial par les Européens dès la fin du XVe siècle et l'amorce de transformation décisive au XVIIIe siècle.

Une question d'échelle géohistorique

On situe classiquement la Révolution industrielle au XIXe siècle. Chemins de fer et machines à vapeur, pris comme symboles de cette nouveauté radicale, se déploient effectivement à ce moment, même si les innovations se multiplient dès le siècle précédent. La prise en compte de l'étalement chronologique suscite également une remise en cause de l'idée même de Révolution industrielle, facilitée par la critique, aisée il est vrai, de la notion de « décollage » [ROSTOW, 1963]. Cependant, tant qu'un concept plus opératoire et tout aussi commode ne lui sera pas substitué, celui de Révolution industrielle garde une valeur heuristique pour construire une mise en ordre intellectuelle de l'histoire du Monde. La question chronologique montre que l'irréversibilité du processus semble bien en place dès le milieu du XVIIIe siècle [BAYLY, 2004], même si les manifestations les plus spectaculaires et leur diffusion viennent plus tard, même si, également, l'ambition de devenir « maître et possesseur de la nature » (Descartes) vient de bien plus loin.

Dynamique endogène et dynamique globale ?

Quelle est l'échelle pertinente de la révolution industrielle ? Pour reprendre le titre du riche essai de Patrick Verley [1997b], il semble bien que ce soit *L'échelle du monde*. Mais dans quel sens faut-il prendre le rapport ? Faut-il entendre que « l'économie occidentale, par ses productions et ses consommations, se hisse à l'échelle du monde grâce à la croissance de la demande intérieure des pays du cœur industriel », comme l'écrit Verley ? Ou bien que la maîtrise de l'espace mondial acquise par les Européens est la cause fondamentale de la Révolution ? Poser la question ainsi, c'est introduire une réponse suggérant que les deux pistes sont indissociables. De fait, depuis les Grandes Découvertes, il n'est plus possible de penser l'Europe sans le Monde qu'elle induit et réciproquement.

Malgré tout, la relation dialectique entre les deux niveaux géographiques n'est pas facile à cerner dans la mesure où les problématiques sont plus aisément monoscalaires qu'interscalaires. En assumant la caricature, on peut opposer une réflexion d'histoire économique, qu'elle soit libérale ou qu'elle ait été marxiste, plus consacrée à la dynamique endogène de l'économie-monde européenne et des travaux plus économistes centrés sur la genèse des inégalités dans le Monde, en particulier la mouvance intellectuelle dite dépendantiste. La première perspective insiste sur la difficulté à tracer un lien entre le capitalisme marchand (entreprises de négoce, armateurs, banque) et les investissements initiaux des premières firmes industrielles *stricto sensu* (textile et métallurgie). La seconde met l'accent sur l'échange inégal entre des espaces périphériques producteurs de biens peu élaborés, agricoles et miniers, et un centre qui rassemble ces richesses en échange de biens artisanaux puis manufacturés octroyés pour une moindre valeur.

Il est difficile, en effet, de mesurer ce qu'on nomme trop grossièrement « l'enrichissement de l'Europe » aux Temps Modernes. La transmission des héritages familiaux n'en perçoit qu'une infime part et le peu de liens relevés entre les profits accumulés par les familles enrichies dans le commerce négrier et sucrier aux XVIIe-XVIIIe siècles d'une part, et la mise initiale dans l'industrie manufacturière de l'autre, ne peuvent laisser ignorer l'évolution profonde de la condition économique de la population d'Europe occidentale à l'aube de la Révolution industrielle. L'amélioration du niveau de vie, de façon évidemment très inégale selon les catégories sociales et les régions, se traduit par la régression des carences alimentaires, ainsi que d'autres progrès dans la vie quotidienne (logement, vêtement, chauffage). Le test indiscutable de cette évolution sociale globale est bien le démarrage de la dimension démographique de la Révolution industrielle, l'amorce de la transition qui fait plus que quadrupler la population européenne de 1700 à 1900.

Le processus commence à l'ouest du continent dès le milieu du XVIIIe siècle, en Angleterre et en France septentrionale [VALLIN, 2003]. La diffusion de consommations nouvelles, celle du sucre n'étant que l'une des plus spectaculaires (chapitre 6), de techniques innovantes qui modifient les pratiques agronomiques et artisanales, l'évolution des esprits, sont à la fois difficiles à précisément évaluer et évidentes. Parler de mondialisation de la vie quotidienne des Européens de l'époque des Lumières est sans doute excessif si le terme connote les évolutions actuelles, cependant il y a bien dans les pratiques les plus vernaculaires un changement d'échelle. Au XVIIIe siècle, la diffusion de cultures exotiques n'est pas nouvelle, mais elle s'accélère fortement ; la pomme de terre de Parmentier n'en est que la vitrine versaillaise. La consommation de produits venus de loin connaît également une nette accélération.

Cette évolution scalaire lisible d'abord dans l'assiette de l'Anglais, du Hollandais ou du Français aisés [FUMEY, 2004 et 2010], mais aussi dans son vêtement (généralisation de l'usage du coton, banalisation des soieries dans les classes aisées), voire dans son mobilier (bois exotiques), ses drogues (tabac[1], plus tard opium ; encadré p. 188), correspond à une dynamique profonde de la production. L'augmentation de ces besoins suscite, certes, une demande forte d'abaissement des coûts de transport, à l'origine de la révolution des communications qui s'amorce. De ce fait, le niveau mondial ne peut que s'indurer. Mais, même si la distance pèse de moins en moins, elle reste malgré tout un obstacle et il est toujours intéressant de produire plus près du marché. L'exemple archétypique de cette démarche de « substituabilité » relève de l'agriculture, avec le développement de la betterave sucrière, mais simultanément un processus semblable se réalise dans le textile avec l'industrie du coton qui explose dans l'Angleterre, puis dans quelques régions plus continentales, aux XVIIIe et XIXe siècles. Dans les deux cas, le cheminement a été le même : consommation d'un produit exotique, d'abord de grand luxe, puis banalisé, boom de la demande qui suscite une production locale soit du même produit, soit d'un substitut et, finalement, crise des régions lointaines spécialisées auparavant, de gré ou de force, dans la fourniture du marché européen. Haïti a représenté le cas limite de l'héritage de la plantation (encadré p. 192) ; la ruine des tisserands indiens par les manufactures du Lancashire en représente la version manufacturière.

Il est donc difficile de dissocier une dynamique économique propre à l'Europe de la construction du niveau mondial. Réciproquement, même si aucun raisonnement contre-factuel ne semble tenable, la structure socio-économique du « Vieux Continent » contribue fortement à celle du niveau mondial : des traits de l'économie monde européenne de la fin du Moyen Âge, certes profondément transformés, se retrouvent dans le Monde qui contribue ainsi à permettre la continuité d'un processus « continental », commencé avant 1500. Une mondialisation amorcée par une autre société aurait sans doute donné bien d'autres caractères au niveau mondial. C'est dans cette perspective qu'il fallait estimer l'avantage présumé des Européens (chapitre 4) et qu'il faut également mesurer les racines profondes de la Révolution industrielle. Si l'on reste dans une perspective qui met l'accent sur le seul niveau de l'espace de civilisation, on peut penser que l'Europe est déjà lancée au Moyen Âge et que sa dynamique endogène explique et les Grandes Découvertes, et la « Grande Transformation » [POLANYI, 1972]. Le niveau mondial esquissé aux XVIe-XVIIe siècles ne fait alors que conforter le processus profondément indigène, l'accélérer sans doute. Le couple structurel de l'Europe, formé par le polycentrisme géographique et le capitalisme économique et social (autonomisation de la dimension économique et de

---

1. La fréquence de la représentation des pipes et des fumeurs dans les tableaux hollandais de l'âge d'or participe à la mise en scène de l'enrichissement de la société hollandaise en général et des commanditaires en particulier, enrichissement dû à la situation dominante dans les réseaux mondiaux acquise au XVIIe siècle [BROOK, 2010].

la bourgeoisie), qui se retrouve projeté dans le Monde, peut alors paraître la forme inévitable de la mondialisation. Inversement, si l'on insiste sur la dimension mondiale d'une accumulation économique et sociale en Europe comme préalable à la Révolution industrielle, les Grandes Découvertes en apparaissent comme la condition nécessaire. Dans cette seconde perspective, sans mondialisation pas d'industrialisation. Nul doute, en tout cas, que le débat soit loin d'être clos.

Dans le temps long, mondialisation et Révolution industrielle sont indissociables

Les Grandes Découvertes ont été présentées comme un prolongement, une extension des échanges de l'Ancien Monde, en même temps qu'une rupture avec leurs logiques (chapitre 3). Associer, à des degrés divers, la mondialisation qu'amorce cet événement à l'accélération économique des XVIIIe-XXe siècles revient donc à établir un lien entre les inter-relations qui tissaient l'Eurasie ancienne et la Révolution industrielle. Dans tous les cas, la spécificité de l'Europe est nuancée. Son rôle apparaît plus comme celui d'un lieu pionnier que d'un inventeur. Pour que se produise une capitalisation suffisante, pour qu'un seuil soit franchi au-delà duquel consommation et production entraient dans une logique cumulative, il a fallu qu'une inégalité géographique, un déséquilibre spatial, se réalise dans le réseau d'échanges au plus haut niveau.

À l'intérieur du « système-Ancien Monde », des lieux privilégiés de concentration des innovations étaient régulièrement produits par les échanges en même temps qu'ils contribuaient à organiser et favoriser ces interactions. Cet avantage des carrefours centraux, très anciennement lisible dans le Croissant fertile, était structurellement contrebalancé par l'usure récurrente fruit des invasions destructrices, ainsi que de la lutte contre leur risque, qu'entraînait tout autant cette situation nodale [GRATALOUP, 2015, chapitre 8]. Dans une telle configuration géographique, la probabilité que se construise dans la longue durée un lieu de capitalisation multiplicatrice où un seuil de croissance durable pouvait être franchi était dérisoire. De ce fait, les raisons géohistoriques qui ont jeté à la mer plutôt certaines sociétés de l'Ancien Monde que d'autres (chapitre 4) jouaient également en faveur de la localisation en ces mêmes lieux du développement de l'industrie. La situation de bout d'axe présentait en effet deux caractéristiques : une plus grande dépendance des événements centraux sur le réseau susceptible d'en accroître l'efficacité (l'Empire mongol en a fourni le meilleur exemple) ou de la réduire fortement (troubles, destructions des grandes constructions géopolitiques centrales, développement de sociétés captant les flux comme l'Empire ottoman du XVᵉ siècle) d'une part, mais un éloignement plus important des menaces récurrentes de destructions des richesses matérielles et idéelles accumulées. Les deux extrêmes de l'Eurasie ont ainsi progressivement tenté de développer leurs propres routes maritimes, en même temps que les risques d'invasions étaient réduits. À l'est, plus que la Chine ouverte sur les steppes et dont les caractères géohistoriques sont plus centraux que périphériques (développements très anciens : sédentarisation, agriculture, État, écriture, etc., mais menace extérieure récurrente), c'est le Japon qui correspond à ce type de localisation géohistorique : développement tardif, mais menaces extérieures rares et généralement vouées à l'échec (tentatives d'invasions mongoles de 1274 et 1281), développement maritime associé à une forte urbanisation portuaire et début d'autonomisation de groupes marchands. À l'ouest, on retrouve la situation spatiale et chronologique de l'Europe. S'il est utile de rappeler ces logiques de l'Ancien Monde (chapitre 3), c'est moins pour situer la Révolution industrielle que pour comprendre la diffusion qu'elle produit.

La chronologie géographique de l'industrie semble un bon révélateur de la répartition des héritages (figure 7.1). En perspective cavalière, on peut, à partir du noyau initial (Angleterre, France du Nord et basse vallée du Rhin), constater d'abord une diffusion dans des sociétés proches à tous les sens de la proximité (similarité des structures socio-économiques, coût de transports réduits) : Europe plus centrale (Allemagne occidentale, Suisse rhénane, Italie septentrionale) et nord-est des États-Unis, mais aussi Japon. Dans la première moitié du XXᵉ siècle, l'industrie gagne la Russie, quelques prolongements plus périphériques de l'Europe (noyaux isolés en Amérique latine et Afrique du Sud, Australie, Canada) et quelques implantations ponctuelles en Chine et en Inde. Dans les années 1960-1980, c'est la percée des NPI (Singapour, Hong Kong, Corée du Sud, Taïwan, puis Thaïlande, Malaisie...), avant-garde du reste de l'Asie orientale (Chine, Inde, péninsule Indochinoise, Indonésie) dont l'industrialisation s'accélère fortement à la fin du XXᵉ siècle. En négatif, l'essentiel des espaces africains et une part importante de l'Amérique latine et de l'Asie centrale et occidentale restent en marge de la diffusion industrielle, compte non tenu des industries extractives et des investissements permis par leurs *royalties*.

Ce qui est lu généralement comme une structure tripolaire, la Triade (chapitre 1), apparaît alors plus comme bipolaire : un ensemble atlantique et un pôle d'Asie orientale (figure 8.4). Chronologiquement, la situation du Japon est symptomatique. On a trop souvent tendance à ramener le début du processus à l'ère Meiji, en insistant sur le volontarisme politique. Pourtant, il y eut, de l'Égypte de Mehmet Ali à l'Algérie de Boumediene, bien d'autres efforts d'impulsion par l'État d'une industrialisation qui le plus souvent firent long feu, pris en étau entre les contraintes internationales et l'absence de base économique et sociale locale. Si le volontarisme des gouvernements nippons

Niveau mondial et révolution industrielle ▼ 211

- Noyau initial (fin XVIIIe - début XIXe siècles)
- Europe occidentale touchée par l'industrialisation au milieu du XIXe siècle
- Première diffusion au delà de l'Europe (nord-est des États-Unis, Japon, premiers noyaux en Russie...) dans la seconde moitié du XIXe siècle
- Industrialisation de la première moitié du XXe siècle : Australie, Canada, noyaux en Amérique latine, Inde, Chine...
- Industrialisation de la seconde moitié du XXe siècle : pays pétroliers, voisinages des cœurs de la Triade, Afrique du Sud...
- Pays qui restent très peu industrialisés au début du XXIe siècle

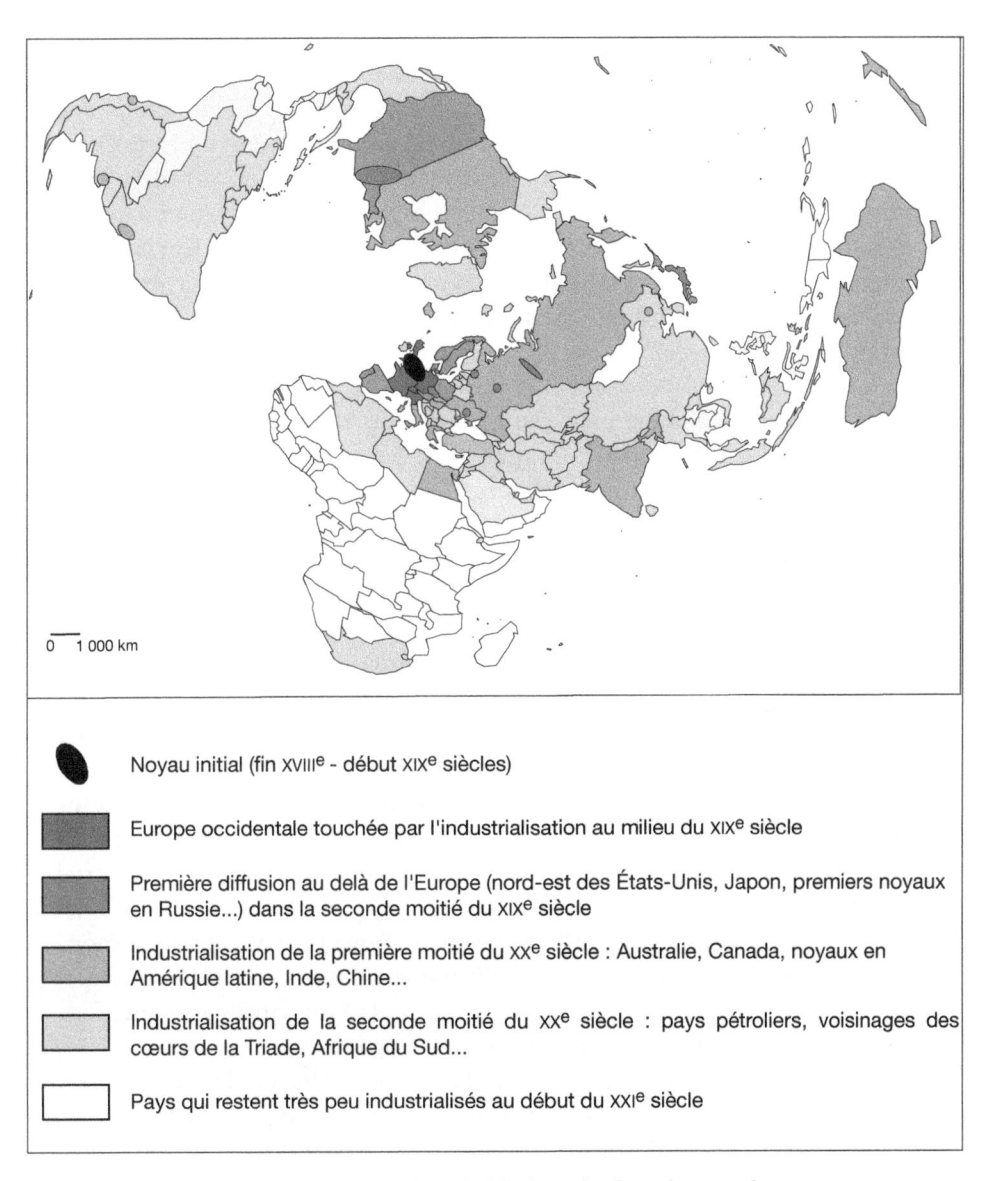

Figure 7.1. Diffusion de l'industrie dans le monde

de 1877 à 1914 fut efficace, c'est qu'il prolongeait une tendance beaucoup plus ancienne et répondait à une vigoureuse demande sociale. Lors de la période Tokugawa, en particulier au XVIIIe siècle, commerce et proto-industrie, qui ne partaient pas de rien, ont connu un net essor, protégé jusqu'à l'ouverture forcée par les Occidentaux à partir de 1853. L'artisanat rural, filature et tissage de la soie et du coton surtout, se développa en même temps que l'extension d'ouest en est des terres arables dans des secteurs impropres à la riziculture, en particulier pour la culture du cotonnier introduit dans l'archipel au XVIe siècle. D'importateur, l'archipel devient exportateur net de soie au début du XIXe siècle. Malgré des problèmes de liquidités (du fait de la fermeture du pays aux Occidentaux, la masse monétaire ne s'accroissait pas assez vite[1]), le commerce augmentait en proportion de la production. Malgré un statut social déprécié, transporteurs et marchands, regroupés en grandes associations, montent en puissance ; dès la fin du XVIIe siècle, ils forment une classe urbaine aisée et instruite à l'origine d'une grande partie de l'art « populaire » (théâtre, roman, estampes…). Si ces traits de la société nippone la rapprochent de l'évolution européenne, la clôture relative du pays représente un blocage que traduisent les à-coups démographiques[2]. Malgré tout, les manufactures et l'organisation des services du début du XIXe siècle sont relativement prêtes à tenir le choc de l'ouverture internationale.

Le paradoxe de l'industrialisation du Japon avec peu de retard sur l'Europe de l'Ouest apparaît donc comme très relatif. Certes, il demeure, durant près d'un siècle, le seul pays non occidental à se développer. Mais l'originalité de cette histoire dépend du cadrage chronologique choisi. Il en va de même que pour l'unité du Tiers-monde qui avait pu sembler évidente au milieu du XXe siècle. La particularité japonaise n'est flagrante que si on arrête la diffusion industrielle en 1960. Au-delà de cette date, c'est rapidement une grande partie de l'Asie orientale puis méridionale qui participe à l'espace industriel mondial et le mouvement ne cesse de s'étendre et s'accentuer. La Chine n'est peut-être pas encore en 2015 la première puissance économique mondiale, comme certains classements l'affirment, mais cela ne saurait tarder. Inversement, l'Afrique noire, malgré des taux de croissances devenus flatteurs, semble toujours loin du développement autonome.

La géographie de l'industrie et, au-delà, de l'ensemble du développement, apparaît comme le résultat d'une diffusion, contrainte par les héritages des logiques antérieures, à partir de l'amorce de la « Grande Transformation »

---

1. L'épuisement des mines locales, la création de papier-monnaie et de changes internes complexes eurent pour conséquence le développement d'une structure bancaire autonome.
2. L'évolution de la population nippone est assez bien connue grâce aux recensements réguliers (en principe tous les six ans) à partir de 1721. La tendance à l'augmentation bute, jusqu'en 1846, sur un plafond de l'ordre d'une trentaine de millions de Japonais. Les crises « d'ancien régime » (famines, épidémies, jacqueries paysannes) sont régulières : 1732-1733, 1781-1788 et 1833-1838.

de l'Europe du XIXe siècle. Les différentes formes de proximités, en temps et en coûts, mais aussi culturelles interviennent fortement, mais compte tenu des héritages locaux multiséculaires. La dimension idéologique souvent valorisée depuis Max Weber[1] n'apparaît que comme une composante, une dimension, d'un processus plus global[2]. Le poids des accumulations anciennes d'hommes, mais aussi d'organisations sociales (systèmes éducatifs, appareils d'État, anciennes logiques marchandes) fait rejeu et permet des variations locales de l'économie capitaliste mondiale qui autorisent des créneaux dans le système économique du Monde.

La mondialisation s'ancre dans la durée

Deux composantes de la Révolution industrielle ne peuvent être négligées dans la perspective de l'induration du niveau mondial au XXe siècle : l'évidence de la réduction de la distance sous toutes ses formes et l'énorme accroissement démographique de l'ensemble de l'humanité.

Des routes royales à Internet : l'explosion des réductions de la distance

La voie ferrée a souvent été considérée comme un processus central dans la Révolution industrielle, quitte d'ailleurs à en surestimer l'importance. Moins comme moteur de la demande d'acier, c'est comme réducteur massif du temps de transport et, plus encore, du coût de la distance que les chemins de fer, associés aux navires à vapeur, ont réduit le Monde. Le tour du Monde de Phileas Fogg, dans le roman de Jules Verne[3], témoigne de cet émerveillement des Occidentaux devant la réduction du tour de taille de la Terre qu'ils produisent. Pour les communications, comme pour les autres dimensions de la Révolution industrielle, les changements ont d'abord affecté les techniques traditionnelles. La marine à voile fait de gros progrès au XVIIIe siècle (coques

---

1. Dans l'ouvrage qui le rendit célèbre en 1905, *L'Éthique protestante et l'esprit du capitalisme*, Max Weber défend la thèse que le capitalisme et la richesse des nations n'est pas le seul fait de l'accumulation du capital, mais doit se comprendre également par l'éthique puritaine des premiers entrepreneurs qui voyaient la réussite matérielle comme un signe d'élection religieuse.
2. En valorisant le rôle de l'éthique protestante, Max Weber a sans doute mis en valeur le lien entre le capitalisme tel qu'il a pris forme en Europe et l'autonomisation de l'individu. Mais, en généralisant le rôle des religions, il a pris le risque d'être contredit par les faits ; on ne peut plus soutenir aujourd'hui, comme il l'a fait dans *La religion des Chinois*, que le confucianisme et le bouddhisme seraient des obstacles rédhibitoires au développement économique (MARGOLIN Jean-Louis, 1987, « La preuve par l'Est », *EspacesTemps*, n° 36, « Tiers-monde : faim de théorie », p. 48-54).
3. Jules VERNE, *Le tour du monde en 80 jours*, 1873 [FUMEY et alii, 2014, « Jules Verne, citoyen du monde », p. 56-59].

doublées de cuivre), les routes deviennent une affaire d'État, en particulier en France (création du corps des ingénieurs des Ponts et Chaussées en 1747), et des canaux sont creusés chaque fois que c'est possible (l'Angleterre devient sillonnée de voies d'eaux). C'est seulement devant l'incapacité à suivre la demande de transports de masse que l'association de la machine à vapeur et des rails est perfectionnée. À partir de là, le processus d'innovation continue ne se ralentit pas.

La maîtrise de la distance ne concerne pas que les moyens de communication *stricto sensu*. La conservation des produits périssables réalise également de gros progrès qui permettent d'acheminer avec rentabilité des biens agricoles beaucoup plus loin. L'invention de l'appertisation en 1790 est à l'origine de l'industrie de la conserve. En 1876, Charles Tellier lance à Rouen le premier bateau aménagé pour la conservation des denrées alimentaires par le froid, justement nommé « le Frigorifique ». On a pu simuler l'extension, à partir du noyau central du marché européen, de l'espace agricole fonctionnant comme un seul monde économique et, de ce fait, s'organisant spatialement en auréoles selon le modèle théorique de Von Thünen[1]. À la fin du XIXe siècle, le bœuf de la pampa argentine et le mouton du *bush* australien font ainsi leur apparition sur les tables européennes, au grand dam des éleveurs locaux. Alors se développent de vigoureuses résistances à ces premiers risques de délocalisations (chapitre 9).

Le développement des transports de marchandises en très grandes quantités et à très faible coût est avant tout une affaire maritime. Certes, voies ferrées, gros porteurs routiers, plus encore oléoducs, contribuent également à l'abaissement des prix de fret. Mais l'essentiel des transports de pondéreux se développe par mer et cette tendance se poursuit au XXIe siècle, généralisant la littoralisation du Monde (chapitre 1). Pour le transport des personnes, plus que l'automobile dont les conséquences géographiques sont d'abord régionales, c'est la banalisation du transport aérien qui met le Monde à la portée de tout un chacun. Le moment clef est sans doute le développement du charter à partir des années 1960, qui permet aux touristes des pays riches d'aller très loin, là où les faibles coûts hôteliers locaux compensent en partie le prix de l'avion. Le tourisme et l'agriculture, en accédant au niveau mondial, jouent ainsi de plus en plus sur les complémentarités entre saisons et zones climatiques.

---

1. Le modèle de Von Thünen, souvent considéré comme la plus ancienne modélisation d'analyse spatiale, est l'application spatiale du calcul de la valeur par Ricardo. Ramené à sa plus simple expression, il montre qu'à partir d'un marché central, les différences pratiques agricoles s'organisent en fonction de la distance à ce marché, donc en auréoles successives emboîtées.

Chronologie des principales étapes de l'histoire des communications depuis le XVIIIe siècle

Début XVIIe siècle : invention du rail (dans les mines de Newcastle)
1716 : création en France du corps des Ponts et Chaussées (création de l'école du même nom en 1747) pour le développement des routes royales
1769 : le Fardier de Cugnot, premier véhicule sans traction animale
1783 : 1re ascension réussie d'une montgolfière
1804 : 1re locomotive sur rail
1815 : 1/3 de la marine marchande mondiale est britannique
1819 : 1re traversée de l'Atlantique par un navire à vapeur (le Savannah étatsunien)
1825 : 1re ligne de chemin de fer de voyageurs (Stockton-Darlington, vitesse maximum = 20 km/h)
1827 : 1re voie ferrée française (Saint-Étienne-Andrézieux)
1830 : voie ferrée Liverpool-Manchester
1832 : voie ferrée Lyon-Saint-Étienne
1837 : ligne de voyageurs Paris-Saint-Germain-en-Laye
1849 : abolition du *Navigation Act* datant de Cromwell
1850 : 90 000 km de voies ferrées dans le Monde
1860 : 1er oléoduc (États-Unis)
1863 : invention du mot « aviation »
1869 : 1re voie ferrée transcontinentale aux États-Unis (New York-San Francisco)
1869 : ouverture du canal de Suez
1872 : Conférence européenne des horaires de chemin de fer (gestion des trains internationaux)
1887 : le nombre des cargos à vapeur dépasse celui des transporteurs à voile
1890 : 1res automobiles (Daimler et Benz en Allemagne, Panhard et Peugeot en France)
1890 : 1er vol (controversé) d'un plus lourd que l'air à moteur (Clément Ader)
1895 : invention du pneumatique gonflable (Michelin)
1898 : 1er salon de l'automobile (Paris, esplanade des Invalides)
1904 : 1er virage contrôlé d'un avion (les frères Wright)
1905 : fondation de la Fédération aéronautique internationale (FAI)
1909 : 1re traversée de la Manche en avion (Blériot)
1910 : 1er gazoduc (États-Unis)
1911 : 1re utilisation militaire de l'avion (guerre italo-turque en Tripolitaine)
1912 : 1er saut en parachute (l'Étatsunien Berry au-dessus de Saint-Louis)
1912 : 1re traversée de la Méditerranée en avion (Roland Garros)
1914 : ouverture du canal de Panama
1919 : 1re traversée de l'Atlantique Nord en hydravion (l'Étatsunien Read en 3 étapes)
1920 : naissance des pavillons de complaisance (les navires de croisière des États-Unis passent sous pavillon panaméen pour échapper à la loi sur la prohibition); leur développement se fait après 1945
1922 : création de l'Union internationale des chemins de fer (UIC) qui détermine les normes internationales
1923 : 1re ligne aérienne Casablanca-Dakar
1924 : 1er tour du Monde en avion (3 Douglas de l'armée des États-Unis)
1927 : traversée directe de l'Atlantique nord (Lindbergh)

1927 : 1ʳᵉ liaison San Francisco-Honolulu (3 900 km)
1930 : 1ᵉʳ vol aéropostal régulier traversant l'Atlantique Sud (Mermoz)
1933 : 1ʳᵉˢ autoroutes (Allemagne, États-Unis)
1935 : 1ʳᵉ locomotive diesel ; 1ᵉʳ vol d'hélicoptère (les Français Bréguet et Dorand)
1937 : la catastrophe du dirigeable Hindenburg met fin aux « plus légers que l'air »
1939 : 1ʳᵉ ligne aérienne de passagers transatlantiques
1944 : 1ᵉʳ avion à réaction (Messerschmitt 262)
1947 : 1ᵉʳ passage du « mur du son » (l'Étatsunien Yeager)
1957 : le Spoutnik, 1ᵉʳ satellite artificiel, suivi un mois plus tard par la première capsule spatiale habitée (par la chienne Laïka)
1957 : pour les voyages transatlantiques, le nombre de voyageurs par avion dépasse celui par bateau
1961 : 1ᵉʳ vol orbital (Gagarine)
1962 : ligne du Tokaido au Japon (1ʳᵉ ligne de voyageur dépassant régulièrement les 200 km/h)
1966 : 1ʳᵉ ligne régulière de porte-conteneurs (entre les États-Unis et l'Europe)
1969 : 1ᵉʳ homme sur la Lune (Armstrong)
1969 : 1ᵉʳ supersonique commercial (Concorde)
1970 : développement des charters
1970 : 1ᵉʳ avion gros porteur (plus de 400 passagers) le Boeing 747
1979 : 1ʳᵉ navette spatiale (Columbia)
1981 : 1ʳᵉ ligne TGV française
2006 : référendum au Panama autorisant l'élargissement du canal
2012 : le réseau TGV chinois représente la moitié du réseau TVG dans le Monde
2014 : le CSCL Globe est le premier porte-conteneur à dépasser la capacité de plus de 19 000 EVP

Des moyens de communication de l'information de plus en plus mondiaux

1792 : télégraphe Chappe
1838 : 1ʳᵉ liaison morse (entre Baltimore et Boston) : origine du télégraphe
1840 : invention du timbre-poste par le Britannique Rowland Hill
1856 : 1ᵉʳ téléscripteur à code alphabétique (par l'Étatsunien Hughes)
1866 : 1ᵉʳ câble télégraphique transatlantique
1876 : invention du téléphone (par l'Étatsunien Graham Bell)
1897 : découverte des ondes électromagnétiques de T S F (par l'Allemand Heinrich Hertz)
1897 : invention du tube à faisceau cathodique à l'origine des caméras et récepteurs de télévision modernes (par l'Allemand Karl Braun)
1898 : 1ʳᵉ liaison TSF entre la Tour Eiffel et le Panthéon (Eugène Ducretet)
1899 : 1ʳᵉ liaison TSF entre l'Angleterre et la France (Guglielmo Marconi)
1900 : création des mots « télécommuni-cation » (par Édouard Estaunié) et « télévision » (par Constantin Perskyi) au congrès international d'électricité de Paris
1901 : transmission transatlantique d'un message en morse par TSF (G. Marconi)
1906 : invention de la téléphotographie (ancêtre de la télécopie) par le Français Belin

1911 : 1er vol postal (en Inde, par le Français Henri Péquet)
1927 : 1er câble téléphonique trans-Manche
1935-1936 : 1res émissions de télévision (États-Unis, France, Royaume-Uni)
1946 : 1er ordinateur (l'Eniac)
1947 : invention du transistor
1951 : 1re émission de télévision en couleur (CBS aux États-Unis)
1956 : 1er câble téléphonique transatlantique
1958 : l'entreprise Bell crée le premier modem permettant de transmettre des données binaires sur une simple ligne téléphonique
1960 : invention du laser (par le Français Alfred Kastler)
1962 : Telstar, premier satellite de communication
1962 : Philippe Dreyfus invente le mot « informatique »
1965 : Ted Nelson propose l'idée de nombreux types de documents informatiques reliés entre eux (et invente les mots « hypertexte » et « hypermédia »)
1965 : Gordon Moore formule sa « loi » (la puissance des circuits intégrés double tous les ans)
1965 : 1re liaison lointaine entre deux ordinateurs (entre le Massachussetts et la Californie) par une liaison téléphonique
1967 : plan pour le réseau Arpanet lancé par L. G. Roberts
1968 : 1re « souris » permettant de manipuler des « fenêtres »
1969 : mise en fonctionnement du premier réseau Arpanet composé de quatre ordinateurs
1970 : première puce mémoire créée par Intel (capacité 128 octets)
1971 : le journaliste Don Hoefler invente l'expression « Silicon Valley »
1971 : 1re application majeure dans Arpanet : le courrier électronique
1972 : 1re calculatrice de poche (la HP65)
1973 : 1re liaison satellite pour raccorder un ordinateur (à Hawaï) au réseau Arpanet
1973 : 1er micro-ordinateur vendu tout assemblé (le Micral de François Gernelle au sein de la société R2E). Le mot « *microcomputer* » apparaît pour la première fois, à propos du Micral
1975 : Bill Gates et Paul Allen fondent Microsoft
1976 : premier piratage informatique avéré (dénoncé par Bill Gates)
1976 : le réseau Arpanet dépasse les 100 ordinateurs reliés
1976 : 1er ordinateur Apple (175 exemplaires vendus)
1977 : Apple II (35 000 exemplaires vendus)
1979 : Compuserve lance le premier service en ligne, MicroNet
1979 : 1er modem pour micro Apple
1980 : 1re expérience du Minitel (en Bretagne)
1981 : apparition du mot « Internet »
1982 : création du réseau EUnet pour interconnecter des ordinateurs européens et permettre la circulation d'e-mails
1982 : Phillips et Sony signent un accord qui définit le standard du disque compact à lecture par laser
1984 : le Macintosh
1984 : le nombre d'ordinateur connecté à Internet dépasse le millier
1984 : mise en vente du 1er routeur permettant de former un réseau global

> **1985 :** lancement du logiciel Word, puis d'Excel
> **1985 :** la National Science Fondation forme le réseau NSFNet reliant 5 sites équipés de super-ordinateurs (les universités de Princeton, Pittsburgh, San Diego, Cornell et de l'Illinois). Ce « *backbone* » permet de relier tous les réseaux préexistants, européens compris, et crée le premier vrai réseau internet
> **1990 :** mise au point par Tim Berners du protocole http et du langage HTML permettant de naviguer à l'aide de liens hypertextes à travers les réseaux : le World Wide Web est né
> **2011 :** le rapport McKinsey met en évidence le phénomène *Big Data*

Enfin, l'aspect le plus spectaculaire à la fin du XXe siècle a été la réalisation d'une quasi-ubiquité au niveau mondial pour la circulation de l'information. Le progrès vient de loin, depuis le télégraphe Chappe à la fin du XVIIIe siècle et le téléphone 80 ans plus tard (encadré ci-dessus). Aujourd'hui, les barrières aux communications téléphoniques et à Internet sont beaucoup plus politiques qu'économiques – ce qui ne veut évidemment pas dire que les inégalités entre riches et pauvres en matière d'accès aux communications et à l'information ne sont pas considérables et ne restent pas un facteur essentiel de la reproduction des inégalités de développement.

De un à dix milliards d'êtres humains : l'écoumène change de densité (et d'âge)

Au moment des Grandes Découvertes, l'humanité comptait sans doute quelque 500 millions d'êtres humains. On considère que le premier milliard est atteint vers 1830, le second un siècle plus tard, le troisième vers 1960, le sixième un peu avant l'an 2000. La plupart des projections envisagent un maximum d'une dizaine de milliards atteints au milieu du XXIe siècle. La transition démographique, dont le modèle a été construit initialement pour comprendre les mécanismes de la révolution démographique de la population européenne, est bien un phénomène mondial [NOIN, 1983]. La diffusion du processus (figure 7.3), le fait qu'aujourd'hui plus aucune population n'en soit exclue, est une des manifestations les plus massives de la mondialisation. Dans le temps long, entre ses prémices dans la France du milieu du XVIIIe siècle et son achèvement prévisible vers 2050, le processus n'est pas si long et représente une rupture sans égale dans l'histoire quantitative de l'*homo sapiens* et de ses rapports avec la planète qu'il habite.

La transition démographique est ainsi la plus évidente manifestation de la géohistoire du Monde. En effet, pour comprendre ce qui se passe en un lieu, il faut tenir compte de ce qui s'est produit ailleurs et continue à se produire. Et réciproquement. Le levé de rideau européen, contrairement à une idée répandue, n'est pas provoqué par des progrès médicaux, tout du moins pas au début. Les premières avancées décisives en matière de santé n'ont lieu qu'à la fin du XVIIIe siècle avec la vaccine[1] et elles mettent encore bien du temps à se diffuser de façon significative. Ce qui permet la régression de la mortalité, début nécessaire de la transition, ce sont d'abord des améliorations sensibles en matière d'alimentation, en Angleterre, en France et aux Pays-Bas, à la fois du fait des progrès agricoles locaux (la « première révolution agricole », avec l'introduction des plantes fourragères) et le développement des approvisionnements lointains (est de la Baltique, Amérique du nord dès la fin du siècle). La disparition des « mortalités » (le couple famine – épidémie) marque la fin de l'ancien régime démographique. Ce mécanisme est sensiblement identique dans tous les pays qui vivent conjointement industrialisation et augmentation de la population, mais ce qui change est alors la durée totale du processus. En effet, plus la dynamique globale est amorcée tard, plus la transition est courte. La France, qui a sans doute été la première population à entrer en transition, a connu le processus le plus long, inversement la Corée du Sud n'a mis qu'une trentaine d'années pour parvenir au nouveau régime démographique (1950-1980).

Un aspect rarement mis en valeur dans la longue durée est que la transition correspond également à une nette variation de l'âge médian. Les populations étaient très jeunes, en moyennes auparavant, mais rajeunissent encore beaucoup au cours de la transition. C'est lorsque celle-ci s'achève que la plus grande jeunesse moyenne est atteinte. Ensuite, l'âge médian ne cesse d'augmenter. Ces variations se produisent évidemment compte non-tenu des effets des migrations. D'après l'ONU, le rajeunissement maximum de la population mondiale aurait été atteint en 2005 avec une moyenne de 25 ans, avec de fortes variations régionales : 19 ans en Afrique et 43 ans pour le pays le plus âgé, le Japon (39 ans en France). Les problèmes économiques et sociaux évoluent donc en conséquence (difficulté pour scolariser des populations très jeunes et, réciproquement, charge des personnes âgées), mais aussi les contextes politiques. Lorsque des peuples sont très jeunes, il est fréquent que des secousses politiques se produisent. Ainsi, la plus grande jeunesse de la population iranienne a été atteinte à la fin des années 1970 et la France n'a jamais été aussi jeune que dans les dernières décennies du XVIIIe siècle... La carte de la diffusion de la transition démographique peut donc être lue (avec prudence) comme une géographie des changements politiques.

Dans les pays sous-développés, la transition a pu être amorcée indépendamment du développement économique. L'accroissement brutal de la population est alors largement causé par des modifications venues d'ailleurs, des pays plus riches, souvent les métropoles coloniales. En ce cas, des progrès

---

1. La première vaccination (du nom de la vaccine, maladie de la vache qui immunise contre la variole) est effectuée par Jenner en 1796, qui ne fait que redécouvrir une pratique déjà connue empiriquement des Chinois.

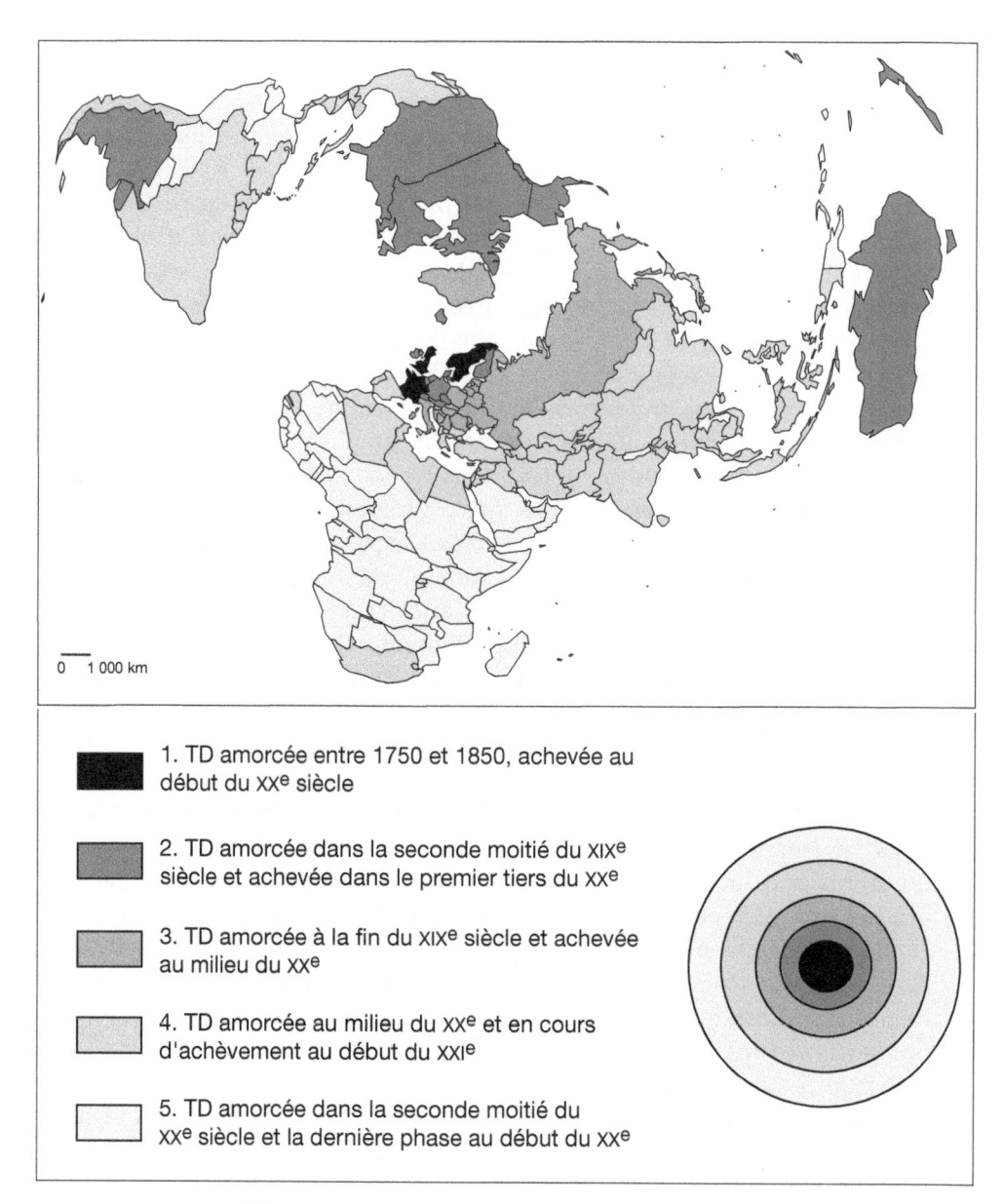

1. TD amorcée entre 1750 et 1850, achevée au début du XXe siècle

2. TD amorcée dans la seconde moitié du XIXe siècle et achevée dans le premier tiers du XXe

3. TD amorcée à la fin du XIXe siècle et achevée au milieu du XXe

4. TD amorcée au milieu du XXe et en cours d'achèvement au début du XXIe

5. TD amorcée dans la seconde moitié du XXe siècle et la dernière phase au début du XXe

Figure 7.2. Diffusion de la transition démographique (TD) dans le Monde

sanitaires même sommaires (le DDT), des aides alimentaires pourtant insuffisantes, ont été décisifs. Logique dramatique, le poids démographique croissant devient alors un facteur de freinage de tout développement économique, selon une logique tôt mise en valeur par Yves Lacoste [1965]. Un processus temporel, la transition démographique, dépend donc, pour sa chronologie et ses modalités, de sa localisation dans le système-Monde. Les famines, même sous forme de crises aiguës, sont loin d'avoir été éradiquées ; près de 200 000 Mozambicains sont ainsi morts de faim au début des années 1990 dans l'indifférence mondiale.

Le caractère universel de la transition démographique n'est cependant pas une évidence. La pandémie récente du sida montre qu'une mutation génétique de bactérie ou de virus pourrait remettre en cause le scénario d'une population mondiale croissante. Rien n'est évidemment acquis. Il n'en reste pas moins qu'au XXe siècle les principales saignées n'ont rien eu de naturel : une dizaine de millions de morts pour la première guerre mondiale, une cinquantaine pour la seconde, des effectifs aussi affreusement grands pour les massacres internes des régimes totalitaires (camps d'extermination nazis, Goulag, les massacres les plus considérables pouvant probablement être imputés à la Chine maoïste). Malgré tout, la population mondiale a été multipliée par près de quatre au cours du XXe siècle. Mais il ne faut pas oublier que les arsenaux nucléaires du début du XXIe siècle recèlent largement de quoi inverser la tendance... À terme, un des principaux défis qui se posera à l'échelle du Monde, si le scénario de la transition arrive à son terme, sera le vieillissement global de l'ensemble de l'humanité dont l'âge médian est maintenant en cours d'augmentation. Selon les projections moyennes de l'ONU, l'humanité devrait atteindre entre 9 et 11 milliards en 2050, mais avec une part des moins de 15 ans diminuant à 19 % (28 % en 2005), alors que les plus de 60 ans passeraient à 33 % (10 % en 2005). Le Monde est en train de prendre un coup de vieux.

Principales étapes médicales (épidémies et vaccins) au niveau mondial

– **10 000 ans :** avec le début du Néolithique, transfert de maladies des animaux domestiqués aux hommes
– **5 000 ans :** mise en commun des bassins de maladies de l'Eurasie (d'origine orientale : varicelle, rougeole... ; d'origine occidentale : hépatites, staphylocoques, tuberculose...)
VI-VIIIe siècle : peste noire en Asie centrale et en Inde
XIe siècle : « variolisation » (première forme de vaccination) en Chine
XIVe siècle : peste noire générale au cœur du « système-Ancien Monde »
XVIe siècle : pandémies en Amérique affectant 50 % à 80 % des Amérindiens (seule la tuberculose était déjà présente ; les Européens apportent la grippe, la variole, la varicelle, la peste, le typhus, le paludisme et la fièvre jaune)
1796 : 1re vaccination scientifique (E. Jenner et la vaccine)

1817-1824 : 1re pandémie de choléra (en Asie)
1829-1837 : pandémie mondiale de choléra
1885 : 1re vaccination contre la rage (Pasteur)
1896 : vaccin contre la typhoïde (Sir A. E. Wright); mise au point du BCG par A. Calmette et C. Guérin (Institut Pasteur)
1918-1919 : grippe espagnole à l'issue de la Première Guerre mondiale
1937 : 1er vaccin anti-grippal (J. Salk)
1976 : 1er vaccin contre l'hépatite B (Ph. Maupas)
1981 : aux États-Unis, les médecins s'inquiètent d'une proportion inhabituelle d'infections rares dans les communautés homosexuelles de New York et San Francisco
1984 : identification du Sida et unification de sa dénomination (AIDS/SIDA)
1995 : vaccins contre la varicelle et l'hépatite A
2014 : épidémie d'Ebola en Afrique occidentale

Les décalages chronologiques entre les maximums d'accroissement naturel des différentes régions du Monde sont importants pour comprendre le temps long du « système migratoire mondial » [SIMON, 1995]. En gros, au XIXe siècle de l'expansion de la population européenne créatrice des « europes » (sans majuscule) hors d'Europe [LÉVY, 2011], répond le XXe siècle (qui se poursuit) des déplacements des « Suds » vers les « Nords ». Le double mouvement d'augmentation, donc de densification du Monde, et de brassage par migration est profondément créateur de la mondialité : il multiplie les contacts, met en relation les différences, pour le meilleur et pour le pire. La définition de l'urbanité empruntée à Jacques Lévy (densité + diversité) et appliquée aux aires denses de civilisations de l'Ancien Monde (chapitre 3) tend ainsi à pouvoir se hisser à l'ensemble de l'humanité [GRATALOUP, 2015].

Conclusion : l'Europe du XIXᵉ siècle, point nodal d'un processus plus global

Dans le temps long du Monde, l'exception européenne n'apparaît finalement que comme un décalage chronologique. Un développement économique plus hâtif, une transition démographique pionnière : mais des processus qui, vus du début du XXIᵉ siècle, semblent gagner toute l'humanité, avec des lenteurs très inégales certes, des différentiels durables et certainement injustes, mais une persévérance multiséculaire. Dans cette perspective, le rôle de l'Europe, des Grandes Découvertes à la Révolution industrielle, fut celui non seulement du pionnier, mais du lieu où un basculement vers le Monde s'est produit. L'événement majeur aurait pu, sans doute, se dérouler ailleurs, peut-être à l'autre bout de l'Ancien Monde qui rattrape aujourd'hui allègrement son « retard ». Mais, le fait est qu'il fut européen : le Monde en portera encore très longtemps les traces.

On pourrait reprendre pour ce macro-événement qu'a été la création du Monde actuel, un concept forgé par l'équipe de recherche géographique MIT [2005] pour comprendre les innovations touristiques, celle de « moment de lieu ». Il se produit quelque chose de nouveau quelque part et rien n'est plus comme avant. La géographie de la nouveauté n'est jamais le fruit d'un hasard, ce qui ne veut pas dire que le lieu et le moment pris comme un couple indissociable sont inévitables. Pour le meilleur et pour le pire, le Monde procède bien de l'Europe.

Conclusion de la deuxième partie

Un couple unité-inégalité

À PARTIR DU MOMENT où le Monde devient un niveau sociétal pertinent, même s'il reste ténu, il s'organise spatialement comme toute société selon deux logiques en tensions : des lieux se spécialisent de façons complémentaires, hiérarchiques ou qualitativement différenciés, et l'espace est marqué par la distance au lieu central, initiateur. Une telle structure géographique ne fonctionne qu'à une certaine échelle, n'exclut pas d'autres niveaux et doit donc s'y articuler. Mais ces ensembles sociaux plus restreints en kilomètres (et souvent plus forts en cohérence) n'interviennent dans l'histoire du Monde que dans la mesure où ils s'y insèrent ou s'y opposent.

Trois idées ont servi, au long de cette deuxième partie, de fils conducteurs pour lire la construction du niveau mondial :
- sans la capture de mondes indépendants, transformés en périphéries, dont le pillage a procuré une mise de fonds essentielle, l'Europe n'aurait pu s'imposer ;
- la quête initiale de produits que le milieu tempéré n'autorisait pas les Européens à cultiver sur leur propre sol a motivé la poursuite d'aventures outre-mer et contribué à produire des extraversions lointaines en milieu tropical ;
- sans la construction d'un espace mondial doublement inégalitaire (Amérique dominée par l'une des civilisations de l'Ancien Monde et construction d'une périphérie dans la zone tropicale par un centre en milieu tempéré), le seuil de concentration de richesses permettant la Révolution industrielle n'aurait pas été franchi.

Cet ensemble d'hypothèses est évidemment discutable. Il simplifie, certainement à l'excès, les spécificités locales et événementielles et le rôle des acteurs. Mais il ne faut pas oublier qu'il comporte en lui-même deux restrictions :
- les raisons avancées pour expliquer l'initiative européenne auraient pu venir d'ailleurs ; le Monde aurait pu être très différent ; en revanche, la situation semblait suffisamment mûre dans l'Ancien Monde pour ce passage à l'acte, pour cette genèse du niveau mondial ;

– le raisonnement est borné chronologiquement ; la première hypothèse n'a de sens que jusqu'au XVIIIe siècle, la deuxième se termine au milieu du XXe siècle (même si le marché de certains produits tropicaux en garde les cicatrices) ; la troisième propose une explication de la localisation de l'origine de la Révolution industrielle, non de sa diffusion ultérieure, et reste donc limitée en amont de 1900.

Il ne faut jamais oublier, en effet, que le niveau géographique mondial n'existe qu'en interrelation avec les niveaux plus locaux, même s'il ne se réduit pas à être la somme de ces sociétés. Elles peuvent le contenir, voire le menacer, comme ce fut le cas durant une grande partie du XXe siècle.

Troisième Partie

Les limites du Monde

Avec le rétrécissement considérable du Monde au début du XXIe siècle, avec l'ubiquité d'Internet, peut-être aurait-on pu considérer comme quasiment achevée l'écriture de l'histoire de la mondialisation. Mais ce serait se contenter d'une vision évolutionniste monolinéaire, celle d'une dynamique inévitable nous acheminant bon gré, mal gré, vers une unique société comprenant l'humanité tout entière. Participent tout autant à la géohistoire du Monde des contre-courants qui en réduisent la portée ou en donnent des déclinaisons particulières (chapitre 9). La montée des communautarismes à la fin du XXe siècle n'est pas un fait si nouveau dans un temps plus long, pour peu qu'on considère les nationalismes, tant ceux de l'Europe du XIXe que ceux des décolonisations, comme des mouvements identitaires profonds en rapports dialectiques avec la mondialisation. L'effet de ces reflux est double : mise en cause de la forme prise par l'universalisme, et mise en danger du niveau mondial lui-même. Réfléchir sur la pertinence et l'impertinence de cet universalisme spécifique, si l'on peut dire, c'est effectivement affronter les horizons du Monde (chapitre 10).

Dans cette perspective, il n'est plus surprenant d'inclure dans cette partie le dernier chapitre strictement chronologique (chapitre 8), centré sur les événements du XXe siècle. En effet, de 1914 à 1989, la tonalité générale est bien à la résistance au mouvement profond de mondialisation, porté par la croissance démographique et le progrès technique évoqués à la fin du chapitre 7 : fractionnement du Monde par rapport à l'avant 1914, mondialisations concurrentes. L'expérience du XXe siècle montre bien que la mondialisation est un processus réversible. Le Monde n'est pas inévitable, ni dans sa forme, ni dans son existence même.

Chapitre 8

Le « court XXᵉ siècle » : la mondialisation est réversible

LE GRAND HISTORIEN britannique Eric J. Hobsbawn, auquel nous empruntons le titre de ce chapitre[1], rappelle que la période de 1815 à 1914 fut « une période de paix dans le monde occidental qui engendra une ère de guerres mondiales également sans précédent ». La mondialisation a progressé rapidement au XIXᵉ siècle sans beaucoup de résistances, mais connaît au XXᵉ une dynamique beaucoup plus ambiguë. En donnant son sens le plus restreint au mot, on peut, avec Susanne Berger, parler pour les années qui précèdent la Première Guerre mondiale de *Notre première mondialisation* [2003]. On pense alors à la libéralisation des échanges économiques, mais la formule ne serait pas inexacte également pour évoquer les contradictions entre différentes dimensions du processus, en particulier le couple ouverture économique/fermeture identitaire (chapitre 9). Dans cette perspective, on peut interpréter la période qui s'ouvre en août 1914 et s'achève avec la chute de l'Union soviétique comme la conséquence de ces dimensions contradictoires et, de ce fait, une leçon ambiguë pour le XXIᵉ siècle.

La notion de siècle, comme découpage conceptuel du temps des sociétés est un concept pauvre[2]; cependant, comme la période de turbulence de la mondialisation évoquée dans ce chapitre correspond, en très gros, à ce pas de temps, gardons-en le mot. Deux types de conflits s'imbriquent pour briser la

---

1. *Histoire du court XXᵉ siècle* est le sous-titre du quatrième volume, dont le titre principal est *L'âge des extrêmes*, de la grande fresque de l'histoire du Monde depuis 1789 dressée par Eric Hobsbawn. Les trois premiers volumes sont *L'ère des révolutions (1789-1848)*, *L'ère du capital (1848-1875)* et *L'ère des empires (1875-1914)*; Hobsbawn oppose ce « long XIXᵉ siècle » au court « siècle » suivant.
2. L'historien Daniel S. Milo l'a montré naguère grâce à une amusante hypothèse contrefactuelle : en supposant que le choix de l'an 1 ait été, non la naissance, mais la mort du Christ, tous les siècles, conçus comme des périodes temporelles présentant quelque cohérence (comme le laissent supposer les études « seiziémistes » ou « dixseptiémistes »), auraient été décalés. Par exemple, le XVIIIᵉ siècle serait entièrement organisé par la Révolution française qui aurait débuté en 1757 – Waterloo étant en 1793... – (*Trahir le temps (histoire)*, Les Belles Lettres, 1991).

tendance à l'élaboration d'un niveau social global pour l'ensemble de l'humanité : des concurrences entre nationalismes et des oppositions idéologiques. Dans les deux cas, les dimensions économique et militaire sont présentes. Malgré cette diversité, une périodisation en deux temps s'impose autour de 1945. Auparavant, l'aspect guerrier est le plus fort, c'est la période des guerres dites « mondiales ». C'est aussi celle des régimes totalitaires non socialistes, des fascismes. Après 1945, la rivalité devient plus clairement duale : la guerre froide est, au moins par les projets idéologiques proclamés, l'affrontement de deux mondialisations possibles. Cependant, cette chronologie politique et militaire, qui conditionne fortement celle de l'organisation des échanges économiques internationaux, ne doit pas faire oublier des tendances lourdes qui ont leurs rythmes propres, même si les autres dimensions des sociétés ne sont pas sans les influencer : l'augmentation considérable du volume de l'humanité (et donc de ses productions) et les évolutions techniques.

La grande guerre civile européenne : 1914-1945

À la veille de 1914, il n'a sans doute jamais été aussi facile, administrativement parlant, de circuler dans le Monde. Certes, de vastes territoires sont considérés comme insoumis, les infrastructures de transports modernes font souvent défaut, mais un passeport est rarement nécessaire et changer de monnaie est très facile, l'étalon-or représentant une base universelle. On peut considérer qu'une telle liberté de circulation n'est pas vraiment retrouvée un siècle plus tard. Il en va de même pour les marchandises, même si les cycles de crise économique, en particulier à la fin du XIXe siècle, ont provoqué certains retours sectoriels du protectionnisme. La tendance générale, impulsée par le Royaume-Uni depuis la fin des *Corn laws* et de l'Acte de navigation en 1846-1851, est plutôt au libre-échange.

L'espace économique européen n'est plus une expression virtuelle : la concurrence entre les entreprises, la circulation des capitaux, voire celle des travailleurs, sont ouvertes du Portugal à la Russie. L'espace intellectuel est beaucoup plus ancien, il remonte aux universités médiévales ; si la période des Guerres de Religions européennes, du début du XVIe siècle au milieu du XVIIe siècle, a pu un temps en freiner le développement, il s'est mué en espace quasi mondial à l'époque des Lumières. La notion de Communauté scientifique internationale, étendue aux États-Unis à la fin du XIXe siècle, quelles que soient les rivalités qui l'agitent, n'est pas une vaine expression.

Cette économie-monde européenne est étendue à la plus grande partie de l'humanité, moins par le biais de la colonisation classique que par le commerce international. Rétrospectivement, la guerre totale qui débute en 1914 apparaît comme un suicide de l'Europe et se traduit par une réduction drastique de sa place dans le Monde. En 1945, le « Vieux Continent » n'est plus qu'un champ de ruines, terrain de rivalité entre les deux nouveaux champions des deux projets mondiaux rivaux qui émergent de la première moitié du siècle.

Le stade suprême du nationalisme dans un marché mondial

Il peut paraître paradoxal que l'Europe du début du XXe siècle présente deux caractères profondément contradictoires : le libéralisme économique le plus général qui ait jamais existé, moteur de la « première mondialisation », et une marqueterie de nationalismes si virulents qu'ils peuvent maintenir pendant quatre longues années des millions d'hommes dans l'enfer des tranchées. Ce paradoxe n'est qu'apparent et on a là les deux faces du même processus [GRATALOUP, 2015, figure 6.1]. Cette double dynamique plonge ses racines dans le polycentrisme européen dont le rôle avait déjà été essentiel dans la concurrence pour les Grandes Découvertes et, surtout, dans la possibilité pour le capitalisme de s'autonomiser.

La tendance générale à l'accentuation des échanges internationaux s'était beaucoup accélérée au XVIIIe siècle après une phase de ralentissement du fait de la raréfaction des métaux précieux et aux politiques mercantilistes soucieuses de thésaurisation, en grande partie dues à cette tendance déflationniste (et contribuant à l'accentuer). À la fois une cause et une conséquence du démarrage de la Révolution Industrielle, ce développement des échanges extérieurs a beaucoup frappé les intellectuels qui en font alors la source première de la *Richesse des nations*, selon le titre résumé du livre d'Adam Smith, souvent considéré comme fondateur de l'économie politique [1776][1]. C'est d'ailleurs pour qualifier ce commerce extérieur que Jeremy Bentham invente en 1780 le terme « international ». Formulée par David Ricardo[2], la théorie des avantages comparatifs fonde toutes les réflexions ultérieures, y compris celles de Marx, sur la division internationale du travail et inspire les politiques libre-échangistes, mais aussi les réactions protectionnistes (théorie de List), qui organisent ces échanges de marchandises, de services, mais aussi de capitaux.

La tendance générale a été celle d'un essor considérable, marqué par d'importantes fluctuations conjoncturelles, qui se traduisent par une complexification de la structure des échanges (multilatéralisation : figure 8.1). À la veille de la première guerre mondiale, l'accroissement est considérable (figure 8.2). La stabilité

---

1. Le titre exact est *Recherche sur la nature et les causes de la richesse des nations* (*An Inquiry into the Nature and Causes of the Wealth of Nations*).
2. *Des principes de l'économie politique et de l'impôt* dont les versions successives sont publiées de 1817 à 1821.

monétaire du XIXᵉ siècle, fondée sur l'étalon or et le rôle central de la livre sterling, facilite cette internationalisation des économies qui stimule les progrès des communications (encadré p. 215), autant qu'elle en bénéficie. Le prix du transport d'un quintal de blé entre New York et Le Havre passe de 180 F en 1850 à 22 F en 1913. La primauté de l'Europe dans l'armement naval est alors écrasante, avec plus de 85 % de la flotte mondiale, dont 40 % pour le seul Royaume-Uni; cependant, avec 11 %, les États-Unis témoignent d'un début d'élargissement du processus.

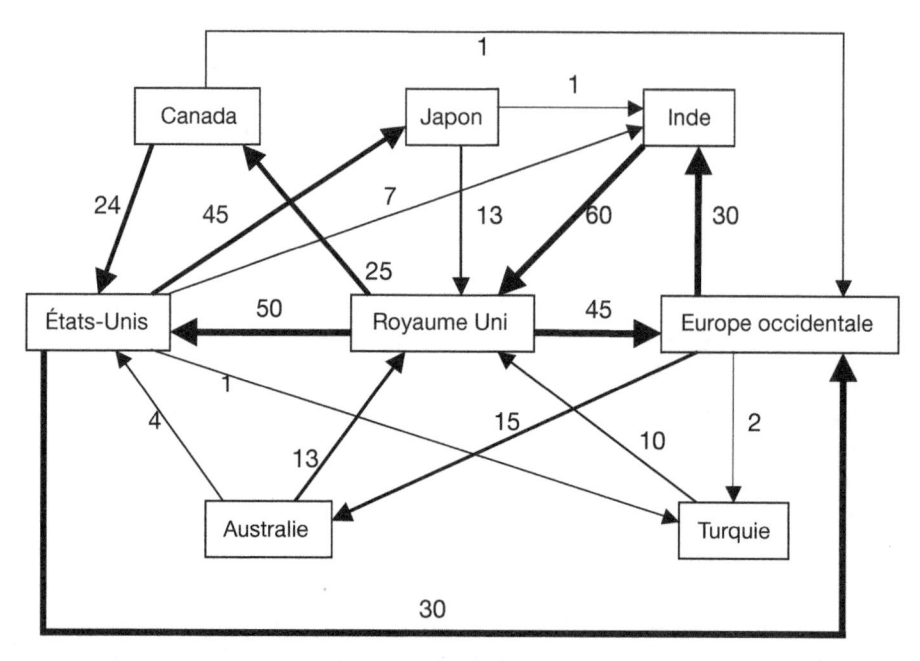

Figure 8.1. Le multilatéralisme des échanges : principaux soldes commerciaux en 1910

Source : LÉON Pierre (dir.), *Histoire économique et sociale du monde*, Paris, Armand Colin, 1978, p. 32.

Déjà, les principaux flux mettent en relation les grands pays industriels entre eux (comme aujourd'hui les pôles de la Triade). Les seuls échanges entre les grands pays de l'Europe occidentale (Allemagne, R.-U., France, Pays-Bas et Italie) représentent plus du quart de tout le commerce mondial. En regard, les flux entre métropoles et colonies ne jouent qu'un rôle mineur. Dans l'ensemble les balances commerciales sont négatives pour les pays industriels européens et positives pour les fournisseurs de matières premières, y compris les États-Unis (encadré ci-dessous). Les déficits européens sont compensés par les balances des paiements. Ainsi, se diffuse doublement une économie mondiale à partir de l'Europe : à la fois sous forme de commerce de biens (marchandises et services) et par les investissements européens réalisés dans le Monde entier (dont les célèbres emprunts russes).

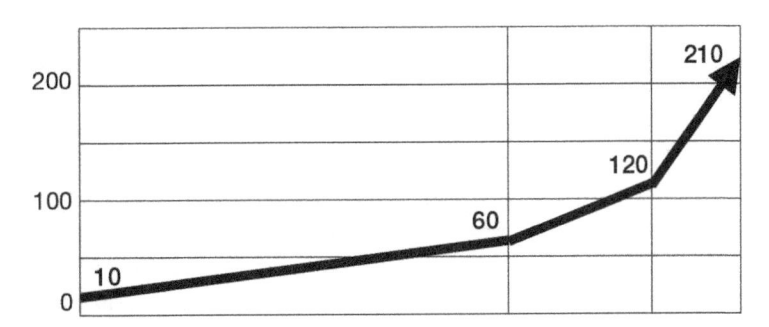

Figure 8.2. Évolution du commerce international de 1830 à 1914

Source : LÉON Pierre (dir.), *Histoire économique et sociale du monde*, Paris, Armand Colin, 1978, p. 32.

De ce fait, en 1913, l'impact des échanges sur l'ensemble de l'économie tel que l'indique le taux d'ouverture (la part des échanges dans la valeur totale de la production), semble supérieur pour les pays industrialisés (Europe occidentale, États-Unis, Japon) à celui de 1980. C'est pourquoi on considère souvent que l'ouverture internationale, la mondialisation économique, n'a vraiment été retrouvée qu'à la fin du XXe siècle. Ces estimations, même si elles reflètent effectivement une réduction relative du poids des échanges durant une bonne partie du « court XXe siècle », n'en sont pas moins discutables : même dans de vieux pays industrialisés comme la France ou l'Allemagne, une bonne part de la production relevait encore de l'économie domestique, dans le cadre des exploitations agricoles en particulier. On ne compare donc pas des sociétés tout à fait comparables.

Principales balances commerciales en 1913

Principaux pays	déficitaires	Principaux pays	excédentaires
Royaume-Uni	− 657	États-Unis	+ 673
France	− 297	Inde	+ 185
Belgique	− 193	Union sud-africaine	+ 117
Allemagne	− 160	Russie	+ 75
Japon	− 48	Chili	+ 28
Brésil	− 9	Argentine	+ 22
Australie	− 5	Nouvelle-Zélande	0

Rappel : Les balances commerciales ne prennent en compte que les marchandises (donc sans les services et les capitaux).

Source : SDN, Mémorandum sur les balances des paiements.

Cette tendance à la mondialisation économique subit cependant des restrictions depuis la fin du XIXe siècle avec un retour en force du protectionnisme presque partout, sauf au Royaume Uni qui reste le haut lieu du libre-échange. Généralement on prend la loi douanière allemande de 1879 comme point de départ de cette inversion de tendance progressivement suivie par tous les autres Européens – compte non tenu des États-Unis qui n'ont jamais abandonné le protectionnisme (chapitre 9). Ce reflux présente, en le qualifiant d'un terme alors inconnu, un caractère « antimondialiste ». La concurrence de pays lointains, qu'on appelle alors « neufs », grâce à l'abaissement des coûts de fret et des nouveaux procédés de conservation (chapitre 7), met en difficulté des secteurs traditionnels de l'économie, l'agriculture en tout premier lieu. Des lobbies s'organisent (l'Association de l'Industrie française en 1878, la Ligue des Agriculteurs allemands en 1893) que les équilibres politiques locaux obligent à prendre en considération. Ainsi, en France, la nécessité pour la IIIe République encore fragile de ne pas s'aliéner les campagnes, souvent encore fidèles au royalisme, est à l'origine de la loi Méline de 1892 protégeant l'agriculture nationale. L'Allemagne était revenue au protectionnisme dès 1879 et pratiquement tous les autres pays européens suivent le mouvement, généralement plus pour protéger l'agriculture que l'industrie[1]. On assiste même à de véritables conflits douaniers comme entre l'Italie et la France en 1890-1893.

Ces fortifications douanières vont dans le sens du nationalisme ambiant qui a été croissant tout au cours du XIXe siècle (chapitre 9), même si d'autres voix comme les Internationales socialistes commencent à se faire entendre. C'est dans ce contexte que se comprend mieux la course au drapeau de la colonisation des années 1870-1910. Les efforts des principales puissances européennes pour s'attribuer la domination des sociétés exotiques encore autonomes sont moins mus par des motivations économiques ou stratégiques que par des considérations nationalistes. Une certaine forme d'achèvement du remplissage des cartes au début du XXe siècle, à la fois en termes d'explorations (Amundsen hisse le drapeau norvégien au pôle Sud le 14 décembre 1911) et de conquêtes coloniales, marque la fin d'une époque, celle de la construction du Monde par l'Europe.

---

1. En 1912, les taxes douanières sur les produits industriels ne sont, en moyenne, que de 4 % pour les Pays-Bas, 13 % pour l'Allemagne, 20 % pour la France. Le record européen est espagnol avec 41 %. Mais les droits sont de 44 % pour les États-Unis.

La trêve relative de l'entre-deux-guerres

La guerre de 14-18 ne mérite pas entièrement son qualificatif de « mondiale »[1]. Les théâtres d'opérations décisifs sont essentiellement européens. Le seul aspect sans lien direct est l'intervention du Japon, au début du conflit, afin de s'emparer des colonies allemandes du Pacifique, et qui se désintéresse ensuite de la guerre. Les participations d'autres pays d'outre mer, en particulier celle, décisive, des États-Unis, consistent essentiellement à envoyer des renforts en troupes et en matériel sur les fronts européens. La dimension la plus mondiale découle du fait que les principaux protagonistes sont aussi les grandes puissances coloniales. Ce ne sont pas les opérations dans les colonies qui pèsent, dans la mesure où, à quelques possessions allemandes près, rapidement contrôlées par leurs adversaires, les principaux empires sont tous dans le même camp (Empires britannique, français, russe et même portugais, japonais, italien, étatsunien...). On pourrait seulement ranger dans cette dimension coloniale des opérations l'appui aux peuples arabes contre l'Empire turc. Plus significatif est le fait que des peuples du Monde entier se retrouvent dans les tranchées européennes : tirailleurs sénégalais ou annamites, goumiers maghrébins dans l'armée française, Bouriates ou Azéris dans l'armée russe, Sikhs ou Gurkhas sous l'Union Jack... Pour les troupes des dominions, les tranchées de Picardie furent même un moment fondateur de leur identité : les cimetières militaires australien, néo-zélandais ou canadien sont encore aujourd'hui des hauts lieux originels pour ces nations nouvelles [HERTZOG, 2006]. La mobilisation de l'outre-mer ne se limita pas aux seuls soldats : de nombreux travailleurs furent également importés en Europe pour travailler à l'arrière ; certains restèrent : c'est l'origine des premiers restaurants chinois en France.

Le bilan essentiel se résume à un net recul du poids de l'Europe. Non pas en apparence : au traité de Versailles, en 1919, les grandes puissances coloniales, Royaume-Uni et France en particulier, donnent l'impression de dominer encore plus le Monde. Le démembrement de l'Empire ottoman, par le système des mandats, accorde à la colonisation sa plus grande extension. Mais la puissance européenne s'est largement vidée de sa substance : énorme saignée qui déséquilibre les pyramides des âges, particulièrement pour les jeunes hommes les plus formés (un quart des diplômés d'Oxford et de Cambridge de 1905 à 1915 ont été tués), inversion de la situation financière (de banquière du Monde, l'Europe est devenue débitrice : figure 8.3),

---

1. Si l'historiographie contemporaine n'a pas encore relativisé le caractère plutôt « continental » de la Grande Guerre et continue à l'appeler Première Guerre mondiale, elle tient de plus en plus compte de la dimension vraiment mondiale de la Seconde, en particulier dans la chronologie. L'ouvrage *1937-1947. La guerre-monde* [AGLAN et FRANK, 2015] débute d'ailleurs bien par l'attaque de la Chine par le Japon et non la déclaration de guerre en Europe.

destructions et retard des investissements alors qu'ailleurs, aux États-Unis mais aussi en Amérique latine, l'approvisionnement du champ de bataille a stimulé l'activité économique...

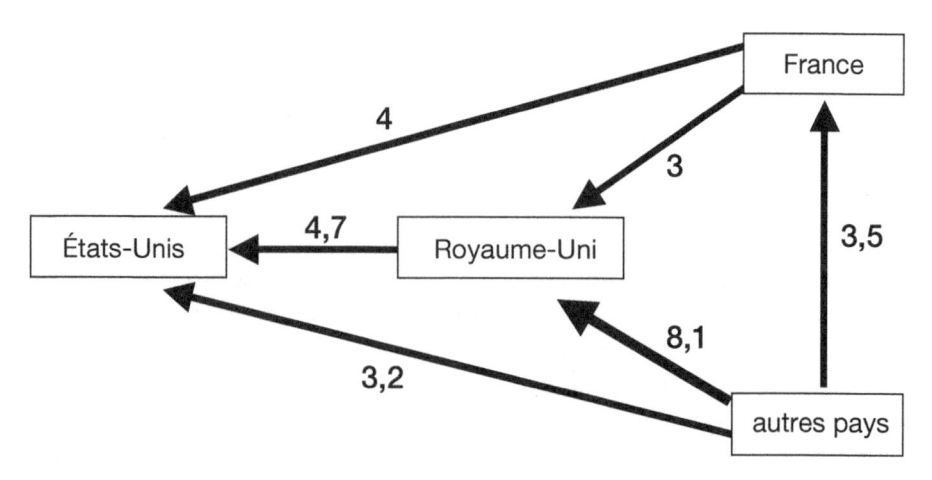

Figure 8.3. Dettes interalliées à la fin de la Première Guerre mondiale

Lorsque le centre d'un système économique s'affaiblit et, surtout, se dérègle, c'est l'ensemble de son espace qui en pâtit. Si la guerre de 1914-1918 n'est pas vraiment mondiale, ses conséquences, elles, le sont d'évidence. Au-delà des énormes cicatrices diplomatiques, culturelles, démographiques du conflit, il suffit d'insister sur l'aspect monétaire pour montrer la dimension mondiale de la crise de l'Entre-deux-guerres. On pouvait parler d'un système monétaire international (SMI) depuis le xixe siècle : le développement des échanges entre pays européens avait imposé sa mise en place et le poids de l'Europe était tel que, colonisation aidant, les autres modes de circulation monétaire avaient progressivement été absorbés. Complexe dans ses détails, il était simple dans ses grandes lignes : le bimétallisme avait cédé la place à l'étalon or et la livre sterling représentait, avec un second rôle pour le franc, la monnaie de réserve. Les principales unités de compte étant stables entre elles, le SMI d'avant 1914 représentait un outil adapté à la mondialisation économique d'alors. Les États-Unis ne jouaient presque aucun rôle international : ils avaient unifié leur propre système monétaire intérieur seulement à la fin du xixe siècle.

Pour que ce système tourne rond, il fallait que la stabilité des principales monnaies soit garantie. Or, en 1919, l'effort de guerre a vidé les réserves des banques centrales européennes ; les balances des paiements se sont inversées entre l'Europe et le reste du Monde. Une bonne partie des placements lointains, emprunts russes, et ottomans en particulier, n'ont plus de débiteurs. Cependant, les vainqueurs qui reconstruisent le Monde à Versailles ignorent cette dimension financière ou considèrent qu'il s'agit d'un désagrément conjoncturel et que tout reviendra comme avant en quelques années. De ce fait, les mesures prises, malgré les exhortations de quelques voix lucides comme celle de Keynes[1], vont à l'encontre de la construction d'un nouveau SMI et d'une bonne régulation des échanges internationaux. La montée de l'isolationnisme aux États-Unis non seulement retire du jeu diplomatique la première puissance mondiale (refus de participer à la SDN), mais bloque la possibilité d'organiser le système monétaire autour du dollar. Les deux principaux vainqueurs, le Royaume-Uni et la France, n'ont de cesse de retrouver leur grandeur monétaire évanouie. Les Britanniques s'imposent des politiques déflationnistes coûteuses ; les Français se résignent en 1928 à une dévaluation de 80 %, avec le Franc Poincaré, qui leur permet de retrouver un temps une certaine stabilité. La volonté de faire payer l'Allemagne, par le système des Réparations, provoque l'effondrement du mark de 1923. Le rétablissement de 1924 qui accompagne la brève flambée économique des « années folles » est très fragile et ne peut qu'être balayé par la crise boursière affectant la première économie mondiale en 1929.

La diffusion rapide de la dépression témoigne à la fois de l'existence, malgré tout, d'un espace économique mondial, à l'exception notable de l'Union soviétique, et de ses lignes de fracture. Les années 1930 représentent sans doute le moment où la mondialisation a le plus régressé. Chaque puissance susceptible d'un minimum d'autonomie tente de se protéger de la contagion économique (figure 8.4). L'autarcie devient un idéal. Les États-Unis s'enferment dans l'isolationnisme, chaque puissance coloniale se replie sur son espace d'exclusif, le régime nazi érige des barrières économiques et financières étanches qui le contraignent à une économie de prédation militaire. Les petites puissances qui n'ont pas les moyens de ces efforts pour échapper à la crise mondiale se raccrochent à l'une des zones ; la France réunit ainsi un temps le « bloc or » autour de son franc. L'URSS est ailleurs. La Seconde Guerre mondiale a commencé tôt dans la dimension économique. Ce retour à une situation d'archipel permet à chaque puissance de mener des politiques originales, comme le New Deal aux États-Unis, mais divergentes, ce qui ne peut qu'accroître le fractionnement global.

L'entre-deux-guerres montre ainsi les limites de l'héritage du temps long de la mondialisation, celui d'un système à deux niveaux : l'un mondial pour l'économie et, partiellement, des aspects culturels comme la recherche scientifique, et l'autre international, composé d'un puzzle d'entités nationales

---

1. Conseiller auprès du Trésor britannique, Keynes démissionne avec éclat en 1919 et publie *The Economic Consequences of the Peace*. Dans les années 1920, il marque à plusieurs reprises son désaccord avec la politique de déflation du gouvernement anglais (*Economic Consequences of Winston Churchill*, 1925).

éventuellement regroupées. Lorsqu'une nation économiquement dominante assure la régulation minimale du système, en étant le pivot du SMI en particulier, la mondialisation peut s'approfondir vivement sans interférences graves avec le jeu des tensions internationales. Mais lorsque ces dernières deviennent violentes, surtout lorsqu'elles remettent en cause les équilibres qui assurent la stabilité du niveau économique mondial, tout se dérègle et la mondialisation fonctionne à l'envers.

La guerre sépare mais dope les progrès techniques

Si le Monde s'est durablement fracturé en 1914 et qu'il faut attendre la fin de la guerre froide, près de huit décennies plus tard, pour parler à nouveau de mondialisation, il n'en reste pas moins qu'il a continué à rétrécir avec l'accélération des progrès, en particulier dans les communications. Les conflits devenus industriels eurent ce résultat paradoxal de considérablement doper la recherche et le développement de tout ce qui pouvait, de près ou de loin, aider la victoire.

L'organisation du travail dite « scientifique » a été définie par l'ingénieur étatsunien Frédérick W. Taylor dans les années 1880. Mais c'est la Première guerre mondiale qui impose le taylorisme en Europe, en particulier avec André Citroën en France. Des innovations récentes au début de la guerre, comme l'automobile et l'avion, sont devenues à la fin des moyens de déplacement fiables et massifs. Les gros bombardiers de 1918, démobilisés, deviennent les premiers avions de ligne. Le téléphone et, plus encore, la TSF ont considérablement gagné en efficacité. Le blocus imposé aux empires centraux dynamise également la puissante industrie chimique allemande, ainsi pour l'essence et le caoutchouc synthétique. La chirurgie progresse ; on réussit les premières greffes et les premières transfusions sanguines. L'entre-deux-guerres est plutôt une période de diffusion des innovations (par exemple par l'Aéropostale), mais des innovations continuent sur la lancée (hélicoptères, télévision...). L'accélération reprend avec le second conflit mondial : entre autres apparaissent le radar, le nylon, la pénicilline, l'avion à réaction, la fusée...

Mais c'est surtout l'énergie nucléaire qui change l'organisation du Monde, à la fois comme source d'énergie (la première pile atomique est réalisée aux États-Unis en 1942) et comme arme qui rend ultérieurement impossible le retour d'une guerre mondiale, ce qui change profondément la géopolitique.

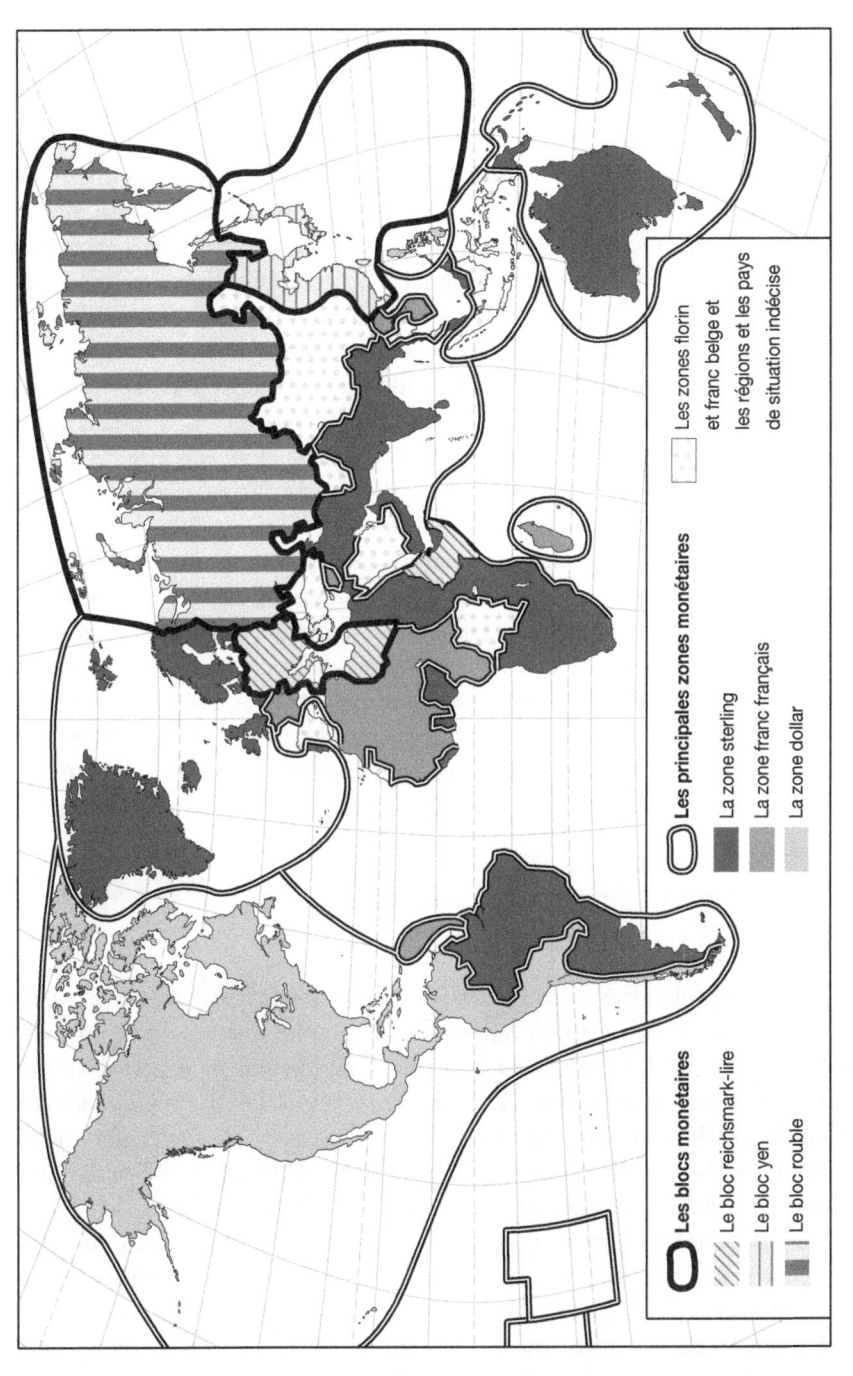

Le « court XXᵉ siècle » : la mondialisation est réversible ▼ 239

Figure 8.4. Zones et blocs monétaires en 1938

Deux mondialisations en concurrence : 1945-1989

Les leçons tirées de la crise économique et militaire des années 1930 et 1940, la plus terrible que l'humanité ait jamais connue dans sa globalité, font que l'après-Seconde Guerre mondiale est largement l'inverse de celle de la Première, en particulier par le vigoureux engagement des États-Unis au niveau le plus global. C'est à ce moment que se mettent en place les fondements de la dynamique spécifique nommée vingt-cinq ans plus tard la mondialisation. Les ouvrages sur l'évolution du Monde depuis 1945 sont légion ; il n'est pas utile d'aller au-delà des grandes lignes et de leur articulation avec le passé de la mondialisation.

À la différence de la Première, la Seconde Guerre mérite bien son qualificatif de mondiale, même si le cœur du conflit reste européen. Non pas parce que le champ de bataille s'est élargi jusqu'au Caucase et au nord de l'Afrique, mais surtout du fait de la Guerre du Pacifique, conflit autonome dans sa logique, mais dépendant des affrontements en Asie et au-delà du reste du Monde. De ce fait, il ne serait pas absurde, en tout cas moins franchement eurocentré, de faire débuter la Seconde Guerre mondiale en 1937 avec le commencement du conflit ouvert sino-japonais. L'énormité du massacre et l'importance des dégâts font qu'en 1945 il est évident pour ce qu'on va appeler « la communauté internationale » qu'un effort sans précédent de gestion collective du Monde est devenu nécessaire. Cependant, cet effort de gouvernance reste limité jusqu'aux années 1980 par la concurrence entre les deux types de mondialisation en présence : celle du camp socialiste et celle du monde capitaliste.

De l'espoir de la révolution mondiale à l'échec des socialismes nationaux

En appelant les prolétaires de tous les pays à s'unir, les socialistes du XIXe siècle avaient tout autant rêvé d'abolir le capitalisme que les guerres entre nations : le projet incarné par les Internationales était bien porteur d'un autre Monde. Pourtant les « socialismes réels » du XXe siècle se révélèrent moins fourriers de mondialité effective que le capitalisme réel, au point que c'est ce dernier qui est finalement assimilé, dans les années 1980, à la mondialisation. L'échec d'une révolution universelle à l'issue de la guerre de 1914-1918 a condamné le projet à rester enfermé dans les limites d'un Empire russe rétréci et à se confondre avec une forme à la fois nouvelle et ancienne de l'exacerbation d'une identité locale.

Contrairement à l'hypothèse marxienne d'une révolution éclatant là où le capitalisme était le plus avancé, c'est dans la périphérie russe de l'espace européen qu'elle a pu réussir. Ce maillon faible du monde d'avant 1914 qui concentrait les contradictions, disposait d'un caractère géographique fondamental qui explique la survie et la reproduction d'un monde allogène au capitalisme: l'immensité. L'intérêt stratégique en est bien connu depuis la campagne de Russie de Napoléon et a prouvé par deux fois au XXe siècle sa capacité de protection face aux agressions militaires: lors du soutien aux armées blanches en 1919-1921 et surtout face à l'Allemagne nazie en 1941-1945. Mais l'immensité du territoire et, de fait malgré une très faible densité moyenne, l'importance du peuplement ont permis ce que peu d'autres sociétés auraient pu faire: vivre durablement en vase clos.

L'antibolchevisme avait pris de telles proportions dans l'entre-deux-guerres que, faut de pouvoir écraser le régime issu de la Révolution d'Octobre, les pays capitalistes avaient tenté de l'étouffer en l'isolant: le cordon sanitaire composé de nouveaux États devant protéger également du risque de contagion. La création de l'URSS le 30 décembre 1922 ne renonçait pas en théorie au projet mondial, puisque le nom même de la nouvelle fédération ne comporte aucune référence toponymique (Union des Républiques Socialistes des Conseils) et avait vocation à regrouper tous les peuples, mais inaugure en fait le constat réaliste du «socialisme dans un seul pays». L'URSS demeure nettement russe, marquée par les structures socio-économiques héritées. Lorsque, en 1947-1949, l'avancée de l'Armée Rouge, délimitée préalablement à Yalta en 1945, permet l'instauration d'autres «pays socialistes», lorsque les troupes communistes entrent à Pékin en 1949, lorsque des pays du Tiers-monde deviennent à leur tour socialistes (Corée du Nord, Vietnam, Cuba, Laos, Cambodge), aucun nouveau pays n'intègre l'Union soviétique. Les pays d'Europe de l'Est, pourtant membres du COMECON et du Pacte de Varsovie, sont séparés de l'URSS par un second rideau de fer. La Russie soviétique tente jusqu'au bout de rester un monde à part, un anti-monde capitaliste. Mais il s'agit seulement de l'Union soviétique et de ses pays «frères». La Chine de Mao Zedong suit un chemin séparé à partir de 1960 et la rupture est consommée en 1964, comme la Yougoslavie de Tito l'avait fait dès 1948. Les identités nationales restent très vivaces, y compris dans le COMECON où la «division internationale socialiste du travail» revient largement à des accords de troc ou de clearing au bénéfice de l'URSS.

Du GATT à l'OMC

Chronologie des principales étapes de l'ouverture économique des nations, y compris par le SMI
1944: Conférence monétaire de Bretton-Woods
1946: entrée en vigueur du nouveau SMI
1947 (juin): Plan Marshall
1947 (octobre): signature du GATT par 23 pays représentant 80 % du commerce mondial
1948: création de l'OECE chargée de gérer la répartition de l'aide Marshall
1949 (janvier): création du CAEM ou COMECON regroupant les pays socialistes

1949 (septembre): réalignement des monnaies occidentales, toutes dévaluées à l'exception du dollar
1950: création de l'UEP (Union européenne des paiements) qui facilite l'internationalisation des règlements entre les membres de l'OECE
1951: traité de Paris instituant la CECA
1957: traité de Rome
1958: fin de l'UEP, création de l'AME (Accord monétaire européen): les monnaies occidentales deviennent librement convertibles entre elles
1960: création de l'OPEP
1961: création de l'OCDE qui remplace l'OECE. La reconstruction achevée, l'objectif est de promouvoir l'expansion économique entre les pays membres
1961-1962: *Dillon Round* (reconnaissance de la CEE comme entité commerciale)
1964: première CNUCED
1964-1967: *Kennedy Round* (réduction de 35 % des taxes sur les produits industriels)
1969: création des droits de tirage spéciaux (DTS)
1971 (février): Conférence de Téhéran: l'OPEP décide de faire monter le prix du pétrole
1971 (15 août): fin de la convertibilité du dollar en or
1971 (décembre): accord du Smithonian (dévaluation du dollar, réévaluation du mark et du Yen)
1972: l'inflation mondiale dépasse les 10 %. Début des achats massifs de céréales par l'Union soviétique
1973 (février): seconde dévaluation du dollar
1973-1979: *Tokyo Round* (baisse moyenne des taxes de 33 % et adoption de six codes régissant le commerce international)
1973 (octobre): guerre israélo-arabe. Bond du prix du pétrole (le baril passe de 3 à 12 dollars en 3 mois)
1973-1979: *Tokyo Round* (réduction tarifaire moyenne de 33 %)
1974: baisse de 5 % en volume des échanges internationaux
1976: accords de la Jamaïque (disparition de l'or comme étalon monétaire remplacé par les DTS)
1976: mort de Mao Zedong; après **1976**, ouverture progressive de l'économie chinoise sous l'impulsion de Deng Xiaoping
1978: traité de paix et d'amitié entre le Japon et la Chine
1979: le baril passe de 16 à 32 dollars en un an
1985 (septembre): accords monétaires du Plazza
1985 (décembre): contre-choc pétrolier
1986-1994: *Uruguay Round* (qui aboutit au remplacement du GATT par l'OMC)
1986: création du Groupe de Cairns
1987: accords monétaires du Louvre
1989: entrée de la Chine au FMI
1991: fin de l'Union soviétique; dissolution du CAEM et fin de la zone rouble
1994 (avril): accord de Marrakech (création de l'OMC)
1995: le GATT s'efface devant l'OMC
2001 (décembre): la Chine devient membre de l'OMC
2002 (1er janvier): l'euro, monnaie unique de l'Euroland

> **2007 :** crise des *subprimes* aux États-Unis
> **2008 (15 septembre) :** faillite de la banque Lehman Brothers, généralisation de la crise financière
> **2010 (23 avril) :** début de la crise de la dette publique grecque

Malgré tout, la concurrence avec le monde capitaliste reste très forte. La guerre froide se décline en conflits locaux très violents, en particulier la Guerre de Corée (1950-1953) et s'insinue dans les luttes de décolonisation (Guerre d'Indochine, de 1946 à 1954, puis du Vietnam, de 1957 à 1975), avec des moments de crise où une troisième guerre mondiale semble très près d'éclater (crise des fusées de Cuba en octobre 1962). Cependant, la course aux armements pèse très lourd sur l'économie soviétique qui peine de plus en plus à suivre, freinée par sa faible productivité. La Coexistence Pacifique intègre progressivement l'URSS dans l'économie mondiale. Le début des années 1970 est décisif : la montée du prix des hydrocarbures dote l'URSS d'un nouveau pouvoir d'achat qui permet de financer l'importation de produits agricoles, de blé en particulier, ainsi que d'usines clefs en main. La crise finale est ainsi retardée par ce répit pétrolier. Gorbatchev a la malchance de vouloir réformer le système soviétique alors que le contre-choc pétrolier se produit en décembre 1985. La fin d'un monde différent se produit en 1989-1991 avec la chute du mur de Berlin et la crise finale de l'URSS. L'anti-Monde socialiste n'a ainsi jamais pu ignorer son adversaire capitaliste. La course aux armements a constamment pesé sur l'économie, avec au moins un quart, probablement beaucoup plus, de la richesse produite consommée dans les dépenses militaires, et contribué à servir de justification à l'absence de démocratie.

L'itinéraire chinois d'une intégration au Monde débute avec la mort du Grand Timonier en 1976. Le maintien des structures politiques associé à l'ouverture économique, sous le nom paradoxal « d'économie socialiste de marché », rapide permet à la Chine de conserver sa très forte et très ancienne identité de civilisation tout en participant de façon accélérée à l'économie mondiale. Dans les deux cas, les efforts de révolution internationaliste ont plus servi à renforcer des identités nationales qu'à créer un niveau mondial non capitaliste.

Le triomphe d'une mondialisation d'abord économique

À la différence de la révolution qui devait, à terme, créer un niveau mondial résolvant le problème des nationalités, la mondialisation qui triomphe est essentiellement économique et c'est plutôt le sentiment de perte d'autonomie économique qui avive les sentiments nationaux. La guerre froide a été gagnée sur le terrain de la productivité. L'équilibre nucléaire rapidement instauré au lendemain de la Seconde Guerre mondiale a bloqué toute perspective d'affrontement global. Le conflit devenait une course aux armements aggravée par les nombreux conflits locaux. La dimension technologique de plus en plus forte a supposé une économie capable à la fois de supporter le poids global et d'en suivre les innovations de plus en plus sophistiquées. La pression du monde capitaliste sur les deux grandes puissances socialistes s'est ainsi finalement révélée la plus efficace. Au début des années 1980, la « Guerre des étoiles » lancée par Ronald Reagan révèle une économie soviétique définitivement incapable de relever le défi. À peu près au même moment, les dirigeants chinois rompent avec le choix maoïste d'une société coupée du reste du Monde. La fin de l'alternative entre mondes capitaliste et socialiste représente la dimension géopolitique de la mondialisation qui devient simultanément manifeste dans sa dimension économique. C'est d'ailleurs à ce moment que le terme s'impose comme mot-clef pour rendre compte de l'Histoire en cours.

La croissance économique est en effet une tendance mondiale presque constante depuis 1945. Le PIB du Monde double tous les vingt ans : 7 000 milliards de $-2005 en 1950, 15 000 en 1970, 30 en 1990, 55 en 2012 [CARROUÉ, 2015]. Les fluctuations sont néanmoins importantes, mais restent limitées par des efforts internationaux plus efficaces en matière commerciale et monétaire que politique et militaire. Il y a bien un important tournant économique mondial dans les années 1970, mais s'il est vécu comme une crise, c'est par les sociétés qui découvrent qu'elles ne sont plus les seules gagnantes[1]. L'aspect important de l'évolution de la croissance est effectivement sa réelle diffusion, non pas certes à l'ensemble du Monde – les zones de pauvreté restent scandaleusement étendues (chapitre 1) –, mais bien au-delà, en tout cas, des deux rives de l'Atlantique nord. Alors que l'humanité, au sortir de la Seconde Guerre mondiale, comptait à peine plus de deux milliards et demi de personnes, cet effectif a été multiplié par trois vers 2012. Cette croissance a été de pair avec l'ouverture économique progressive de la plupart des pays (encadré p. 241).

La décolonisation occupe une situation ambiguë dans le processus général d'ouverture. En rompant, au moins partiellement, le lien d'exclusivité avec une métropole, la libération des peuples colonisés a été une entrée dans le Monde, symbolisée par leur siège à l'ONU. Mais l'effort d'indépendance s'est souvent poursuivi par la recherche d'une voie économique autonome. Le modèle maoïste résumé par le slogan « compter sur ses propres forces » se retrouve sous des formes variées dans de nombreux pays, des expériences tentées par l'autarcie comme la Tanzanie de Julius Nyerere (déclaration d'Arusha du 5 février 1967) au nationalisme économique essentiellement

---

1. Les « Trente Glorieuses » des Français ou l'« Âge d'or » des Étatsuniens ne correspondent pas à une chronologie mondiale. Il serait difficile d'expliquer aux populations des NPI, des exportateurs d'hydrocarbures ou des récents pays émergents que les années 1960 étaient mieux que les années 1980 ou 2000…

protectionniste comme en Inde. Ces efforts d'indépendance sont très variés, compte tenu de la taille (Cuba n'a pas la diversité de l'Inde ou du Brésil), du degré de pauvreté initial (Madagascar n'avait pas les cadres dont disposait le Pakistan), de la dotation en ressources minières facilitant le financement de l'effort (l'Algérie de Boumediene avait une marge de manœuvre très supérieure à celle l'Éthiopie de Mengistu), de la position géostratégique par rapport à un « grand frère » (Cuba avait plus besoin de l'URSS que l'Albanie de la Chine maoïste), etc. Mais ces efforts post-indépendance s'effilochent dès les années 1980. Au milieu de la seconde décennie du XXIe siècle, ne subsistent plus guère des derniers pays témoins de ces efforts pour tenir le Monde hors des frontières que la Corée du Nord[1] : Cuba et les États-Unis renouent leurs relations, la Birmanie rebaptisée Myanmar évolue lentement vers la démocratie… En multipliant le nombre des États, la décolonisation a d'abord contribué à renforcer l'aspect international de l'écoumène, mais sans que ce soit finalement opposé à la mondialisation, bien au contraire (chapitre 11).

Au total, s'il est une nation dont la marge de manœuvre par rapport au Monde est évidente, c'est la plus puissante économiquement : les États-Unis. Ce sont eux qui ont mené (et gagné) la guerre froide, qui ont impulsé l'ouverture commerciale et financière depuis les accords du GATT en 1947. Mais en même temps, ils peuvent résister quand le mondial ou l'international les dérangent. C'est clair en matière de gouvernance politique mondiale : les États-Unis gardent leurs distances vis-à-vis de l'ONU et d'autres instances comme l'Unesco, ou les instrumentalisent, et adoptent des positions de plus en plus ambiguës par rapport à l'OMC. Ils refusent la contrainte du Tribunal pénal international. La position dominante qu'ils occupent depuis la victoire de 1945 leur a permis, leur permet encore, de bénéficier de marges de politiques économiques beaucoup plus grandes qu'aucun autre pays. Les *twin deficits* (déficits structurels du commerce extérieur et du budget fédéral) ne peuvent perdurer que parce que le dollar est aussi la monnaie mondiale.

Mais le lien structurel établi depuis près de trente ans entre les excédents commerciaux asiatiques et ces déficits (les finances fédérales étant équilibrées par les achats de bons du trésor ou *T-Bonds* par le Japon puis par la Chine) est gros de recompositions à venir. La réévaluation lente mais continue du Yuan semble conforter le système monétaire international. Jusqu'à la prochaine crise monétaire et financière.

---

1. On pourrait néanmoins défendre, non sans quelques arguments, l'idée qu'il n'y a pas de pays plus soumis au niveau mondial que la Corée du Nord : la pression extérieure oblige à une telle mobilisation, désastreuse pour l'économie et tragique pour la population, que le choix d'être contre le Monde se révèle la restriction la plus drastique de la marge de manœuvre nationale.

Conclusion : l'Histoire sans fin

En 1992, l'universitaire américain Francis Fukuyama publiait un livre dont le titre a beaucoup frappé, en général pour susciter le scepticisme : *La fin de l'Histoire*[1]. Avec le glissement rapide de la Chine au « socialisme de marché » et surtout l'effondrement de l'Union soviétique, le monde entier semblait définitivement régi par l'économie de marché : les contradictions les plus radicales ayant disparu, l'Histoire, comprise comme l'ensemble des affrontements fondamentaux, s'estompait. On a même pu rêver d'une réduction très significative des dépenses militaires. C'était sans compter sur les multiples formes d'identités génératrices d'autres conflits [FUMEY et alii, 2014, p. 112-113 : « Le Monde refabrique-t-il des différences ? »].

Le « court XXe siècle » a été une période de fractionnements du Monde, de rivalités violentes, de guerres et de massacres de masse. Le bilan essentiel de ces quelques décennies est que rien n'est irréversible dans la mondialisation qui avait pourtant pu sembler définitivement établie en 1913. Mais ce n'est pas non plus parce que les formes spécifiques d'affrontement de la période achevée à la fin des années 1980 n'existent plus que le Monde est toujours inévitable.

---

1. FUKUYAMA Francis, 1992, *La fin de l'histoire et le dernier homme*, Paris, Flammarion.

Triade ou diade? (figure 8.5)

Lorsqu'Ohmae Kenichi invente en 1985 la notion de Triade, c'est pour faire prendre conscience aux dirigeants des entreprises de l'émergence de la façade pacifique de l'Asie et de la nécessité d'y investir. La fortune journalistique et scolaire du terme montre que ce mot nouveau (ou plutôt son nouvel usage) correspondait alors à un besoin pour rendre compte d'une configuration mondiale neuve.

Mais si on se place dans le temps long, on ne fait que retrouver l'autre terme du faisceau d'échanges de l'Ancien Monde. Les routes ne sont plus guère terrestres ; au contraire, les masses continentales apparaissent plus comme des obstacles. Les pôles sont sur l'Atlantique d'une part, sur le Pacifique de l'autre. Toujours dans la longue durée, l'Amérique – qui n'est pas si éloignée de l'Europe – paraît, au moins pour sa façade orientale, un prolongement de l'Europe (ou le contraire, ce qui revient à dire qu'on a un même ensemble). Ce qui est radicalement nouveau, c'est que les routes qui relient les hommes ne forment plus un axe avec deux terminus, mais une boucle autour de la Terre.

On peut reprendre cette histoire du mouvement du centre du Monde selon deux scénarios. Dans le premier, classique, celui de la Triade, on considère que la construction du Monde transatlantique rend progressivement obsolète le système-Ancien Monde. Lorsque la dynamique traverse à son tour le Pacifique, le Monde est bouclé. Mais il fonctionne surtout avec un centre principal américain et deux secondaires, l'un de l'autre côté de l'Atlantique et l'autre du Pacifique. Dans le second scénario, on peut considérer que le projet de Christophe Colomb s'est finalement réalisé : le flux issu de l'ouest de l'Ancien Monde a finalement atteint l'Orient. Le développement d'un pôle américain apparaît alors plus comme une extension européenne. L'axe central du Monde retrouve l'ancien, mais maintenant sans « bouts du monde » comme avaient pu l'être tant l'Europe que l'Empire du Soleil levant. Un pôle transatlantique, lui-même dédoublé et un pôle asiatique : donc on peut plutôt parler de diade que de triade. Une diade désignant également un couple de chromosomes, on passe du microcosme au macrocosme. Le centre « oriental » (terme qui est bien hérité de l'Ancien Monde, car vu du Pacifique, il faudrait inverser les mots) apparaît alors comme une mémoire des axes d'avant 1492 ; métaphoriquement on peut parler d'épigénie.

En revanche, une tripartition du Monde peut se lire si on tient compte des pays qui ne participent à aucun des deux pôles, ce qu'on appelle caricaturalement le « Sud ». On aboutit à une schématisation du Monde qui rappelle curieusement la mappemonde médiévale dite « T dans O » (chapitre 10) à l'envers : un demi-cercle Sud et deux pôles Nord.

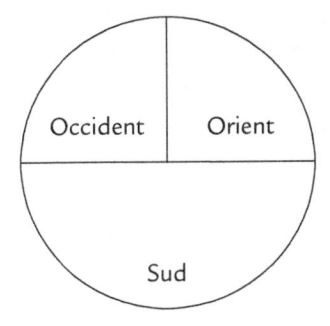

248 ▲ Géohistoire de la mondialisation

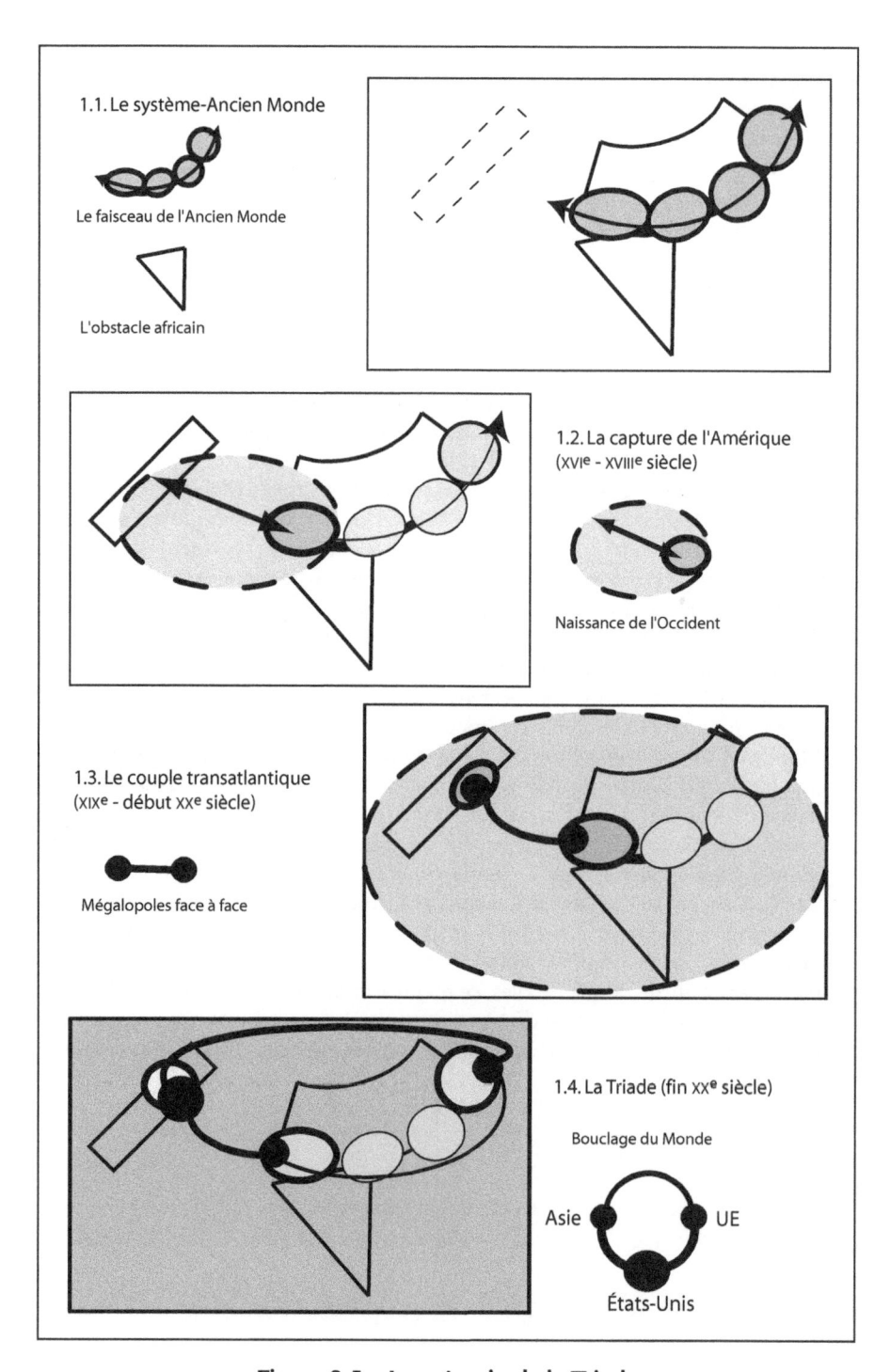

1.1. Le système-Ancien Monde

Le faisceau de l'Ancien Monde

L'obstacle africain

1.2. La capture de l'Amérique (XVIe - XVIIIe siècle)

Naissance de l'Occident

1.3. Le couple transatlantique (XIXe - début XXe siècle)

Mégalopoles face à face

1.4. La Triade (fin XXe siècle)

Bouclage du Monde

Asie   UE

États-Unis

Figure 8.5a. Le scénario de la Triade

Le « court XXᵉ siècle » : la mondialisation est réversible ▼ 249

2.1. Le système-Ancien Monde

Le faisceau de l'Ancien Monde

L'obstacle africain

2.2. L'Amérique annexée par l'Europe (XVIᵉ-XVIIIᵉ siècle)

Extension du pôle européen en Amérique

Affaiblissement du système-Ancien Monde

2.3. Extension du pôle européen en Amérique du Nord (XIXᵉ-début XXᵉ siècle)

Naissance d'un pôle atlantique

2.4. Épigénie du pôle asiatique

Antécédence du pôle asiatique

Affirmation du pôle atlantique

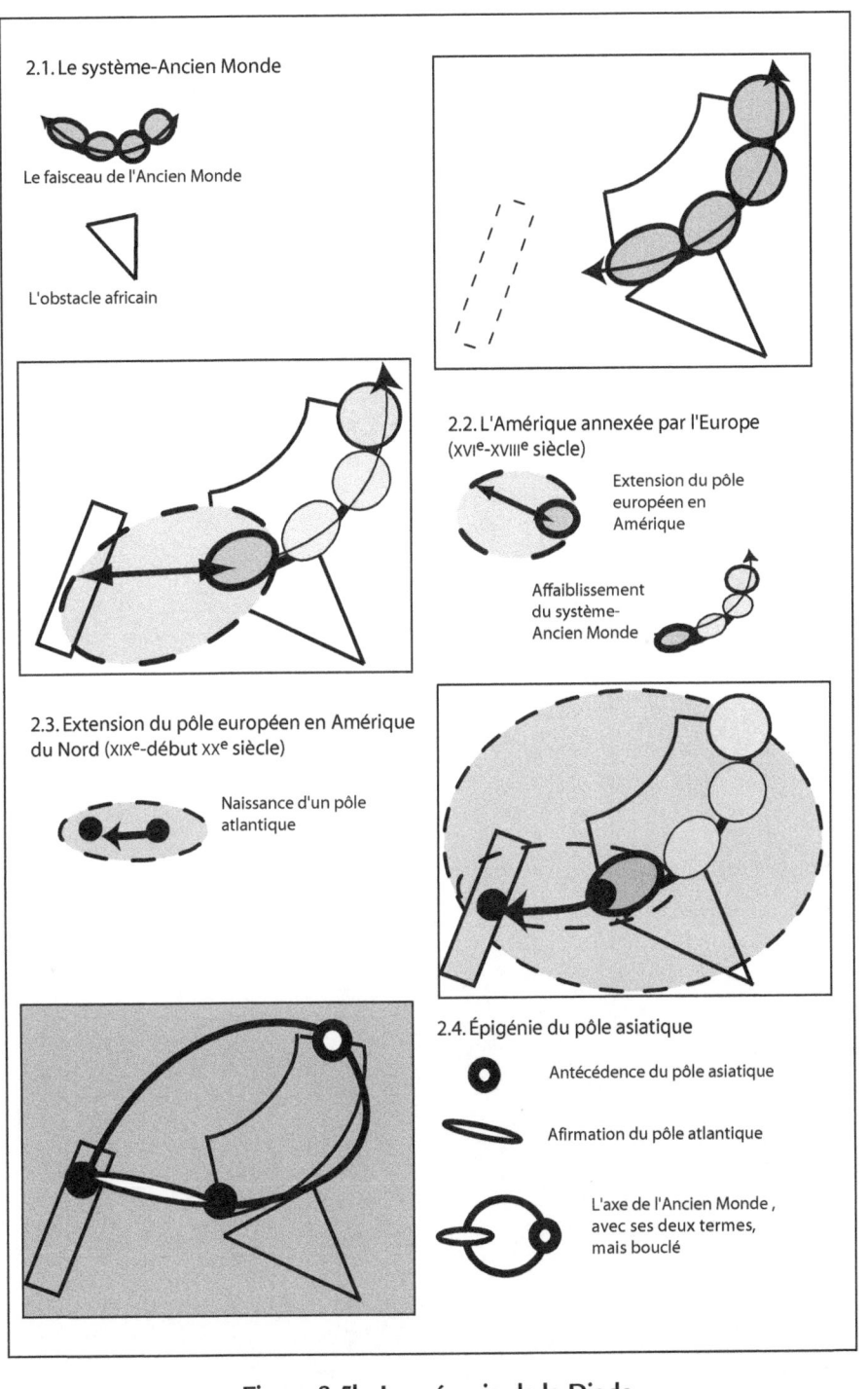

L'axe de l'Ancien Monde, avec ses deux termes, mais bouclé

Figure 8.5b. Le scénario de la Diade

Chapitre 9

Un système spatial restreint par sa logique même

Les déplacements d'activités économiques ou de sièges d'institutions sont souvent qualifiés de « délocalisations », terme qui avoue son point de vue local par rapport à un processus plus global. On peut effectivement caricaturer le Monde comme un système à deux niveaux (chapitre 1) : un niveau supérieur englobant progressivement l'ensemble de l'humanité, mais essentiellement dans sa dimension économique, et un puzzle de sociétés structurées par des identités plus ou moins fortes et de natures différentes. Cela ne signifie pas qu'un individu n'est porteur que d'une seule identité ; c'est même l'imbrication de ces diverses dimensions identitaires, parfois conflictuelles entre elles, qui composent sa personnalité individuelle. Mais la communauté de destin de l'humanité, la gestion de sa planète, dépendent d'un jeu d'interrelations entre des groupes et des personnes dont les valeurs, les objectifs, les intérêts, les interprétations de la réalité, peuvent profondément diverger. Une version de la vision du Monde comme un puzzle simple à comprendre a connu un grand succès au milieu des années 1990, celle du *Choc des civilisations* de Samuel P. Huntington[1]. Pour ne pas condamner toute réflexion sur le niveau mondial à rester un vœu pieux (chapitre 10), il faut affronter le rapport du singulier et du pluriel dans la mondialisation. Cette articulation, dans l'histoire du Monde qui précède, s'est rencontrée maintes fois, en particulier sous la forme de l'interaction entre le mondial et l'international. Elle contribue à esquisser le Monde qui va sans doute suivre.

L'identité, c'est ce qui fait qu'une société existe. Un certain nombre d'êtres humains peuvent avoir des relations fonctionnelles, harmonieuses ou conflictuelles : cela peut former un système qui a son rythme, sa durée, sa logique de reproduction et de transformation, des rapports avec d'autres systèmes ;

---

1. Huntington Samuel P., 1997, *Le choc des civilisations*, Paris, Odile Jacob, 1997. La couverture de l'édition française rend le message très explicite : elle représente une bombe allumée. C'est, en fait, un ouvrage universitaire assez solidement documenté (quoique fondé sur une bibliographie uniquement anglophone), donc plus nuancé que son titre. Mais le message global n'est jamais démenti. Huntington a écrit pour étayer l'idée du titre lancée en 1993 dans un article de *Foreign Affairs* qui avait fait grand bruit, car il correspondait à une opinion diffuse mais forte dans les pays occidentaux, aux États-Unis en tout premier lieu.

mais, lorsque ce fonctionnement s'affaiblit, si aucune volonté ne considère avec force qu'il doit perdurer sous peine de mettre en cause gravement la façon dont les individus qui y participent construisent l'ensemble de leur rapport à la réalité, alors il disparaît. Un réseau économique, une structure strictement administrative, une construction politique qui semble extérieure à ceux qu'elle est censée administrer, toutes les constructions sociales dont les participants n'ont pas le sentiment d'avoir profondément quelque chose en commun dans la longue durée participent à ces formes faibles de la vie sociale. Le mot « communauté » est devenu délicat à utiliser, dans la mesure où il peut être interprété comme sa forme indurée, celle qui exclut toute autre configuration d'appartenance, et qu'on appelle aujourd'hui le « communautarisme ». Mais ce qui produit le lien social, c'est bien le sentiment partagé d'avoir des choses en commun et que ce patrimoine collectif permet à chaque individu qui le fait sien de se situer, de se définir, au sein de l'écoumène. Cela se traduit par des noms propres, ceux qui permettent de répondre à la question « Qui êtes-vous ? » : patronyme, toponyme, marque de nationalité, de religion ou de philosophie...

Une réflexion géohistorique sur la construction du Monde est doublement sollicitée par la question des identités. La première raison est historique : l'identité permet de se situer dans le temps, de se placer dans une communauté de destin. Parler de la Chine pour la dynastie légendaire des Hia (IIe millénaire av. J.-C.), pour l'époque Tang ou celle de Mao Zedong, c'est commettre un coup de force intellectuel : que peuvent avoir en commun des groupes néolithiques, un empire agraire et une société socialiste ? Pourtant la filiation, éventuellement sous forme d'une volonté de rupture, est revendiquée et reproduite chaque jour par la transmission intergénérationnelle des langues, des réalisations culturelles et des multiples manières de vivre ensemble qu'on appelle civilisation. Nul ne contestera qu'être Chinois (ou Français, Inuit, Tchétchène...) a un sens, mais aussi être confucianiste, musulman, hindouiste, de même que les appartenances familiales, ethniques, de castes, de classes... D'évidence également ces catégories qui agrègent et excluent, se déclinent en sous-ensembles et se regroupent, mais aussi se recoupent. Dans tous les cas, la mondialisation pose problème à ces identités de même que ces dernières posent problème à l'existence du niveau mondial. Elles différencient la géographie du Monde et le font selon des temporalités différentes de celles des logiques mondiales, économiques et technologiques en particulier. La seconde raison de ce chapitre est donc géographique : le Monde, pris comme un système, est souvent compris comme contradictoire à des identités vues comme plus restreintes. Or les formes d'identification des personnes ne se répartissent pas aléatoirement sur la Terre et la chronologie comme la géographie de cette répartition ont fortement partie liée avec l'histoire du niveau mondial.

Jeux d'échelle entre espaces économiques et territoires identitaires

La tension considérée aujourd'hui comme la plus forte parmi celles qui découlent de la mondialisation s'observe entre le niveau mondial et les identités nationales, ces dernières étant vues sur la défensive [Badie, 1995]. Malgré tout, cette forme d'identification que sont les nations, y compris pour l'autodéfinition des individus, reste essentielle et c'est par elle qu'il faut commencer. La formalisation de groupes sociaux de grande taille, géographiquement délimités, définis comme des nations et juridiquement organisés en États est une invention de l'Europe des XVIIIe et XIXe siècles progressivement étendue au Monde entier, en particulier par l'intermédiaire de la colonisation et de la décolonisation (figure 11.1).

Or cette chronologie dans l'espace européen devrait susciter l'étonnement, dans la mesure où elle est synchrone de la Révolution Industrielle. Alors que le progrès technique se traduit par une réduction de la distance, le développement de niveaux économiques de bien plus grande dimension qu'auparavant, le décloisonnement de multiples petits mondes quasi autarciques, on assiste en même temps à une production d'identités locales, régionales et à l'invention de nations [Thiesse, 2001]. Le paradoxe n'est qu'apparent : le jeu à deux niveaux, le premier, plus large, de fonctionnalité économique, et le second, marqueterie d'espaces nationaux plus restreints, fonctionne en fait comme un couple. C'est d'autant plus important de l'analyser que le modèle est transposable à l'interprétation de la mondialisation contemporaine.

L'intégration productrice de l'identité

Le couple scalaire intégration économique/réaction identitaire peut, en effet, se lire à plusieurs niveaux. Dans la France du XIXe siècle, l'espace politique construit par la centralisation royale, poursuivie après 1789 par les régimes successifs, devient un espace fonctionnel de plus en plus unifié économiquement [Iribarne, 2008]. L'effort de construction d'un réseau de routes royales, plus encore la mise en place de l'étoile des voies ferrées dans les années 1840-1860, permet l'induration d'une économie proprement nationale. La dimension spatiale du processus se traduit par le développement de spécialisations régionales, particulièrement nettes en matière agricole[1] : la Normandie devient herbagère, la céréaliculture est confirmée dans le cœur du bassin Parisien, etc. Les exemples les plus connus correspondent aux genèses de régions méridionales spécialisées pour les marchés septentrionaux, la huerta

---

1. Voir le chapitre 9 de la *Géographie historique de la France* de Xavier de Planhol [1988].

productrice de primeurs du Comtat Venaissin et le vignoble de masse languedocien [GRATALOUP, 2015, figure 3.2]. En même temps que, comme dans tout espace intégré, les lieux se spécialisent, se produit un développement d'identités régionales. C'est manifeste dans la production littéraire régionaliste, en langue française (Alphonse Daudet) ou locale (Frédéric Mistral). Le mouvement peut même esquisser une structuration comme le Félibrige provençal[1]. Plus généralement, c'est l'époque où sont fixées les coutumes régionales (pratiques alimentaires, costumes typiques, architecture, etc.). Les coiffes paysannes en Bretagne occidentale et en Alsace, des petits fichus, n'étaient pas très différentes vers 1700 ; en revanche, vers 1860, les tuyaux de dentelle ne ressemblaient guère aux gros nœuds de taffetas. Tout cela suppose un enrichissement global de la société, mais surtout la conscience d'appartenir à un plus vaste ensemble au sein duquel il est nécessaire d'afficher sa particularité.

Ce qui peut sembler anecdotique dans l'espace français et ne représenter guère de menace pour l'unité nationale (Bretons, Corses ou Basques se sont tout autant fait tuer dans les tranchées que les Bourguignons ou les Picards) a fonctionné avec beaucoup plus de vigueur au niveau européen. « L'invention de la tradition »[2] s'est amorcée dans l'Europe des Lumières par un processus d'invention des langues, aux deux sens du mot invention : découverte d'une chose cachée et création de la nouveauté. L'avocat passionné en fut Johan Gottfried Herder (1744-1803), promoteur de l'idée que l'âme d'une nation réside dans le génie de sa langue. S'impose progressivement le dogme qu'à chaque nation doit correspondre une langue et réciproquement. Tous les pays dont les peuples s'expriment dans des idiomes supposés proches sont alors destinés à s'unifier ; ou plutôt à accomplir leur réunification puisque, dans cette perspective, il s'agit de retrouver une unité perdue qui doit ressurgir (faire son *risorgimento*). Or, dans la plus grande partie de l'Europe, les parlers populaires ne sont ni unifiés, ni écrits. On a donc ouvert un immense chantier de transcription et de fixation des idiomes vernaculaires. Les premières œuvres furent par nécessité des dictionnaires et des grammaires dont les auteurs étaient contraints de faire des choix entre de nombreuses variantes locales de vocabulaire et de syntaxe, voire de créer de toutes pièces ce qu'ils ne pouvaient pas trouver (mots et tournures savantes, termes techniques ou abstraits). Au XXe siècle, on a fait de même en dehors d'Europe : l'exemple de la (re)création de l'hébreu est le plus connu, mais le procédé est similaire aux efforts européens du XIXe pour le malgache ou le quechua, le wolof ou le maori. Ces normalisations linguistiques

---

1. Au sein de l'invention de la Provence à la fin du XIXe siècle, celle de la Camargue par le marquis de Baroncelli, admirateur du folklore de l'Ouest étatsunien alors en pleine création, est à l'origine de la tenue des gardians inspirés des *cow boys*. Bernard Picon, 1988, *L'espace et le temps en Camargue*, Arles, Acte Sud.
2. HOBSBAWM Eric J., RANGER Terence (dir.), 2006, *L'invention de la tradition*, Paris, Éditions Amsterdam.

ne se comprennent pas sans la diffusion de la pratique de la lecture, de la presse en particulier (et au XXe siècle par l'usage des médias audio-visuels), qui crée une communauté de langue. L'école en voie de démocratisation nécessite une langue unifiée dont elle devient le principal acteur. Cette diffusion linguistique est indissociable de l'éveil des sentiments nationaux [ANDERSON, 1996].

Ce faisant, on traçait des limites et ces nouvelles frontières tranchaient dans le vif. Non seulement des dialectes de même famille pouvaient varier beaucoup sur de courtes distances, mais en un même endroit plusieurs langues vernaculaires cohabitaient. Or l'émergence de l'idée de nation correspond à la généralisation de l'État exclusif, «westphalien», dont le territoire est borné par, profonde nouveauté, des frontières linéaires [NORDMAN, 1998], qui tranchent: on est Allemand en deçà et Danois au-delà. Ces «communautés imaginées», selon l'expression de Benedict Anderson, sont progressivement dotées d'une tradition qu'il a fallu systématiquement «retrouver»: chants, contes (les frères Grimm ont joué un rôle central dans le processus), folklore, habits, cuisine, musique, danses, fêtes, jeux, habitat, paysages... [WALTER, 2004]. Cette invention de la tradition est créatrice de ces attributs identitaires à l'intérieur des frontières: plus que la déduction d'une aire nationale identifiée par la diffusion de ces traits, cela revient à répandre ces caractères et éliminer ce qui n'y correspond pas. L'effort pour trouver ou retrouver («purifier»...!) l'homogénéité d'un espace identitaire peut devenir meurtrier. Comme l'a remarqué Anne-Marie Thiesse [2001], cela commence par des chansons et finit dans des tranchées.

Poussée à son terme, cette invention des États-nations est effectivement négatrice de tout niveau géographique supérieur. La nation ne supporte aucune transcendance. Cette incompatibilité avec toute structure trans ou supra-nationale fut mortelle pour les empires multicommunautaires (austro-hongrois, ottoman ou russe). Le seul niveau supérieur possible ne peut être que «le concert des nations», comme on disait au XIXe siècle, le domaine de l'international. La SDN de l'entre-deux-guerres en reste à ce stade d'impuissance. Que les Européens aient diffusé dans le Monde entier cette configuration géographique particulière qu'est l'État-nation ne doit pas faire oublier combien elle représente une forme spécifique d'organisation de l'identité et d'articulation à l'espace qui a une histoire délimitée chronologiquement, qu'elle n'est donc pas inévitable.

Polycentrisme et autonomisation des dimensions

On a insisté sur l'importance du caractère polycentrique de l'espace européen, son unité culturelle et économique qui contraste avec son fractionnement politique. La géohistoire de cette configuration se comprend par la position périphérique dans l'espace des échanges et des confrontations de l'Ancien Monde, loin des risques fréquents d'invasions destructrices (chapitre 3).

Au niveau géographique de la seule civilisation européenne, l'absence d'unité fut fondamentale pour l'autonomisation de la dimension productive et le développement du capitalisme. La concurrence entre les différentes entités politiques d'Europe fut également essentielle dans la conquête de l'outre-mer et ce polycentrisme projeté au niveau du Monde a joué, joue encore, un rôle clef pour la dynamique de la mondialisation.

Dans cette perspective, il n'y a plus de paradoxe à opposer un niveau économique plus global et un niveau politique, fondé sur des identités fortes, plus fractionné. Le Monde contemporain n'est pas profondément différent de l'Europe du XIXe siècle, dont il faut se souvenir qu'elle s'achève dans les tranchées de 1914. Le mouvement d'invention des nations européennes est tout autant une condition de la Révolution industrielle qu'elle en est une conséquence. Les rythmes sont polyphoniques : la reproduction de l'identité dépend en particulier des transmissions intergénérationnelles, donc du cycle de vie humain. Elle s'inscrit dans la rhétorique d'un passé éternel (« nos ancêtres les Gaulois ») qui gomme les marques de fabrique, souvent fraîches, de cette personnalisation par le vocabulaire de la résurrection d'un passé mythique. En revanche, la dynamique économique du niveau européen-mondial (au XIXe siècle, c'est largement la même chose) est beaucoup plus fluide, plus plastique, en grande partie parce qu'elle s'inscrit dans une géographie sans guère de contrainte politique et sociale unifiante. Le niveau économique bénéficie structurellement de la logique de la « délocalisation », déjà à l'œuvre lorsqu'une pièce de l'axe des cités-États qui constituait le cœur économique de l'Europe faisait défaut, par exemple en étant absorbée par un gros État territorial voisin comme le royaume de France, et que les flux commerciaux et les structures sociales marchandes se déplaçaient un peu plus loin, dans une autre entité autonome[1].

La colonisation, directe ou indirecte, d'une grande partie des autres sociétés par les Européens a représenté une étape transitoire dans la diffusion de ce couple constitué par l'espace économique et le polycentrisme politique. La logique coloniale, qu'elle soit directement celle d'États ou indirectement celle des compagnies à privilèges, revenait à l'exclusif, tendait, autant que faire se peut, au monopole de l'exploitation. Seules la contrebande et la piraterie tiraient vers un niveau géographique plus global. En ce sens, l'extension économique par la colonisation était aussi un fractionnement économique dont la brisure du Monde des années 1930 a donné la configuration limite (figure 8.4). En revanche, les décolonisations ont souvent été impulsées par des forces favorables à la disparition des monopoles coloniaux. Le Royaume-Uni n'a de cesse, en particulier dans le cadre des accords d'Utrecht qui terminent la guerre

---

1. C'est ainsi que la future mégalopole européenne, bousculée par la poussée du pré carré français, a pris la forme courbée qui lui a valu le surnom journalistique de « banane » (devenue bleue du fait d'une carte du *Nouvel Observateur*) [GRATALOUP, 2015, figure 6.2].

de Succession d'Espagne (1713), d'ébrécher le monopole espagnol en Amérique (traité d'Asiento). Plus encore, au début du XIXe siècle, Londres soutient vigoureusement les insurgés indépendantistes contre la métropole ibérique, afin de les intégrer à son espace commercial (on qualifie ainsi l'Argentine du début du XXe siècle de « dominion honoraire »). Après 1945, les États-Unis sont loin d'être défavorables à la disparition des empires coloniaux européens. Non seulement ils sont ainsi fidèles à leur passé d'anciennes colonies qui ont lutté pour leur indépendance, mais ils assurent une plus grande fluidité à l'espace capitaliste dont ils sont le centre. La guerre froide, donnant un caractère « Est/Ouest » à certaines luttes de décolonisation, amène cependant Washington à nuancer cette position. Mais la tendance générale est bien de favoriser l'ouverture économique des espaces politiques plus petits que le Monde et de perpétuer ainsi le tandem Monde économique/polycentrisme identitaire et politique.

Mondialisation du puzzle européen et intégration des identités préexistantes

La régression du niveau mondial dans les années 1914-1945 montre que l'interaction entre le vaste Monde économique et le polycentrisme international est loin d'être irénique. C'est d'autant plus évident que l'expansion de l'espace économique au-delà de l'Europe intègre des sociétés anciennement et fortement structurées, en Asie orientale en particulier, dont les identités s'expriment alors dans le cadre national diffusé. Le Japon est sans doute le meilleur exemple d'une civilisation à l'identité très affirmée qui s'insère en force dans le système international et tente même, jusqu'en 1945, de construire son propre monde, « l'aire de co-prospérité ».

Plus généralement, le niveau de l'État est celui des politiques effectives, y compris économiques et sociales. Le XIXe siècle, fondamentalement libéral en la matière, n'est pas un contexte de forte résistance au niveau mondial. Cependant, la tentation protectionniste a toujours été présente. Elle est forte dans les sociétés en voie d'industrialisation rapide et qui tentent de protéger leurs activités naissantes. Rien d'étonnant que le théoricien du protectionnisme en début de révolution industrielle soit un Allemand de la première moitié du XIXe siècle, Friedrich List (1789-1846), tandis que ceux du libre-échange étaient britanniques. Le pays alors en voie d'industrialisation le plus farouchement protectionniste, ce sont les États-Unis, ce qui ne contredit pas leur tradition géopolitique isolationniste[1]. Cela n'alla cependant pas sans mal

---

1. Dont le roman de Philip Roth, *Le complot contre l'Amérique* (Gallimard, 2006), donne une vision effrayante en imaginant des États-Unis tellement isolationnistes en 1940 qu'ils rejettent Roosevelt et pactisent avec Hitler.

puisqu'il fallut une guerre civile pour trancher. La Guerre de Sécession, en effet, n'est pas qu'un conflit à propos de la suppression de l'esclavage, mais aussi le résultat d'une vive opposition entre un Nord à l'industrie naissante, donc militant protectionniste, et un Sud exportateur de coton à destination des usines anglaises, donc libre-échangiste. Les Nordistes se situaient ainsi au niveau national, alors que les Sudistes étaient, en quelque sorte, plus mondialisés. Mais les premiers se plaçaient dans une logique d'intégration au groupe des sociétés dominantes du Monde, alors que les plantations de coton participaient à une situation périphérique [Grataloup, 2015, figure 9.1].

Lorsque, dans la tension entre le mondial et l'international, le curseur est plutôt du côté de l'autonomie nationale, les marges de manœuvre existent pour des politiques économiques et sociales différentes d'un pays à l'autre. Ce fut particulièrement le cas dans les années 1930. Mais l'héritage n'en était pas disparu au lendemain de la Seconde Guerre mondiale et les pays européens, ainsi que le Japon, purent mener des politiques économiques fortement autonomes, même si la source d'inspiration keynésienne en était la même. Les cas les plus flagrants furent cependant ceux des pays socialistes, Russie et Chine en particulier. En l'occurrence, l'effort pour tenir le Monde capitaliste à distance conforte et nécessite des identités vigoureusement affirmées, à tel point que, par certains aspects, l'URSS peut rétrospectivement paraître plus russe que bolchevique, ou la société maoïste plus héritière d'anciens traits chinois que socialiste. De façon générale, les régimes socialistes du « court XXe siècle », du fait de leur résistance à la mondialisation capitaliste, ont plus contribué à l'induration d'identités locales qu'à la construction d'un internationalisme prolétarien. la Corée du Nord et, jusqu'en 2015, Cuba sont les derniers témoins de cette époque.

Le Monde est toujours aujourd'hui polycentrique, même si le niveau économique global a pris beaucoup plus de poids, à la fois du fait de l'ouverture généralisée des économies nationales impulsée par la puissance dominante depuis 1945, et du fait de l'émergence d'autres pôles économiques. La tension entre ces deux logiques souvent contradictoires est un facteur essentiel de la dynamique du Monde contemporain.

Autonomies et limites de la mondialisation économique

Le sentiment est largement partagé depuis la crise qui a débuté en 2008, en particulier dans les moyennes puissances européennes nostalgiques de leurs marges de manœuvre disparues, que toute politique économique et sociale autonome serait devenue impossible. C'est loin d'être vrai, même s'il faut les pratiquer plutôt au niveau régional ; les identités locales peuvent toujours tenir le Monde à distance[1]. Les politiques agricoles, attaquées à l'OMC mais résilientes, sont un très bon témoignage de tension entre les identités héritées et la mondialisation économique. Mais, plus généralement, la faiblesse d'une régulation économique et sociale globale pose problème, et posera d'autant plus problème que le centre régulateur se verra concurrencé.

Agriculture mondiale et agriculteurs nationaux

La montée du protectionnisme en Europe à la fin du XIXe siècle a en premier lieu concerné l'agriculture (chapitre 8). Il y a à cela une raison simple : les agriculteurs. Le poids démographique, social et donc finalement politique des cultivateurs, et par extension du monde rural, imposait de ménager leurs revendications économiques. Lorsque les progrès dans les transports et la conservation des biens périssables rendent concurrentielles des productions agricoles lointaines, que se développent en conséquence des fermes dans certains pays « neufs », qui gagnent rapidement des parts de marché en Europe, la situation devient délicate dans les campagnes du Vieux Continent. Des mesures prises au coup par coup (barrières douanières tarifaires et non tarifaires, soutien des cours, aides aux exploitations, etc.) finissent par faire de véritables politiques agricoles nationales.

Le seul pays qui ne participe pas à la tendance générale est le Royaume-Uni. Dès le mouvement des enclosures, la société britannique avait basculé du côté de la ville, du commerce et de l'industrie au détriment des campagnes, en partie transformées en espaces de loisirs périurbains pour la *gentry*. Avec l'abandon des *Corn laws* protectrices des céréaliers nationaux, l'agriculture est finalement sacrifiée ; les campagnes deviennent une réserve de prolétaires et l'Angleterre fait son marché dans le vaste Monde en échange de ses produits industriels. La facilité des échanges maritimes offerte par la position insulaire révèle néanmoins son revers stratégique lorsque les sous-marins allemands sont près d'affamer les îles Britanniques durant la première guerre mondiale. Le blocus germanique eut pour conséquence d'inciter ultérieurement Londres à pratiquer une politique de subventions aux exploitations. Le faible nombre des fermes permettait cette politique d'aide directe, impossible en France ou dans tout autre pays ayant de grandes masses paysannes. Dans ces nations, des mesures indirectes, soutien des cours et protection douanière, étaient seules réalisables. Lorsque l'administration de Roosevelt, dans le cadre du New Deal, intervient en matière agricole (*Agricultural Adjustment Act* de 1933), il utilise également la garantie de prix minimum. Le gouvernement des États-Unis n'a eu de cesse, ultérieurement, de soutenir l'agriculture nationale, tant par des aides

---

1. C'est la position vigoureusement défendue par Paul R. Krugman [1998] qui s'élève contre l'idée dominante aux États-Unis qu'il faille considérer les États comme des entreprises en compétition, ce qu'il appelle la *pop economy*.

260 ▲ Géohistoire de la mondialisation

Agricultures très dépendantes du marché mondial ←————————————————→ **Agricultures très peu soumises au niveau mondial mais l'influant fortement**

- très dépendante
- dépendante
- Régions du Monde où ni l'international ni le mondial ne dominent l'agriculture
- Régions du Monde où l'agriculture est fortement subventionnée par le reste de la société

Régions du Monde où l'agriculture dépend des cours internationaux

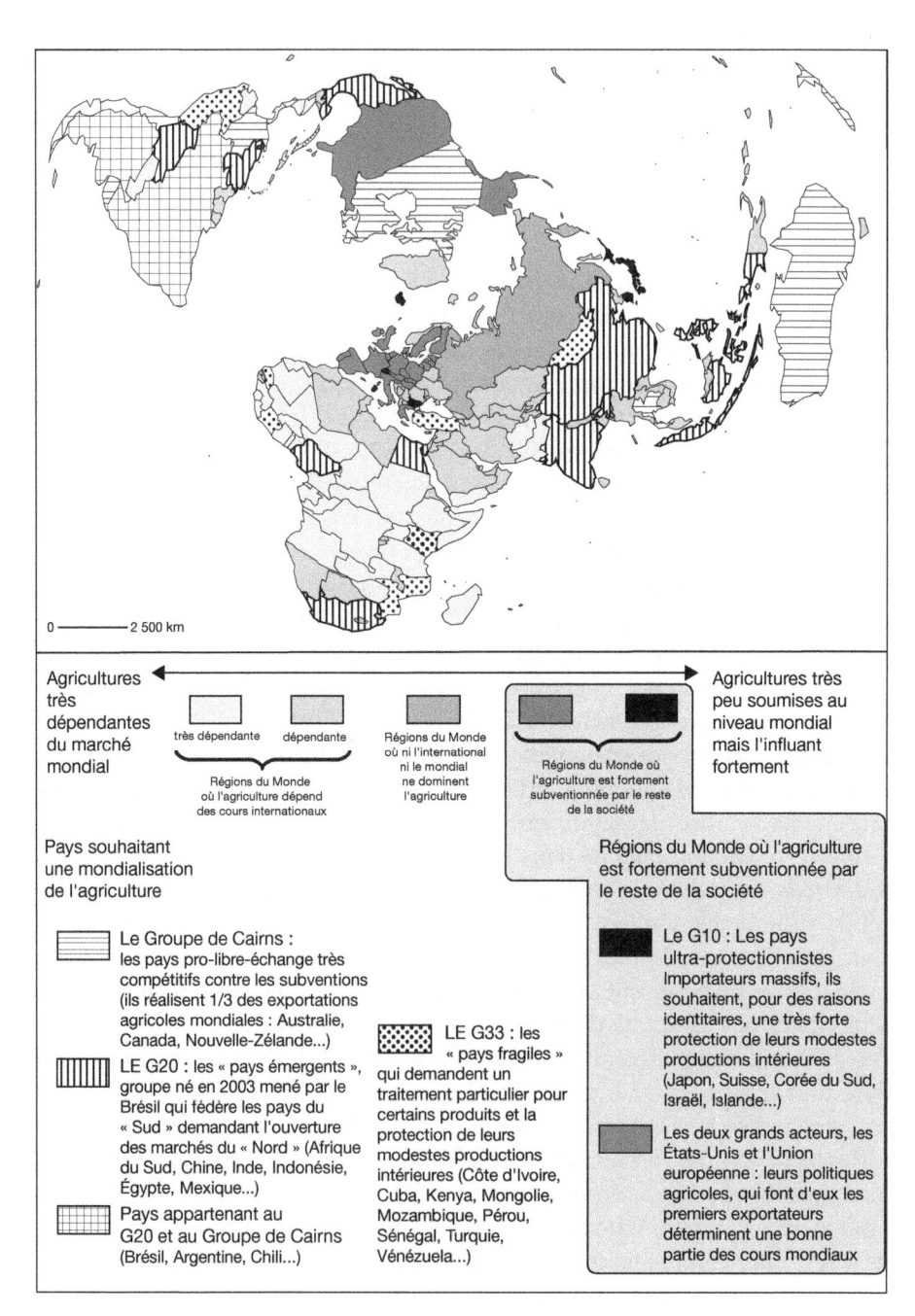

Pays souhaitant une mondialisation de l'agriculture

- Le Groupe de Cairns : les pays pro-libre-échange très compétitifs contre les subventions (ils réalisent 1/3 des exportations agricoles mondiales : Australie, Canada, Nouvelle-Zélande…)
- LE G20 : les « pays émergents », groupe né en 2003 mené par le Brésil qui fédère les pays du « Sud » demandant l'ouverture des marchés du « Nord » (Afrique du Sud, Chine, Inde, Indonésie, Égypte, Mexique…)
- Pays appartenant au G20 et au Groupe de Cairns (Brésil, Argentine, Chili…)
- LE G33 : les « pays fragiles » qui demandent un traitement particulier pour certains produits et la protection de leurs modestes productions intérieures (Côte d'Ivoire, Cuba, Kenya, Mongolie, Mozambique, Pérou, Sénégal, Turquie, Vénézuela…)

Régions du Monde où l'agriculture est fortement subventionnée par le reste de la société

- Le G10 : Les pays ultra-protectionnistes Importateurs massifs, ils souhaitent, pour des raisons identitaires, une très forte protection de leurs modestes productions intérieures (Japon, Suisse, Corée du Sud, Israël, Islande…)
- Les deux grands acteurs, les États-Unis et l'Union européenne : leurs politiques agricoles, qui font d'eux les premiers exportateurs déterminent une bonne partie des cours mondiaux

Figure 9.1. Agricultures mondiales et internationales : inter-relations

indirectes que des subventions directes aux *farmers* dont le nombre décroissant est politiquement compensé par leur poids au Sénat (2 sénateurs par état, quelle qu'en soit la taille). Après la Seconde Guerre mondiale, les agriculteurs japonais ont également bénéficié d'une vigoureuse politique protectionniste, peut-être la plus protectrice des économies libérales après celle des Suisses. En 1962, la PAC (Politique agricole commune) est largement l'extension aux 6 pays membres du Marché Commun (puis 9, 10, 12, 15, 28...), devenu ultérieurement l'Union Européenne, du protectionnisme agricole français. L'histoire de la PAC est tumultueuse, mais l'effort pour mettre les agriculteurs d'Europe à l'abri du Monde n'est pas mort cinquante-trois ans après le début de cette politique qui reste la plus gourmande dans le budget de l'UE (encore près de 40 % en 2015, après avoir représenté plus de 70 % dans les années 1980).

On peut globalement considérer que ces mesures protectionnistes de l'agriculture, complexes dans les détails mais dont la tendance générale est séculaire, sont un luxe de pays riches. Que ce soit par le financement budgétaire direct ou par le maintien de prix plus élevés que les cours mondiaux, que ce soit donc le contribuable ou le consommateur qui paye, cela revient toujours à faire subventionner l'agriculture par les revenus des autres secteurs économiques. Si les raisons initiales étaient politiques et sociales, elles ont souvent pris une coloration identitaire. Lorsque, dans l'Europe du XIXe siècle, les folkloristes ou les linguistes avaient cherché à retrouver une identité nationale cachée, le personnage supposé détenteur de cette spécificité dans toute sa pureté était celui du paysan [THIESSE, 2001]. Aujourd'hui, les identités nationales s'incarnent particulièrement dans des figures de paysages considérés comme typiques ou d'aliments vécus comme indigènes (AOC/AOP). Le Japon représente un bon exemple cette attitude : alors que dans ce pays très urbanisé les cultivateurs ne représentent plus un groupe de pression considérable (moins de 4 % de la population active pour 1,2 % du PIB), le paysage de la rizière paraît l'incarnation de la nipponnité et le riz japonais, coûtant six fois plus cher que le marché mondial, semble le seul à avoir bon goût. Les groupes de pression agricoles ont su beaucoup jouer sur ces images identitaires du paysage et du paysan.

Ces politiques économiques antimondialistes ont leurs gagnants et leurs perdants. Parmi ces derniers, il y a sans doute les payeurs des sociétés riches, mais surtout des agriculteurs lointains dont les produits n'accèdent plus facilement aux grands marchés solvables. Ces derniers vivent dans les pays agro-exportateurs associés en août 1983 dans le Groupe de Cairns[1]. De façon plus complexe, il en existe une troisième catégorie. Les politiques d'aide génèrent fré-

---

1. Le groupe de Cairns associe 17 États pro-libre-échange en matière agricole, partisans de l'absence de toute subvention. Ils représentent un tiers des exportations agricoles mondiales. Le groupe s'est formé au moment de l'*Uruguay Round*, c'est-à-dire quand, pour la première fois, les produits agricoles ont été intégrés aux négociations du GATT.

quemment des excédents, dont les « montagnes de beurre et les fleuves de lait » stockés dans les frigos de la PAC au début des années 1980 sont sans doute les plus célèbres. Ces surplus sont généralement bradés sur le marché international et contribuent à maintenir des cours bas. Les prix faibles facilitent la pénétration des marchés des pays qui n'ont pas les moyens de protéger leurs agricultures nationales, en provoquant souvent des mutations dans les régimes alimentaires et en rendant plus précaire l'agriculture locale dite « vivrière » [CHARVET, 2012]. Cette tendance globale est évidemment beaucoup plus complexe dans le détail, mais elle est en œuvre dans ses grandes lignes depuis la fin du XIXe siècle. Sans en être, loin de là, une cause fondamentale, elle n'est pas étrangère à l'exode rural des pays pauvres. On a là un cas très net du jeu à deux niveaux de l'international et du mondial. D'effets nationaux (risques de crise des campagnes) de la mondialisation (mise en concurrence d'agricultures éloignées) découlent des politiques protectrices d'espaces économiques et sociaux nationaux dont les effets internationaux indirects modifient la géographie mondiale de l'agriculture (figure 9.1)[1].

La Chine tire toujours sur le fil de soie

Entre 2008 et 2013 le prix du fil de soie brut (on dit « grège ») a bondi, confirmant une tendance lourde. Le kilo de fil grège de qualité supérieure est passé de 25 à 40 dollars fin 2010, puis a continué à grimper plus lentement. La raison de cette hausse tendancielle découle du recul de la culture du mûrier (la chenille du *Bombyx mori*, dite « ver à soie » se nourrit de feuille de mûrier) sous l'effet de la pression foncière qu'exerce la diffusion de la conurbation de Shanghai sur les régions ou prospère cet arbre.

Car, si le pays d'origine de la soie a perdu le monopole de sa fabrication depuis le Ve siècle de l'ère commune, il n'en reste pas moins le plus gros producteur mondial (100 000 tonnes de fil grège par an pour un total mondial de 150 000 tonnes) et de très loin (le second producteur, l'Inde, n'atteint que 18 000 tonnes). Les deux seuls exportateurs au Monde sont La Chine (10 000 tonnes) et le Brésil (2 000 tonnes) où les immigrants japonais avaient apporté leur savoir-faire. Tous les autres pays sont importateurs, y compris l'Inde. La soie de qualité pourrait se raréfier rapidement, car elle n'est plus assez chère pour pousser les paysans au difficile travail de la sériciculture. Aujourd'hui, dans un carré Hermès de 255 euros, il n'y a que 3 euros de soie. La production de cocons a toujours été une affaire de ruraux de régions pauvres, comme, en France, les Cévennes. Mais dans les pays andins, l'élevage du *Bombyx* pourrait se développer : un hectare de mûrier rapporte autant qu'un hectare de coca. Encore faudrait-il que Pékin mette fin à sa politique de prix bas (sans compter le cours du Yuan) menée de longue date pour empêcher toute vraie concurrence de se développer. En 2006, l'Inde s'était mise à vendre sur le marché international : la Chine y exporta sa soie deux fois moins cher que pour les autres clients afin de tuer dans l'œuf les potentialités de ce concurrent.

---

1. Carré en twill de soie Brazil 70 cm x 70 cm.

Les barrières douanières des nations ou régions qui protègent leur secteur agricole ne concernent cependant que les biens traditionnellement produits dans leur contexte naturel. Comme ce sont surtout des pays tempérés (chapitre 6), il s'agit en priorité de produits animaux (produits laitiers, viandes, volailles) et de céréales. Ces politiques agricoles n'ont concerné que marginalement[1] des « produits tropicaux » : sucre de canne, café, thé, cacao, latex, etc. Les productions agricoles issues de l'histoire des plantations, dont la consommation est plutôt au « Nord », dépendent ainsi d'un marché qui, lui, est mondial. Les politiques de maîtrise des cours, souvent initiées dans les années 1970 sur le modèle de l'Opep, comme celles des associations de producteurs de bananes ou de cacao, ont fait long feu. En effet, les ressources dépendent des marchés extérieurs et le maintien de cours élevés suscite des productions concurrentes dans des milieux naturels similaires. Par exemple, le cours du cacao défendu par la Caisse de stabilisation ivoirienne dans les années 1970 et 1980 a permis le développement d'une production importante en Malaisie et l'augmentation de la production mondiale a entraîné la baisse des cours.

L'asymétrie est donc nette entre des parties du Monde où l'agriculture est partiellement financée par le reste de l'économie, et donc soustraite aux contraintes extérieures, et d'autres pays où elle est soumise au niveau mondial. Ce couple systémique, cette tension entre le puzzle des États et le niveau mondial, est central dans la dynamique de la mondialisation.

Pandémie et gousse d'ail

L'ail n'a pas que la réputation de chasser les vampires et d'entretenir la virilité (Henri IV, dit-on, en consommait tous les matins pour être sûr d'être à la hauteur de sa réputation). On lui prête, non sans quelques raisons d'ailleurs, des vertus anti-infectieuses. La demande a donc augmentée en 2009 en proportion des craintes inspirées un temps par la grippe mexicaine A (H_1N_1). Les spéculateurs chinois avaient, sous l'odeur d'ail, reniflé un joli coup. Avec plus de 12 millions de tonnes, la Chine, en effet, produit 80 % de l'ail consommé dans le Monde (15 millions de tonnes). Elle est, de très loin, le premier exportateur de la planète (1,44 million de tonnes, contre 120 000 tonnes pour le second, l'Argentine, et 50 000 tonnes pour le troisième, l'Espagne ; la France n'en produit que 17 000 tonnes). Lorsque les spéculateurs chinois ont joué à la hausse pour cause de grippe, le marché mondial a flambé.

---

1. Les politiques de protection de l'agriculture des « confettis d'empire » ont un effet mondial très limité : la « guerre de la banane » (1993-2011) a d'ailleurs plutôt opposé les États-Unis et les pays latino-américains à l'Union européenne.

Une tentation récurrente

Plus globalement, la tension entre les niveaux nationaux et le marché mondial est un phénomène structurel. Lorsque la puissance centrale du Monde régule les échanges et contrôle le SMI, en particulier parce que sa monnaie est l'instrument de compte et de paiement mondial, le couple international/mondial fonctionne assez bien. Cela correspond à la situation des années 1840-1890, lorsque le Royaume Uni impulsait le libre-échange. C'est également ce qui se passe de la fin des années 1940 au début du XXIe siècle avec les États-Unis pour pivot du Monde (encadré p. 247).

La tentation du repli derrière des barrières nationales n'est cependant jamais absente. La montée en puissance des « pays neufs » à la fin du XIXe siècle, les États-Unis au tout premier chef, suscite dans la « vieille Europe » une vague protectionniste. En même temps se déploie la course au drapeau colonial qui achève la conquête des sociétés qui restaient partageables. Les espaces colonisables sont réduits à peu de chose vers 1910 et les concurrences deviennent grosses de confrontations entre métropoles (« Grand jeu » entre Russie et Grande-Bretagne en Asie centrale, incident de Fachoda en 1898 entre la France et le Royaume-Uni, crise marocaine entre l'Allemagne et la France de 1908 à 1912...). Rien n'autorise, heureusement, à retrouver au début du XXIe siècle des similitudes avec « notre première mondialisation » antérieure d'une centaine d'années et qui se termine dans les tranchées.

Plus généralement, il est tentant d'appliquer à la nation occupant la position centrale dans le système-Monde le scénario récurrent formalisé par Paul Kennedy (1989). La position de la puissance centrale passe, dans son schéma, par trois phases. Lors de la première, la logique globale offre des opportunités dont une société se saisit ; il s'agit généralement d'un pays qui n'occupe pas une position franchement centrale, mais plutôt périphérique tout en restant branché sur les avantages de la centralité et à l'écart des turbulences principales. La seconde étape est celle où le pays étant devenu le centre, les charges de la puissance sont largement équilibrées par ses avantages, mais elles contribuent à les éroder. La troisième, correspondant au déclin, est la phase où les charges héritées du rôle principal deviennent trop lourdes, accaparent tous les bénéfices : situation qui favorise l'émergence d'une nouvelle puissance. L'Angleterre du XVIIe siècle, en marge du conflit entre les Habsbourg et la France, sans les charges mondiales supérieures aux moyens métropolitains des Pays-Bas, correspond assez bien à la position géographique de la première période ; le Royaume-Uni du XIXe siècle incarne la seconde et celui du XXe siècle la troisième.

Les États-Unis d'après la Guerre de Sécession, protectionnistes et isolationnistes, tout en bénéficiant massivement des investissements et des transferts démographiques et technologiques du centre, jouissent également d'une semblable configuration géohistorique, dans un Monde qui s'est largement étendu et épaissi. Avant 1941, ils n'assument pas des charges mondiales en rapport avec leur position effective. Leur engagement dans la première guerre mondiale est décisif du fait de leur puissance technologique et démographique déjà énorme, mais ne fait finalement que provoquer le rejet des responsabilités dont les 14 points de Thomas W. Wilson avaient pourtant défini le programme. Le Sénat américain refuse le traité de Versailles le 19 mars 1920. Les présidences républicaines marquent une reprise nette de l'isolationnisme (le « retour à la normale » a été la devise électorale de Warren Harding, à la Maison Blanche de 1921 à 1923), symbolisé par le refus de participer à la SDN en 1921, alors que l'institution de la *League of Nations* était l'un des 14 points. Les États-Unis sont néanmoins amenés à intervenir dans les aménagements des Réparations que l'Allemagne s'avérait incapable de régler, car les Européens vainqueurs lient les versements par le vaincu à leur propre remboursement des emprunts contractés auprès des États-Unis (plan Dawes en 1924, plan Young en 1930). Les politiques du New Deal, en particulier en matière monétaire (dévaluation du dollar en 1933), se font sans tenir compte des effets internationaux. Le *Neutrality Act* du 22 août 1935 interdit toute livraison d'armes à une nation en état de guerre. Mais Roosevelt réussit à faire progressivement abandonner cette position (1937 *Cash and Carry*, aide à la Grande-Bretagne dès 1939, Proclamation des « Quatre libertés » en janvier 1941, *Lend and Lease Act* en mars). Il faut cependant que ce soit les Japonais qui déclarent les hostilités pour que les États-Unis entrent dans la Seconde Guerre mondiale en décembre 1941, à contrecœur pour une part de la société.

Après les défaites de l'Allemagne et du Japon en 1945, les États-Unis adoptent la position inverse de celle du précédent après-guerre. Ils se placent en adversaires déclarés de l'Union soviétique, défenseurs du « Monde libre » par la « doctrine Truman ». En découle un engagement militaire considérable (OTAN, OTASE) avec une multiplication des bases militaires dans le Monde et une présence des flottes étatsuniennes sur toutes les mers. Ce leadership se traduit également par une prise en main économique du Monde : plan Marshall pour la reconstruction de l'Europe en 1947, prise en charge du Japon, aide générale aux pays pauvres susceptibles d'être tentés par le communisme. Symboliquement, les institutions internationales essentielles ont leur siège aux États-Unis (ONU, FMI, Banque mondiale).

Mais cette charge de la puissance, outre qu'elle coûte fort cher au budget fédéral, a contribué à remettre à flot des concurrents, d'autant plus vite que les vaincus n'avaient que des dépenses militaires réduites à assumer (les « miracles économiques » allemands et japonais). Certains pays bénéficient des retombées des engagements militaires lourds en Asie : les guerres de Corée et du Vietnam ne sont pas étrangères aux développements de leurs bases arrière (Japon, puis Corée du Sud, Taïwan, Singapour…). De très positif, le commerce extérieur des États-Unis devient négatif et le dollar, monnaie mondiale qui, en jouant le rôle de l'ancien étalon-or, a pu assurer le redressement du SMI de 1945 à 1970, s'affaiblit. Le 15 août 1971, en suspendant la convertibilité du billet vert en or, Nixon amorçait la période de basculement économique vécu par les vieux pays riches comme une crise.

La remise en cause de la position dominante au cours des deux dernières décennies du XXe siècle a plus affecté les Européens, et même dans les années 1990 les Japonais, que, semble-t-il, les États-Unis. Mais les déséquilibres structurels dont ils ne payent (pas encore?) la facture, grâce à la rente de situation de leur position dominante, sont gros de recompositions du Monde.

Réactions antimondialistes et résurgences géohistoriques

L'Europe a mondialisé sa structure interne, formée du couple entre un espace économique supranational et un puzzle de nations porteuses de l'identité officielle, celle de la carte d'identité. La tension interne inhérente à cette échelle géographique à deux niveaux s'est révélée durablement dynamique, forte tant d'une forte accumulation économique, par autonomisation de cette dimension, que de rivalités destructrices entre États-nations. La banalisation du terme de « mondialisation » depuis une petite quarantaine d'années correspond à un moment où le niveau économique transcendant les identités géographiquement plus restreintes tend à les minorer ; c'est l'effacement (relatif) des États, la perte de pouvoir des gouvernements sur leur espace économique et social intérieur. Les réactions au sentiment de menace sur son identité et de restriction de liberté de la collectivité dans laquelle on se reconnaît prennent des formes diverses, mais qui s'inscrivent le plus souvent dans des héritages.

L'ensemble de mouvements et d'attitudes qualifiés d'altermondialistes, même s'il inclut des corporatismes économiques localisés, ne serait pas à classer parmi les réactions de perte d'identité[1]. Il s'agit de projets pour mondialiser autrement. Les forums régulièrement tenus, les ONG qui s'y reconnaissent représentent sans doute l'une des plus évidentes manifestations de l'émergence d'une société civile mondiale, d'une ébauche de mouvements politiques transnationaux. La nécessité de forger des valeurs communes, d'agir autrement parce que mondialement, pose la question des limites de

---

1. Quoique se développent en Europe et aux États-Unis des mouvements « locavores » qui défendent la consommation de produits alimentaires produits localement, ce qui veut dire aussi en suivant les saisons du lieu. Par exemple, cinq restaurants d'hôtels parisiens se sont engagés à ne cuisiner que des ingrédients produits à moins de 200 km de Notre-Dame. Les seuls produits de provenance lointaine sont le sel et les épices, comme sous l'Ancien Régime (exception appelée « de Marco Polo »). Le mot « locavore » est apparu en 2007 dans le *New Oxford American Dictionary*. Mais la tendance découle de la mode des retours à la terre de la fin des années 1960 de part et d'autre de l'Atlantique. Sa bible est *The 100 Mile Diet* d'Alisa Smith et J.B.L. Kingsolver.

l'universalité du Monde contemporain (chapitre 1). Mouvements altermondialistes et firmes transnationales représentent sans doute deux dimensions, l'une sociale et politique, l'autre économique, de la mondialisation face au jeu international des rapports de force interétatiques.

En revanche, en fragilisant le cadre des États, en particulier là où il était surimposé à des sociétés colonisées, le niveau mondial favorise une floraison de quêtes identitaires qui peuvent être ancrées dans la territorialité (régionalismes), le groupe (ethnicismes) et surtout la religion (fondamentalismes). Parmi ces trajectoires, il en est une qui a pris une dimension proprement mondiale : celle de l'adhésion à l'islam comme manifestation la plus claire d'un effort pour envisager le Monde autrement, le désoccidentaliser. On peut lire le sentiment, formalisé par Huntington[1], de « guerre des civilisations » comme une réaction « occidentale » à cette opposition qui, évidemment, en retour, la conforte.

Islam et Ancien Monde

À la fin des années 1970 et au début des années 1980, la guerre froide connaît son dernier réchauffement avec l'invasion soviétique de l'Afghanistan en 79 et la réaction des États-Unis (boycott des Jeux Olympiques de Moscou, suspension des exportations de céréales, puis lancement de la « Guerre des étoiles »). C'est pourtant à ce moment-là que les recompositions devenues évidentes dans l'espace économique capitaliste popularisent les termes de *globalization* et de mondialisation, que les gouvernements des pays riches abandonnent les uns après les autres les politiques économiques plus ou moins interventionnistes héritées de l'après Seconde Guerre mondiale, les « changements de cap » [CARROUÉ, 2015]. C'est également au même moment que des courants profonds, mais jusque-là plutôt marginaux, deviennent manifestes dans le monde musulman. On peut prendre comme marqueurs de cette radicalisation, souvent qualifiée d'« islamiste », la révolution iranienne et l'arrivée au pouvoir de l'imam Khomeyni en 1979. Qu'il y ait là, au-delà du rejet de l'Occident, en particulier des États-Unis, le « Grand Satan », une dimension profondément nationaliste de la société iranienne, c'est évident. Mais les deux niveaux sont associés : défense de l'identité perse et chiite, volonté d'opposer la Communauté des croyants au Monde occidentalisé. Sous d'autres formes très diverses, des Frères Musulmans aux Black Panthers, vivre l'islam comme la meilleure voie pour un autre Monde (sur Terre) est devenu un phénomène très étendu, mais non pas mondial.

Il y a effectivement une géographie de l'islam qui correspond au cœur du « système-Ancien Monde » (figure 9.2). Comme les autres monothéismes,

---

1. Dans le *Choc des civilisations*, l'affrontement central n'est pas entre l'Afrique noire et la Chine ou l'Amérique latine et la Russie, mais entre Islam et Occident.

le message de Mahomet procède du carrefour principal, l'ancien Croissant fertile pris dans un sens large. En le diffusant rapidement dans la moitié méridionale de l'ancien Empire romain et dans le Monde iranien, les conquêtes des quatre premiers califes (632-650) suivent des routes millénaires (chapitre 3). Les diffusions ultérieures, du VIIIe au XVIe siècle, parcourent des voies tout aussi anciennes, celles qui irriguent le cœur de l'Eurasie et ses périphéries : route des épices de l'Inde à l'Insulinde, littoral de l'Afrique orientale, oasis d'Asie centrale, voies caravanières transsahariennes. Réciproquement, ce n'est que récemment et marginalement que l'islam prend pied dans les nouveaux mondes, en Amérique en particulier. La structure des sociétés hindouistes permettant la cohabitation, non sans conflit, certes, mais sans affrontement radical, les mondes bouddhiste et confucianiste étant plus éloignés et également aptes à accepter des musulmans, le conflit le plus durable et le plus violent, même si des cohabitations locales ont pu perdurer dans la zone de contact, s'est déroulé avec les chrétientés. C'est important de le rappeler puisque l'opposition djihad/croisade ressurgit dans les rhétoriques contemporaines. Le monde islamique correspond donc largement au centre élargi de l'Ancien Monde, alors que le Monde contemporain, tissé par les routes du grand large, est beaucoup plus maritime[1]. Mais sa proximité conflictuelle ancienne avec l'Europe en a fait, dans la vision occidentale, l'incarnation de l'altérité « orientale » (chapitre 10). Ce dilemme de l'Ancien Monde est aujourd'hui transformé en alternative entre mondialisations potentielles.

Cette opposition a été exacerbée par la seconde colonisation (chapitre 6). La première concernait les nouveaux mondes, l'Amérique surtout. L'islam était d'autant moins concerné que les Grandes Découvertes peuvent être en partie lues comme la dérivation des croisades et de la *Reconquista* vers d'autres horizons [TANASE, 2013]. Inversement, le partage du Monde de la seconde moitié du XIXe siècle et du début du XXe concerne massivement le monde musulman. L'Amérique connaît une autre histoire et c'est surtout l'Ancien Monde qui est partagé. Mais pas entièrement : Chine, Japon et Siam y échappent. Des pays à forte population musulmane, seuls la Turquie (réduite) et l'Iran (rétréci également) ne sont pas colonisés. Afrique du Nord et subsaharienne, quasi-continent indien, Malaisie et Indonésie sont conquis. Finalement le Monde arabe du Moyen-Orient est partagé en mandats... Vers 1930, au maximum d'extension, une part très importante des colonisés, près de la majorité sans doute, est musulmane. Alors que dans la confrontation aux Européens, les rapports de force avaient été jusque-là pour le moins équilibrés, l'incompréhension de l'humiliation est très forte [LEWIS, 2002].

---

1. Il ne faut pas voir là un recyclage des modèles géopolitiques de la première moitié du XXe siècle (Mackinder, Spykman). Il ne s'agit pas d'opposer un cœur continental à un anneau maritime, mais plutôt deux dynamiques géohistoriques de temporalités différentes.

En revanche, il est aujourd'hui un islam qui incarne une forme de protestation contre la mondialisation telle qu'elle existe, en particulier dans son modèle américain. Cet islam protestataire, qui met en avant des caractères bien visibles, comme des tenues vestimentaires le plus possible non occidentales, ne concerne que très minoritairement les pays de tradition musulmane. En revanche, il se développe en Europe et pas seulement parmi des descendants d'immigrés musulmans. Les conversions manifestent un refus de la situation sociale dominante et contestent les valeurs occidentales, y compris l'égalité hommes/femmes. En ce sens, il s'agit bien d'une position qu'on peut qualifier d'altermondialiste, puisque sa dimension d'universalité découle de la religion elle-même. Il est frappant que dans des sociétés où l'islam est très majoritaire, voire religion officielle, un mouvement symétrique se développe, pour des raisons assez semblables, de conversion aux mouvements pentecôtistes[1].

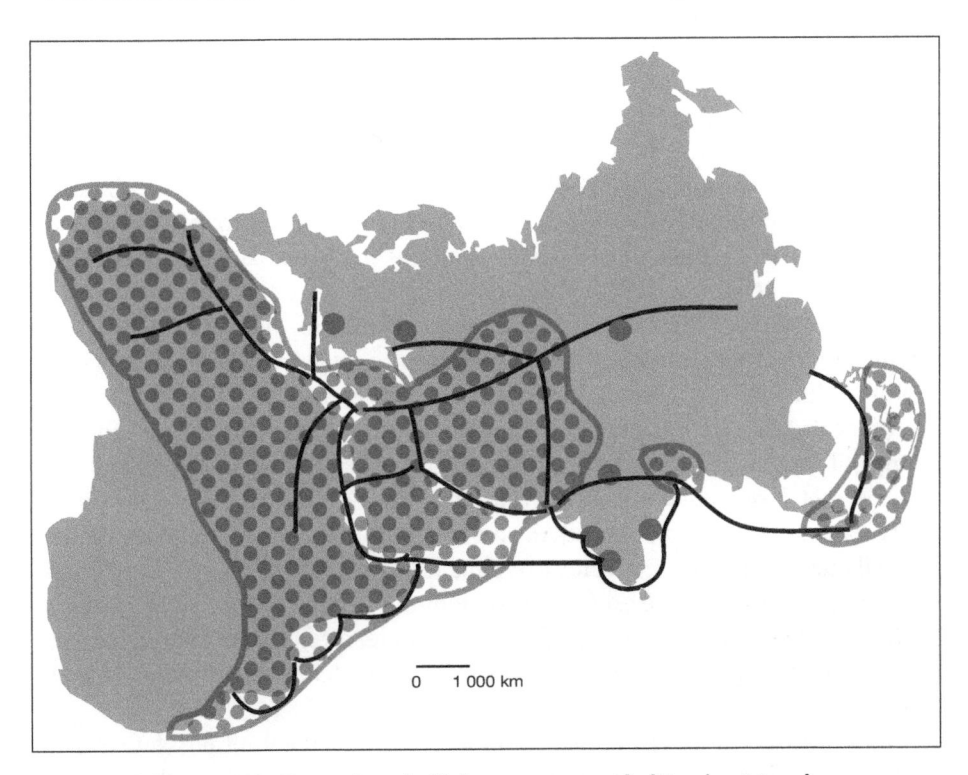

Figure 9.2. Extension de l'islam et routes de l'Ancien Monde

---

1. MARY André, 2005, « Les pentecôtistes : culture globale et christianismes du Sud », in *Actes du colloque. Le fait religieux. Connaître et comprendre*. COX Harvey, 1995, *Retour de Dieu. Voyage en pays pentecôtiste*, Paris, Desclée de Brouwer. DIRÈCHE Karima, 2009, « Dolorisme religieux et reconstructions identitaires. Les conversions néo-évangéliques dans l'Algérie contemporaine », *Annales HSS*, septembre-octobre, n° 5.

Contestations d'un monde à la fois international et économique

En prenant une forme d'abord religieuse, la contestation du Monde n'est pas que géopolitique, elle est aussi dimensionnelle. En effet, construire sur un fondement religieux une identité en opposition à une mondialisation considérée comme sa négatrice, c'est à la fois rompre avec le couple marché mondial/État national et recomposer les distinctions entre fonctions sociales telles que l'Europe les a généralisées. L'Ouma, la communauté des musulmans, mais aussi les autres grandes religions dont la diffusion tend à dépasser les aires traditionnelles sous l'effet même de la mondialisation, sont une affirmation de transcendance des frontières nationales et des États comme cadre premier des identités. On a là le processus exactement inverse de celui qui avait fait utiliser pour la première fois le mot « Shoah » hors de son contexte traditionnel, pour déplorer le fait que dans les tranchées de 1914-1918 des Juifs pouvaient tirer sur d'autres Juifs (chapitre 1).

La mise à distance du Monde, vu essentiellement comme un espace de transaction économique généralisée, par le développement d'une identité culturelle au périmètre plus réduit, qui était la logique dominante jusque-là, se trouve prise de biais par le développement d'un message religieux vécu comme une contre-culture universelle. De biais, parce le processus reste ambigu : comme l'Islam demeure localisé, forme un ensemble d'aires de civilisations (arabe, iranienne, malaise-javanaise, ouest-africaine...), le vivre comme l'inverse du Monde occidentalisé représente une forme d'opposition scalaire entre des territoires locaux et un espace mondial ; en même temps, il représente une contestation partout possible de l'ordre des choses, qui permet à des personnes en situation dominée ou en rupture de s'inscrire dans un autre projet mondial, comme l'adhésion – toutes choses égales par ailleurs – au projet communiste dans le « court xxe siècle ». L'Iran, dont l'identité civilisationnelle est forte et ancienne, combine depuis 1979 le nationalisme et la position de héraut de l'anti-Monde, même si cette position est plus ambiguë depuis l'explosion du conflit sunnites/chiites an Proche-Orient en 2011.

La contestation religieuse de la mondialisation est d'autant plus efficace et radicale qu'elle s'inscrit dans une perspective que, dans le vocabulaire occidental, on peut qualifier de holistique. La distinction d'origine européenne de la dimension économique, d'abord dans les faits (le capitalisme), puis dans la pensée (l'économie politique), par rapport aux autres dimensions du social, correspond à la mondialisation dominante à la fin du xxe siècle, sous la forme d'une différence géographique d'échelle : le niveau mondial est surtout celui de la transaction économique, tandis que politique et identité sociale correspondent au niveau étatique, souvent national. La régulation, difficile, entre les deux niveaux représente le champ de l'international, ce qu'analyse la géopolitique.

De fait, une vision d'abord religieuse du Monde renverse la perspective : la régulation sociale devient plus globale et l'économie devrait lui être subordonnée. En ce sens, elle se distingue radicalement de l'alternative du cœur du siècle précédent : le projet marxiste, résolument moderne, mettait en avant la transformation des modes de production pour changer le Monde, les « superstructures idéologiques » devant suivre. De ce fait, les principales contestations dont la mondialisation contemporaine est l'objet réduisent la portée du projet occidental, le situent dans le temps et dans l'espace. Les tensions contemporaines imposent la question de l'universalité.

Conclusion : l'identité est-elle possible au plus haut niveau ?

Même par les formes religieuses contemporaines, la mise à distance du Monde se fait généralement à un niveau de moindre étendue : le local contre le global, aime-t-on dire. Le processus semble systémique : plus les interrelations sont aisées, plus la prise de conscience des différences, plus la construction de ces altérités, est forte. Dominique Wolton [2003] a développé cette dialectique dans le champ culturel en opposant une information de plus en plus aisée à une communication qui devient difficile. Heureusement, l'inverse est également défendable. Mais il est sûr que nous sommes dans un Monde de plus en plus multiscalaire. C'est particulièrement délicat à penser en France dont la tradition centralisatrice multiséculaire a produit une pensée qui a pour pierre angulaire la communauté nationale ; le Monde ne peut alors qu'être un puzzle d'États et les autres formes sociales, qu'elles soient plus réduites (régionalismes) ou sécantes (culturelles et religieuses, mais aussi d'économie transnationale), des réalités secondes par rapport à l'État-nation. Le Monde impose donc de relativiser simultanément les catégories de la pensée moderne et du cadre national.

Ces remises en questions, même si la temporalité des identités s'inscrit mal dans la chronologie séculaire des chapitres précédents, étaient nécessaires pour inscrire le temps du Monde dans un futur ouvert. Contre la nostalgie des cadres intellectuels antérieurs à la prise de conscience de la mondialisation, il faut toujours rappeler que le couple échange économique large et identités locales est largement responsable des crises de la première moitié du XXe siècle. Mais, jusqu'à présent, toute identité consciente s'est toujours construite en opposition à une altérité perçue comme menaçante. L'unité de l'écoumène face à une invasion d'extraterrestres, telle que le cinéma hollywoodien en raffole, étant peu probable, ne reste qu'une perspective pour combiner niveau mondial économique et régulation sociale, ce qui suppose une prise de conscience forte de l'identité à l'échelle de l'écoumène, le sauvetage de notre unique maison, la planète Terre.

Chapitre 10

Le mondial contre l'universel

> « L'histoire du discours sur l'autre est accablante. De tout temps les hommes ont cru qu'ils étaient mieux que leurs voisins. Cette dépréciation a deux aspects complémentaires : d'une part, on considère son propre cadre de référence comme étant unique, ou tout au moins normal ; de l'autre, on constate que les autres, par rapport à ce cadre nous sont inférieurs. On peint donc le portrait de l'autre en projetant sur lui nos propres faiblesses ; il nous est à la fois semblable et inférieur. Ce qu'on lui a refusé avant tout, c'est d'être différent : ni inférieur ni (même) supérieur, mais autre, justement. La condamnation d'autrui s'accommode aussi bien du modèle social hiérarchique (les barbares assimilés deviennent esclaves) que de la démocratie et de l'égalitarisme : les autres nous sont inférieurs parce qu'on les juge, dans le meilleur des cas, par les critères qu'on s'applique à soi-même. »
>
> Tzvetan TODOROV, préface à *L'Orientalisme* d'Edward Saïd, 1980.

LA DÉCLARATION UNIVERSELLE des Droits de l'Homme est un texte *international* auquel on souhaite une portée *mondiale*. De fait, universel est souvent un synonyme de mondial, avec sans doute un peu plus de solennité, mais aussi avec une décontextualisation implicite ; ce qui est universel est de tout lieu et de tout temps. Rien de plus logique que d'utiliser des catégories universelles pour penser le Monde. Pourtant, les concepts, les divisions du réel, les catégories temporelles et spatiales, les modes de représentation (dont les cartes), les notions de société, de civilisation, d'individu, etc. que nous avons utilisées dans les neuf précédents chapitres ont une géographie et une histoire. Au terme de ce qu'a été, jusqu'à présent, le récit du Monde, on comprend mieux que sa pensée même soit le résultat de cette histoire unique. Les outils avec lesquels le Monde est conceptualisé sont dépendants de ce processus. En un mot, ils sont occidentaux.

On pourrait penser, non sans quelque logique, qu'il aurait été honnête de discuter la portée de l'outillage, de le relativiser, avant d'ouvrir le chantier de la géohistoire du Monde, donc dès l'introduction. Mais, en même temps, afin de mesurer cette relativité, encore fallait-il avoir brossé ce processus de construction du Monde, incluant l'élaboration de sa propre pensée. Le choix a donc été fait de ne revenir qu'à la fin sur les héritages qui marquent aujourd'hui la pensée du Monde en miroir de cette histoire spécifique.

La question de l'universalité est surtout discutée dans les champs politiques et moraux. La contestation du caractère occidental du Monde par des perspectives religieuses (chapitre 9) augure de l'importance des débats sur ces terrains dans un avenir proche. Ce ne peut être le propos d'une géohistoire de la mondialisation de prétendre intervenir dans la question de l'universalité des valeurs, mais seulement de relativiser la genèse des catégories scientifiques, dont le caractère général est trop souvent pris pour argent comptant sans discussion. Tout en affirmant que devenir conscient de la relativité d'une catégorie n'annule pas pour autant sa portée scientifique, bien au contraire. Sinon, les chapitres qui précèdent seraient tout simplement disqualifiés : réaliser qu'ils correspondent à une formalisation européenne toujours active au début du XXIe siècle – trivialité qu'il est toujours nécessaire de rappeler – ne signifient pas qu'ils soient faux, mais qu'ils se situent dans un champ scientifique qui a lui-même sa propre géohistoire sur laquelle il faut effectuer une démarche réflexive.

Un universel très occidental

Lorsque le grand orientaliste palestinien, Edward Saïd, alors professeur de littérature anglaise et comparée à Columbia University, à New York, publia *Orientalism* (1978)[1], il eut un énorme écho. Il avait mis noir sur blanc la nature du principal discours occidental sur son Autre, son double inversé. En étudiant l'orientalisme dans les textes anglais, français et allemands des XVIIIe et XIXe siècles, Saïd montrait qu'on y apprend peu de choses sur l'Orient et beaucoup sur l'Occident. Cette archéologie d'un champ intellectuel n'est qu'un aspect du caractère profondément occidental des connaissances scientifiques. Il faut donc prendre d'abord pour un pléonasme l'expression « science occidentale », non pas que d'autres civilisations n'aient construit des formalisations très complexes des connaissances, mais parce que l'autonomisation du champ scientifique, ce qu'on nomme souvent « la science moderne » – autre pléonasme – est effectivement quelque chose qui naquit en Europe aux XVIe-XVIIIe siècle. Ulrich Beck (1944-2015) appelle à sortir, aujourd'hui due ce qu'il nomme le « nationalisme méthodologique » [2001 et 2005].

---

1. Publié en français en 1980 au Seuil sous le titre *L'orientalisme. L'Orient créé par l'Occident*. En décrivant la manière dont les écrivains et les savants occidentaux ont, depuis le XVIIIe siècle, construit l'image d'un Orient mythique et obscur, antithèse des Lumières, Saïd inaugure, même si c'est une paternité qu'il a ultérieurement refusée, le mouvement postcolonial dans les sciences sociales, illustré en particulier par les *subaltern studies*.

Nature/culture

L'opposition fondamentale pour l'organisation de l'ensemble du champ scientifique entre les sciences de la matière et de la vie (la science au sens restreint du terme) et celles de la société découle du couple très occidental Nature/Culture. Certes, l'Europe ne fut pas la seule à opérer une telle distinction; le Monde chinois et sa zone de diffusion, offrent une pensée qui n'est pas sans similitude, mais en tracent d'autres limites et la conceptualisent différemment[1]. Des sociétés culturellement plus éloignées ne font pas cette opposition et, pour le dire avec nos mots, faute de mieux, considèrent ce que nous appelons le social comme partie prenante, en totale continuité, avec le naturel [DESCOLA, 2005]. Ce sont les organisations que nous rangeons dans le fourre-tout de l'« animisme ». Nul doute que si une telle taxonomie est d'une grande richesse heuristique, elle laisse des problématiques possibles hors de son champ. En étudiant la diversité culturelle sur fond d'universalité naturelle (chapitre 2), la science occidentale perpétue une opposition entre nature et culture dont beaucoup de sociétés qu'elle étudie ont fait l'économie.

Même dans les pensées où la traduction du couple nature/société n'est pas une trahison, comme celle du monde chinois et de sa périphérie, la limite entre les notions n'est pas toujours tracée de la même façon. Augustin Berque [1982] a montré l'altérité de la logique spatiale de la société japonaise : alors que pour nous la « campagne », c'est de la nature, que donc la limite de la culture dans notre tradition correspond à celle de la ville (aller à la campagne, c'est « se mettre au vert, retrouver la nature »), pour la société nippone c'est l'au-delà de la rizière qui est naturel, la vraie limite étant celle de la forêt. Sur des fondements différents de la pensée de l'espace, on construit nécessairement des pensées (et des pratiques) divergentes.

Plus « exotique » encore, en montrant qu'on peut penser le monde sans distinguer la culture de la nature – mais en le faisant dans les termes de la science occidentale –, Philippe Descola met en évidence qu'on peut déplacer les limites entre l'homme et la nature, ce dont nombre d'évolutions scientifiques contemporaines, des travaux sur la cognition à l'anthropologie de nos ancêtres et cousins [MORIN, 2001], peuvent témoigner. La démarche prend ici valeur d'archétype des limites de la science (occidentale) et de sa capacité à les repousser. En effet, c'est en se confrontant à des sociétés (très) autres, que l'anthropologue culturel permet la prise de conscience de la relativité de notre savoir et, de ce fait, propose la possibilité du déplacement de ses limites.

---

1. Très différemment au Japon, comme le montre l'analyse par Philippe Pelletier de la notion de risque naturel au Japon [2012]. Il n'est pas vraiment possible de la traduire strictement en Japonais, le « risque » étant intégré dans la conception shintoïste de la nature, plus proche en cela de l'animisme que du caractère métaphysique de l'origine indienne du bouddhisme.

Ce qui vient d'être évoqué pour la science, pourrait également être appliqué aux notions de religion, de philosophie, de politique ou d'art. Telles que nous les définissons, surtout telles que nous les délimitons, les distinguons les unes des autres, elles sont incontestablement occidentales[1]. Par exemple, l'intellect européen ne sait pas dans quelle catégorie ranger la pensée chinoise[2] : philosophie, religion ? On préfère souvent le terme flou de « sagesse », aveu occidental d'un déficit d'universalité. Reconnaissons que la notion de société holiste utilisée précédemment (chapitre 9) est peut-être, souvent sans doute, bien trop commode. S'il s'agit de repérer les organisations sociales dans lesquelles l'individu est faiblement autonome, où le groupe prime sur la personne, la distinction est d'autant plus importante que la mondialisation a répandu le primat occidental de l'individu, en termes de droit, de morale et de mœurs, et qu'on a là une des pierres d'achoppement les plus dures dans les réactions de rejet. Mais s'il s'agit de penser les sociétés dans lesquelles nous peinons à repérer l'économique, le politique, le religieux, parce que tout semble dans tout, que tout paraît « enchâssé » (*embedded* selon l'expression de Karl Polanyi), alors ce peut être que nous butons sur les limites de nos concepts[3]. Or, nous venons, au fil des neuf chapitres qui précèdent, de lire l'histoire du Monde en utilisant ces outils...

La mondialisation est une question épistémologique

Le principe du tiers exclu est au cœur de la science occidentale. Le mouvement encyclopédiste, en particulier, nous a appris à classer sans ambiguïté. De ce fait, nous avons le plus grand mal à penser les transitions, les glissements minimes et graduels, tout autant que les faits qui peuvent eux-mêmes et leur contraire, à l'inverse de la pensée chinoise [JULLIEN, 2009].

Sans négliger le fait que les divisions de base de l'étude de la Nature (vivant/non vivant, végétal/animal, physique/chimie...) ont d'incontestables marques culturelles, la subjectivité civilisationnelle est évidente dans l'étude des sociétés. Une opposition fondatrice comme celle de l'économique et du social n'était pas envisageable en dehors d'un contexte où la production est devenue, des villes italiennes médiévales au triomphe du capitalisme au XIXe siècle, une dimension fortement autonomisée (chapitre 4). Comme la mondialisation, dont elle est un aspect, l'aventure scientifique aurait pu être différente. L'institutionnalisation des sciences

---
1. Voir les articles « Art » et « Religion » du *Dictionnaire critique de la mondialisation* [GHORRA-GOBIN (dir.), 2012].
2. CHENG Anne, 1997, *Histoire de la pensée chinoise*, Paris, Le Seuil.
3. L'effort, dans les années 1960-1970, pour élaborer une anthropologie marxiste a ainsi achoppé sur l'impossibilité d'identifier une économie « primitive » (Maurice Godelier, 1973, *Horizon, trajets marxistes en anthropologie*, Paris, Maspéro).

sociales s'est donc produite dans le contexte de l'apogée de l'impérialisme européen. On peut les ranger selon une hiérarchie à trois niveaux, projection spatiale des stades évolutionnistes : sauvagerie, barbarie, civilisation[1] (figure 10.1).

1. Centre (européen) : l'espace des sciences sociales

2. Semie-périphérie : orientalisme et études des aires culturelles

3. Périphérie : ethnologie/anthropologie

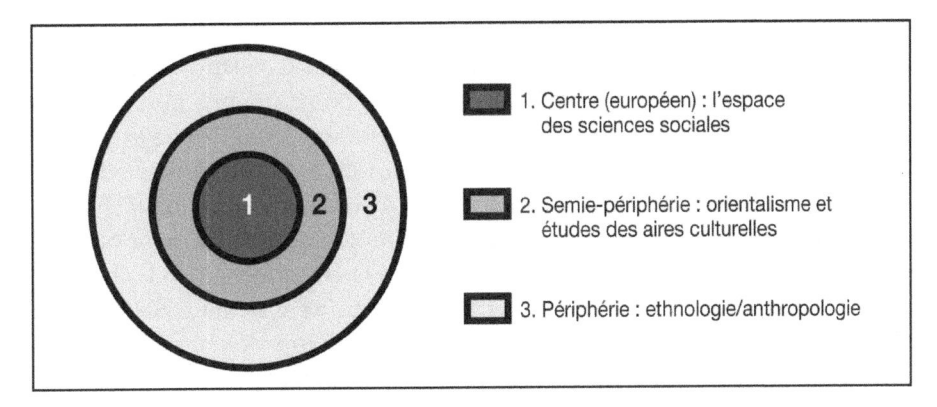

Figure 10.1. Les sciences sociales lues selon un modèle centre/périphérie

Au centre, les sociétés étudiées par l'économie et la sociologie. À l'autre bout, les « sociétés des ethnologues », comme on dit parfois aujourd'hui pour éviter de parler de primitifs[2]. Dans l'entre deux, les « grandes civilisations non européennes », sujets de l'orientalisme (Islam, Inde, Chine et leurs intermédiaires). Les deux premières catégories sont objet d'histoire, même si les périodes structurantes n'ont vraiment sens que pour l'Occident (Antiquité, Moyen Âge...). La géographie concerne les trois cercles, toutes les sociétés ayant un rapport avec la nature.

On a vu (chapitre 6) que l'autonomisation de la dimension productive dans la société européenne s'était intellectuellement traduite par l'invention de l'économie politique à la fin du XVIIIe siècle, logiquement dans le pays où le capitalisme était alors le plus avancé, la Grande-Bretagne. En négatif, s'est construite ultérieurement une discipline d'analyse de ce qui n'est pas économique, la sociologie. Cette partition correspondait bien à la structure des sociétés européennes, mais beaucoup moins aux autres « civilisations » (arabo-musulmane, turque, indienne, chinoise, iranienne, japonaise, etc.) ; c'est pour elles que fut inventée la notion d'orientalisme. On ne pouvait dénier à des sociétés de l'écrit qu'elles avaient une histoire. En revanche, tout

---

[1]. C'est sur ce modèle évolutionniste qu'est bâtie l'anthropologie sociale au XIXe siècle, en particulier par l'ouvrage de Lewis Henry Morgan, *Ancient Society*, publié aux États-Unis en 1877 [ESCUDIER et MARTIN, 2015].
[2]. Voir les difficultés à nommer le Musée du Quai Branly. Voir également les notions d'art et de science qui s'affrontent dans le traitement des objets.

au bout du champ scientifique, les sociétés sans écriture, quelquefois sans agriculture, ont longtemps été considérées comme sans histoire, « froides » disait-on. L'ethnologie-anthropologie était alors une sorte de science holistique prenant en charge toutes leurs dimensions. Selon un modèle évolutionniste, qui pouvait être très progressiste comme dans l'ancien Musée de l'Homme, une création du Front Populaire, les primitifs correspondaient à un état ancien du devenir des sociétés, préservé dans la périphérie de l'écoumène [Escudier et Martin, 2015]. Ces groupes humains, qu'on ne sait plus nommer (« peuples premiers » n'a de sens que dans les pays peuplés colonialement de l'extérieur), sont finalement dites « sociétés des ethnologues » (et comment définit-on, alors, l'objet d'étude des ethnologues ?).

En insistant, dans cette dynamique épistémologique rapidement brossée, sur sa portée géographique, on prend acte de la contingence de la mondialisation scientifique. Elle aurait pu être différente et il ne faut pas être prisonnier de son immanence possible. En même temps, c'est par les outils intellectuels ainsi forgés qu'on peut analyser cette contextualisation même. C'est le cas, par exemple, des *subaltern studies* actuelles [Appadurai, 2001 ; Chakrabarty, 2000], effort de décolonisation scientifique, ou de l'analyse de l'anti-utilitarisme dans les anciens pays capitalistes [Caillé, 2014][1]. La géohistoire du Monde qui précède a été faite avec les notions produites dans le champ de contraintes de cette mondialisation ; il ne pouvait en être autrement. Mais s'en rendre compte suppose de ne plus prendre nos sciences contingentes pour une universalité accomplie. Ce qui n'interdit pas cependant de l'envisager comme de l'universel en devenir, à condition justement de situer dans l'espace et le temps les configurations proposées.

Des cadres de pensée spatiaux et temporels relatifs

Même si incidemment, au début du chapitre 7, nous avons été amenés à critiquer la notion de siècle, nous ne pouvions éviter de l'utiliser souvent, comme le calendrier ou le système métrique. Le fait que ces outils de repérage aient une histoire particulière, qu'ils auraient pu être différents, est tellement évident que leur contrainte intellectuelle n'est pas si forte[2]. En revanche, les notions qui nous permettent de découper l'espace et le

---

1. L'anthropologue étatsunien David Graeber, également militant altermondialiste, tente ainsi de confronter les traditions anarchistes occidentales et l'expérience des sociétés sans État [*Pour une anthropologie anarchiste*, Montréal, Lux éditeur].
2. Voir l'article « Temps du Monde » du *Dictionnaire critique de la mondialisation* [Ghorra-Gobin (dir.), 2012].

temps, et dont nous avons donc beaucoup usé, sont tout aussi relatives à l'histoire du Monde telle qu'elle s'est déroulée et nous semblent pourtant bien naturelles.

Des continents contingents

Rien ne semble plus naturel qu'un continent. C'est, semble-t-il, une sorte de grande île. Certes, on sait bien que l'Oural n'est pas une limite comme les autres, mais l'idée d'Eurasie permet de remettre à flot la notion. En fait, si l'on se réfère à la configuration des terres émergées dans l'Ancien Monde il y a une vingtaine de milliers d'années, à la fin de la dernière glaciation (figures 2.2 et 3.1), on constate que ni la mer Rouge, ni même la Méditerranée, ne sont vraiment des discontinuités et, surtout, ne l'ont pas toujours été. Plus globalement, la tectonique des plaques ne correspond pas aux cinq parties du monde traditionnelles. Bref, ce découpage est culturel, historique.

Il faut distinguer trois logiques différentes. Tout d'abord, celle qui organisait le chapitre 1 : l'opposition entre l'Ancien Monde (Afrique-Asie-Europe ou Eufrasie) et les nouveaux mondes. L'Amérique est sans doute la seule étendue de terre dont la réalité correspond à l'idée d'une île immense (et encore, c'est parce que nos planisphères l'isolent en général à leur gauche, car la césure de Béring n'est pas si évidente). On sait que la notion et le terme datent du début du XVIᵉ siècle. La première discrétisation des terres émergées, la plus ancienne, est celle qui distingue les trois parties de l'Ancien Monde. Elle remonte aux mappemondes médiévales dites « T dans O » (figure 10.2). La dernière, en revanche, est une sorte de fourre-tout de ce qui ne pouvait être rangé dans les quatre parties précédentes : c'est ainsi qu'en 1812 on crée, sur les ruines intellectuelles de l'hypothétique continent antipodique, l'Océanie au nom paradoxal [GRATALOUP, 2009].

Cette vision du Monde est une pensée de l'Ancien Monde (chapitre 3). En effet, le point nodal, le croisement des deux barres du T, est Jérusalem. La limite verticale est la Méditerranée et les traits horizontaux le Nil et la mer Noire. La carte est donc littéralement orientée, avec l'est en haut (là est l'origine de notre terme « orientation »). Cela permet de réutiliser trois mots antiques, correspondant à des directions à partir de la *Mare Nostrum*, au cœur de l'Empire romain. Comme toute la démarche patristique, cette division du monde synthétise l'héritage antique et une lecture littérale du texte biblique. Dans la Genèse [IX-18 et XI-32], les trois fils de Noé qui repeuplent, avec leurs familles, la Terre après le Déluge, partent selon trois directions différentes. Sem, vers l'est, est à l'origine des populations d'Asie, Japhet, vers le Nord-Ouest, des Européens et Cham, vers le sud-ouest, des Africains[1]. Cette division ternaire est donc très culturelle ; elle emprunte au vocabulaire de l'Empire romain en changeant le sens de la notion (de direction à partir du centre, cela devient progressivement des découpages, des « terres contingentes »), pour se conformer au respect du texte sacré. Ce ne serait plus aujourd'hui qu'une curiosité intéressante, si elle ne s'était pas continuée dans la façon de désigner les parties du Monde au moment des Grandes Découvertes. La société européenne ne pouvait, en effet, s'envisager dans la même case que d'autres civilisations.

Les cartes tracées à partir du XVIe siècle intègrent ce découpage. La pensée encyclopédique l'entérine et la formalise au XVIIIe siècle ; dans la démarche de classification systématique au cœur de la science naissante, il faut aussi ranger les lieux ; d'où la nécessité de cette grande catégorie (comme celle des familles de la botanique, la géologie, l'étude des langues, etc.). Pour éviter toute ambiguïté, des limites furent alors tracées et les îles rattachées à l'une des parties du Monde. Ainsi, l'Islande et d'autres archipels atlantiques deviennent-ils européens. Le choix le plus spectaculaire est celui de l'Oural : option purement géopolitique, voulue par Tatichtchev, cartographe des tzars et premier historien de la Russie, pour ancrer la Russie en Europe en repoussant la limite le plus à l'est possible. Son succès est sans doute dû au lien de Diderot avec Catherine II de Russie, qui, après son voyage à Saint-Pétersbourg (1773-1774), popularisa ce choix dans le milieu encyclopédique et en assura ainsi la diffusion scolaire.

L'école, alors en voie d'institutionnalisation, a entériné les quatre parties du Monde. Elles ne sont encore que quatre, effectivement, au XVIIIe siècle, puisque jusqu'aux années 1740, on croit à l'existence supposée d'un continent antipodique chargé, dans l'univers de la physique aristotélicienne, de servir de contrepoids et de permettre à la Terre de garder le Nord en haut... La cosmologie newtonienne, confirmée par les grands voyages scientifiques de la fin du siècle, permet d'éliminer cette hypothèse. Mais il reste néanmoins des terres émergées qu'on ne peut ranger dans les catégories spatiales antérieures, ne serait-ce que l'Australie, d'où l'invention au début du XIXe siècle d'une catégorie résiduelle, l'Océanie. Le terme de continent a, jusqu'à la première moitié du XXe siècle, plutôt permis de distinguer Ancien et Nouveau Mondes, ce qui était raisonnable ; mais il s'est substitué à la formule « partie du Monde », ce qui est dommage.

---

1. Les Européens des Temps Modernes exploitent ensuite un autre passage de ce texte de la Genèse, celui de l'ivresse de Noé et de la malédiction de Cham, dont les descendants doivent devenir « les esclaves des esclaves de ses frères » : cela servit à la justification religieuse de la traite négrière. Ils reprennent ainsi une très ancienne tradition juive et musulmane dont les traces les plus anciennes sont irakiennes (BRAUDE Benjamin, 2002, « Cham et Noé. Race et esclavage entre judaïsme, christianisme et islam », *Annales. Histoire, sciences sociales*, n° 1, p. 93-126).

**Figure 10.2. Le Monde selon les pères de l'Église
(la mappemonde « T dans O »)**

Source : *La Terre répartie entre les trois fils de Noé*, enluminure attribuée à Simon Marmion, 1459-1463 (Bibliothèque royale Albert Ier, Bruxelles).

Le caractère profondément historique de ce découpage géographique de premier rang ne doit pas être oublié tant son importance est grande. Les continents continuent à structurer la présentation de la plupart des statistiques mondiales, sans que l'on prenne garde à ce qu'ils sous-entendent : une vision d'un monde vu d'Europe. Ils ne cessent d'ailleurs de poser des problèmes : l'Océanie s'intègre dans une macro-région du Pacifique occidental[1], la coupure saharienne est plus importante que la coupure méditerranéenne, etc.. Mais, faute d'une pensée globale de la régionalisation du Monde, on peut considérer que le découpage continental, quelque gênant qu'il soit pour comprendre la mondialisation, a encore beaucoup d'avenir (chapitre 1); les termes d'Afrique, d'Asie, etc. ont d'ailleurs été abondamment utilisés dans les chapitres précédents.

La figure du Monde ne peut être univoque

Ces continents sont cartographiés sur des planisphères. Comment donner une image de la mondialisation, représenter les diffusions qui la constituent, sans carte de l'espace terrestre? Les chapitres précédents sont effectivement ponctués de planisphères. Or, si l'on sait bien qu'il n'y a pas de procédé parfait pour passer d'une surface courbe à une surface plane sans déformation ou irrespect des proportions et qu'on utilise des procédures géométriques complexes, les projections, on ne prend pas forcément en compte des contraintes très simples que tous les planisphères imposent à la pensée de la mondialisation et qui ne peuvent que la trahir de plus en plus.

La figure du Monde qui nous est la plus familière est eurocentrée. La figure 6.2, par sa démarche caricaturale, nous en donne la clef : les Européens ont construit le Monde autour d'eux et se sont donc pensés en son centre. En fait, c'est vrai au XIXe siècle et encore au début du XXe lorsque la carte de Gallouédec est diffusée à l'école. Elle n'est d'ailleurs pas profondément différente des cartes déjà tracées au XVIe siècle par les Flamands Ortelius ou Mercator. C'est pourquoi la couverture de ce livre est illustrée par le frontispice du *Theatrum Orbis Terrarum* publié en 1595 à Anvers par Ortelius, qui inaugure une longue série de représentations allégoriques des quatre continents. La peinture de la Contre-Réforme, d'inspiration jésuite, en fit un de ses thèmes majeurs. L'Église catholique, pour surmonter la crise de la Réforme, entreprend de convertir le Monde, participant ainsi à la construction du niveau mondial. Ce programme est affiché dans de nombreuses fresques, en particulier celle de la voûte de Saint-Ignace à Rome par Andrea Pozzo

---

1. Par exemple, la fédération australienne de football (FFA), dans le cadre de la Fifa, a rejoint en 2006 l'AFC (*Asian Football Confederation*).

(1585-1586), superbe programme de mondialisation que le peintre a lui-même expliqué : « Jésus communique un rayon de lumière au cœur d'Ignace [*de Loyola, le fondateur des jésuites*], qui le transmet aux régions les plus éloignées des quatre parties du monde. J'ai représentée celles-ci [*poursuit Pozzo*] avec leurs emblèmes aux quatre coins de la voûte ». Des plafonds représentant les quatre continents sont fréquemment réalisés durant toute la période baroque, en particulier en Autriche et en Allemagne méridionale catholiques. Le plus connu est sans doute l'œuvre de Tiepolo à Würzburg. Les quatre parties du monde sont rarement représentées à égalité. C'est manifeste sur le frontispice d'Ortelius : l'Europe, en haut, domine le Monde, avec l'Asie à gauche, l'Afrique à droite et l'Amérique en bas.

Ces parties du monde découpent des planisphères qui ne peuvent que donner une vision du Monde. En choisissant de mettre l'Europe au centre, la subjectivité est évidente sur de nombreuses cartes. Mais il ne faut pas oublier qu'à plat, la disposition entre un centre de la figure et des bords est inévitable. Le planisphère s'inscrit souvent dans un rectangle dont les quatre côtés sont assimilés aux points cardinaux : erreur de perspective, puisque seuls le Nord et le Sud ont un pôle. Lorsque, au XIXe siècle, l'Europe était vraiment au centre du Monde, qu'il y ait des limites n'est pas intellectuellement choquant. La surface terrestre est limitée, mais une sphère n'a pas de bord ; cependant le Monde peut avoir un centre et des périphéries : si les planisphères banals représentaient mal la Terre, ils ne trahissaient pas le Monde. Mais celui-ci a changé. Placer l'Amérique au centre ne fait qu'entériner un déplacement qui correspond bien à un moment de l'histoire du Monde. Mais depuis les années 1980, depuis qu'on parle de mondialisation, c'est un espace multipolaire et bouclé (chapitre 1) qu'il faut représenter. Aucun planisphère ne peut être satisfaisant[1].

Celui qui est le plus souvent retenu dans cet ouvrage est une projection polaire prolongée dont le mérite est de mettre en valeur l'hémisphère nord où se situent l'essentiel de l'écoumène et les pôles de la Triade sans créer une discontinuité méridienne rompant avec le bouclage du Monde. Mais quand il s'est agi de montrer la construction du Monde par l'Europe, des planisphères traditionnels, avec coupure au milieu du Pacifique (là où justement les Européens ont fait passer la ligne de changement de date), sont plus justifiés.

---

1. Voir l'article « Figures du Monde » du *Dictionnaire critique de la mondialisation* [GHORRA-GOBIN (dir.), 2012].

284 ▲ Géohistoire de la mondialisation

Figure 10.3. Le frontispice d'Abraham Ortelius

Une temporalité européenne

Les outils temporels ne sont pas plus neutres que la représentation et la pensée spatiales. Il est arrivé qu'on utilise plus haut les notions d'Antiquité ou de Moyen Âge. Or, comme pour les découpages de l'espace terrestre, les périodes sont des productions civilisationnelles (*Histoire au Présent*, 1991). On a déjà rencontré la périodisation sous une forme épistémologique avec les étapes de l'évolution, des sociétés primitives à la Civilisation en passant par la barbarie (figure 10.1). Cette vision en étapes fait l'objet de discussion dans ses détails, mais la logique d'ensemble était partagée par toute la réflexion européenne. La succession des modes de production du matérialisme historique de Marx en fut une variante.

Or la formalisation en quatre périodes (Antiquité, Moyen Âge, Temps modernes, époque contemporaine) n'a de sens, au moins pour les trois premières, que dans le contexte européen. On peut même définir le Moyen Âge comme la période de naissance de l'Europe *stricto sensu* [LE GOFF, 2003]. D'autant plus qu'on sait que le « continent » Europe n'est qu'une délimitation territoriale de cette société par elle-même [LÉVY, 1996]. De ce fait, les périodes ont des limites géographiques autant que des bornes chronologiques ; ce sont des objets géohistoriques. À moins de considérer que l'Antiquité appartient à un modèle universel par lequel passent toutes les sociétés, la notion n'a de sens que sur le pourtour du bassin Méditerranéen. Ce n'est un paradoxe qu'en apparence qu'affirmer que l'Antiquité est, à un moment donné, une *région* de l'Ancien Monde.

De ce fait, les périodisations sont en interaction dans la mesure où les sociétés qu'elles délimitent (et qui les délimitent) interagissent. La chronologie chinoise n'est pas sans rapport avec celle du bassin Méditerranéen (chapitre 3). Inversement, avant 1492, la périodisation américaine n'a aucune raison de présenter des relations avec celles de l'Ancien Monde. Sauf par celle de l'histoire commune du contexte environnemental, de la planète Terre. Sauf, et c'est plus complexe, à tenir compte d'héritages, de mémoires partagées, dont on retrouve peut-être les effets dans les différents néolithiques.

Tout change cependant avec les « Découvertes », et, plus généralement, chaque fois qu'une société intervient dans la vie d'une autre, souvent pour l'interrompre ou la capter. Dans un espace mondial, l'histoire devient globale et la périodisation se pense au niveau du Monde. L'échelle géographique est aussi celle de la chronologie. Les articulations temporelles principales de l'ouvrage, 1492 et 1914, sont une esquisse de cette échelle. Avant les Grandes Découvertes, des mondes, des temporalités parallèles : une géographie en archipel, des périodisations. Jusqu'au début du XXe siècle, un Monde eurocentré conquérant impose son rythme, celui de la modernité progressant et imposant le bouleversement de la Révolution industrielle. Progressivement depuis 1914, un niveau mondial de plus en plus multilocalisé qui, de ce fait, se détache d'un seul lieu producteur : le temps du Monde devient plus universel.

Une universalité en marche
L'impossible relativisme

Au-delà des seuls aspects scientifiques, le poids de l'héritage européen, souvent implicite, pèse lourd dans les caractères immatériels de la mondialisation. C'est évident en matière de droit, avec le glissement lent et progressif d'un droit international dont l'objectif est d'articuler les systèmes juridiques nationaux les uns aux autres, à des éléments de juridiction et de justice mondiales [DELMAS-MARTY, 2004]. Or, il s'agit plus de l'opposition entre les droits issus de la tradition romaine, comme le code français, et le droit anglo-étatsunien. L'intégration des traditions juridiques arabes ou chinoises, pourtant codifiées de longue date, n'est pas encore à l'ordre du jour. Pourtant légiférer, suppose d'y voir clair dans les fondements mêmes de la société ; sinon, on en reste à l'équilibre des rapports de forces du champ international. La question des valeurs mondiales suppose la remise en question des normes européennes considérées jusqu'à présent comme universelles, l'État-nation, la démocratie, le statut de l'individu...

Sur le thème des « valeurs asiatiques », le dirigeant singapourien Lee Kuan Yew (1923-2015), avait mené campagne pour rejeter « l'idéologie individualiste des droits de l'homme et de la démocratie ». L'attitude relativiste prônant le respect des différences peut souvent n'être que le masque de la dictature. De la junte birmane à la présidence du Zimbabwe, les exemples d'utilisation du rejet de tout discours universel comme étranger ne sont que trop foisonnants. Assurément, le « fardeau de l'homme blanc », la conscience du passé colonial, ne peuvent que rendre méfiant envers tous les donneurs de leçons. Inversement, refuser tout droit d'ingérence, n'est-ce pas subir la mondialisation sans ses avantages sociétaux ? On suivra volontiers, en revanche, Amartya Sen dans son effort pour rechercher les formes non occidentales de démocratie (par exemple dans la palabre africaine) ou de justice, quand il défend un « pluralisme raisonné » [SEN, 2010].

Tout ce qui touche au statut de l'individu, de l'enfant, des minorités, particulièrement la situation des femmes, montre la dimension brûlante de l'universalisme. Il est très compréhensible de s'interdire, comme Serge Latouche [1993], toute ingérence parce qu'on est soi-même occidental. De considérer que l'excision est une question que seuls les Africain(e)s peuvent aborder ;

voire d'accepter que des mutilations de petites filles soient pratiquées par des familles immigrées par respect de la différence. Une telle posture relativiste ne peut être suspectée de masquer à son profit des dominations. Elle se réclame d'ailleurs des principes de liberté et de prise en considération de la différence : si ces principes sont valables pour tous, l'universel se trouve en tension avec lui-même. Respectable et nécessaire, le relativisme est le fondement du respect de toutes les communautés. Mais, poussé à bout, le communautarisme devient destructeur de l'universalité.

La question n'est pas nouvelle. Elle s'est posée à chaque contact entre deux sociétés différentes. Mais, dans sa longue durée, la mondialisation l'a généralisée. Jusqu'à la fin du xxe siècle, l'évidence des normes morales et intellectuelles du centre, de la modernité occidentale, a permis de fonctionner sur un système à deux niveaux : pour le Monde, la question restait interne entre différentes traditions d'origine européenne (droit continental contre droit anglo-saxon, individualisme protestant contre autorité catholique, capitalisme rhénan contre libre-entreprise américaine, etc.), ce qui laissait de grandes plages d'accord. Les autres façons de vivre, restaient en revanche au niveau inférieur, celui de leurs aires de civilisation. À partir du moment où des sociétés non occidentales participent à la dynamique centrale de la mondialisation, qu'il faut logiquement « provincialiser l'Europe » selon la formule de Dipesh Chakrabarty [2000], la réflexion sur les normes d'une société-Monde devient inévitable.

L'Occident est aussi mondialisé que le Monde est européanisé

La solution minimaliste du chacun pour soi, du communautarisme, qui consiste à reporter l'international au niveau des individus, chacun relevant des normes de sa société natale, est difficilement tenable. À terme, elle est destructrice de la mondialisation. La contradiction est trop forte avec les dynamiques de métissages dont est porteur le niveau mondial, pour les unions intercommunautaires, pour les secondes générations des migrations, pour tous les processus transnationaux (entreprises, religions, pratiques culturelles, etc.). Force est donc de faire avec, dans la pratique quotidienne, l'héritage du temps long du Monde, y compris son caractère occidental. En effet, parce qu'elle est à l'origine d'une mondialisation, l'Europe a été obligée d'adapter son regard à la diversité intégrée par le Monde.

En maîtrisant l'altérité à sa façon, la pensée européenne fut obligée d'accepter d'y être confrontée, donc de prendre en compte, même avec les erreurs de perspective induite par la domination, la différence. La réflexion ancienne – et pas spécifique à la chrétienté latine – sur l'identité de l'homme opposée à l'animalité, prend une tournure différente quand font irruption dans le champ de vision intellectuel des quasi-extraterrestres, les Amérindiens. La controverse de Valladolid, en 1550, destinée à statuer sur la nature humaine des peuples « découverts » (descendent-ils d'Adam et Ève?), prend valeur de symbole du cheminement de l'Europe vers un effort spécifique, si l'on peut dire, d'universalité.

Le dialogue avec toutes les autres sociétés agit ainsi en retour ; un exemple bien connu est celui de la Chine de la seconde moitié du XVIIe siècle où un débat fait rage à propos des mathématiques et de l'astronomie occidentales. Il ne s'agit en rien de querelles académiques mais bien d'enjeux de pouvoir très politiques : l'établissement d'un calendrier détermine les rites qui légitiment la puissance impériale. Or la dynastie mandchoue n'occupe le trône que depuis 1644 et peine à s'associer l'intelligentsia mandarinale. La synthèse est réalisée par Mei Wending qui réussit à intégrer des apports européens au nom même de la tradition[1]. L'un des chemins utilisés pour cette synthèse consiste à développer une théorie de l'origine chinoise de la science occidentale... Par « science occidentale », les lettrés chinois entendaient d'ailleurs tout ce qui venait de l'Ouest, du monde persan en particulier. Mais les pensées arabe ou persane n'ont-elles pas le même héritage antique que celle de l'Europe ? Ne s'agit-il pas, vu de Chine, d'un même ensemble monothéiste ? L'effort en Chine fut sans doute plus difficile qu'au Japon, où la longue pratique d'importation de la pensée continentale avait produit une culture de la traduction.

Une question très contemporaine, celle du genre, montre bien les renversements nécessaires pour produire des valeurs universelles avec de la science occidentale-mondiale. Les associations transnationales des droits de l'homme militent pour ceux de la femme, pour son émancipation, son égalité d'être humain et sa différence de sexe. Or, parmi les configurations sociales les plus généralement répandues, avec l'interdit de l'inceste, se trouve le statut dominé des femmes. Certes, les formes de cette inégalité sont très variées, comme pour les structures de parenté, mais, même lorsque les apparences simulent la supériorité féminine, il apparaît vite que le véritable pouvoir n'est pas en leurs mains. Françoise Héritier [1996] a fait de cette position dominée un universel découlant de l'inégalité de situation vis-à-vis de la reproduction biologique de l'espèce[2]. La revendication d'une situation à la fois égale et différente pour les femmes ne peut donc corres-

---

1. JAMI Catherine, 2004, « Légitimité dynastique et reconstruction des sciences. Mei Wending (1633-1721) », *Annales. Histoire, sciences sociales*, n° 4.
2. Voir l'article « Genre » du *Dictionnaire critique de la mondialisation* [GHORRA-GOBIN (dir.), 2012].

pondre à la position moyenne qui est la leur dans l'ensemble des sociétés du Monde. Certaines en sont plus éloignées que d'autres, mais aucune ne peut servir de modèle. En ce sens, l'universalité ne peut qu'être neuve. Aucun respect intégral des différences et des spécificités ne peut aboutir à ce qui n'a existé nulle part. On peut étendre l'affirmation à l'ensemble des valeurs et des concepts qui structurent peu à peu des normes mondiales. Comme les revendications féminines, ils ont tous une histoire, sont bien apparus quelque part, se sont plus diffusés là qu'ailleurs, ont pris appui sur tel héritage en contestant tel autre.

Le capitalisme (chinois) est-il universel ?

Capitalisme contemporain et mondialisation sont souvent présentés comme synonymes. La réussite économique chinoise, dont l'ampleur surprend dans le cadre mondial actuel, pose aussi un problème épistémologique. Là aussi, la longue durée aide à relativiser la question. Trois traditions sont à l'origine du mixte capitalisme d'État/capitalisme privé de la Chine actuelle. Il y a eu, tout d'abord, un très ancien capitalisme commercial dans la Chine du XVe-XVIIIe siècle. Puis, en réaction à l'ouverture forcée de la période 1840-1870, il y eut un interventionnisme étatique. Enfin, il n'y a pas de solution de continuité entre l'économie dirigée du régime maoïste et le capitalisme chinois actuel [BERGÈRE, 2007]. Ce qui reste le plus permanent c'est l'importance des solidarités familiales, locales ou de clan, donc la part des transactions informelles et de l'oralité. L'intervention de l'État remonte au moins à la dynastie Song. Le maoïsme n'a fait que pousser au maximum l'étatisation. La réforme du système, à partir des années 1980, a été très progressive et les statuts des entreprises restent aujourd'hui extrêmement flous.

Selon Marie-Claire Bergère, le capitalisme chinois n'est ni privé, ni d'État, il est avant tout bureaucratique. Il est, par exemple, impossible de développer une entreprise sans l'accord de la bureaucratie pour l'accès au marché des capitaux et aux crédits bancaires. La maîtrise d'un réseau de relation est plus précieuse que la possession d'un capital stricto sensu. Les entrepreneurs privés sont donc régulièrement dans la nécessité de violer la légalité, en termes d'impôts, de règlements sociaux, de propriété intellectuelle. S'ils se révèlent indociles ou trop importants, l'État peut facilement les faire chuter. De ce fait, les capitalistes ne forment pas une classe autonome, une bourgeoisie conquérante revendiquant l'autonomie du secteur économique, mais bien une « bourgeoisie consentante » qui a les mêmes objectifs que le pouvoir, la croissance économique, la stabilité sociale et la fierté nationale. Il est peu probable que ce modèle soit soluble dans la mondialisation, ce peut même être l'inverse.

Conclusion : l'avènement d'un Monde métisse

Sally Price [2006] mesure l'évolution rapide du statut de « l'art primitif » dans les différentes sociétés du Monde, dont les polémiques autour du musée du Quai Branly ont donné une version française. L'antagonisme qui, il y a peu, opposait les partisans radicaux de l'approche esthétique aux tenants de l'ethnologie explicative, semble se dissoudre non dans de tièdes compromis mais dans une conception qui n'est ni de l'art appliqué ni de l'utilitarisme et qu'il n'est pas facile de nommer. Le fait que les musées des civilisations non occidentales tendent à devenir des lieux de fréquentation de populations elles-mêmes issues de migrations venues de loin, donne une dimension toute nouvelle. Les collections issues de la colonisation représentent des moyens de légitimation et des gages de fierté par leur consécration artistique, pourtant elle-même héritée d'une démarche occidentale. Les objets devenus ainsi transitionnels ne sont plus d'un lieu, d'une société, mais tendent à devenir mondiaux.

En revanche, en mars 2010, au Caire s'est tenue une réunion des principaux responsables culturels des pays qui réclament le retour des objets de leurs civilisations installés dans des musées occidentaux (l'exemple le plus célèbre étant les fragments des frises du Parthénon exposées au British Museum que la Grèce n'a de cesse de réclamer et pour lesquelles un très beau musée a été ouvert en 2009 au pied de l'Acropole). On ne peut, spontanément, que trouver bien légitime cette revendication post-coloniale. Mais, au-delà de la question de la conservation des œuvres dans beaucoup de pays n'ayant guère les moyens d'une importante politique culturelle, se pose la question de l'appartenance de l'art. Il y a bien là une remise en cause de son universalité. Pour les objets, comme pour les hommes, le risque d'être assigné à résidence dans une identité héritée est négateur de tout métissage.

Ainsi le romancier québécois anglophone Neil Bissoondath avait fait scandale en 1995 dans le très communautariste Canada avec son essai *Le marché aux illusions* où il décrit le multiculturalisme comme « une forme douce d'apartheid ». « À l'époque, j'avais 40 ans. Je vivais au Canada depuis vingt-deux ans, mais selon les critères du multiculturalisme, j'étais toujours un Antillais. Tout simplement parce que j'étais né à Trinidad. Avouez que c'était ridicule. »

Penser le Monde suppose de tenir compte des héritages qui l'ont rendu spécifique, l'héritage occidental en particulier. Mais partir de ce patrimoine, quelque encombrant qu'il soit souvent (le « fardeau de l'homme blanc »), est encore la seule voie connue pour accéder à un peu plus d'universalité. Une chose est sûre: l'enfermement en des spécificités hétérogènes, si tant est qu'elle soit réalisable, est une voie beaucoup plus assurée pour faire régresser tout effort d'universel. Intégrer l'altérité, c'est le métissage que la mondialisation produit à chaque instant et de plus en plus, à condition d'accepter cette part croissante d'hétérogénéité dont la greffe produit du neuf et non pas du mêlé: c'est cette nouveauté, cette dialectique de l'unité du genre humain et de l'infinie variété de ses possibles, cette «diversalité», selon la belle formule de Patrick Chamoiseau, qui est le mondial-universel.

Conclusion de la troisième partie

Le présent d'un Monde sans limite

ASSOCIER DANS UNE MÊME PARTIE l'histoire de la mondialisation au XXᵉ siècle (chapitre 8) et deux aspects de la tension entre le particulier et le général : entre l'international et le mondial (chapitre 9) et entre l'universel et le mondial (chapitre 10) pourrait paraître une rupture avec la continuité d'un récit poursuivi au fil des deux premières parties. L'objectif restait pourtant celui de brosser la dynamique du Monde, de son développement, de son induration, mais aussi de ses régressions, des risques dont la mondialisation se menace elle-même.

Le planisphère, parce qu'il est notre image mentale du Monde, peut lui servir de métaphore. Aucune carte ne permet de bien représenter à plat le globe terrestre. Non seulement, il y a toujours des déformations découlant du passage du rond au plat, mais la figure plane induit des bords, des limites, imposées à une surface sphérique qui, pour n'être pas illimitée, n'est néanmoins pas bornée. Le planisphère centré sur l'Europe qui fut longtemps la seule figure du Monde a été historiquement juste, mais pour le Monde contemporain, n'est plus qu'une variante régionale historiquement située. Cependant, c'est en établissant ce planisphère qu'on a développé la cartographie moderne, construit une réflexion scientifique sur les projections qui permet aujourd'hui de penser/représenter le Monde de multiples façons. Comme le planisphère, le Monde a une histoire spécifique qui tend à l'universel.

Du fait qu'aucune carte du Monde ne soit satisfaisante ne découle pas le constat qu'il faille se passer de planisphère. Du fait des mémoires, des cicatrices d'une histoire spécifique dont le Monde est porteur, ne s'impose pas la conclusion qu'il est condamnable et condamné. Parmi ces héritages, les traces des brisures anciennes et surtout récentes montrent que la démondialisation, comme elle fut vigoureusement en marche dans la première moitié du « court XXᵉ siècle », est sans doute la meilleure façon de renier tout universel.

Chapitre 11

Lire le Monde par la géohistoire

« Les quelques pages de démonstration qui suivent tirent toute leur force du fait que l'histoire est entièrement vraie, puisque je l'ai imaginée d'un bout à l'autre. Sa réalisation matérielle proprement dite consiste essentiellement en une projection de la réalité, en atmosphère biaise et chauffée, sur un plan de référence irrégulièrement ondulé et présentant de la distorsion. On le voit, c'est un procédé avouable s'il en fut. »

Boris VIAN, Avant propos à *L'écume des jours*,
daté de la Nouvelle-Orléans, le 10 mars 1946[1].

LES CHAPITRES 2 à 8 qui précèdent peuvent être lus comme une brève histoire du Monde. Un peu moins de 200 pages pour brosser les grandes lignes de l'évolution de l'humanité a supposé, évidemment, des choix drastiques. Derrière les scansions chronologiques et les régions historiques, il y a une grille de lecture qu'il n'est peut-être pas inutile d'avouer. Le risque existe toujours, dans tout récit historique, quelle que soit l'ampleur ou la modestie de son envergure, que de la narration factuelle produise un sentiment de nécessité. Comme la cartographie du Monde (chapitre 10), la mise en récit est également une mise en scène. S'il n'y a bien qu'un seul Monde et qu'il n'a donc eu qu'une seule histoire, même s'il n'est pas sans intérêt de rappeler que d'autres auraient pu se dérouler, cela ne veut pas dire qu'il n'y a qu'une seule façon de la présenter.

En reprenant la définition initiale de la mondialisation, empruntée à Olivier Dollfus [2001], «l'espace de transaction de l'humanité», on peut défendre l'idée que la genèse de cet espace était largement inévitable, ne serait-ce que par son lien avec la croissance démographique globale depuis le Néolithique

---
1. Précisons que Boris Vian n'a jamais été à la Nouvelle-Orléans et que la date est celle de son 26e anniversaire (Gallimard, 2006, p. 140-141).

(chapitre 1). L'extension et l'induration progressives de ce niveau géographique le plus élevé, de son cœur et de ses marges, sera l'objet de la première ligne de force utilisée. L'hypothèse que la dynamique a fonctionné sur un couple scalaire, un espace-Monde/des territoires-sociétés, producteur d'une forte historicité, a été analysée dans son état actuel dans la première partie du chapitre 9. Mais la contradiction géographique espace/territoire structurait en fait les étapes antérieures du récit du Monde.

Cette perspective « verticale », de tension entre types de niveaux géographiques, n'est productrice d'historicité que si elle est croisée avec la localisation particulière de chacun des territoires et des espaces pris en compte. Cette seconde perspective, « horizontale » cette fois, est le second axe de lecture qui a été constamment utilisé. Elle part de l'idée qu'une société a largement l'histoire de ses voisines (et réciproquement), mais, par enchaînement, pour partie l'histoire des voisines de ses voisines, etc. Or le voisinage n'a pas le même sens quand on prend en compte un territoire en « bout du monde » (les Fuégien, les Pascuan, les San, les Inuits…) ou une société entourée d'autres de tous côtés (les Iraniens, les Chinois, les Grecs…). L'hypothèse, cette fois, est que plus le degré de connexion d'un lieu social est grand avec d'autres lieux sociaux, plus l'histoire locale relève de la transformation, de la dynamique, et non de la reproduction[1].

L'articulation de ces deux dynamiques géographiques, verticale et horizontale, a permis de proposer la lecture de l'histoire de la construction effective du Monde des chapitres précédents et permettra de risquer dans ce chapitre quelques perspectives à venir. D'autres lectures sont possibles, ont été écrites ou devront l'être. Leurs confrontations est nécessaire et seront d'autant plus productives que les hypothèses en sont formulées. Un horizon de toute mise en perspective de l'histoire mondiale (comme de toute histoire à un autre niveau géohistorique) est de se souvenir constamment que ce qui s'est déroulé n'avait rien d'inévitable, que si tout n'était pas possible, loin de là, à chaque moment, bien d'autres bifurcations auraient pu se réaliser. C'est pourquoi, dans un dernier point, on évoquera, évidemment très brièvement tant l'histoire contrefactuelle est un risque à ne prendre qu'à doses infimes, quelques genèses du Monde qui n'ont pas eu lieu, mais aurait pu se produire.

---

1. Les formulations théoriques qui sont rapidement brossées ici ont été plus longuement développées dans GRATALOUP, 2015.

L'échelle mondiale a une histoire

L'idée générale, développée dès le chapitre 2, est que le cœur de la mondialisation, comprise dans sa plus grande acception, est la contradiction entre la multiplicité des processus qui font société et l'unité de l'espèce humaine. Si le social n'est pas le propre des humains – ce qui est un acquis des sciences sociales de ces dernières décennies –, si d'autres mammifères et même des oiseaux peuvent inventer et transmettre des caractères non génétiques, donc culturels, et de ce fait se différencier quelque peu d'autres groupes de la même espèce, seuls les humains ont poussé très loin cette dimension idéelle et produit des groupes dont l'unité est structurée par l'idéel, des sociétés. Ces groupes se différencient fortement les uns des autres et forment une marqueterie plurielle dont une approche particulièrement claire est donnée par la carte des langues.

Or, ces traits culturels, puisqu'ils n'ont rien de génétiques, sont avant tout transmis, tout en étant constamment transformés, par la prise en charge des jeunes de l'espèce, des enfants. Les animaux qui développent des traits sociaux, oiseaux ou mammifères, sont tous des espèces qui éduquent quelque peu leurs petits. Mais aucune ne présente une aussi grande faiblesse à la naissance et n'accède aussi tard à l'autonomie adulte que celle des humains. La base biologique de la sociabilité humaine est sans doute à chercher dans le caractère prématuré de l'espèce, résultant de la contradiction entre la station debout, donc l'étroitesse croissante du bassin, et la taille importante de la boîte crânienne pour contenir notre gros cerveau.

Les bases biologiques du temps long de la mondialisation

De la durée particulièrement longue de l'enfance humaine découle la nécessité d'une vie en groupe particulièrement développée, l'importance des interactions et donc du langage, répond à cette contrainte. Les travaux de paléoanthropologie menés à l'Institut Max Planck de Leipzig, en particulier par Jean-Jacques Hublin, montre combien on perd à séparer systématiquement les approches culturelles (étude des artefacts humains, paléolinguistique et même psychologie) des recherches biologiques pour la compréhension de la construction du social. L'idée clef est celle de l'externalisation de fonctions biologiques : en déléguant à des techniques et des outils des fonctions qui, pour d'autres espèces, sont biologiques, les humains ont économisé de plus en plus d'énergie interne. Par exemple, par la maîtrise du feu, donc de la cuisson, des fonctions digestives gourmandes en énergie ont été économisées. Les gains énergétiques ont rendu possible le développement d'autres fonctions, en particulier celles du cerveau, gros consommateur de calories. Puis ce sont des fonctions cérébrales elles-mêmes qui ont été à leur tour externalisées (communication symbolique, calcul, etc.). C'est particulièrement net avec l'apparition de mémoires externes à l'occasion des premières formes d'écritures, processus qui devient très vite cumulatif.

Cette interaction entre la biologie humaine et la production du social a pour corrélat le temps considérable mis par les petits humains à devenir indépendants, à la différence de ceux des autres primates. Il faut, contrairement aux autres mammifères aux naissances également assez rapprochées, que les adultes s'occupent simultanément de plusieurs enfants d'âges successifs. En découle une double logique de développement du social : ces tâches éducatives, auprès d'humains à faible mobilité autonome pendant de nombreuses années, nécessite la collaboration d'un groupe d'adultes suffisamment nombreux qui doivent développer des formes complexes de coopération ; par ailleurs, ces années de formation au début de la vie humaine permettent la transmission de toutes les formes culturelles, des externalités inventées et transformées par les générations précédentes.

Les deux dimensions qui fondent la mondialisation, telle qu'elle a été comprise dans les chapitres précédents, trouvent ainsi leur origine : simultanément la diversification purement sociale des humains en des groupes très différents les uns des autres, ce qui avait été appelé dans le chapitre 2 l'antimondialisation, et l'interaction de ces groupes, le tissage des liens sociaux entre eux, ce qui est, en revanche, la logique de la mondialisation *stricto sensu*. En effet, de la nécessité de construire des groupes humains – des communautés peut-on commencer à écrire – fortement structurés, unis par un langage commun en particulier, découle la pluralité des sociétés. Le rôle central de la transmission intergénérationnelle, à la fois finalité et contrainte de ces agrégations sociales, contribue à l'historicisation purement culturelle du processus. Les techniques, production et usage des artefacts, plus encore ce qui ne laisse aucune trace archéologique, « le geste et la parole » pour reprendre un beau titre d'André Leroi-Gourhan, sont des réalités d'abord immatérielles susceptibles de mutations nombreuses et rapides, d'innovations, d'adaptations sans fin. C'est l'histoire proprement humaine qui en découle. Chaque groupe humain autonome se caractérise alors par sa propre histoire qui le différencie des autres, et réciproquement.

De cette logique d'archipel [DOLLFUS, 1990] découle la forme la plus élémentaire de l'échelle géohistorique, celle que résume la formule qui structure le chapitre 2 : une humanité/des sociétés. Niveaux effectivement géohistoriques puisqu'ils se distinguent à la fois spatialement et temporellement. Le fractionnement social est consécutif de la diffusion humaine à la surface de la Terre (2e partie du chapitre 2 : l'antimondialisation), donc, corrélativement, de son adaptation à des milieux naturels très variés. Et cette diversification se traduit par des « historifications » – si l'on peut se permettre ce vilain néologisme – divergentes. La temporalité sociale, du fait des innovations et transformations constantes au sein des groupes autonomes, est devenue beaucoup plus rapide que l'évolution biologique de l'espèce. Si les humains restent très semblables en tant qu'animaux, au point qu'aucune variation n'interdise leur interfécondité, ils divergent considérablement en tant que sociétés. Certes, on a fréquemment cherché à rabattre la diversité sociale sur les quelques nuances biologiques visibles, tentant ainsi de fonder « en nature » des volontés de hiérarchiser des faits culturels ; cela se nomme tout simplement du racisme ; cette attitude trop banale et partagée est sans doute un des plus redoutables obstacles à la gestion du Monde.

Du groupe au territoire, de l'espèce à l'espace

Ce socle scalaire, sociétés (au pluriel)/espèce (au singulier), s'il n'était que cela ne représenterait finalement qu'une variante de la diversification des formes du vivant, de l'évolution biologique. À supposer que la diversité sociétale ne cesse de s'approfondir, à terme elle risquerait de s'incarner dans une diversification biologique (chapitre 2, 3e partie). Mais cela suppose à l'échelle temporelle du social une trop longue durée. Il faudrait que la logique d'élaboration de groupes d'humains produise des sociétés devenues étanches les unes aux autres, ce qui est pour partie contradictoire avec la constante recomposition, la forte historicité, de leur tissage interne. Les échanges, qu'ils soient négociés (du troc au commerce) ou subis (rapts, pillages, tributs...), produisent un nouveau niveau scalaire, entre sociétés ainsi connectées. On peut inclure dans cet échelon les conflits, du moment qu'ils n'aboutissent à la destruction pure et simple de l'une des sociétés (ce qui ne veut pas forcément dire la disparition physique des individus qui la composaient, puisqu'ils peuvent avoir été intégrés à la société victorieuse).

Un tel niveau d'interconnexion ne remet pas en cause, loin de là, l'unité biologique précédemment évoquée, mais peut avoir des effets contradictoires sur la diversification des sociétés. D'une part, les interrelations favorisent les similitudes, ne serait-ce que par diffusion d'une société à une autre de procédures techniques, comme nous l'avons vu pour l'agriculture (figure 3.5), les métallurgies (figure 3.7), l'écriture (figure 3.6), etc. La diffusion la plus spectaculaire dans la mondialisation demeurant « l'échange colombien » (chapitre 5). D'autre part, les sociétés sont amenées à se positionner les unes par rapport aux autres, que ce soit dans la dimension économique par des spécialisations réciproques équilibrées ou hiérarchisées (rapports centre/périphérie, *cf.* chapitre 6), ou que ce soit dans les représentations sociales réciproques, comme ce fut bien étudié par Paul Hazard pour la genèse des stéréotypes nationaux européens [HAZARD, 1938]. L'élaboration d'un niveau supra-sociétal, tissé par les connexions entre groupes, est donc producteur d'effets ambivalents, unifiant et diversifiant simultanément. Ce que montre bien aujourd'hui les effets locaux de l'espace intersociétal au plus haut niveau, le Monde (chapitre 9).

Dans la production idéelle du groupe, de sa conscience de lui-même par rapport aux voisins, la portion de la surface terrestre qu'il occupe et exploite, quelle qu'en soit la configuration (plus ou moins aréale ou réticulaire), joue un rôle essentiel. C'est son territoire. Très souvent, une société et son territoire portent le même nom. C'est devenu pratiquement la règle pour les États contemporains, supposés être des nations. Mais, pour des groupes humains vivant sur un territoire de chasse et de cueillette, ce milieu, sous des formes idéelles différentes, est également une dimension essentielle de la fabrique de la communauté. On est là plus du côté de la reproduction d'une génération à l'autre, de la durée d'une société dans le temps long où le changement se fait lentement et avance le plus souvent masqué, plutôt que du côté de la transformation, des mutations rapides et parfois brutales. Le territoire, ne serait-ce que par la permanence du nom (on parle de Chine qu'il s'agisse de la société des Han ou de celle de Mao Zedong), incarne largement la durée.

En revanche, quand il s'agit des relations entre sociétés connectées, qu'elles soient conflictuelles ou coopératives, on est beaucoup plus du côté du changement. Les diffusions venues d'ailleurs, qu'il s'agisse d'innovations (nouvelles techniques, nouvelles plantes...), de migrations, de pandémies, etc., les mouvements géoéconomiques, par exemple la mondialisation des métaux précieux extraits de l'Amérique colonisée et s'insinuant partout jusqu'au « puits d'argent » chinois, en portant avec eux une même dynamique inflationniste (chapitre 5, 3e partie), toutes ces diffusions sont soumises à de nombreux facteurs de variation et changent donc continuellement. On est là du côté de la transformation, beaucoup plus que de la reproduction.

Simplifiée à l'extrême, l'hypothèse pourrait se résumer à l'idée que les sociétés évoluent plus lentement que le contexte dans lequel elles sont situées. L'historicité endogène, marquée par la reproduction intergénérationnelle, est moins productrice de mutations que l'historicité exogène, dont les paramètres sont multiples et pas forcément corrélés. Il pourrait être tentant d'user d'une métaphore organiciste pour caractériser la dominance intersociétale de la reproduction opposée à la dominance transformatrice de son environnement intersociétal. Mais ce type de formulation est trop gros d'ambiguïté. On a commencé ce chapitre en insistant sur le lien nécessaire entre l'invention du social et la nécessité de groupements humains pour répondre à la contrainte biologique de la prématurité de l'espèce, pour conclure que le social était beaucoup plus rapidement mutant que l'évolution biologique.

Or l'opposition des territoires et des relations spatiales qui les lient relève entièrement du social : la métaphore organiciste n'est donc pas bienvenue.

Mais si l'échelle à deux niveaux précédemment ébauchée (sociétés/espèces) plaçait le plus petit (les sociétés territorialisées) du côté de la temporalité rapide, par rapport à l'évolution biologique à mutation plus lente, l'échelle, purement sociale, que nous venons de tracer (territoires/espace), place cette fois la dynamique la plus fluide du côté du plus étendu, l'espace intersociétal, alors que les dynamiques intrasociétales, inscrites dans des territoires et plus marquées par la reproduction, pourraient être considérées comme plus marquées par la viscosité historique. La mondialisation contemporaine est avant tout une logique spatiale, à laquelle résistent souvent, plus ou moins vigoureusement, les sociétés territorialisées (c'est le propos central du chapitre 9).

Rapidité des espaces, lenteur des territoires

Le couple scalaire territoires/espace n'est néanmoins opératoire dans la mise en scène historique qui précède qu'à condition de diversifier l'échelle de chacun des deux termes. Si la dimension territoriale de la France ou de la Suisse est évidente depuis longtemps, que dire de celle de l'Europe ? L'aspect spatial du « continent » est évident, les sociétés européennes étant fortement interconnectées, en particulier depuis la révolution industrielle (chapitre 7). En revanche, sa dimension territoriale n'est guère évidente que dans le temps très long (la chrétienté latine depuis les Carolingiens, sortie du religieux comprise) ou beaucoup plus bref (la construction de l'Union européenne). Le couple territoires/espace n'apparaît donc efficace, dans la longue durée historique, que pour qualifier des tendances d'êtres géohistoriques qui peuvent apparaître parfois comme des territoires, parfois comme des espaces. De façon très simplifiée, les territoires semblent désigner des ensembles sociaux de moindre étendue, des sociétés au sens plein du terme, et les espaces leurs environnements plus globaux, les premiers tirant plus leur historicité du côté de la reproduction, ce qui les rend plus durables, alors que les seconds seraient plus mutants. Mais les territoires peuvent jouer un rôle spatial pour leurs sous-ensembles et les espaces peuvent tendre à se territorialiser.

C'est en effet là que repose l'avant-dernière hypothèse de cette première logique organisatrice du volume : celle de la tendance lente à la territorialisation des espaces. Lorsqu'une structure d'interrelations entre sociétés, un espace – tel que le terme vient d'être utilisé –, manifeste une certaine stabilité, les sociétés qu'il relie tentent de le réguler. Pour employer le vocabulaire de Denis Retaillé [2012], on passe de l'espace de l'ordre à celui du contrat. Lorsqu'une contrainte spatiale de niveau supérieur exerce sur lui une pression récurrente, par exemple s'il y a des menaces régulières d'invasion, cela se traduit finalement par la mise en place d'une structure politique capable de faire front. C'est fréquemment le mécanisme de genèse des grands empires durables, dont la Chine est l'archétype [GRATALOUP, 2015].

La « communauté internationale », pour employer l'euphémisme diplomatique désignant l'espace des rapports de force géopolitiques contemporains, le « concert des nations » de l'Europe d'autrefois, est encore loin de cette dimension de régulation territoriale. En revanche, de façon encore balbutiante, c'est ce que tentent de faire avancer les intégrations régionales. Dans la longue durée, ce processus suppose en effet la stabilisation durable d'un système spatial. Or ce ne peut être le cas d'un ensemble trop ténu, dont les liens se brisent régulièrement. Le chapitre 3 a ainsi brossé l'histoire de l'ancêtre du système-Monde amorcé au XVIe siècle, le jeu d'interrelations de longue portée de la Méditerranée aux mers de Chine nommé le « système-Ancien Monde ». Ces liens peuvent être décelés dès l'Antiquité méditerranéenne, de l'Empire han à celui de Rome, certes ; on peut même, de façon encore plus épisodique, les percevoir quelques millénaires auparavant. Il n'en reste pas moins que les routes rétrospectivement appelées « de la Soie » et « des Épices », qui incarnent la dimension économique (et parfois épidémiologique) de ces interrelations, si elles ont fait preuve de résilience dans le très long terme, ont été fréquemment brisées, voire parfois presque oubliées.

En revanche, des espaces de dimensions plus restreintes peuvent être lisibles durant des siècles. La plus évidente pour les Occidentaux est le monde antique, centré d'abord sur la Méditerranée orientale[1] puis progressivement étendu, en particulier vers l'ouest, au point d'inclure tout le pourtour méditerranéen. On pourrait, avec une égale pérennité, lire des mondes durables autour des plaines du nord de la Chine, de la plaine indo-gangétique, etc. Ce sont bien les « mondes » décrit dans le chapitre 2, ceux que Fernand Braudel et Immanuel Wallerstein ont classés sous les notions d'empire-Monde et d'économie-Monde (figure 2.2). Ces espaces présentent des traits sociaux communs, en particulier comme espace de diffusion d'une vision globale de l'univers, ce qu'on appelle à l'ouest de l'Ancien Monde une religion (relativisation analysée dans le chapitre 10). On aborde donc les êtres géohistoriques de grande ampleur couramment désignés par une notion très floue, celle des civilisations. La caricature qu'en a donnée la carte de Samuel Huntington [1997] suggère qu'il y a bien dans ces ensembles quelques traits

---

1. C'est ce monde de Méditerranée orientale qui connaît une très grave crise à la fin du IIe millénaire avant notre ère [CLINE, 2015]. L'étendue de cette crise indique bien la géographie d'un « monde », de la Grèce à la Mésopotamie, de l'Anatolie à l'Égypte. Mais cette chronologie ne va pas au-delà, dans d'autres « mondes ».

plus territoriaux que spatiaux, aux sens dont on vient d'user: une «civilisation» ayant une unité plus sociale que purement systémique. En revanche, le système-Ancien Monde, même lorsqu'il devient beaucoup plus solide dans la première moitié du deuxième millénaire, ne peut à aucun moment être considéré comme territorialisé, même si l'Empire mongol des XIIIe-XIVe siècles a esquissé cette induration sur une partie importante de ces réseaux, mais dans une durée brève.

Pourtant cette idée directrice que les ensembles spatiaux prennent de plus en plus de densité, s'épaississent au point de pouvoir progressivement se muer en territoires, sous l'effet conjugué des progrès des communications (chapitre 7, encadré p. 210) et de la croissance démographique, semble contredite par l'évolution géopolitique. Dans les faits, il semble bien que le nombre de territoires ne cesse d'augmenter. Il suffit de constater l'augmentation régulière du nombre des États reconnus et présents à l'ONU (figure 11.1).

On touche là la contradiction centrale qui a implicitement été au fil de ce volume un moteur essentiel du processus de mondialisation: la disjonction des territoires, des sociétés régulatrices et des espaces qui les inter-relient, dans lesquelles peut s'autonomiser ce que la pensée occidentale a appelé l'économie (chapitre 10).

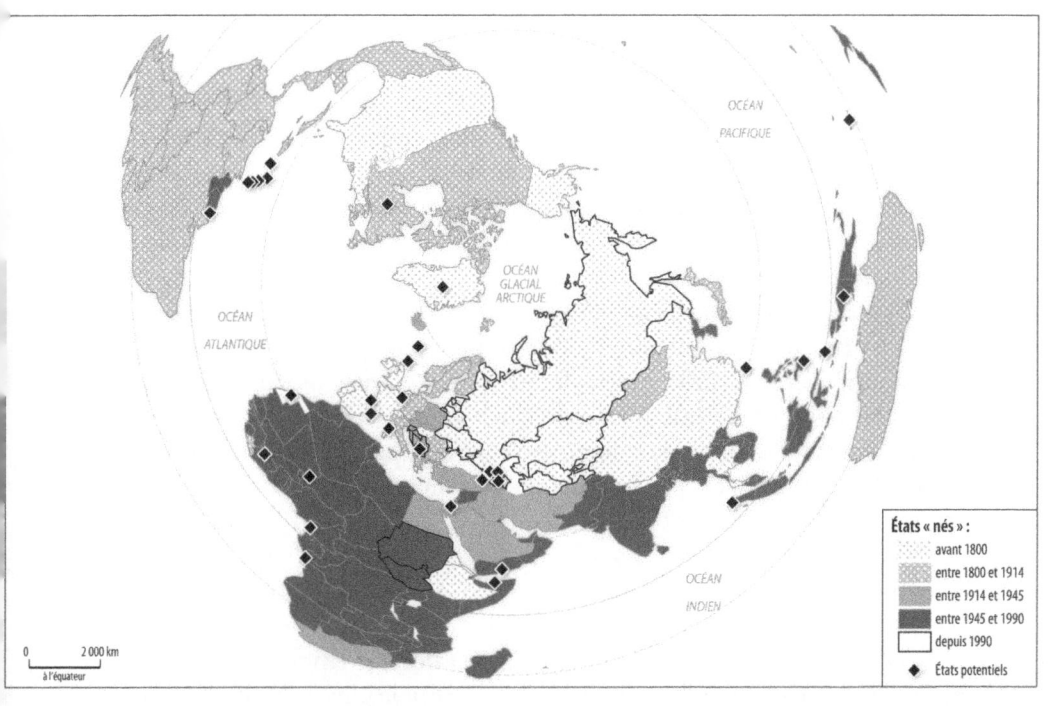

Figure 11.1. Chronologie de la naissance des États dans le Monde

L'espace facteur d'autonomisation de la dimension économique

Toutes les sociétés produisent des biens et les consomment. Elles peuvent également en échanger avec les sociétés avec lesquelles elles sont connectées. Aujourd'hui, on parlerait de l'interrelation entre économie nationale et commerce extérieur. On vient de voir que c'était une dimension fondatrice pour la distinction entre territoires et espaces, à condition bien sûr de garder à la notion de « bien » son extension la plus large. Tant que les biens venus d'ailleurs ne représentent qu'une part infime de la consommation, il n'y a aucune raison que le couple production-consommation échappe à la régulation globale de la société concernée. Pour reprendre l'expression de Karl Polanyi [1972], ces fonctions sont « enchâssées » (embedded) dans l'ensemble du social. Mais si les échanges lointains prennent un peu de poids, il risque de s'autonomiser; c'est alors que se constitue ce que notre vocabulaire économique désigne sous le terme de marché. Pour que cette autonomisation sociale ait quelque pérennité, il faut qu'elle s'incarne dans des acteurs ayant quelques intérêts communs, formant donc un groupe social reproductible. Or, un élément essentiel pour cette autonomisation est qu'une telle catégorie sociale ait des lieux où puisse s'exercer son activité sans trop d'entrave, qu'elle ait un minimum d'autonomie territoriale.

L'hypothèse finale de cette première idée générale organisatrice du volume, celle que détaille la première partie de ce chapitre, est donc que l'autonomisation de la fonction économique, la production-consommation nécessairement présente dans toute société et aujourd'hui largement organisatrice de la mondialisation, découle de la disjonction des territoires et des espaces. Cette autonomisation est exprimée par la marchandisation d'une part croissante des activités sociales; c'est ce qu'on nomme plus simplement le capitalisme. Les paradis fiscaux, les concurrences entre les « optimisations fiscales », les guerres tarifaires d'aujourd'hui, ne sont pas si nouvelles. Mais pour que ce processus ait pu s'inscrire dans la durée, il a fallu que perdure suffisamment longtemps un couple territoires/espace. Si l'ensemble spatial se territorialise, prend une forme sociale régulatrice, même très inégalitaire, l'autonomie des lieux et des catégories sociales incarnant l'économie est mise au pas. C'est ce qui s'est produit chaque fois qu'une construction impériale a regroupé de vastes ensembles sociaux.

On a vu dans le chapitre 4 que le monde européen avait eu justement l'histoire inverse. C'est bien pourquoi Immanuel Wallerstein [1980, 1984 pour les éditions en français], repris par Fernand Braudel [1979], a désigné les mondes polycentriques, dont l'Europe du XVIe siècle est alors l'exemple historique le plus achevé, par l'expression économie-Monde: le trait le plus important du monde européen est bien l'autonomisation de la dimension économique. On a vu que cela n'était pas sans importance dans la conceptualisation des sciences sociales (chapitre 10). Cet espace européen est progressivement devenu mondial. De même que dans l'Europe de la fin du Moyen Âge et des Temps modernes où les marchands ont pu être maîtres chez eux dans les cités italiennes et flamandes, puis aux Pays-Bas et finalement en Angleterre, fuyant taxations et réglementations d'États plus massifs et puissants comme le royaume de France, aujourd'hui les acteurs économiques majeurs utilisent au niveau du globe la pluralité et la diversité des territoires nationaux les uns contre les autres.

Pourquoi la Chine ?

Deux traits qui viennent d'être abordés semblent montrer que ce processus risque de toucher une limite décisive : l'extension de l'économie-Monde à toute l'humanité et l'utilisation de territoires économiques centraux de plus en plus massifs (de Venise à la Hollande, de l'Angleterre aux États-Unis). Ces deux dynamiques peuvent être, en fait, lues comme un seul et même processus. D'une part l'espace de l'économie-Monde européenne, le système spatial permettant l'autonomisation de la dimension économique, a progressivement intégré toutes les autres sociétés, c'est la genèse de l'actuelle mondialisation depuis le XVe siècle (deuxième partie). D'autre part, les colonisations, directes et indirectes (chapitre 6), ont largement œuvré à cette diffusion, mais également, dans la foulée, les décolonisations. Ces dernières avaient, entre autres, le mérite de multiplier des territoires, contribuant ainsi à affaiblir les tentatives de régulation mondiale.

Les sociétés préexistantes ont intégré l'économie-Monde, devenue le Monde, avec leurs héritages dont celui de la taille. Lorsque l'espace mondial était essentiellement concentré au niveau de la seule Europe, l'autonomisation progressive de l'économie s'est d'abord réalisée dans des entités de petites tailles, où les marchands-entrepreneurs avaient pu prendre le pas sur les propriétaires terriens et contrôler la puissance publique. À mesure que l'autonomisation économique s'est affirmée, le processus a pu gagner des sociétés plus importantes, renvoyant les précédentes à des rôles plus modestes, en particulier d'un nouveau type, celui de lieu touristique, grâce au patrimoine culturel accumulé à l'époque de la centralité mondiale. C'est ainsi que le lieu principal est passé des cités italiennes aux Flandres, avec Anvers, puis Amsterdam, pour, au XVIIIe siècle, s'installer durablement en Angleterre au moment de la « Grande transformation ».

L'expansion européenne, sous forme de migrations humaines et d'investissements en particulier, a produit des sociétés nouvelles, des « pays neufs » disait-on alors, dont les États-Unis. Même si l'Europe n'avait pas poussé jusqu'au conflit généralisé les contradictions territoriales inhérentes à la structure de l'économie-Monde (chapitre 8, première partie), les États-Unis auraient, de toute façon, bénéficié de leur effet de taille, d'autant plus qu'ils n'héritaient d'aucune structure antérieure à l'autonomisation économique et qu'ils pouvaient occuper durant tout le XXe siècle la position de champion de l'économie de marché.

Dans cette perspective, la réponse à la question symétrique de celle du titre du chapitre 4 (Pourquoi l'Europe ?) appliquée à la Chine ne peut être vraiment surprenante. La mondialisation libérale (ou l'autonomisation généralisée de l'économie) ayant intégré pratiquement toutes les sociétés (Cuba est en train de basculer, ne restera donc plus que la Corée du Nord), l'ensemble bénéficiant de l'héritage impérial le plus manifeste (héritage qui, comme tout empire, ne devait rien à dynamique de l'économie-Monde) en taille (la plus grande population mondiale encore aujourd'hui sur un territoire équivalent à celui des États-Unis), en structure politique (forte centralisation et fort sentiment d'identité, voire de supériorité) est logiquement le mieux placé. On retrouve la manifestation au plus haut niveau possible de la combinaison territoire (Chine)/espace (Monde). Il y aura encore des lieux à plus bas coût de main-d'œuvre (ce que manifeste aujourd'hui la croissance relative en Afrique subsaharienne), mais il n'y a plus de territoire hérité susceptible de jouer sur ses acquis anciens pour capter la centralité économique du Monde. La sortie ne peut plus être que par le haut, ce qui pose la question de la territorialisation de l'espace mondial...

L'histoire mondiale a une géographie

La première idée générale, qualifiée dans l'introduction de « verticale », donne le fil conducteur suivi pour tracer la genèse de l'espace à l'échelle mondiale, jouant sur la contradiction entre les sociétés diverses et autonomes et leurs espaces de transaction. Mais cela ne peut que donner l'image d'une géographie théorique, sans rendre compte de la raison des localisations précises où se sont cristallisés ces processus. À cette perspective « verticale » il faut donc combiner une autre plus « horizontale » tenant compte des configurations effectives des types de connexités d'importance et de nature variées, bref proposer un fil directeur pour comprendre la géographie effective de la genèse du Monde. Cela revient largement à proposer une explication au constat qu'est la figure 2.5 sur la diversité des densités et des connexités des sociétés. L'hypothèse globale de cette seconde piste peut être résumée par la formule « historicité = densité × connexité[1] ».

---

1. Formule construite et développée dans GRATALOUP, 2015, p. 154. La formulation alors utilisée est « historicité = densité × connexité », mais la distinction historicité/historicité n'est pas indispensable ici.

Rareté impériale

Qu'avec la croissance démographique qui découle des différents néolithiques les sociétés devenues productrices aient compté de plus en plus de voisinages, rien de bien surprenant. Mais la variété de la surface du globe (répartition des terres et des mers, du relief, des climats, vents et courants marins...) ne laissait pas à toutes les mêmes opportunités de proximités. Certaines ont pu développer des connexions nombreuses, durables et variées. D'autres sont restés largement isolées.

Ce sont évidemment les premières qui importent dans la perspective de la genèse du niveau mondial. La plus grande partie de l'humanité étant regroupée dans l'axe de l'Ancien Monde (chapitre 3), rien de surprenant que les origines du Monde y aient germé. Cela dit, et nous y reviendrons brièvement dans la dernière partie de ce chapitre, cela ne saurait pourtant exclure d'autres scénarios possibles. Par ailleurs, au sein même des sociétés du cœur de l'Ancien Monde, le rôle de l'Europe n'était pas inévitable (chapitre 4). Dans tous les cas, la situation géographique, c'est-à-dire la position d'une société relativement aux autres, est essentielle, puisqu'elle explique la densité et la nature des connexions.

Un type de relation intersociétale particulier découle de la relation entre deux espaces de sociétés situées dans des milieux naturellement différents, l'un permettant une agriculture à base de végétaux (des sociétés « à racines »), l'autre ne l'autorisant guère, mais permettant en revanche une production à base animale (des sociétés « à pattes »). Ces dernières sont historiquement relativement récentes, puisqu'elles n'ont pris de l'ampleur qu'avec le développement de trafics caravaniers. Malgré leurs effectifs plus réduits, mais grâce à leur maîtrise beaucoup plus grande des déplacements, les sociétés d'éleveurs ont souvent représenté pour les sédentaires un contact fructueux mais souvent dangereux. De ce fait, face aux voisinages à risque, des structures géopolitiques de grandes tailles, dotées d'une autorité centrale suffisamment forte pour mobiliser des moyens de défense importants, se sont élaborées. C'est la genèse des empires récurrents dans les espaces perse, chinois, indien du nord, de l'orient méditerranéen, tardivement russe... Le terme, particulièrement flou, d'empire a ultérieurement été étendu à de grandes constructions géopolitiques au-delà de l'axe de l'Ancien Monde (Afrique de l'Ouest) et même outre-mer (Andes, Amérique centrale, îles Hawaï...). Mais les formes archétypiques (Rome, Chine, Iran) correspondent à la situation de sociétés fortement connectées (entre autres à d'autres empires), mais ayant à gérer un voisinage incontrôlable ; les sociétés regroupées par l'une d'entre elles, de façon autoritaire et hiérarchisée, acceptaient plus ou moins ce changement d'échelle car il avait le mérite d'assurer la sécurité (la *Pax romana*). De ce fait, les empires devenaient des territoires intégrateurs (sinisation, romanisation).

Mais là où les voisinages dangereux n'étaient pas ou plus importants, la charge de l'empire ne pouvait guère s'imposer. Ainsi, au-delà des territoires impériaux, des espaces denses et connectés ont pu s'épanouir dans la longue durée en faisant l'économie d'un empire. C'est le cas de l'Europe passé le moment carolingien (chapitre 4), mais également le plus souvent de l'Inde méridionale, de l'Asie du Sud-Est, du Japon avant le XVIIe siècle. Ce sont les situations de développement d'espaces multi-territoriaux, d'économies-Mondes.

Un monde impérial était-il possible ?

Du fait que la mondialisation ait été initiée par une économie-Monde, donc ait présenté une dominance d'abord économique, ne devrait pas être déduit qu'il ne pouvait en être autrement. Les idéologies impériales ont fréquemment mis en avant la dimension universelle, œcuménique, de leur *imperium* et les pouvoirs impériaux ont effectivement cherché avec persévérance à étendre géographiquement leur emprise, au moins éminente. Il nous semble rétrospectivement trop facilement évident que ces extensions étaient limitées, voire bloquées, par les insuffisances des moyens de communication. Pourtant, n'oublions pas que les innovations dans la maîtrise de l'espace ont été souvent réalisées dans ces contextes. La poste à relais, avant d'être poussée très loin par les Mongols [GAZAGNADOU, 1994], avait été mise en place en Chine dès l'Empire han. La boussole, la cartographie systématique, les premières formes de machines à vapeur, le gouvernail et bien d'autres technologies ayant un rapport étroit avec une meilleure maîtrise des distances ont également d'abord été développées en Chine. Bien sûr, c'est d'abord son espace intérieur et la desserte de ses frontières qu'un empire cherche à maîtriser (les voies romaines, les réseaux incaïques), mais cela n'exclut pas d'être transformé en capacité de projection. Il suffit de se souvenir des expéditions maritimes de Zeng he au début du XVe siècle (chapitre 4, 4e partie).

C'est donc plutôt une sorte de course entre une extension impériale à l'échelle mondiale et la diffusion d'une économie-Monde qu'il faudrait envisager, sans condamner d'avance, comme le « sens de l'histoire » hégélien le faisait, les empires à rester des sociétés « froides ». Il n'en reste pas moins que ce fut bien l'économie-Monde européenne qui a étendu le jeu d'échelle développé dans la première partie de ce chapitre, donnant ainsi au Monde la configuration internationale que nous lui connaissons et laissant une marque durable d'européanisation à cet espace. Finalement, les empires hérités qui ont pu perdurer (Russie, Chine, Iran) ont fini par se fondre dans l'espace-Monde composé de multiples territoires, devenant des États parmi d'autres, mais dotés d'un héritage impérial appréciable dans le jeu international. Ils avaient d'ailleurs longtemps résisté à la mondialisation, en particulier à son front pionnier colonial.

La fin (de la genèse) du Monde

Il a été longtemps de bon ton de plaisanter le titre du livre de Francis Fukuyama [1992], *La fin de l'histoire ou le dernier homme*. Si la formulation était provocatrice, l'idée d'un tournant majeur avec l'acceptation généralisée de l'économie-Monde libérale n'était pas dénuée d'un certain intérêt, même si la conclusion naïve de la généralisation inévitable du modèle politique et économique étatsunien a sombré dans l'échec de ses clonages forcés, en particulier en Irak.

Si l'on généralise l'idée, il s'agit bien de l'inclusion dans le Monde de pratiquement toutes les sociétés. La résistance au cours du XXe siècle de l'Union soviétique pourrait d'ailleurs être lue comme la dernière tentative impériale pour tenir le Monde à distance. Ce serait une lecture particulièrement biaisée de la tentative de construire une autre manière de faire société, mais cela l'inscrit dans un temps long, celui des logiques impériales dans le système spatial de l'Ancien Monde, qui a rendu possible cet essai d'une autre mondialisation. Avec une transformation ultérieure profondément différente, on pourrait proposer une lecture semblable de l'aventure sanglante de la Chine maoïste, à la fois projet mondial différent et héritage impérial. En acceptant de devenir des (très grands) États de la communauté internationale et des acteurs majeurs du Monde économique, la Russie et la Chine ont entériné l'achèvement du processus d'extension de l'économie-Monde d'origine européenne et de son système scalaire décrit au début du chapitre.

D'autres bifurcations étaient possibles

Avant d'esquisser un brin de prospective, tentons – ce qui est peut-être pire – un peu de rétrospective. La mise en relation de l'ensemble des sociétés de l'écoumène n'était pas inévitablement une « mission » européenne. Ce qui peut sembler inévitable, ne serait-ce que par l'effet de la croissance démographique, c'est que cette mise en relation a fini par se produire, mais cela aurait pu être à un autre moment qu'aux XVe-XVIe siècles et avec d'autres acteurs.

Tout d'abord n'oublions pas que les plus formidables navigateurs, bien avant les caravelles européennes, furent les Polynésiens (figure 2.8). Les sociétés diffusées à travers le Pacifique et même l'océan Indien (Madagascar) n'ont, le plus souvent, pas conservé de relations. Cependant, des systèmes spatiaux à longue portée ont pu durer, entre Tahiti et les Hawaï, par exemple. Avec du temps, un monde plus maritime aurait pu être tissé, unissant les rives du Pacifique, puis au-delà... Voilà une configuration thalassocratique qui aurait généré un Monde profondément différent, où les connecteurs maritimes auraient pris l'avantage sur les gros ensembles continentaux.

À l'inverse géographique, au cœur de l'Ancien Monde, les sociétés les plus centrales, qui, du fait de cette centralité, avaient connu des développements particulièrement précoces (le Croissant fertile), auraient pu persévérer dans cette centralité si des dynamiques concurrentes plus excentrées n'étaient pas apparues. La diffusion de l'Islam (figure 9.2) esquisse la carte de cette extension à partir de la plus ancienne centralité. Le monde iranien, qui a longtemps compris toute l'Asie centrale, aurait ainsi pu jouer un rôle premier. Le Monde ainsi esquissé, à partir du principal cœur continental, est l'exact inverse de l'hypothèse précédente.

La mondialisation qui s'est finalement produite, l'européenne, articulait l'ouverture maritime et une connexion déjà ancienne avec les routes de l'axe de l'Ancien Monde. Pourquoi l'autre extrémité de l'axe n'aurait-il pas pu explorer un scénario symétrique ? On a, dans la partie précédente, esquissé l'idée d'un monde d'origine impériale, la Chine étant la meilleure candidate. Cela dit, un scénario japonais peut aussi être suggéré. Une société maritime, archipélagique, qui aurait réussi une fertilisation croisée des acquis technologiques chinois et des capacités hauturières polynésiennes, aurait pu longer les côtes de l'Alaska et connecter la première les sociétés américaines à son profit.

Ce fut néanmoins l'ouest de l'Ancien Monde qui partit en premier. Il existe, dans les actuelles sociétés de l'Afrique occidentale, l'idée, fondée sur un bref passage d'une chronique arabe, que des pirogues de haute mer de l'Empire du Mali auraient pu aller jusqu'au Brésil [GRATALOUP, 2011]. Pour qu'il y ait interconnexion, il aurait également fallu qu'elles reviennent et que la liaison devienne durable. Se serait alors mis en place un monde d'origine tropicale qui aurait peut-être eu besoin d'une périphérie tempérée (l'inverse de la géohistoire brossée dans le chapitre 6).

Enfin, rien n'interdit d'imaginer que les sociétés développées en Amérique aient pu inverser le sens des premiers voyages transocéaniques. On estime qu'il y avait un peu plus de 10 % de l'humanité vivant en Amérique à la fin du XVe siècle [CROSBY, 1994], soit une cinquantaine de millions de personnes pour les hypothèses les plus basses (chapitre 5, 2e partie), plus que dans l'Europe contemporaine. Dans « l'échange colombien », ces Américains premiers ont été massacrés par les microbes de l'Ancien Monde. Mais si les connexions interaméricaines avaient eu le temps de se développer beaucoup plus, donc si un bassin épidémiologique dynamique avait prospéré du Saint-Laurent à la Terre de Feu, l'histoire aurait pu être totalement inverse : des bateaux aztèques ou incas arrivant en Chine, au Mali ou en Europe auraientpu véhiculer des épidémies bien pires que la Peste noire et les « conquistadors » américains auraient pu capturer l'axe de l'Ancien Monde...

Cessons ces brefs récits contrefactuels. Ils n'ont d'autre intérêt que de montrer que la mondialisation qui s'est effectivement produite n'avait rien d'inévitable. Cela permet éventuellement de déceler quelques virtualités de notre Monde réel.

Demain, le territoire-Monde ?

L'avantage actuel de la Chine est celui du territoire le plus lourd dans un espace où s'accentuent les interactions entre les sociétés. Mais il s'agit de l'international et non pas, à proprement parler, du mondial. Le premier chapitre avait, en revanche, mis en avant le développement accéléré des interrelations entre les individus à l'échelle globale. Sécants aux limites des sociétés, aux diverses frontières, les réseaux se multiplient et tissent le Monde chaque jour plus serré. L'horizon logique est l'émergence progressive d'une conscience mondiale, d'un sentiment croissant des intérêts et des biens communs, bref d'une société-Monde. Le point ultime du processus serait l'évolution de l'espace mondial vers un territoire-Monde.

Il y a effectivement urgence devant la nécessité d'une gestion plus réaliste de la planète Terre, de sa surexploitation, de sa dégradation. La mondialisation, comprise dans sa longue durée – cela avait été signalé dès le chapitre 1 dans les coïncidences chronologiques –, est l'autre nom de l'Anthropocène. Cela dit, l'affaire est loin d'être entendue, et la logique internationale risque de freiner longtemps, voire d'interdire, l'émergence de ce niveau global. Les positions diplomatiques des États les plus puissants, quels que soient par ailleurs leurs choix internes, manifestent régulièrement tout refus d'ingérence. Les blocages systématiques russe et chinois, au Conseil de sécurité, de toute intervention à l'intérieur d'un État souverain, le refus récurrent des États-Unis d'aliéner toute parcelle de leur propre souveraineté rappellent régulièrement que la territorialisation mondiale est encore loin.

Il est hélas probable que ce ne sera que le dos au mur, quand les problèmes collectifs seront sensibles à tous, que l'international cédera le pas et que le processus de genèse du niveau mondial passera à celui de la gestion du territoire mondial.

Conclusion générale

Une seule Terre, une seule humanité : un seul Monde

> « La révélation de l'imprévu, tout était là.
> Retourné comme un gant, l'imprévu était ce que nous, les écoliers, étudiions sous le nom d'"histoire", cette histoire bénigne, où tout ce qui était inattendu en son temps devenait inévitable dans la chronologie de la page. La terreur de l'imprévu, voilà ce qu'occulte la science de l'histoire, qui fait d'un désastre une épopée. »
>
> Philip ROTH, *Le complot contre l'Amérique*, 2006.

L'HISTOIRE DU MONDE est-elle nécessairement une géographie ? Il y a pour répondre positivement des raisons modestement épistémologiques, mais aussi de plus profondes. S'il existe depuis le XVIIe siècle une géographie dite générale, il n'y a guère de symétrique en histoire. En France, la *World History* [HOPKINS, 2002 ; WALLERSTEIN, 2005 ; SUBRAHMANYAM, 2014] est longtemps restée assez marginale. C'est surtout une question d'échelle : le travail en profondeur de l'historien est souvent mal à l'aise dans de grandes synthèses à l'échelle des civilisations. Le souffle braudélien, qui n'a jamais été central dans l'historiographie française, s'est évanoui dans la microhistoire. Une démarche admise permet cependant de parcourir le très vaste monde ancien tout en restant à des échelles humaines prudentes : l'histoire connectée. La *connected history* [SUBRAHMANYAM, 2005][1] piste les passeurs, les franchisseurs de limites de civilisations, que ce soient des personnes, des idées, des techniques ou des virus. Les pages précédentes doivent beaucoup à ces travaux.

---

1. Voir également LABIANCA Oystein S., SCHAM Sandra Arnold, 2005, *Connectivity in Antiquity. Globalization as a Long Term Historical Process*, Equinox Publishing.

Depuis la parution de la première édition de ce livre, le paysage français a sensiblement évolué. Fait symbolique, un ouvrage de vulgarisation, *Histoire globale. Un autre regard sur le monde* [TESTOT, 2008][1] a été le premier à faire le lien avec des travaux plus universitaires qui se multiplient. Chose intéressante, cette démarche n'est que partiellement le fait d'historiens (Caroline Douki, Bouda Etemad, Philippe Minard, Olivier Grenouilleau...), mais aussi d'économistes (Philippe Norel...), d'anthropologues (Philippe Beaujard, Laurent Berger...) et même de géographes (Jacques Lévy...). *Géohistoire de la mondialisation* (1re édition en 2007) était donc bien de son temps et s'est tout naturellement inscrit dans cette famille de travaux.

Le caractère pluridisciplinaire, « global » au sens épistémologique du terme, de la pensée du Monde découle évidemment d'abord de la taille de son objet. Un seul point de vue ne peut s'en saisir seul. Mais il procède également de la relativisation des outils jusque-là conçus comme universels et qui s'avère bien occidentaux. Le risque d'un relativisme généralisé rend urgent l'effort de construire une boîte à outil plus universelle, ou tout du moins plus mondiale.

En tout état de cause, au terme de ce parcours du vaste monde depuis la dernière glaciation, dont on vient de voir le caractère banalement de son temps, il faut rappeler une dernière fois l'énorme dette envers tous les travaux d'historiens et de spécialistes d'autres sciences sociales, voire des naturalistes. On est bien conscient de la somme d'approximations et d'erreurs qu'un généraliste ne peut que commettre et qui sont difficilement supportables pour les spécialistes de chaque domaine malmené. On ne peut aussi qu'exprimer une immense gratitude envers tous ces travaux localisés dans le temps et dans l'espace qui, mis bout à bout, nous ont permis d'esquisser une géohistoire du Monde, tout en présentant les plus sincères regrets pour les fautes commises qu'on tente de rectifier à chaque nouvelle édition.

Une géohistoire

Les géographes ont, depuis les Anciens Grecs, l'habitude de l'échelle du globe. Cependant, si le planisphère leur est un objet familier, c'est en général pour y projeter des géographies thématiques (des littoraux ou de la sidérurgie, des forêts ou du tourisme...). Prendre le Monde comme une région, comme un objet de géographie globale, c'est un fait nouveau à la fin du XXe siècle. On aurait pu, auparavant, prendre un pays, voire un ensemble de nations, comme

---

1. Depuis Laurent Testot, qui s'est voué à la diffusion de l'histoire globale, a publié *Une nouvelle histoire du monde global* en 2012 (avec Philippe Norel) et *La nouvelle histoire du monde* en 2014 (les deux aux Éditions Sciences humaines).

objet de cette géographie totale, celle qu'on appelle encore souvent « régionale ». Parmi les quatre grandes géographies universelles écrites en français au cours des deux derniers siècles (dirigées successivement par Malte-Brun, Reclus, Vidal de La Blache et Gallois, Brunet), seule la dernière n'est pas organisée uniquement sous forme de puzzle, mais consacre son premier tome en partie à une entrée théorique, mais aussi au Monde pris, pour la première fois, comme une région *Le système-Monde*, dirigé par Olivier Dollfus, en 1990.

Toute approche régionale suppose une biographie de cet être singulier qu'est le territoire qu'elle étudie. Cela n'exclut pas, évidemment, d'autres approches complémentaires, en particulier la nécessaire analyse de cet être géographique selon une approche systémique et synchronique. La région « Monde » est souvent présentée comme un système ; mais l'étude de sa genèse, toujours en cours, est également indispensable. Or il s'agit de la construction d'un espace, inexistant tant que la plupart des hommes ignorent leur existence mutuelle, ténu jusqu'au XIXe siècle, mais de plus en plus prégnant. L'interrelation entre les lieux du Monde fait un espace, le plus grand des systèmes spatiaux humains. Mais ce qui est peut-être un tournant dans l'histoire du Monde, c'est que depuis quelques décennies, il semble bien qu'il devienne aussi un territoire.

Dans cette émergence, la géographie retrouve l'un de ses plus anciens angles d'attaque : la relation des sociétés aux milieux naturels. Et c'est sans doute une des plus grandes nouveautés sociétales qu'apporte la mondialité. En effet, jusqu'au XXe siècle, un groupe d'hommes reconnaissait son identité par rapport à d'autres groupes humains. Que, dans ce processus d'identification, la relation à la portion de surface terrestre occupée et appropriée par cette société ait joué, joue encore, un rôle décisif, rien de bien surprenant pour des paysans ou des chasseurs, ou des hommes pour qui ces économies ne sont pas un souvenir si ancien. La géographie scolaire a beaucoup contribué à reproduire cette identité territoriale dans bien des pays.

Mais, à la fin du XXe siècle, tout a changé d'échelle. Alors que les hommes sont de plus en plus des urbains, ils ont perdu l'intimité avec un environnement naturel proche qui était celle de leurs parents ou grands-parents – même si des catastrophes naturelles locales, comme le séisme de magnitude 9.0 du 11 mars 2011 survenu au large de Honshu qui provoqua l'accident nucléaire de Fukushima, leur rappellent parfois leur condition terrestre –, les problèmes posés par le système-Monde au système Terre sont devenus un souci planétaire depuis les années 1970.

La question écologique et la société-Monde

C'est sans doute aller trop vite de dire que de la mondialisation découle la crise environnementale globale qui menace les équilibres naturels de la planète. Il serait plus juste, sans doute, de constater que les mêmes processus sont coupables : l'augmentation de l'humanité en est sans doute le premier, la montée en puissance de ses moyens d'action en multiplie l'effet. La période de crise de la mondialisation, durant le « court XXe siècle », n'a pas été une étape de régression de la pollution. L'anti-Monde soviétique n'était pas vraiment un modèle de prudence environnementale. Il n'en reste pas moins que la mondialisation favorisant échanges et productions, des hommes et de leurs biens, ne peut être sans responsabilité devant les difficultés qui attendent l'humanité (réchauffement planétaire, remontée du niveau marin, réduction des terres cultivables, épuisement de ressources non renouvelables, déforestation, pénuries d'eau...). On peut s'étonner, comme Philippe Zarifian [2004], de la faible conscience de la plupart de nos contemporains des risques écologiques qui menacent l'ensemble des êtres humains, même si l'inquiétude semble petit à petit se diffuser. Mais la faiblesse des résultats obtenus au terme de la Conférence des Nations unies sur le climat tenue à Copenhague (accords signés le 19 décembre 2009) montre que la prise de conscience est toujours loin d'être massive et générale. Peut-être l'après COP21 (21e Conférence des parties à la Convention-cadre des Nations unies sur les changements climatiques) démentira-t-il ce manque de bonne volonté. Sinon, c'est le pire exemple du mondial bridé par l'international.

Le fait que les normes mondiales soient largement d'ascendance occidentale n'est sans doute pas sans responsabilité dans l'absence de demande massive de mesures énergiques pour faire reculer les risques. Pour la pensée européenne, nous n'appartenons pas à la nature, c'est elle qui nous appartient. Cette disjonction entre la société et la nature dont elle doit devenir « maître et possesseur » est constitutive de la modernité diffusée par la mondialisation [LATOUR, 2012]. Mais ce sont les mêmes réseaux mondiaux qui diffusent maintenant les signaux d'alerte. Le problème est qu'ils relient un monde fortement inégal et que cela prend la forme de « l'ingérence écologique » [ROSSI, 2000]. La diffusion de la croissance économique, en Asie orientale en particulier, est à la fois une remise à niveau par rapport aux sociétés industrialisées les premières, occidentales et japonaise, et une menace considérable pour l'ensemble de l'écoumène. On peut raisonnablement considérer que l'enrichissement du plus grand nombre n'est que justice et qu'il doit s'étendre à tous ceux qui sont encore laissés pour compte, au sud du Sahara en particulier. Mais tout le monde se rend compte que le mode de vie américain, diffusé depuis la fin de la Seconde Guerre mondiale, avec en particulier habitat et véhicule individuels, n'est pas possible pour 7 milliards d'humains sans révolution dans les façons de produire de la richesse et de la consommer.

Or, toute gestion collective se trouve prise dans les tensions entre développement de l'espace mondial et indurations identitaires provoquées par la pesanteur de ce même niveau mondial. L'expression contradictoire en elle-même de « communauté internationale » exprime les limites vite atteintes des possibilités d'action par additions d'États. Réciproquement, les acteurs d'un changement possible sont de plus en plus transnationaux : ONG, mouvements altermondialistes, mais aussi mouvements culturels ou religieux, voire, dans un intérêt bien compris, firmes multinationales. On a là plus que l'amorce d'une société mondiale. C'est bien la question de la gestion raisonnée de la Terre, de ses ressources, qui nécessite une gouvernance supranationale et suscite donc un niveau politique mondial. Reste à ne pas oublier que les pires menaces qui pèsent sur l'humanité sont des productions humaines directes et volontaires, qu'il n'est pas de pire pollution que celles des armes atomiques. C'est pourquoi il est important de garder en mémoire, dans le contexte actuel de morosité vis-à-vis de la mondialisation, que ce processus est réversible et que ce peut être très brutal (chapitre 8).

Le basculement territorial du Monde

La menace ne vient pas d'hypothétiques Martiens. La conscience du Monde répond à l'inquiétude inspirée par la maison terrestre. Un sentiment d'identité inédit se fait peut-être jour : une identité qui ne sert pas à se distinguer d'autres sociétés. À ce compte, le Monde n'est plus simplement un système spatial économique et démographique, il devient un territoire. Le Monde, enfermé dans la finitude de la Terre et conscient de cette limite tant qu'une éventuelle colonisation au-delà de la planète n'est qu'un rêve de science-fiction, bute sur ses propres bornes. Alors que, depuis les Grandes Découvertes, le niveau mondial n'a cessé de s'étendre, résolvant ainsi bien de ses contradictions, il faut maintenant apprendre à l'épaissir, à lui donner plus de consistance sous peine de le laisser se déliter dans les tensions de l'international.

C'est ce que manifeste, depuis la fin des années 1970, la combinaison d'un sentiment de finitude écologique combinée à celle d'une nouvelle organisation spatiale, d'une menace sur l'humanité qui pourrait venir du système Terre malmené et d'un bouclage du Monde. Deux points d'aboutissements du temps long de la mondialisation qui imposent une responsabilité nouvelle, non plus un impératif moral, mais une question de survie : l'aménagement du territoire de l'écoumène.

Bibliographie

Dans la mesure du possible, les ouvrages sont indiqués dans leur édition française.

ADDA Jacques, 2006, *La mondialisation*, Paris, La Découverte.

AGLAN Alya et FRANK Robert, 2015, *1937-1947. La guerre-monde*, Paris, Gallimard, 2 tomes.

AMIN Samir, 1971, *L'accumulation à l'échelle mondiale*, Paris, Anthropos.

AMIN Samir, 1973, *Le développement inégal. Essai sur les formes sociales du capitalisme périphérique*, Paris, Éditions de Minuit.

AMSELLE Jean-Loup, 2001, *Branchements. Anthropologie de l'universalité des cultures*, Paris, Flammarion.

ANDERSON Benedict, 1996, *L'imaginaire national. Réflexion sur l'origine et l'essor du nationalisme*, Paris, La Découverte.

APPADURAI Arjun, 2001, *Après le colonialisme. Les conséquences culturelles de la mondialisation*, Paris, Payot.

APPADURAI Arjun, 2007, *Géographie de la colère. La violence à l'âge de la globalisation*, Paris, Payot.

ARNOUX Mathieu, 1995, *Mineurs, férons et maîtres de forges. Étude sur la production du fer dans la Normandie du Moyen Âge, XIe-XVe siècles*, Paris, Fayard.

BADIE Bertrand, 1995, *La fin des territoires*, Paris, Fayard.

BADIE Bertrand, SMOUTS Marie-Claude, 1997, *Le retournement du monde. Sociologie de la scène internationale*, Paris, Presses de Sciences Po.

BAECHLER Jean, 2002, *Esquisse d'une histoire universelle*, Paris, Fayard.

BAIROCH Paul, 1971, *Le tiers-monde dans l'impasse*, Paris, Gallimard.

BAIROCH Paul, 1985, *De Jéricho à Mexico*, Paris, Gallimard.

BAIROCH Paul, 1997, *Victoires et déboires. Histoire économique et sociale du monde du XVIe siècle à nos jours*, Paris, Gallimard, 3 tomes.

BALARD Michel, BOULÈGUE Jean, DUTEIL Jean-Pierre et MUCHEMBLED Robert, *Les civilisations du monde vers 1492*, Paris, Hachette, coll. « Carré Histoire ».

BANCEL Nicolas *et alii*, 2002, *Zoos humains. Au temps des exhibitions humaines*, Paris, La Découverte.

BAUDELLE Guy, 2009 (2e éd.), *Géographie du peuplement*, Paris, Armand Colin, coll. « Cursus ».

BAYLY Christopher Alan, 2007, *La naissance du monde moderne (1780-1914)*, Paris, Éditions de l'Atelier/Le Monde diplomatique.

BEAUD Michel, 1981, *Histoire du capitalisme de 1500 à nos jours*, Paris, Le Seuil.

BEAUD Michel, 1987, *Le Système national/mondial hiérarchisé*, Paris, La Découverte.

BEAUJARD Philippe, 2012, *Les mondes de l'océan indien, t. I : De la formation de l'État au premier système-monde afro-eurasien, t. II : L'océan indien, au cœur des globalisations de l'Ancien Monde*, Paris, Armand Colin.

BEAUJARD Philippe, BERGER Laurent et NOREL Philippe, 2009, *Histoire globale, mondialisation et capitalisme*, Paris, La Découverte.

BECK Ulrich, 2005, *La société du risque : sur la voie d'une autre modernité*, Paris, Flammarion.

BECK Ulrich, 2005, *Pouvoir et contre-pouvoir à l'ère de la mondialisation*, Paris, Flammarion.

BECK Ulrich, 2006, *Qu'est-ce que le cosmopolitisme ?* Paris, Aubier.

BENTLEY Jerry H., 2013, *The Oxford Handbook of World History*, Oxford, Oxford University Press.

BERGER Suzanne, 2006, *Made in Monde. Les nouvelles frontières de l'économie mondiale*, Paris, Le Seuil.

BERGÈRE Marie-Claire, 2007, *Capitalismes et capitalistes en Chine*, Paris, Perrin.

BERNAND Carmen, Serge GRUZINSKI, 1991, *Histoire du Nouveau Monde. De la découverte à la conquête*, Paris, Fayard.

BERQUE Augustin, 1982, *Vivre l'espace au Japon*, Paris, PUF.

BERQUE Augustin, 1996, *Être humains sur la Terre. Principes d'éthique de l'écoumène*, Paris, Gallimard, coll. « Le Débat ».

BERTIN Jacques (dir.), 1997, *Atlas historique universel*, Genève, Minerva, coll. « Histoire et société ».

BERTRAND Romain, 2011, *L'histoire à parts égales. Récits d'une rencontre, Orient-Occident (XVIe-XVIIe siècles)*, Paris, Le Seuil.

BESSE Jean-Marc, 2003, *Les grandeurs de la Terre. Aspects du savoir géographique à la Renaissance*, Lyon, ENS Éditions, coll. « Sociétés, espaces, temps ».

BESSIS Sophie, 2001, *L'Occident et les autres. Histoire d'une suprématie*, Paris, La Découverte, coll. « Cahiers libres ».

BLAUT J., 1993, *The Colonizer's Model of the World*, New York et Londres, The Guilford Press.

BLOCH Marc, 1939, *La société féodale*, Paris, Albin Michel, coll. « L'évolution de l'humanité ».

BONNAUD Robert, 1989, *Le système de l'Histoire*, Paris, Fayard.

BOUCHERON Patrick (dir.), 2009, *Histoire du monde au XVe siècle*, Paris, Fayard.

BOUDAN Christian, 2004, *Géopolitique du goût. La guerre culinaire*, Paris, PUF.

BOULNOIS Lucette, 2001, *La route de la soie. Dieux, guerriers et marchands*, Olizane.

BRAUDEL Fernand, 1979, *Civilisation matérielle, économie et capitalisme. XVe-XVIIIe siècles*, t. I : *Les structures du quotidien*, t. II : *Les jeux de l'échange*, t. III : *Le Temps du monde*, Paris, Armand Colin.

BRAUDEL Fernand, 1985, *La dynamique du capitalisme*, Paris, Arthaud.

BRAUDEL Fernand, 1987, *Grammaire des civilisations*, Paris, Flammarion.

BRESC Henri et TIXIER DU MESNIL Emmanuelle, 2010, *Géographes et voyageurs au Moyen Âge*, Nanterre, Presses universitaires de Paris-Ouest.

BROOK Timothy, 2010, *Le chapeau de Vermeer. Le XVIIe siècle à l'aube de la mondialisation*, Paris, Payot.

BROOK Timothy, 2015, *La carte perdue de John Selden*, Paris, Payot.

BRUNEAU Michel, 2006, *L'Asie d'entre Inde et Chine. Logiques territoriales des États*, Paris, Belin.

BRUNET Roger et DOLLFUS Olivier, 1990, *Géographie universelle*, t. I : *Mondes nouveaux*, Paris/Montpellier, Belin/Reclus.

BURBANK Jane et COOPER Frederic, 2011, *Empires. De la Chine ancienne à nos jours*, Paris, Payot.

BUTEL Paul, 1997, *Histoire de l'Atlantique de l'Antiquité à nos jours*, Paris, Perrin.

BUTEL Paul, 1997, *Histoire du Thé*, Paris, Desjonquères, coll. « Outremer ».

CAILLÉ Alain, 2014, *Anti-utilitarisme et paradigme du don. Pour quoi ?* Paris, Le Bord de l'eau.

CALVET Louis-Jean, 2002, *Linguistique et colonialisme*, Paris, Payot, coll. « Petite bibliothèque Payot ».

CALVET Louis-Jean, 2005, *La guerre des langues et les politiques linguistiques*, Paris, Hachette Littératures, coll. « Pluriel », n° 985.

CAPDEPUY Vincent, 2007, « La limite Nord/Sud », *Mappemonde*, n° 4.

CAPDEPUY Vincent, 2008, « Proche ou Moyen-Orient ? Géohistoire de la notion de *Middle East* », *L'Espace géographique*, n° 2008, p. 225-238.

CAPDEPUY Vincent, 2014, « Un espace : l'Eufrasie », *Mappemonde*, n° 1.

CARDON Dominique, 1999, *La draperie médiévale en Europe. Essor d'une grande industrie européenne*, Paris, CNRS Éditions.

CARREIRA Ernestine et MUZART-FONSECA DOS SANTOS Idelette (dir.), 2003, *Éclats d'empire portugais. Du Brésil à Macao*, Paris, Maisonneuve et Larose.

CARRIÈRE Jean-Claude, 1999, *La controverse de Valladolid*, Arles, Actes Sud, coll. « Actes Sud-Papiers ».

CARROUÉ Laurent, 2007 (3ᵉ éd.), *Géographie de la mondialisation*, Paris, Armand Colin, coll. « U ».

CARROUÉ Laurent, 2015, *La planète financière*, Paris, Armand Colin, coll. « U ».

CASANOVA Michèle, 2013, *Le lapis-lazuli dans l'Orient ancien. Production et circulation du Néolithique au IIᵉ millénaire av. J.-C.*, Paris, Éditions du CTHS.

CAUVIN Jacques, 1998, *Naissance des divinités, naissance de l'agriculture. La révolution des symboles au néolithique*, Paris, Flammarion, coll. « Champs ».

CAVALLI-SFORZA Luca et CAVALLI-SFORZA Francesco, 1997, *Qui sommes-nous ? Une histoire de la diversité humaine*, Paris, Flammarion, coll. « Champs ».

CHAKRABARTY Dipesh, 2000, *Provincializing Europe. Postcolonial Thought and Historical Difference*, Princeton, Princeton University Press.

CHALIAND Gérard, 1998, *Les empires nomades. De la Mongolie au Danube*, Paris, Perrin.

CHALINE Jean, 1985, *Histoire de l'homme et des climats au Quaternaire*, Rueil-Malmaison, Doin.

CHAMBERS James, 1988, *Les cavaliers du diable. L'invasion mongole en Europe*, Paris, Payot.

CHANDA Nayan, 2007, *Au commencement était la mondialisation. La grande saga des aventuriers, missionnaires, soldats et marchands*, Paris, CNRS Éditions.

CHARVET Jean-Paul et LEVASSEUR Claire, 2012, *Atlas de l'agriculture : comment nourrir le monde en 2050 ?* Paris, Autrement.

CHAUNU Pierre, 1995, *Conquête et exploitation des nouveaux mondes : XVIᵉ siècle*, Paris, PUF, coll. « Nouvelle Clio ».

CHAUNU Pierre, 1995, *L'expansion européenne du XIIIᵉ au XVᵉ siècle*, Paris, PUF, coll. « Nouvelle Clio ».

CHESNAY Jean-Claude, 1991, *La population du monde de l'Antiquité à 2050*, Paris, Bordas, coll. « Le monde à la carte ».

CLASTRES Pierre, 1974, *La société contre l'État. Recherches d'anthropologie politique*, Paris, Éditions de Minuit, coll. « Critique ».

COMRIE Bernard, MATTHEWS Stephen et POLINSKY Maria (dir.), 2004, *Atlas des langues. L'origine et le développement des langues dans le monde*, Paris, Acropole.

COQUERY-VIDROVITCH Catherine (dir.), 1985, *Afrique noire. Permanences et ruptures*, Paris, Payot, rééd, Paris, L'Harmattan, 1993.

COQUERY-VIDROVITCH Catherine, 2011, *Petite histoire de l'Afrique*, Paris, La Découverte.

CORBIN Alain, 1988, *Le territoire du vide. L'Occident et le désir de rivage, 1750-1840*, Paris, Flammarion, coll. « Champs ».

CORVOL Andrée, 2005, *Les arbres voyageurs*, Paris, Robert Laffont.

CROSBY Alfred W., 2005, *Germs, Seeds & Animals. Studies in Ecological History*, New York / Londres, M. E. Sharpe.

DAVIS Mike, 2003, *Génocides tropicaux. Catastrophes naturelles et famines coloniales, 1870-1900. Aux origines du sous-développement*, trad. de Marc Saint-Upéry, Paris, La Découverte.

DE PLANHOL Xavier, 1968, *Les fondements géographiques de l'histoire de l'Islam*, Paris, Flammarion.

DE PLANHOL Xavier, 1988, *Géographie historique de la France*, Paris, Fayard.

DE PLANHOL Xavier, 2000, *L'Islam et la mer. La mosquée et le matelot*, Paris, Perrin.

DEBARBIEUX Bernard, 1995, « Le lieu, le territoire et trois figures de rhétorique », *L'Espace géographique*, n° 2, p. 97-112.

DELMAS-MARTY Mireille, 2004, *Les forces imaginantes du droit*, t. I : *Le relatif et l'universel* ; 2006, t. II : *Le pluralisme ordonné*, 2007, t. III à paraître, *La refondation des pouvoirs*, Paris, Le Seuil, coll. « La couleur des idées ».

DESCOLA Philippe, 2005, *Par-delà nature et culture*, Paris, Gallimard, coll. « Bibliothèque des sciences humaines ».

DETIENNE Marcel, 2000, *Comparer l'incomparable*, Paris, Le Seuil, coll. « La librairie du XXe siècle ».

DEUBER ZIEGLER Erica, 2005, *Nous autres*, Genève, Musée d'ethnographie.

DIAMOND Jared, 2000, *De l'inégalité parmi les sociétés. Essai sur l'homme et l'environnement dans l'histoire*, Paris, Gallimard, coll. « NRF Essais ».

DIAMOND Jared, 2006, *Effondrement. Comment les sociétés décident de leur disparition ou de leur survie*, Paris, Gallimard, coll. « NRF Essais ».

DIGARD Jean-Pierre, 2004, *Une histoire du cheval. Art, techniques, société*, Arles, Actes Sud.

DOCKÈS Pierre, 2009, *Le sucre et les larmes. Bref essai d'histoire et de mondialisation*, Paris, Descartes & Cie.

DOLLFUS Olivier et BRUNET Roger, 1990 (dir.), *Géographie universelle*, t. I : *Mondes nouveaux*, 2e partie, « Le système Monde », Paris/Montpellier, Belin/Reclus.

DOLLFUS Olivier, 2000 (2e éd.), *La nouvelle carte du Monde*, Paris, PUF, coll. « Que sais-je ? ».

DOLLFUS Olivier, 2001 (2e éd.), *La mondialisation*, Paris, Presses de Sciences Po, coll. « La bibliothèque du citoyen ».

DROULERS Martine, 2001, *Brésil : une géohistoire*, Paris, PUF, coll. « Géographies ».

DURAND Marie-Françoise, LÉVY Jacques et RETAILLÉ Denis, 1992, *Le Monde, espaces et systèmes*, Paris, Presses de Fondation nationale des sciences politiques/Dalloz, coll. « Amphithéâtre ».

DURAND Marie-Françoise, GIMENO Roberto, MITRANO Patrice et TÖRNQUIST-CHESNIER Marie, *L'espace mondial en 50 cartes*, Paris, Presses de Sciences Po, coll. « La bibliothèque du citoyen ».

DUROSELLE Jean-Baptiste, 1992, *Tout empire périra. Théorie des relations internationales*, Paris, Armand Colin, coll. « Références ».

EMMANUEL Arghiri, 1969, *L'échange inégal. Essai sur les antagonismes dans les rapports économiques internationaux*, Paris, Maspéro.

ESCUDIER Alexandre et MARTIN Laurent, 2015, *Histoires universelles et philosophies de l'histoire : de l'origine du monde à la fin des temps*, Paris, Les Presses de Sciences Po.

EspacesTemps, 1987, « Tiers-Monde : faim de théorie », n° 36.

ETEMAD Bouda, 2000, *La possession du monde. Poids et mesures de la colonisation, XVIIe-XXe siècles*, Bruxelles, Complexe.

ETEMAD Bouda, 2005, *De l'utilité des empires. Colonisation et prospérité de l'Europe*, Paris, Armand Colin.

FABIAN Johannes, 2006, *Le temps et les autres. Comment l'anthropologie construit son objet*, Toulouse, Anacharsis éditions.

FAUVELLE-AYMAR François-Xavier, 2009, *La mémoire aux enchères. L'idéologie afrocentriste à l'assaut de l'histoire*, Paris, Verdier.

FAUVELLE-AYMAR François-Xavier, 2012, *Le rhinocéros d'or. Histoires du Moyen Âge africain*, Paris, Alma éditeur.

FERRO Marc (dir.), 2003, *Le livre noir du colonialisme. XVIe-XXIe siècle : de l'extermination à la repentance*, Paris, Robert Laffont.

FERRO Marc, 1994, *Histoire des colonisations. Des conquêtes aux indépendances, XIIIe-XXe siècle*, Paris, Le Seuil, coll. « Points Histoire ».

FINKEL Irving, 2015, *L'arche avant Noé*, Paris, J.-C. Lattès.

FOUCHER Michel, 1988, *Fronts et frontières. Un tour du monde géopolitique*, Paris, Fayard.

FUMEY Gilles et GRATALOUP Christian, 2014, *Atlas global*, Paris, Les Arènes.

FUMEY Gilles et Olivier ETCHEVERRIA, 2004, *Atlas mondial des cuisines et gastronomies. Une géographie gourmande*, Paris, Autrement, coll. « Atlas-monde ».

FUMEY Gilles, 2010, *Manger local, manger global*, Paris, CNRS Éditions.

GALEANO Eduardo, 2001, *Les veines ouvertes de l'Amérique latine : une contre-histoire*, Paris, Pocket, coll. « Terre humaine ».

GALLAIS Jean, 1984, *Hommes du Sahel. Espaces-temps et pouvoirs. Le delta intérieur du Niger. 1960-1980*, Paris, Flammarion.

GALLOWAY J. H., 1989, *The Sugar Cane Industry. An Historical Geography from its Origins to 1914*, Cambridge, Cambridge University Press.

GARCIA-BAQUERO GONZALEZ Antonio, 1997, *La Carrera de Indias : histoire du commerce hispano-américain*, Paris, Desjonquères, coll. « La mesure des choses ».

GAZANADOU Didier, 2013, *La poste à relais. La diffusion d'une technique d'information et de pouvoir*, Paris, Kimé.

GEMDEV, 1999, *Mondialisation. Les mots et les choses*, Paris, Karthala, coll. « Hommes et sociétés ».

GHORRA-GOBIN Cynthia (dir.), 2012 (2e éd.), *Dictionnaire critique de la mondialisation*, Paris, Armand Colin.

GIPOULOUX François, 2009, *La Méditerranée asiatique. Villes portuaires et réseaux marchands en Chine, au Japon et en Asie du Sud-Est. XVIe-XXIe siècles*, Paris, CNRS Éditions.

GIRAUD Pierre-Noël, 1996, *L'inégalité du monde. Économie du monde contemporain*, Paris, Gallimard, coll. « Folio actuel ».

GODELIER Maurice, 1984, *L'idéel et le matériel. Pensée, économies, sociétés*, Paris, Fayard.

GOODY Jack, 1999, *L'Orient en Occident*, Paris, Le Seuil, coll. « La librairie du XXe siècle ».

GOUROU Pierre, 1947, *Les pays tropicaux*, Paris, PUF, coll. « Pays d'outre-mer ».

GRATALOUP Christian, 1996, *Lieux d'Histoire. Essai de géohistoire systématique*, Montpellier, Reclus.

GRATALOUP Christian, 2009, *L'invention des continents. Comment l'Europe a découpé le Monde*, Paris, Larousse.

GRATALOUP Christian, 2011, *Faut-il penser autrement l'histoire du Monde ?* Paris, Armand Colin, coll. « Éléments de réponse ».

GRATALOUP Christian, 2015, *Introduction à la géohistoire*, Paris, Armand Colin, coll. « Cursus ».

GRIMAL Jean-Claude, 2000, *Drogue : l'autre mondialisation*, Paris, Gallimard, coll. « Folio actuel. Le Monde actuel ».

GROUSSET René, 1965, *L'empire des steppes. Attila, Gengis-Khan, Tamerlan*, Paris, Payot, coll. « Regard de l'histoire ».

GRUZINSKI Serge, 1999, *La pensée métisse*, Paris, Fayard.

GRUZINSKI Serge, 2004, *Les quatre parties du monde. Histoire d'une mondialisation*, Paris, La Martinière.

GRUZINSKI Serge, 2008, *Quelle heure est-il là bas ? Amérique et islam à l'orée des temps modernes*, Paris, Le Seuil.

GRUZINSKI Serge, 2012, *L'Aigle et le Dragon. Démesure européenne et mondialisation au XVIe siècle*, Paris, Fayard.

GUILAINE Jean, 2011, *Caïn, Abel, Ötzi. L'héritage néolithique*, Paris, Gallimard.

GUILLEBAUD Jean-Claude, 2008, *Le commencement d'un monde*, Paris, Le Seuil.

GUILLEBAUD Jean-Claude, 2008, *Le commencement d'un monde*, Paris, Le Seuil.

HALLÉ Francis, 2010, *La condition tropicale. Une histoire naturelle, économique et sociale des basses latitudes*, Arles, Actes Sud.

HARARI Yuval Noah, 2009, *Sapiens: a Brief History of Humankind*, Londres, Harvill Secker.

HARTOG Fançois, 2003, *Régimes d'historicité. Présentisme et expériences du temps*, Paris, Le Seuil.

HARWICH Nikita, 1992, *Histoire du chocolat*, Paris, Desjonquères, coll. « Outremer ».

HAUDRÈRE Philippe, 1997, *Le grand commerce maritime au XVIIIe siècle. Européens et espaces maritimes*, Paris, Sedes, coll. « Regards sur l'histoire ».

HAUDRÈRE Philippe, 2006, *Les compagnies des Indes orientales : trois siècles de rencontre entre Orientaux et Occidentaux (1600-1858)*, Paris, Desjonquères, coll. « Outremer ».

HAYWOOD John, 1996, *Atlas des Vikings (789-1100). De l'Islande à Byzance, les routes du commerce de la guerre*, Paris, Autrement, coll. « Atlas ».

HAZARD Paul, 1935, *La crise de la conscience européenne*, Paris, Boivin et Cie.

HEERS Jacques, 1992, *La ruée vers l'Amérique. Le mirage et les fièvres (1492-1530)*, Bruxelles, Complexe, coll. « La mémoire des siècles ».

HEFFER Jean, 1995, *Les États-Unis et le Pacifique. Histoire d'une frontière*, Paris, Albin Michel, coll. « L'évolution de l'humanité ».

HELLER Michel, 1997, *Histoire de la Russie et de son empire*, Paris, Plon.

HERAIL Francine (dir.), 1990, *Histoire du Japon*, Paris, Horvath.

HERTZOG Anne, 2006, « Les musées de la Grande Guerre en Picardie : la patrimonialisation de la guerre », *in* BOULANGER Philippe (dir.), *La géographie militaire de la Picardie*, Amiens, Encrage Éditions.

HIGOUNET Charles, 1989, *Les Allemands en Europe centrale et orientale au Moyen Âge*, Paris, Aubier.

HILAIRE-PÉREZ Liliane, 1997, *L'expérience de la mer*, Paris, Seli Arslan.

Histoire au Présent, 1991, « Périodes. La construction du temps historique », Paris, Éditions de l'EHESS.

HOBSBAWM Eric J. et RANGER Terence (dir.), 2006, *L'invention de la tradition*, Paris, Éditions Amsterdam.

HOBSBAWN Eric J., 1994, *L'Âge des extrêmes. Histoire du court XXe siècle (1914-1991)*, Bruxelles/Paris, Éd. Complexe/*Le Monde diplomatique*.

HOBSON J.M., 2004, *The Eastern Origins of Western Civilisation*, Cambridge, Cambridge University Press.

HOFMAN Catherine, RICHARD Hélène, VAGNON Emmanuelle, 2012, *L'âge d'or des cartes marines. Quand l'Europe découvrait le monde*, Paris, Seuil/BNF.

HOPKINS Antony G., 2002, *Globalization in World History*, New York, Norton & Company.

HUGON Alain, 2002, *Rivalités européennes et hégémonie mondiale. XVIe-XVIIIe siècle*, Paris, Armand Colin, coll. « Cursus ».

HUNTINGTON Samuel P., 1997, *Le choc des civilisations*, Paris, Odile Jacob.

INGLEBERT Hervé, 2014, *Le Monde, l'Histoire. Essai sur les histoires universelles*, Paris, PUF.

JULLIEN François, 2009, *Les transformations silencieuses*, Paris, Grasset.

KEMPF Hervé, 2013, *Fin de l'Occident, naissance du Monde*, Paris, Le Seuil.

KENICHI Ohmae, 1992, *La Triade. Émergence d'une stratégie mondiale de l'entreprise*, Paris, Flammarion.

KENNEDY Paul, 1989, *Naissance et déclin des grandes puissances*, Paris, Payot.

KRIEF Sabrina et Jean-Michel, 2015, *Les chimpanzés des monts de la Lune*, Paris, Belin.

KRUGMAN Paul R., 1998, *La mondialisation n'est pas coupable. Vertus et limites du libre-échange*, Paris, La Découverte.

KRUGMAN Paul R., 2014, *Économie internationale*, Montreuil, Pearson, 9ᵉ éd.

LABIANCA Oystein S. et ARNOLD SCHAM Sandra, 2005, *Connectivity in Antiquity: Globalization as a Long-story Historical Process*, Equinox Publishing.

LACOSTE Yves, 1965, *Géographie du sous-développement*, Paris, PUF, coll. « Magellan ».

LANDES David S., 2000, *Richesse et pauvreté des nations*, Paris, Albin Michel.

LATOUCHE Serge, 1993, *L'occidentalisation du monde*, Paris, La Découverte.

LATOUR Bruno, 2012, *Enquête sur les modes d'existence. Une anthropologie des modernes*, Paris, La Découverte.

LE GOFF Jacques, 2003, *L'Europe est-elle née au Moyen Âge ?* Paris, Le Seuil.

LECK Frédéric, 2012, *Ces mots qui meurent. Les langues menacées et ce qu'elles ont à nous dire*, Paris, La Découverte.

LEFORT Jean, 2004, *L'aventure cartographique*, Paris, Belin/Pour la Science.

LEMERCIER-QUELQUEJAY Chantal, 1970, *La paix mongole*, Paris, Flammarion.

LÉON Pierre (dir.), 1978, *Histoire économique et sociale du Monde*, Paris, Armand Colin.

LÉVY Jacques, 1996, *Le monde pour Cité*, Paris, Hachette, coll. « Questions de politique ».

LÉVY Jacques, 1999, *Le tournant géographique*, Paris, Belin.

LÉVY Jacques, 2008, *L'invention du Monde. Une géographie de la mondialisation*, Paris, Les Presses de Sciences Po.

LÉVY Jacques, 2011 (2ᵉ éd.), *Europe. Une géographie*, Paris, Hachette.

LEWIS Bernard, 2002, *Que s'est-il passé ? L'Islam, l'Occident et la modernité*, Paris, Gallimard/Le Débat.

LHOTE Henri, 1973, *À la découverte des fresques du Tassili*, Paris, Arthaud.

LOMBARD Denys, 1990, *Le carrefour javanais. Essai d'histoire globale*, t. I. : *Les limites de l'occidentalisation* ; t. II, *Les réseaux asiatiques* ; t. III, *L'héritage des royaumes concentriques*, Paris, Éditions de l'EHESS.

LOMBARD Maurice, 1972, *Espaces et réseaux du haut Moyen Âge*, Paris, Mouton.

MADDISSON Angus, 2006, *L'économie mondiale : une perspective millénaire*, Paris, OCDE.

MAGALHÃES GODINHO Vitórino, 1990, *Les Découvertes. XVᵉ-XVIᵉ siècles : une révolution des mentalités*, Paris, Autrement.

MANN Charles C., 2007, *1491. Nouvelles révélations sur les Amériques avant Christophe Colomb*, Paris, Albin Michel.

MANN Charles C., 2013, *1493. Comment la découverte de l'Amérique a transformé le monde*, Paris, Albin Michel.

MANNING Patrick (dir.), 2006, *World History. Global and Local Interactions*, Princeton, Markus Wiener Publishers.

MARGOLIN Jean-Louis et MARKOVITS Claude, 2015, *Les Indes et l'Europe. Histoires connectées XVᵉ-XXIᵉ siècle*, Paris, Gallimard.

MARSEILLE Jacques, 1984, *Empire colonial et capitalisme français. Histoire d'un divorce*, Paris, Albin Michel.

MARTINEZ-GROS Gabriel, 2014, *Brève histoire des empires. Comment ils surgissent, comment ils s'effondrent*, Paris, Le Seuil.

MATTELARD Armand, 2005, *Diversité culturelle et mondialisation*, Paris, La Découverte.

MATTELARD Armand, 2005, *La mondialisation de la communication*, Paris, PUF, coll. « Que sais-je ? ».

MAUDET Jean-Baptiste, 2010, *Terres de taureaux. Les jeux taurins de l'Europe à l'Amérique*, Madrid, Casa de Velazquez.

MAURO Frédéric, 1991, *Histoire du café*, Paris, Desjonquères.

MAZOYER Marcel, ROUDART Laurence, 1997, *Histoire des agricultures du Monde. Du Néolithique à la crise contemporaine*, Paris, Le Seuil.

Menzies Gavin, 2007, *1421, l'année où la Chine a découvert l'Amérique*, Paris, Intervalles.

Meyer Eric Paul, 2007, *Une histoire de l'Inde. Les Indiens face à leur passé*, Paris, Albin Michel.

Meyer Jean, 1975, *L'Europe à la conquête du monde*, Paris, Armand Colin.

Meyer Jean, 1989, *Histoire du sucre*, Paris, Desjonquères.

Michailof Serge et Bonnet Alexandre, 2010, *Notre maison brûle au Sud*, Paris, Fayard.

Mintz Sidney, 1991, *Sucre blanc, misère noire. Le goût et le pouvoir*, Paris, Nathan.

MIT (Équipe), 2005, *Tourisme 2. Moments de lieux*, Paris, Belin, coll. « Mappemonde ».

Mollat du Jourdain Michel, 1957, *Les navires et l'économie maritime du XVe au XVIIIe siècle*, Paris, PUF.

Mollat du Jourdain Michel, 1993, *L'Europe et la mer*, Paris, Le Seuil.

Monteil Vincent, 1964, *L'Islam noir*, Paris, Le Seuil.

Morin Edgar, 2001, *L'humanité de l'humanité (La méthode 5)*, Paris, Le Seuil.

Morris Ian, 2011, *Pourquoi l'Occident domine le monde... pour l'instant*, Paris, L'Arche.

Noin Daniel, 1983, *La transition démographique*, Paris, PUF.

Nordman Daniel, 1998, *Frontières de France. De l'espace au territoire. XVIe-XIXe siècle*, Paris, Gallimard, coll. « Bibliothèque des histoires ».

Norel Philippe, 2004, *L'invention du marché. Une histoire économique de la mondialisation*, Paris, Le Seuil.

Norel Philippe, 2009, *L'histoire économique globale*, Paris, Le Seuil.

Offner Jean-Marc, Pumain Denise, 1996, *Territoires et réseaux. Significations croisées*, Paris, Éditions de l'Aube.

Orsenna Eric, 2006, *Voyage aux pays du coton. Petit précis de mondialisation*, Paris, Fayard.

Pelletier Philippe, 2011, *L'Extrême-Orient. L'invention d'une histoire et d'une géographie*, Paris, Gallimard.

Pelletier Philippe, 2012, *La fascination du Japon : idées reçues sur l'archipel japonais*, Paris, Le Cavalier bleu.

Pétré-Grenouilleau Olivier, 2004, *Les traites négrières. Essai d'histoire globale*, Paris, Gallimard, coll. « Bibliothèque des histoires ».

Picard Christophe, 2015, *La mer des califes. Une histoire de la Méditerranée musulmane (VIIe-XIIe siècle)*, Paris, Le Seuil.

Piel Jean, 1989, *Esquisse d'une histoire comparée des développements dans le monde jusque vers 1850*, Paris, Erasme.

Pirenne Henri, 1936, *Mahomet et Charlemagne*, Paris, PUF.

Polanyi Karl, 1972, *La Grande Transformation. Aux origines politiques et économiques de notre temps*, Paris, Gallimard, coll. « Bibliothèque des sciences humaines ».

Pomeranz Kenneth, 2010, *Une grande divergence. La Chine, l'Europe et la construction de l'économie mondiale*, Paris, Albin Michel.

Price Sally, 2006, *Arts primitifs : regards croisés*, Paris, École Nationale Supérieure des Beaux-Arts (importante préface de Maurice Godelier).

Pumain Denise, 1989, *Villes et auto-organisation*, Paris, Economica.

Renfrew Colin, 1990, *L'énigme indo-européenne. Archéologie et langage*, Paris, Flammarion.

Retaillé Denis, 1997, *Le monde du géographe*, Paris, Presses de Sciences Po.

Reynaud Alain, 1981, *Société, espace et justice*, Paris, PUF.

Reynaud Alain, 1992, *Une géohistoire. La Chine des Printemps et des Automnes*, Montpellier, Reclus.

Rosière Stéphane, 2003, *Géopolitique et géographie politique. Une grammaire de l'espace politique*, Paris, Ellipses.

Rossi Georges, 2000, *L'ingérence écologique. Environnement et développement rural du Nord au Sud*, Paris, CNRS Éditions

Roux Jean-Paul, 1993, *Histoire de l'Empire mongol*, Paris, Fayard.

Ruhlen Merritt, 1997, *Origine des langues*, Paris, Belin.

Sahlins Marshall, 1972, *Âge de pierre, âge d'abondance*, Paris, Gallimard, coll. « Bibliothèque des sciences humaines ».

Saïd Edward, 1980, *L'orientalisme. L'Orient créé par l'Occident*, Paris, Le Seuil.

Sallmann Jean-Michel, 2003, *Géopolitique du XVIe siècle. 1490-1618*, Paris, Le Seuil, coll. « Nouvelle histoire des relations internationales ».

Sassen Saskia, 1997, *La ville globale. New York, Londres, Tokyo*, Descartes et Cie.

Semah Anne-Marie et Renault-Miskosky Josette, 2004, *L'évolution de la végétation depuis deux millions d'années*, Paris, Errance.

Sen Amartya, 2010, *L'idée de justice*, Paris, Flammarion.

Simon Gildas, 1995, *Géodynamique des migrations internationales dans le monde*, Paris, PUF.

Simon Gildas, 2008, *La planète migratoire*, Paris, Armand Colin, coll. « U ».

Sobel Dava, 1996, *Longitude*, Paris, J.-C. Lattès.

Subrahmanyam Sanjay, 2005, *Explorations in Connected History. From the Tagus to the Ganges*, Oxford University Press.

Subrahmanyam Sanjay, 2012, *Vasco de Gama*, Paris, Alma.

Subrahmanyam Sanjay, 2014, *Aux origines de l'histoire mondiale*, Paris, Collège de France / Fayard.

Tanase Thomas, 2013, *« Jusqu'aux limites du monde ». La papauté et la mission franciscaine, de l'Asie de Marco Polo à l'Amérique de Christophe Colomb*, Rome, Éditions de l'École française de Rome.

Temple R., 2007, *The Genius of China*, Londres, Andre Deutsch.

Testart Alain, 2005, *Éléments de classification des sociétés*, Paris, Éditions Errance.

Testart Alain, 2012, *Avant l'histoire. L'évolution des sociétés de Lascaux à Carnac*, Paris, Gallimard.

Testot Laurent (dir.), 2008, *Histoire globale. Un nouveau regard sur le Monde*, Éditions Sciences Humaines.

Thiesse Anne-Marie, 2001, *La création des identités nationales. Europe XVIIIe-XXe siècle*, Paris, Le Seuil.

Todorov Tzvetan, 1982, *La conquête de l'Amérique. La question de l'autre*, Paris, Le Seuil.

Todorov Tzvetan, 2008, *La peur des barbares. Au-delà du choc des civilisations*, Paris, Robert Laffont.

Vallin Jacques, 2003 (6e éd.), *La population mondiale*, Paris, La Découverte, coll. « Repères ».

Vandermotten Christian et Marissal Pierre, 2004, 2003 (2e éd.), *La production des espaces économiques*, Bruxelles, Éditions de l'Université de Bruxelles.

Verley Patrick, 1997a, *La Révolution industrielle*, Paris, Gallimard.

Verley Patrick, 1997b, *L'échelle du monde. Essai sur l'industrialisation de l'Occident*, Paris, Gallimard, coll. « NRF essais ».

Vidal-Naquet Pierre (dir.), 1987, *Atlas historique. Histoire de l'humanité de la préhistoire à nos jours*, Paris, Hachette.

Villiers Patrick et Duteil Jean-Pierre, 1997, *L'Europe, la mer et les colonies. XVIIe-XVIIIe siècle*, Paris, Hachette, coll. « Carré Histoire ».

Villiers Patrick, Jacquin Philippe et Ragon Pierre, *Les Européens et la mer : de la découverte à la colonisation (1455-1860)*, Paris, Ellipses.

Vitaux Jean, 2010, *Histoire de la peste*, Paris, PUF.

WACHTEL Nathan, 1971, *La vision des vaincus. Les Indiens du Pérou devant la conquête espagnole*, Paris, Gallimard, coll. « Bibliothèque des histoires ».

WALLERSTEIN Immanuel, 1980, 1984, *Le système du monde du XVe siècle à nos jours*, t. I : *Capitalisme et économie-monde, 1450-1640*, t. II : *Le mercantilisme et la consolidation de l'économie-monde européenne, 1600-1750*, Paris, Flammarion.

WALLERSTEIN Immanuel, 1985, *Le capitalisme historique*, Paris, La Découverte.

WALLERSTEIN Immanuel, 1995, *Impenser la science sociale. Pour sortir du XIXe siècle*, Paris, PUF, coll. « Pratiques théoriques ».

WALLERSTEIN Immanuel, 2005, *World-Systems Analysis. An Introduction*, Duke University Press.

WALTER François, 2004, *Les figures paysagères de la nation. Paysages et territoires en Europe (XVIe-XXe siècle)*, Paris, Éditions de l'EHESS.

WOLTON Dominique, 2003, *L'autre mondialisation*, Paris, Flammarion.

ZARIFIAN Philippe, 1999, *L'émergence d'un peuple monde*, Paris, PUF.

ZARIFIAN Philippe, 2004, *L'échelle du monde. Globalisation. Altermondialisme. Mondialité*, Paris, La Découverte, coll. « Comptoir du politique ».

Index

A

agriculture 12, 15, 16, 26, 28, 42, 67, 74, 76, 90, 95, 100, 103, 109, 110, 113, 142, 146, 180, 185, 191, 208, 210, 214, 234, 259, 261, 262, 263, 278, 299, 307

Ancien Monde 9, 17, 22, 40, 42, 45, 47, 54, 69, 72, 73, 76, 81, 83, 85, 86, 87, 88, 90, 91, 92, 93, 94, 95, 97, 98, 99, 101, 102, 103, 104, 108, 109, 110, 111, 112, 113, 115, 116, 117, 120, 122, 123, 124, 125, 126, 127, 129, 132, 133, 137, 138, 140, 141, 142, 143, 146, 147, 151, 156, 157, 159, 160, 164, 165, 167, 168, 172, 185, 187, 193, 205, 209, 221, 222, 223, 225, 247, 255, 267, 268, 269, 279, 285, 302, 307, 309, 310

axe 19, 38, 86, 87, 88, 89, 102, 108, 109, 111, 112, 115, 116, 120, 123, 129, 143, 144, 146, 164, 166, 173, 179, 193, 209, 247, 256, 296, 307, 310, 311

B

barrière 59, 73, 83, 87, 88, 103, 104, 109, 132, 218, 237, 259, 263, 264

bassin épidémiologique 137, 310

bouclage (du Monde) 34, 283, 317

BRICS 33

C

capitalisme 64, 120, 144, 146, 149, 207, 208, 213, 231, 240, 256, 270, 276, 277, 287, 289, 304

caravane, caravanier 67, 100, 101, 108, 113, 116, 129, 132, 268, 307

carrefour 88, 104, 112, 209, 268

centre 32, 33, 34, 36, 38, 39, 40, 83, 86, 94, 95, 97, 105, 108, 124, 139, 143, 167, 178, 179, 199, 201, 207, 225, 236, 247, 257, 259, 264, 268, 277, 280, 282, 283, 287, 299

colonie 54, 163, 175, 185, 189, 193, 194, 200, 201, 232, 235, 257

colonisation 24, 54, 124, 156, 157, 163, 171, 172, 175, 179, 181, 182, 192, 194, 195, 196, 200, 201, 202, 203, 230, 234, 235, 236, 253, 256, 268, 290, 305, 317

communication 15, 54, 55, 70, 86, 87, 88, 104, 130, 205, 208, 213, 214, 215, 216, 217, 218, 232, 238, 271, 298, 303, 308

connexion 19, 33, 35, 69, 70, 72, 76, 85, 90, 296, 300, 307, 310

continent 7, 54, 72, 74, 76, 78, 84, 122, 138, 139, 149, 151, 165, 171, 190, 194, 199, 201, 207, 268, 279, 280, 282, 285, 301

courant marin 125, 126, 136, 153, 171, 307

Croissant fertile 20, 24, 26, 28, 88, 89, 90, 104, 109, 123, 209, 268, 310

D

décolonisation 24, 41, 175, 176, 192, 195, 201, 227, 243, 244, 253, 256, 278, 305

densité 20, 22, 26, 28, 32, 42, 62, 63, 66, 67, 72, 73, 74, 76, 81, 86, 88, 103, 104, 109, 110, 113, 122, 129, 185, 193, 194, 218, 222, 241, 303, 306, 307

développement 26, 27, 29, 33, 41, 52, 70, 89, 102, 105, 116, 124, 127, 142, 143, 159, 168, 169, 176, 177, 178, 179, 180, 193, 208, 209, 212, 213, 214, 215, 216, 218, 219, 223, 230, 231, 236, 238, 247, 253, 256, 263, 270, 293, 297, 298, 307, 308, 311, 317

diaspora 30, 137

diffusion 10, 14, 16, 17, 20, 22, 26, 28, 38, 48, 49, 50, 54, 55, 56, 59, 61, 62, 72, 73, 74, 78, 79, 80, 84, 89, 90, 91, 94, 102, 103, 109, 110, 111, 112, 116, 123, 130, 143, 152, 167, 168, 182, 183, 187, 200,

206, 207, 210, 212, 218, 219, 226, 237, 238, 244, 255, 256, 262, 268, 270, 275, 280, 282, 298, 299, 300, 302, 305, 308, 310, 314, 316
domestication 59, 60, 61, 88, 90, 109, 172, 183

E
échange colombien 76, 160, 299, 310
échelle 11, 20, 22, 33, 34, 50, 55, 56, 63, 70, 84, 120, 125, 130, 131, 145, 190, 206, 207, 221, 225, 253, 266, 270, 272, 285, 297, 298, 299, 301, 306, 307, 308, 311, 313, 314, 315
écologie 12
empire 29, 74, 76, 91, 100, 102, 105, 123, 127, 132, 137, 140, 141, 143, 156, 163, 194, 195, 197, 200, 201, 202, 229, 235, 238, 252, 255, 257, 263, 302, 306, 307, 308
épices 105, 111, 112, 124, 132, 133, 137, 139, 140, 141, 144, 165, 168, 181, 182, 190, 266, 268
épidémie 102, 130, 132, 161, 212, 219, 221, 222, 310
évolutionnisme, évolutionniste 62, 63, 66, 67, 70, 103, 141, 179, 227, 277, 278
exploration 99, 138, 139, 199, 234
extraversion 16, 175, 181, 192, 225

G
GATT 14, 241, 242, 245, 261
glaciation 16, 22, 47, 56, 57, 72, 75, 77, 279, 314
Grandes Découvertes 12, 16, 17, 43, 45, 62, 69, 80, 113, 120, 133, 139, 142, 147, 151, 153, 157, 167, 206, 208, 209, 218, 223, 231, 268, 280, 285, 317
Groupe de Cairns 242, 261
guerre mondiale 14, 15, 17, 30, 36, 195, 221, 229, 231, 235, 237, 238, 240, 243, 244, 258, 259, 265, 267, 317

H
Homo sapiens 10, 16, 48, 49, 99
humanité 9, 10, 11, 12, 15, 16, 17, 20, 26, 40, 42, 45, 47, 48, 49, 50, 53, 54, 55, 59, 69, 72, 76, 78, 83, 105, 119, 161, 201, 203, 213, 218, 221, 222, 223, 227, 230, 240, 244, 251, 295, 298, 305, 307, 310, 313, 316, 317

I
identité 47, 119, 143, 235, 240, 243, 251, 252, 253, 255, 256, 257, 261, 266, 267, 270, 271, 288, 290, 306, 315, 317
inflation 165, 166, 167, 242
intégration 38, 67, 97, 105, 123, 125, 142, 151, 188, 194, 243, 253, 257, 258, 286, 302
interface 99, 100, 101, 102, 103, 108, 168, 194
international 11, 12, 14, 17, 29, 30, 33, 34, 38, 216, 230, 231, 233, 236, 237, 242, 245, 251, 255, 257, 258, 262, 264, 267, 270, 271, 273, 286, 287, 293, 308, 311, 316, 317
Internet 15, 213, 217, 218, 227
Islam 102, 112, 157, 194, 267, 269, 270, 277, 310

L
langue 10, 48, 49, 50, 51, 63, 73, 78, 91, 95, 100, 102, 105, 119, 121, 139, 153, 191, 202, 252, 254, 255, 280, 297
libéralisme 166, 231

M
marge 7, 20, 22, 28, 29, 36, 38, 62, 63, 69, 83, 86, 94, 95, 97, 103, 123, 125, 144, 146, 152, 165, 191, 203, 210, 245, 258, 264, 296
métallurgie 90, 91, 102, 164, 207
métaux précieux 105, 111, 133, 163, 164, 165, 167, 172, 183, 231, 300
métissage 49, 50, 95, 96, 163, 174, 287, 290, 291
migration 53, 56, 72, 76, 95, 172, 185, 219, 222, 287, 290, 300, 305
mine 101, 112, 163, 164, 165, 166, 168, 212, 215
monnaie 55, 70, 108, 111, 113, 154, 164, 166, 168, 212, 230, 236, 242, 245, 264, 265
mousson 99, 108, 125, 133, 136, 138

N
Néolithique 17, 24, 59, 60, 61, 66, 89, 113, 114, 143, 221, 295

O
OMC 241, 242, 245, 259
ONU 176, 219, 221, 244, 245, 265, 303

P

pandémie 17, 130, 157, 159, 160, 185, 221, 222, 300
périphérie 17, 26, 32, 38, 39, 83, 86, 98, 102, 105, 111, 113, 116, 147, 179, 188, 192, 201, 202, 225, 240, 268, 275, 277, 278, 283, 299, 310
peste 130, 131, 137, 160, 181, 221
planisphère 20, 22, 279, 282, 283, 293, 314
polycentrisme 74, 125, 143, 145, 202, 208, 231, 256, 257
protectionnisme 193, 230, 234, 257, 259, 261
puzzle 62, 237, 251, 257, 263, 266, 271, 315

R

relativisme 286, 287, 314
religion 30, 132, 141, 213, 252, 267, 269, 270, 276, 287, 302
Révolution industrielle 15, 17, 26, 55, 175, 195, 205, 206, 207, 208, 209, 210, 213, 223, 225, 226, 256, 286
Route de la soie 111, 112, 127, 130, 191

S

sidérurgie 31, 124, 142, 314
socialisme 241, 246
sous-développement 16, 38, 40, 41, 120, 175, 176, 179, 180, 201
sucre 90, 111, 112, 124, 138, 181, 182, 183, 184, 185, 187, 188, 190, 191, 192, 193, 207, 263
système-Ancien Monde 76, 83, 87, 88, 94, 95, 97, 98, 103, 104, 105, 113, 129, 132, 141, 209, 221, 247, 248, 249, 267, 302, 303
système-Monde 12, 19, 36, 38, 39, 40, 41, 81, 94, 95, 97, 98, 102, 113, 117, 132, 156, 187, 188, 202, 221, 264, 302, 315
système-Terre 12, 86

T

Terre 9, 10, 11, 12, 13, 16, 19, 20, 22, 25, 28, 39, 41, 42, 47, 55, 58, 59, 61, 86, 125, 139, 147, 152, 153, 154, 155, 169, 203, 213, 247, 252, 267, 272, 279, 280, 281, 283, 285, 298, 310, 311, 313, 315, 317
territoire 29, 30, 31, 32, 33, 54, 62, 78, 97, 101, 108, 116, 122, 123, 141, 144, 151, 156, 161, 163, 171, 177, 178, 180, 181, 201, 203, 205, 230, 241, 253, 255, 270, 296, 299, 300, 301, 303, 304, 305, 306, 307, 308, 311, 315, 317
traite négrière 97, 171, 172, 185, 187, 192, 280
transition démographique 15, 20, 161, 171, 179, 195, 218, 219, 220, 221, 223
Triade 32, 33, 37, 38, 39, 40, 124, 143, 210, 232, 247, 248, 283
tropicalité 41, 175, 179

U

universalité 13, 14, 31, 193, 267, 269, 271, 274, 275, 276, 278, 286, 287, 288, 289, 290
universel 11, 12, 13, 14, 17, 34, 120, 141, 221, 273, 274, 278, 285, 286, 287, 288, 289, 291, 293

Z

zone 22, 40, 41, 76, 86, 87, 88, 94, 104, 105, 109, 110, 125, 140, 168, 176, 177, 178, 180, 191, 192, 193, 194, 195, 214, 225, 237, 242, 244, 268, 275

Table des figures

	Les dates clefs de la mondialisation	18
Figure 1.1	La population de la Terre	21
Figure 1.2	Les trajectoires historiques des principaux foyers de peuplement	23
Figure 1.3	La richesse sur Terre	25
Figure 1.4	Les types de développement historique	27
Figure 1.5	Les trois mégalopoles à la même échelle (d'après Roger Brunet)	34
Figure 1.6	Les échanges aériens comme témoignage de connexion	35
Figure 1.7	La bourse mondiale et ses fuseaux horaires	37
Figure 1.8	La Triade et ses fuseaux	39
Figure 1.9	La densité historique (carte des lieux d'histoire du Monde)	42
Figure 1.10	Diffusion et densification des sociétés en interactions. Des premiers Néolithiques à l'aube des « Grandes Découvertes »	43
Figure 2.1	Les langues au XVe siècle	51
Figure 2.2	Calottes glaciaires et trait de côte au nord du 44e parallèle Nord lors du maximum de la dernière glaciation vers – 17 000	57
Figure 2.3	Variation du niveau marin au Quaternaire récent	58
Figure 2.4	Civilisation, « cultures » et peuples primitifs vers 1500	64
Figure 2.5	Les densités au XVe siècle	66
Figure 2.6	Une lecture évolutionniste de la géographie des sociétés au XVe siècle	68
Figure 2.7	Densités et connexité des sociétés au XVe siècle	71
Figure 2.8	L'Amérique du Nord et l'Arctique au moment de la dernière glaciation	75
Figure 2.9	Entre Asie et Australie lors de la dernière glaciation	77

Figure 2.10	La diffusion humaine à travers le Pacifique avant Magellan	79
Figure 3.1	Les limites de l'Afrique et du reste de l'Ancien Monde vers – 17 000	85
Figure 3.2	Un axe de circulation terrestre privilégié	87
Figure 3.3	Axes et barrières de la zone principale d'échanges dans le système-Ancien Monde	88
Figure 3.4	Le Croissant fertile dans l'isthme de l'Asie occidentale	89
Figure 3.5	Diffusion de l'agriculture dans l'Ancien Monde	90
Figure 3.6	Diffusion de l'écriture dans l'Ancien Monde	92
Figure 3.7	Diffusion des métallurgies du cuivre et du fer dans l'ouest de l'Ancien Monde	93
Figure 3.8	Diffusion de la technique de l'acier dans l'Ancien Monde	94
Figure 3.9	Les migrations bantoues en Afrique et leurs conséquences sur les peuples premiers	96
Figure 3.10	L'interface orientale de l'Afrique noire avec le reste de l'Ancien Monde	99
Figure 3.11	L'interface transsaharienne de l'Afrique noire avec le reste de l'Ancien Monde	101
Figure 3.12	Le commerce des fourrures	106
Figure 3.13	Inversions des densités dans les plaines indo-gangétiques	110
Figure 3.14	Schéma : sédentaires, cavaliers et marins	114
Figure 3.15	Marco Polo, témoin des axes centraux de l'Ancien Monde	115
Figure 3.16	Les voyages d'Ibn Battûta aux limites de l'Axe de l'Ancien Monde	115
Figure 4.1	Les langues dominantes	121
Figure 4.2	Vents réguliers et courants marins	126
Figure 4.3	L'Empire mongol dans sa plus grande extension	128
Figure 4.4	La peste noire à l'échelle de l'Eurasie	131
Figure 4.5	Voyages chinois et portugais au début du xve siècle	134
Figure 4.6	Silhouettes d'une jonque et d'une caravelle	135
Figure 4.7	Genèse de la « banane bleue »	145

Figure 5.1	L'aventure viking dans l'Atlantique Nord	154
Figure 5.2	L'Europe contagieuse	162
Figure 5.3	Les isochrones dans l'Atlantique	170
Figure 6.1	Sous-développement et zone tropicale vers 1950	176
Figure 6.2	La France au centre du Monde à l'École primaire supérieure de la Troisième République	178
Figure 6.3	Diffusion de la culture de la canne à sucre	184
Figure 6.4	Les traites des Noirs dans l'Atlantique	186
Figure 6.5	Les différents mots pour désigner le thé en Europe	191
Figure 6.6	La colonisation européenne à la fin du XVIIIe siècle	196
Figure 6.7	Les empires coloniaux européens vers 1930	197
Figure 6.8	Bilan de la mainmise européenne sur le monde (XVe-XXe siècles)	198
Figure 7.1	Diffusion de l'industrie dans le monde	211
Figure 7.2	Diffusion de la transition démographique (TD) dans le Monde	220
Figure 8.1	Le multilatéralisme des échanges : principaux soldes commerciaux en 1910	232
Figure 8.2	Évolution du commerce international de 1830 à 1914	233
Figure 8.3	Dettes interalliées à la fin de la Première Guerre mondiale	236
Figure 8.4	Zones et blocs monétaires en 1938	239
Figure 8.5a	Le scénario de la Triade	248
Figure 8.5b	Le scénario de la Diade	249
Figure 9.1	Agricultures mondiales et internationales : inter-relations	260
Figure 9.2	Extension de l'Islam et routes de l'Ancien Monde	269
Figure 10.1	Les sciences sociales lues selon un modèle centre/périphérie	277
Figure 10.2	Le Monde selon les pères de l'Église (la mappemonde « T dans O »)	281
Figure 10.3	Le frontispice d'Abraham Ortelius	284
Figure 11.1	Chronologie de la naissance des États dans le Monde	303

Table des encadrés

Passer en Amérique par le chas d'une aiguille	53
Des Déluges	58
L'opium mondial	188
Haïti, expérience limite de l'empreinte de la première colonisation	192
Inversion des densités entre l'Afrique soudanienne et le littoral	193
Chronologie des principales étapes de l'histoire des communications depuis le XVIIIe siècle	215
Des moyens de communication de l'information de plus en plus mondiaux	216
Principales étapes médicales (épidémies et vaccins) au niveau mondial	221
Du GATT à l'OMC	241
Triade ou diade ?	247
La Chine tire toujours sur le fil de soie	262
Pandémie et gousse d'ail	263
Le capitalisme (chinois) est-il universel ?	289

Table des matières

Avis aux spécialistes — 7

Introduction — 9
    Le Monde n'a pas toujours existé — 9
    La Terre et le Monde — 11
    L'international, le mondial, l'universel — 12
    Le Monde depuis… — 14

Chapitre 1   Les mémoires du Monde — 19
    Des acteurs collectifs très inégaux — 20
        Nombreux ou rares — 20
        Riches ou pauvres — 24
        Gros ou petits — 29
    Trois centres et des périphéries — 32
        Bouclage et 3×8 — 32
        Périphéries et marges — 36
    Zonations naturelles et sociales — 39
        Terres émergées et littoralisation — 40
        Tropicalité et sous-développement — 40
    Conclusion : l'Histoire du Monde a-t-elle une géographie ? — 42

Première Partie
Les mondes avant le Monde

Chapitre 2   Ancien Monde et nouveaux mondes — 47
    Une seule humanité — 47
    Diffusion et fractionnement des sociétés : l'antimondialisation — 50
        Mobilité et adaptabilité de l'espèce humaine — 52
        Éloignement et fission des sociétés — 53
    Des mondes sans relations : l'envers du Monde — 55
        Cycles glaciaires et écoumène — 55
        Effets de taille et Néolithique — 59

	Les nouveaux mondes	62
	État des mondes au XVe siècle	63
	Une Amérique ?	72
	Quelques confettis de l'écoumène	76
	Les vides restent rares	80
	Conclusion : des grains, des agrégats et un système	81
Chapitre 3	**Le système-Ancien Monde**	83
	La plus grande partie de l'humanité	83
	La plus grande île	84
	Densité et diversité des civilisations	85
	Une zone centrale et des marges	86
	Cadre naturel de la zone centrale	86
	Les marges du monde ancien	95
	L'Afrique noire déjà mal partie	97
	Un ensemble central de civilisations chronologiquement situées	103
	Entre steppes, déserts et océans	104
	Inversions de densités dans la zone centrale	109
	Routes de la soie et des épices	111
	Montée en puissance de la dynamique des échanges	114
	Conclusion : l'inverse du système-Monde ?	117
Chapitre 4	**Pourquoi l'Europe ?**	119
	Il n'y a pas de vocation européenne	120
	Parmi les civilisations du cœur de l'Ancien Monde, l'Européenne est tard venue	122
	Des attributs qui facilitent l'expansion, mais d'autres qui lui sont plutôt défavorables	123
	Une tendance lourde de l'Ancien Monde	125
	La preuve par les Mongols	127
	La Route de la soie transformée en empire	127
	L'apogée du système-Ancien Monde	129
	Un état de manque qui crée un appel d'air	132
	Grands voyages chinois et européens du XVe siècle	133
	Zheng he reste dans l'Ancien Monde	133
	Henri le Navigateur amorce la mondialisation	138
	Similitude et dissymétrie de part et d'autre de l'Eurasie	140
	La Chine obsidionale et le Japon bouillonnant	141
	Polycentrisme et économie-monde en Europe	143
	Conclusion : partir et arriver	146
Conclusion de la première partie – D'un monde le Monde		147

Deuxième Partie
La construction du Monde

Chapitre 5	La capture de l'Amérique change la donne	151
	L'Amérique n'est pas si loin	152
	La Terre est ronde	152
	Le préambule viking	153
	Colomb ne va pas en Asie	155
	La guerre bactériologique involontaire des Européens	156
	Dans l'Ancien Monde,	
	les Européens ne peuvent qu'égratigner	157
	L'échange inégal des pandémies	159
	Les mines d'Amérique financent l'enfance du Monde	163
	Inflation et dopage économique de l'Europe	165
	Une circulation mondiale dans le sens inverse	
	de la course apparente du soleil	167
	De l'Europe à l'Occident	168
	L'Atlantique, lac européen	168
	« America, America ! »	171
	Conclusion : le laboratoire du métissage	174
Chapitre 6	L'Europe tempérée produit	
	le sous-développement sous les tropiques	175
	Le tiers-monde était-il tropical ?	175
	Coïncidence troublante au milieu du XXe siècle	176
	Une question taboue	177
	Une hypothèse géohistorique épicée	180
	La première colonisation productrice d'extraversion	181
	Le sucre, combustible du premier Monde	182
	La traite négrière ou les soutes du Monde	185
	Un héritage présent et pesant	189
	La seconde colonisation : une aventure brève	
	et plutôt coûteuse	194
	Bilan de la course au drapeau	195
	Une empreinte durable	201
	Conclusion : une lecture géohistorique	203
Chapitre 7	Niveau mondial et révolution industrielle	205
	Une question d'échelle géohistorique	206
	Dynamique endogène et dynamique globale ?	206
	Dans le temps long, mondialisation	
	et Révolution industrielle sont indissociables	209
	La mondialisation s'ancre dans la durée	213

*Des routes royales à Internet:
l'explosion des réductions de la distance* 213
*De un à dix milliards d'êtres humains:
l'écoumène change de densité (et d'âge)* 218
Conclusion : l'Europe du XIXe siècle,
point nodal d'un processus plus global 223

Conclusion de la deuxième partie – Un couple unité-inégalité 225

TROISIÈME PARTIE
LES LIMITES DU MONDE

Chapitre 8   Le « court XXe siècle » : la mondialisation
est réversible 229
     La grande guerre civile européenne : 1914-1945 230
         *Le stade suprême du nationalisme
dans un marché mondial* 231
         La trêve relative de l'entre-deux-guerres 235
         La guerre sépare mais dope les progrès techniques 238
     Deux mondialisations en concurrence : 1945-1989 240
         *De l'espoir de la révolution mondiale
à l'échec des socialismes nationaux* 240
         *Le triomphe d'une mondialisation
d'abord économique* 243
     Conclusion : l'Histoire sans fin 246

Chapitre 9   Un système spatial restreint
par sa logique même 251
     Jeux d'échelle entre espaces économiques
et territoires identitaires 253
         L'intégration productrice de l'identité 253
         Polycentrisme et autonomisation des dimensions 255
         *Mondialisation du puzzle européen
et intégration des identités préexistantes* 257
     Autonomies et limites
de la mondialisation économique 258
         Agriculture mondiale et agriculteurs nationaux 259
         Une tentation récurrente 264
     Réactions antimondialistes
et résurgences géohistoriques 266
         Islam et Ancien Monde 267
         *Contestations d'un monde
à la fois international et économique* 270
     Conclusion : l'identité est-elle possible
au plus haut niveau ? 271

Chapitre 10	Le mondial contre l'universel	273
	Un universel très occidental	274
	Nature/culture	275
	La mondialisation est une question épistémologique	276
	Des cadres de pensée spatiaux et temporels relatifs	278
	Des continents contingents	279
	La figure du Monde ne peut être univoque	282
	Une temporalité européenne	285
	Une universalité en marche	286
	L'impossible relativisme	286
	L'Occident est aussi mondialisé que le Monde est européanisé	287
	Conclusion : l'avènement d'un Monde métisse	290

Conclusion de la troisième partie – Le présent d'un Monde sans limite 293

Chapitre 11	Lire le Monde par la géohistoire	295
	L'échelle mondiale a une histoire	297
	Les bases biologiques du temps long de la mondialisation	297
	Du groupe au territoire, de l'espèce à l'espace	299
	Rapidité des espaces, lenteur des territoires	301
	L'espace facteur d'autonomisation de la dimension économique	304
	Pourquoi la Chine ?	305
	L'histoire mondiale a une géographie	306
	Rareté impériale	307
	Un monde impérial était-il possible ?	308
	La fin (de la genèse) du Monde	309
	D'autres bifurcations étaient possibles	309
	Demain, le territoire-Monde ?	311

Conclusion générale	313
Une géohistoire	314
La question écologique et la société-Monde	316
Le basculement territorial du Monde	317
Bibliographie	319
Index	329
Table des figures	333
Table des encadrés	337

Collection U
Géographie

BOULANGER Philippe, *Géographie militaire et géostratégie*, 2015, 2ᵉ éd.
CARROUÉ Laurent, *La planète financière*, 2015.
CARROUÉ Laurent, *La France. Les mutations des systèmes productifs*, 2013.
CARROUÉ Laurent, *Géographie de la mondialisation*, 2007, 3ᵉ éd.
CLAVAL Paul, *Les espaces de la politique*, 2010.
GIBLIN Béatrice (dir.), *Les conflits dans le monde. Approche géopolitique*, 2011.
LASSERRE Philippe, GONON Emmanuel, *Manuel de géopolitique*, 2008.

260294 – (III) – OSB 90° – PCA – NRI
Dépôt légal : septembre 2015 – Suite du tirage : juillet 2020

Achevé d'imprimer par Dupli-Print à Domont (95)
N° d'impression : 2020064274
www.dupli-print.fr

Imprimé en France